Wissenschaftliches Schreiben lehren und lernen

Sabine Schmölzer-Eibinger, Bora Bushati,
Christopher Ebner, Lisa Niederdorfer (Hrsg.)

Wissenschaftliches Schreiben lehren und lernen

Diagnose und Förderung wissenschaftlicher
Textkompetenz in Schule und Universität

Waxmann 2018
Münster • New York

Publiziert mit Unterstützung der Karl-Franzens-Universität Graz

Bibliografische Informationen der Deutschen Nationalbibliothek
Die Deutsche Nationalbibliothek verzeichnet diese Publikation in
der Deutschen Nationalbibliografie; detaillierte bibliografische
Daten sind im Internet über http://dnb.dnb.de abrufbar.

Print-ISBN 978-3-8309-3769-2
E-Book-ISBN 978-3-8309-8769-7

© Waxmann Verlag GmbH, Münster 2018
Steinfurter Straße 555, 48159 Münster

www.waxmann.com
info@waxmann.com

Umschlaggestaltung: Inna Ponomareva, Düsseldorf
Umschlagabbildung: © Robert Kneschke – Fotolia.com
Satz: Sven Solterbeck, Münster

Gedruckt auf alterungsbeständigem Papier,
säurefrei gemäß ISO 9706

Printed in Germany

Inhalt

III Wissenschaftliches Schreiben im Studium

Einleitung

Vor 14 Jahren widmeten Ehlich und Steets (2003) einen Sammelband dem Lernen und Lehren von wissenschaftlichem Schreiben an der Hochschule. Die in diesem Band gesetzten Impulse waren richtungsweisend für eine grundlegende Wende in der Schreibforschung und -didaktik im deutschsprachigen Raum. Kennzeichnend für diese Wende war u. a. Kruses (2003) Kritik an der damals an Universitäten vorherrschenden Auffassung, die Entwicklung „akademischer Literacy" sei nicht Lehr- und Lerngegenstand im Studium, sondern vielmehr Voraussetzung für die Studierfähigkeit. Als ebenso anregend und fruchtbringend erwiesen sich die Untersuchungen von Feilke und Steinhoff (2003), welche die bisherige Auseinandersetzung mit dem wissenschaftlichen Schreiben um die Komponente der Entwicklung wissenschaftlicher Textkompetenz erweiterten. Seither wurden zahlreiche Erkenntnisse über die sprachlich-funktionale Beschaffenheit von Texten wissenschaftlicher Expertinnen und Experten sowie Studierender gewonnen. Ebenso wurden Modelle der Ontogenese wissenschaftlicher Textkompetenz von Studierenden (Pohl 2007; Steinhoff 2007) und didaktische Konzepte zur Förderung dieser Fähigkeit entwickelt (Bushati/Ebner 2015).

In der Folge ist klar geworden, dass die Entwicklung wissenschaftlicher Schreibkompetenz schon vor dem Studienbeginn einsetzt und sich über das gesamte Studium hinweg vollzieht. Es ist daher nicht nur die Aufgabe der Universität, sondern auch bereits der Schule, diese zu fördern. Mit der Einführung der Vorwissenschaftlichen Arbeit (Österreich) und der Facharbeit (Deutschland) wurde dies schulorganisatorisch auch bereits umgesetzt. Der Schule obliegt es nun, den Erwerb wissenschaftlicher Textkompetenz gezielt zu unterstützen und die dafür notwendigen sprachlichen Fähigkeiten zu vermitteln. (Anzumerken ist allerdings, dass es schon früher Aufgabe des Gymnasiums war, auf das Hochschulstudium vorzubereiten.) Schülerinnen und Schüler sollen am Ende der Oberstufe die Fähigkeit nachweisen, dass sie rezeptiv und produktiv so mit Texten umgehen können, wie dies im akademischen Kontext gefordert ist. Damit stehen nicht nur Schülerinnen und Schüler, sondern auch Lehrkräfte vor einer großen Herausforderung. Auch die Schreibforschung und die Schreibdidaktik sind hier gefragt: Damit wissenschaftliche Textkompetenz auch außerhalb eines akademischen Kontextes entwickelt werden kann, braucht es spezifische didaktische Konzepte, die den Aufbau dieser Kompetenz ohne die im wissenschaftlichen Kontext (bzw. in der akademischen Lehre) gegebene diskursive Einbettung ermöglichen. Um hier didaktisch brauchbare Instrumente zu entwickeln, gilt es zunächst, den Entwicklungsstand wissenschaftlicher Textkompetenz in der Sekundarstufe II zu erheben und dann auf dieser Grundlage Konzepte zur Förderung wissenschaftlicher Textkompetenz zu entwickeln.

Erste empirische Arbeiten, die die wissenschaftliche Textkompetenz von Schülerinnen und Schülern untersuchen, sind erst in jüngster Zeit entstanden (Schüler 2017). Im Projekt „Wissenschaftliches Schreiben. Die textlinguistische und erwerbs-

theoretische Bedeutung von wissenschaftlichen Textprozeduren"[1] wurde die wissenschaftliche Textkompetenz von Schülerinnen und Schülern der Oberstufe erstmals
empirisch erhoben, ein didaktisches Modell zu deren Förderung entwickelt und im
Rahmen einer Interventionsstudie evaluiert. (Bushati/Ebner/Niederdorfer/Schmöl-
zer-Eibinger, i. Dr.)

Die Fachbeiträge dieses Bandes, die zunächst im Rahmen des in Graz abgehal-
tenen Symposiums „Wissenschaftlich schreiben lernen. Diagnose und Förderung
wissenschaftlicher Textkompetenz" als 5. Interdisziplinäres Symposium zur Fach-
didaktik an der Schnittstelle zwischen Universität und Schule des Fachdidaktik-
zentrums der Geisteswissenschaftlichen Fakultät Graz am 25. und 26. Februar 2016
als Vorträge präsentiert wurden, bezeugen, dass großes Interesse an diesem Thema
besteht.

In den hier gesammelten Aufsätzen wird bei der Betrachtung der akademischen
Schreibkompetenzen ein Bogen vom wissenschaftlichen Schreiben in der Schule
zum wissenschaftlichen Schreiben im Studium gespannt. Schwerpunkte sind dabei
v. a. die Vorwissenschaftliche Arbeit in Österreich, die Facharbeit in Deutschland,
das materialgestützte Schreiben in der Oberstufe und das studentische Schreiben am
Anfang des Studiums. Den konzeptuellen Auftakt bilden die Aufsätze von Konrad
Ehlich und Paul Portmann, in denen zunächst die dem Band zugrundeliegenden
Grundbegriffe und theoretischen Konzepte diskutiert werden.

Welche Herausforderungen das wissenschaftliche Schreiben bereithält, stellt
Konrad Ehlich dar, indem er die komplexen Zusammenhänge zwischen Wissenschaft, Wissen und Sprache sowie die davon abhängigen Transformationsprozesse
auf dem Weg von diskursiver Mündlichkeit zu textueller Schriftlichkeit differenziert
beleuchtet. Das Wissenschaftlich-Schreiben-Lernen sieht er erst dann als Prozess
sinnvoll gestaltet, wenn die Schreibqualifikation der Schreibenden unter didaktischer Anleitung bereits in der Schule ansetzt und an der Universität weiter gefördert
bzw. fortgeführt wird.

Aus einer textlinguistisch-pragmatischen Perspektive untersucht *Paul Portmann*
in seinem Beitrag die Frage der „Machart" wissenschaftlicher Texte. Anhand der
Analyse eines Expertentextes und dreier Texte von Studierenden wird nach dem Ort
gesucht, an dem die wissenschaftliche Gestalt im wissenschaftlichen Text am kon-
kretesten greifbar ist. Er macht damit auf ein bisher in der Forschung weitgehend
vernachlässigtes Element wissenschaftlicher Texte aufmerksam: auf den „textuellen
Abschnitt" bzw. die „Mesoebene", wo die grundlegenden Aufgaben wissenschaftlichen Handelns stattfinden. Mit dem Begriff des mesostrukturellen textuellen Ele-
ments (sog. Basiselement wissenschaftlicher Texte) eröffnet Portmann neue Möglichkeiten für die Analyse und die Rezeption wissenschaftlicher Texte.

Den thematischen Block zum wissenschaftlichen Schreiben in der Schule eröffnet *Sabine Schmölzer-Eibinger* mit der Darstellung eristischer Strukturen in Schü-

---

1   Bei diesem Projekt handelt es sich um ein von der Österreichischen Nationalbank geför-
    dertes Projekt (2014–2016).

lerinnen- und Schülertexten, die im Rahmen einer Interventionsstudie entstanden sind. Die Autorin beleuchtet zunächst die Rolle der Eristik in der Wissenschaft als ein Mittel zum Erkenntnisgewinn und wie diese Kultur des Streitens anhand von spezifischen sprachlich-funktionalen Mustern an die Oberfläche wissenschaftlicher Texte getragen wird. Den Schwerpunkt des Beitrags bildet die Analyse von Schülerinnen- und Schülertexten mit Blick auf die Verwendung eristischer Strukturen. Es geht dabei um wissenschaftliche Einleitungen, die unmittelbar unter didaktischer Anleitung entstanden sind. Die Analyse zeigt, dass Schülerinnen und Schüler zwar durchaus bereits eristische Strukturen – imitierend oder lernersprachlich – verwenden, diese aber noch nicht erkenntnisbildend einsetzen.

Karin Wetschanow untersucht die Vorwissenschaftliche Arbeit (VWA) als eine noch kaum erforschte Textsorte. Die Autorin führt eine qualitative Genreanalyse eines Korpus Vorwissenschaftlicher Arbeiten zu Themen unterschiedlicher Fachrichtungen durch. Im Fokus des Beitrags steht die Frage nach dem kommunikativen Zweck dieser Arbeiten und inwieweit sie sich von wissenschaftlich-akademischen unterscheiden. Die Autorin bezieht neben textuellen auch kontextuelle Faktoren der Textproduktion in die Analyse mit ein. Sprachliche und strukturelle Abweichungen von wissenschaftlichen Expertinnen- und Expertentexten interpretiert sie als Spuren der Auseinandersetzung der Schülerinnen und Schüler beim Lösen der Schreibprobleme, die sich beim Verfassen der Vorwissenschaftlichen Texte und auch bei dem Versuch ergeben, den kommunikativen Zweck dieser Texte zu erfüllen. Abschließend diskutiert der Beitrag didaktische Implikationen für weitere Fördermaßnahmen.

Am Beispiel der Textsorte Facharbeit in Nordrhein-Westfahlen zeigen *Kirsten Schindler*, *Sarah Rosell* und *Anne Gleis*, wie der Ausbau wissenschaftlicher „Schreibkompetenz" in der Schule durch langfristige Beratung und konkretes Feedback unterstützt werden kann. Dafür wird ein Kooperationsprojekt zwischen der Universität zu Köln und einem Kölner Gymnasium vorgestellt, dessen Ziel es war, durch verschiedene Herangehensweisen das wissenschaftliche Schreiben in der Schule zu verankern. Die Autorinnen gewähren einen differenzierten Blick in die verschiedenen Phasen des Projekts und zeigen, in welchem Ausmaß wissenschaftliches Schreiben in der Schule möglich ist.

Mit den beiden anschließenden Beiträgen rückt die Untersuchung von Schreibprozessen noch weiter ins Zentrum. *Sara Rezat* beschäftigt sich mit den Nutzungsweisen konzessiver Textprozeduren durch Schülerinnen und Schüler beim Verfassen argumentativer Texte, die im Rahmen eines Scaffolding-Schreibarrangements entstanden sind. Die Unterscheidung zwischen „Instrumentalisierung" und „Instrumentierung" von Textprozeduren ermöglicht eine differenzierte Analyse der Texte und Interviews von Schülerinnen und Schülern. Die Ergebnisse lassen somit Aussagen sowohl über das Wissen der Schülerinnen und Schüler über Textprozeduren als auch über die Gebrauchsschemata, d.h. die kognitiven Prozesse bei der Nutzung von Textprozeduren, zu. Daraus leitet die Autorin Konsequenzen zur För-

derung der Schreibkompetenz im Hinblick auf die Anbahnung wissenschaftlichen
Schreibens ab.

Wie sich die Förderung wissenschaftlicher Schreibkompetenz mithilfe von profi-
lierten, materialgestützten Aufgaben zu kontroversen Themen bereits in der Schule
verankern lässt, präsentiert *Lisa Schüler* in ihrem Beitrag. Anhand von im Laufe des
Schreibprozesses entstandenen Notizen und Gesprächssequenzen wird rekonstruiert, welche Lese-, Planungs-, Schreib- und Überarbeitungsstrategien Lernerinnen
und Lerner verwenden, wenn sie für das Verfassen eines propädeutischen Textes
Werke anderer heranziehen müssen.

Die darauffolgenden Beiträge behandeln das Thema des wissenschaftlichen
Schreibens im Studium. Eröffnet wird dieser Teil von *Paul Portmanns* Einblicken
in die Textstruktur wissenschaftlicher Texte von Studierenden. Exemplarisch analysiert der Autor Texte, die verschiedenen Phasen der Entwicklung wissenschaftlicher
Textkompetenz zuzuordnen sind, und zeigt so, wie die Schreibenden im Laufe des
Studiums etappenweise die Anforderungen des akademischen Schreibens schlussendlich bewältigen, indem sie strukturelle Aspekte der Vorlagentexte aufgreifen und
selber zu benutzen lernen. Der Autor schließt mit der Feststellung, dass sich der
Weg zum wissenschaftlichen Text dennoch als sehr lang und schwierig erweist und
die Studierenden erst sehr spät im Studium das Bewusstsein für ihre auktoriale Rolle
entwickeln.

Es sind eben diese Schwierigkeiten der Studierenden beim wissenschaftlichen
Schreiben, die Anlass und Ausgangspunkt des didaktischen Förderkonzepts bilden,
das im Beitrag von *Lisa Decker* und *Gesa Siebert-Ott* vorgestellt wird. Zuerst wird
auf die Unterschiede zwischen in der Schule und an der Hochschule behandelten
Textsorten aufmerksam gemacht, um die Übergangsschwierigkeiten zu erfassen.
Das textprozedurenbezogene didaktische Konzept ist dafür konzipiert, Studienanfängerinnen und -anfänger in Bezug auf das wissenschaftliche Schreiben beim
Übergang von Schule zur Universität zu unterstützen, damit sie schreibend erfolgreich am Diskurs teilnehmen können.

Ein bisher kaum behandeltes Modell der Unterstützung von Studierenden beim
wissenschaftlichen Schreiben stellt die Pilotstudie von *Brigitte Römmer-Nossek, Frano P. Rismondo, Doris Pokitsch, Nathalie Entringer, Jadpreet Kaur, Claudia Macho,
Erika Unterpertinger, Eva Zernatto* und *Lena Schoissengeyer* dar. Die Besonderheit
dieses Modells besteht in einem Beratungsverfahren, das lehrveranstaltungsbeglei-
tend sowohl Lehrende als auch Lernende unterstützt. Die Ergebnisse des Projekts
zeigen zum einen eindeutig die positive Rolle des konstruktiven Feedbacks von
Lehrenden schreibintensiver Lehrveranstaltungen an Studierende. Zum anderen
unterstreichen die Autorinnen und Autoren auch, dass Studierenden möglichst früh
eine realistische Selbsteinschätzung ihrer Schreibkompetenzen ermöglicht werden
soll, damit sie früh genug entsprechende Förderangebote in Anspruch nehmen.

Im abschließenden Beitrag betrachtet *Martin Steinseifer* das in wissenschaftlichen Texten übliche und für wissenschaftliche Texte spezifische *Referieren* anderer

Stimmen aus dem Diskurs. Der Beitrag beschränkt sich nicht nur auf die Betrachtung der Entwicklung der Fähigkeit, wissenschaftlich angemessen zu referieren, sondern gibt auch Hinweise für die Modellierung didaktischer Settings zur Förderung der Fähigkeit, wissenschaftlich zu referieren.

Abschließend möchten wir unseren Dank Monica Csokay und Elisa Rauter für die sorgfältige Lektüre der Beiträge aussprechen und dem Vizerektor für Forschung und Nachwuchsförderung der Universität Graz, der die Veröffentlichung dieses Bandes finanziell unterstützt hat.

Gleichzeitig geht unser Dank an den Verlag und insbesondere an die Redakteurin des Verlags, Frau Beate Plugge, für die professionelle Betreuung während der Entstehung dieses Bandes.

Graz, im November 2017
Sabine Schmölzer-Eibinger
Bora Bushati
Christopher Ebner
Lisa Niederdorfer

Literatur

Bushati, B. & Ebner, C. (2015). „Wie baut man eine Hundehütte". Das Unterrichtsmodul „Wissenschaftliches Schreiben" mit Fokus auf Studierende mit Deutsch als Zweitsprache. In S. Schmölzer-Eibinger & E. Thürmann (Hg.), *Schreiben als Lernen. Kompetenzentwicklung durch Schreiben in allen Fächern* (S. 267–292). Münster: Waxmann.

Bushati, B., Ebner, C., Niederdorfer, L. & Schmölzer-Eibinger, S. (i. V.): Wissenschaftlich Schreiben lernen in der Schule. Baltmannweiler: Schneider.

Ehlich, K. & Steets, A. (Hrsg.) (2003). *Wissenschaftlich schreiben – lehren und lernen*. Berlin/New York, De Gruyter.

Feilke, H. & Steinhoff, T. (2003). Zur Modellierung der Entwicklung wissenschaftlicher Schreibkompetenzen. In K. Ehlich & A. Steets (Hrsg.), *Wissenschaftlich schreiben – lehren und lernen* (S. 112–128). Berlin/New York, De Gruyter.

Kruse, O. (2003). Schreiben lehren in der Hochschule – Aufgaben, Konzepte, Perspektiven. In K. Ehlich & A. Steets (Hrsg.), *Wissenschaftlich schreiben – lehren und lernen* (S. 95–111). Berlin/New York, De Gruyter.

Pohl, Th. Pohl, T. (2007). *Ontogenese wissenschaftlicher Textkompetenz*. Tübingen: Niemeyer [= Reihe Germanistische Linguistik 271].

Schüler, L. (2017). *Materialgestütztes Schreiben argumentierender Texte. Untersuchungen zu einem neuen wissenschaftspropädeutischen Aufgabentyp in der Oberstufe*. Baltmannsweiler: Schneider.

Steinhoff, T. (2007). *Wissenschaftliche Textkompetenz. Sprachgebrauch und Schreibentwicklung in wissenschaftlichen Texten von Studenten und Experten*. Tübingen: Max Niemeyer.

I
Wissenschaftliches Schreiben
– konzeptionelle Zugänge

Konrad Ehlich

Wissenschaftlich schreiben lernen – von diskursiver Mündlichkeit zu textueller Schriftlichkeit[1]

1   Schreibqualifizierung

Für die wissenschaftliche Sozialisation der Studierenden stellt sich angesichts der Bedeutung von textueller Schriftlichkeit in den Institutionen der Wissenschaft die Aufgabe, ihre eigene diskursive Mündlichkeit zu textueller Schriftlichkeit zu transformieren. Diese Aufgabe hat bereits in der schulischen Sozialisation erste wichtige Etappen didaktischer Bearbeitung erfahren – bzw. hätte sie dort erfahren müssen. Zwar hat in den deutschsprachigen Schulsystemen, die auf ein Abitur oder eine Matura zulaufen, die Schule prinzipiell die didaktische Aufgabe, die Schülerinnen und Schüler für ein akademisches Studium auch sprachlich hinreichend zu qualifizieren. Aufbauend auf der Annahme, dass in der Primarstufe die literale Basisqualifikation II (s. Ehlich, 2005; 2013) erfolgreich vermittelt worden ist, müsste im Unterricht Deutsch der beiden Sekundarstufen den Schülerinnen und Schülern die Möglichkeit geboten sein, dass sie diese akademische sprachliche Qualifizierung sich erarbeiten. Gerade die Sekundarstufe II wäre der Ort einer hinreichenden schriftsprachlichen Ausstattung der Lernenden für die universitäre Fortsetzung ihrer Lernbiographie – so die Unterstellung. Sie steht freilich zunehmend im Widerspruch zur faktischen Entwicklung. Die Ausweitung der Zahl derer aus jeder Jahrgangskohorte, die die gymnasiale, auf das Abitur zulaufende Sekundarstufe II absolvieren, von früher unter 10% auf gegenwärtig 30 bis 50% (vgl. Kämper-van den Boogaart, 2013) ist als didaktische Herausforderung noch immer gerade einmal in Ansätzen bearbeitet und lehrplanmäßig umgesetzt worden. Das Resultat ist eine bildungsdidaktische Illusion, der sich sowohl die Schule wie die Universität hinsichtlich der sprachlichen Qualifizierung der Studierenden hingeben.

Diskursive Befähigungen für die Teilnahme und Teilhabe am wissenschaftlichen Diskurs wie insbesondere die akademische Schreibbefähigung sind bleibende Qualifizierungsdesiderate. Schreibbüros und vergleichbare hochschuldidaktische Innovationen antworten auf diese Aufgabe; sie tun dies freilich keineswegs flächendeckend, und ihre Arbeit wird innerhalb der Universität kaum angemessen gewürdigt.

Die *Schreibbefähigung* ist für das wissenschaftliche Arbeiten in nahezu allen Fakultäten und Disziplinen unabdingbar. Die Anforderungen, die sich daraus für die Qualifikation der Lernenden ergeben, sind für das Gelingen der Arbeit der Institution Universität unaufgebbar. Sofern schulische Sozialisation als hinreichend für

---

1 Dieser Artikel ist die gekürzte Fassung eines Vortrages beim Grazer Kolloquium; eine ausführlichere Fassung wird für die Homepage des Verfassers http://www.ehlich-berlin. de/ vorbereitet.

den Übergang zur Universität weiterhin angesehen werden soll, sind entsprechende Bildungsziele und ihre didaktische Umsetzung gleichfalls unaufgebbar. Möglicherweise muss sich freilich die Gesellschaft von dieser scheinbaren Selbstverständlichkeit auch lösen, indem wissenschaftliche Schreibqualifizierung in ein universitäres Propädeutikum eingesetzt wird, das etwa an die Stelle der zum Teil gestrichenen 9. gymnasialen Jahrgangsstufe für diejenigen Schülerinnen und Schüler tritt, die ernsthaft vorhaben, ihre Bildungsbiographie *universitär* fortzusetzen (vgl. Lenzen, 2014).

2   Wissenschaftliche Terminologien und Alltägliche Wissenschaftssprache

Schriftliche Textualität ist für Gesellschaften, die zu Recht als „Wissensgesellschaften" bezeichnet werden können, das Fundament für die Gewinnung und Tradierung des gesellschaftlichen Gesamtwissens. Dessen Gewinnung und Tradierung geschieht zentral als Wissenschaft. Für Wissenschaft ist Schriftlichkeit und schriftliche Textualität[2] grundlegend. Wissenschaftliches Wissen ist hochgradig differenziert und wird disziplinär verwaltet. Dafür ist die Entfaltung des Symbolfeldes[3] bis hin zu einer Zahl von deutlich mehr als einer Million Wörtern charakteristisch. Die disziplinäre Aufspaltung der Wissenschaft hat als sprachliche Konsequenz die Entwicklung einer umfänglichen Menge von Fachterminologien, die wesentliche Träger der Wissenskomplexion sind (vgl. Ickler, 1997).

Die linguistische Erforschung von Wissenschaftskommunikation hat sich lange fast ausschließlich auf diesen Aspekt konzentriert. Erst neuerdings ist ein anderer Aspekt dieser Kommunikation, nämlich die *Alltägliche Wissenschaftssprache (AWS)* (Ehlich, 1999), in den Blick geraten. Die Praxis wissenschaftlichen Kommunizierens ist aber gerade auf sie wesentlich angewiesen, wissenschaftliche Diskurse wie das wissenschaftliche Schreiben bedienen sich dieser Alltäglichen Wissenschaftssprache. Die Alltägliche Wissenschaftssprache ist ein Ensemble sedimentierten wissenschaftlichen Wissens. Dieses Wissen verdankt sich der neuzeitlichen Wissensentwicklung, die sich von der mittelalterlichen Wissenschaftsform her, der scholastischen Wissenschaft, ausgebildet hat und sich von ihr absetzt. Anders als in der scholastischen Wissensorganisation tritt *Wissensinnovation* ins Zentrum wissenschaftlicher Praxis. Forschung als innovativer Prozess entfaltet sich im Widerspruch zum bestehenden, in kanonischen Texten fundierten Wissen. Die wissenschaftliche Streitkultur wird in

---

2   Im von mir entwickelten Textbegriff wird die vollumfängliche Gleichsetzung von Text und Schrift aus systematischen, linguistisch-pragmatischen Gründen kritisiert. Vielmehr wird schriftliche Textualität von mündlicher Textualität systematisch unterschieden (s. Ehlich, 2007, Bd. III).

3   Zum Feld- und Prozedurenkonzept der Funktionalen Pragmatik s. Ehlich, 2010[3]; Ehlich, 2016[5]; Redder, 2008; Hoffmann, 2016.

der neuzeitlichen Wissenschaft zu einer zentralen Kommunikationsform (vgl. Redder, Heller & Thielmann, 2014; da Silva, 2014). Die moderne Eristik ist grundstürzend, ihr reichen Formen aus der literarisierten antiken Rhetorik nicht aus. Das *explorative Argumentieren* (Ehlich, 2014) bekommt einen grundlegenden Stellenwert. Es orientiert sich an der „Sache", um die es bei einem zweiten zentralen Element neuzeitlicher Wissenschaft neben der Wissensinnovation geht, bei der *Empirizität*. Eristik als wissenschaftliches Kerngeschehen hat wichtige textuelle Konsequenzen, nicht zuletzt eine erweiterte kommunikative Kontrolle auf Seiten der Schreibenden. Wesentliche Formen textueller Schriftlichkeit in der wissenschaftlichen Kommunikation nutzen die Alltägliche Wissenschaftssprache.

Zu den Modellierungen von wissenschaftlichem Wissen, die in der AWS abgebunden sind und so dem erfolgreich wissenschaftlich Sozialisierten für seine eigene textuelle Schriftlichkeit zur Verfügung stehen, gehört die elementare Sichtweise von *Wissenschaft als Prozess*. Die Rhetorik des Neuen als positiv konnotiertes Merkmal einer Erkenntnis, einer Fragestellung, einer These, eines empirischen Ergebnisses, setzt den Charakter von Wissensinnovation unmittelbar in die Alltägliche Wissenschaftssprache um. Mit der Sichtweise von Wissenschaft als Prozess ist eng verbunden die Konzipierung auch von *Wirklichkeit selbst als Prozess*. Destabilisierung, Umbruch, Modifikation und Fluktualität sind Leitmodelle für das, wofür wissenschaftliche Textualität steht.

Ein Bereich, an dem einzelne dieser eben angeführten Aspekte der AWS sprachlich greifbar werden, ist zum Beispiel ein differenziertes Modalitätensystem. Dazu gehört das Wechselspiel von *Möglichkeit* und *Wirklichkeit*. Die Frage nach dem Stellenwert einer vorgetragenen Aussage verpflichtet zum Rückgriff auf ein in Stufen der Gewissheit differenziertes modales System, das z. B. das Selbstverständliche als solches kenntlich macht. Ausdrücke wie *deutlich* oder *gesichert* gehören dazu. Die Introversion des Streites wird in der Qualifizierung von X als *scheinbar* sichtbar gemacht – und, so diskreditiert, aus dem Bereich möglichen Wissens eliminiert. Die Terminologie des *Erscheinens* setzt Wirklichkeit als Prozess um, während das *Erscheinen-als* zugleich eine differenzierte Einschätzung der *Negation* enthält.

Das, was *unmittelbar* ist, gilt als evident. Was als *vermittelt*, als indirekt angesehen wird, weist eine jedenfalls differenziertere Ortsbestimmung in Bezug auf mögliche Wahrheitswerte aus. Die Relativierung des eigenen Wissens wird in Formeln wie *sozusagen* in den textuellen Gang eingearbeitet.

Die Alltägliche Wissenschaftssprache weist weitere sprachliche Merkmale auf. So gewinnt der Gebrauch der Deixis als Textdeixis (s. Redder, 2000) eine alltagswissenschaftssprachliche Nutzung, die das textuelle Navigieren erleichtert – und dies eben genau unter Verwendung alltagssprachlicher Ressourcen für die Alltägliche Wissenschaftssprache. Die *operativen Prozeduren* gewinnen einen erweiterten Stellenwert, indem sie zur Wiedergabe komplexer Relationen eingesetzt werden.

Eine umfassende Beschreibung der Alltäglichen Wissenschaftssprache in ihrer mündlich-diskursiven wie textuell-schriftlichen Verwendung würde das Verstehen und die Vermittlung wissenschaftlicher Kommunikation deutlich verbessern. Wichtige erste Ansätze sind gemacht. Die Aufgabe als ganze, deren Bewältigung für das Lernen wissenschaftlichen Schreibens eine wichtige Voraussetzung wäre, erfordert viel detaillierte Recherche und linguistische Analyse.

3   Diskurse und schriftliche Textualität im universitären Lehr-Lern-Diskurs

Universitäre Lehr-Lern-Prozesse weisen eine Doppelstruktur auf. Sie sind einerseits durch die Realität der Diskurse im gemeinsamen Arbeiten der Lehrenden und der Studierenden gekennzeichnet. Andererseits hat schriftliche Textualität in den Lehr-Lern-Prozessen in einer Reihe von herausgearbeiteten Strukturen einen eigenen Ort.

Die medialen Veränderungen sogenannter virtueller Universitäten beeinflussen beide Modi – in welcher Weise genau, bedarf genauerer Untersuchungen (vgl. Meiler, 2016). Der Gedanke und das Konzept der Fernstudien bedeuten bereits eine erhebliche Verschiebung von diskursiver Mündlichkeit zu einer Schriftlichkeit, in der diese Mündlichkeit eingefroren und zum vermittlungsmethodischen Fertigprodukt verändert wurde. Diskursivität gerät so an den Rand universitärer Prozesse.[4]

Der Stellenwert der Diskurse, der *Stellenwert des Diskursiven* in den universitären Lehr-Lern-Prozessen kann schwerlich überschätzt werden. In der Realität der mündlichen Kommunikation zwischen den beiden wesentlichen Aktantengruppen dieser Lehr-Lern-Prozesse verwirklicht sich nicht nur die Weitergabe des gewonnenen Wissens an die Novizinnen und Novizen auf den verschiedenen Stufen der Initiation, sondern es ereignet sich gelingendenfalls zugleich die tatsächliche Ausbildung wissenschaftlich forschender Eigentätigkeit. Für diese Prozesse kommt den Diskursen ein nicht ablösbarer Primat zu, damit sie als Lehr-Lern-Prozesse Realität werden.

Schriftliche Textualität hat demgegenüber in ihren verschiedenen universitären Erscheinungsformen andere Funktionen. Sie sind spezifischer. Zugleich sind mehrere von ihnen eingebunden in die Organisation des Wissenschaftsprozesses als ganzen. Die Aneignung der Befähigung zu schriftlicher Textualität im universitären Lehr-Lern-Prozess weist also über diesen hinaus.

Die Einübung in die Realität der *Diskurse* geschieht in der Praxis der dafür vorgehaltenen Organisationsformen (vgl. dazu im Einzelnen Abschnitt 5). Die Ein-

---

4   Von den Lehr-Lern-Diskursen sind andere Strukturmerkmale universitärer Kommunikation – insbesondere im Prüfungszusammenhang sowie, zum Teil, in Bezug auf Beratungsaspekte administrativer Art – zu unterscheiden. Sie werden im Folgenden nicht weiter beachtet, indem der Fokus auf den eigentlichen Lehr-Lern-Prozessen ruht. Für ein Verständnis der Institution Universität bzw. Hochschule als ganzer wären sie aber selbstverständlich mit in Betracht zu ziehen.

übung in die *schriftliche Textualität* als Teil bzw. Aspekt der universitären Lehr-Lern-Prozesse geschieht expliziter. Erst in jüngster Zeit erfahren freilich die Handlungser-fordernisse eine eigene hochschuldidaktische Beachtung. Weithin ist dieser Teil der universitären Kommunikation durch ein naives Vertrauen auf die Leistungsfähig-keit der vermeintlichen *Beiläufigkeit* im Aneignungsprozess durch die Novizinnen und Novizen gekennzeichnet, und, in der Tat, diese Beiläufigkeit ist tatsächlich ein wichtiger Aspekt dafür, zur eigenen schriftlichen Textualität zu kommen. Auch das *Lernen durch Lesen* trägt dazu bei und setzt sich – auf im Einzelnen bisher kaum untersuchte Weise – in ein eigenes Handlungswissen um. Der wichtigste Faktor aber ist die Einübung in expliziten Formen durch schriftliche Anteile im obligatorischen Bereich. Sie ruft bereits verfügbare entsprechende Fähigkeiten und die dazugehöri-gen Fertigkeiten ab. Jedoch ist, wie eingangs (Abschn. 1) dargestellt, das tatsächliche Vorhandensein entsprechender Voraussetzungen für viele Lernende nicht gegeben. Die unklare Aufgabenaufteilung zwischen den Institutionen Schule und Universität und ein wenig bewusstes Übergangsmanagement verhindern eine Realität, deren Vorhandensein für das Gelingen der universitären Lehr-Lern-Kommunikation un-abdingbar ist.

4   Schreiben als wissenschaftliches Handeln

Die Realität schriftlicher Textualität in der Institution Universität hat für deren zentrale Handlungszwecke durchaus mehr als nur beiläufigen Charakter. Für die Erkenntnisgewinnung und für die Kommunizierbarkeit des Erkannten hat die Nut-zung der schriftlichen Textualität eigene Funktionen.

Ein Wissen, zu dessen Hauptmerkmalen die Herauslösung aus aller Empraxie und die Verabschiedung sinnlicher Gewissheit für große Teile der Gewinnungspro-zesse gehört, ist die *Verdauerung*, wie sie Textualität im Modus der Schriftlichkeit kat' exochen ermöglicht, fundamental. In den Prozessen der Erkenntnis wird Schrift zu einem Ensemble eigener Erkenntnismittel. So strukturiert Schriftlichkeit das Er-kenntnisvermögen um. Nicht nur das Erkannte wird durch Schrift in einer neuen Qualität kommunizierbar, vielmehr wird das Erkennen selbst durch Schriftlichkeit auf eine neue Stufe gehoben und seinerseits kommunizierbar gemacht.

Schriftlicher Textualität eignen eigene Leistungserfordernisse, die in der Ein-übung ausgebildet und eingelöst werden müssen. Die Herauslösung des schriftlichen Textes aus der Unmittelbarkeit der jeweiligen Sprechsituation fördert und erfordert mindestens die folgenden vier für wissenschaftliches Wissen, seine Anwendung und seine Weitergabe wichtigen Strukturmerkmale:

- Abstraktion
- Kondensation
- Imagination
- Ökonomie.

Wissenschaftliches Schreiben lernen ist also mehr als die Aneignung einer bestimmten Menge von Routinewissen (vgl. Ehlich & Rehbein, 1977) oder von Textprozeduren (Feilke u. a. passim, vgl. unten). *Kondensation* und Ökonomie tragen dem Umstand der Wissenskomplexion unmittelbar Rechnung. Ohne beides bräche jene Komplexion in sich zusammen, und wissenschaftliches Wissen geriete in den Verlust wesentlicher Teile des bereits Gewonnenen.

Abstraktion ist ein durchgehendes kognitiv-mentales Erkenntnisverfahren. Ohne sie verlöre sich das Wissen angesichts der Vielfalt und der Beliebigkeit des je Einzelnen. Abstraktionsfähigkeit für die Zwecke wissenschaftlicher Erkenntnisgewinnung zu entwickeln gehört zu den wichtigsten Aneignungserfordernissen von Wissenschaft.

Während dies auch wissenschaftlich-erkenntnistheoretisch einigermaßen bewusst ist, ist die Rolle der *Imagination* sehr viel weniger deutlich. Die Verobjektivierung, die durch die Schriftlichkeit der schriftlichen Texte möglich ist, ist eine wichtige Voraussetzung für das Gelingen von Imagination als prozessueller Phase des für wissenschaftliches Wissen im neuzeitlichen Sinn unabdingbaren Innovationserfordernisses.

5   Lernen$_L$ vs. Lernen$_F$

Für diejenigen, die in Wissenschaft eingeführt werden und in einem lebensgeschichtlich aufwendigen Gesamtprozess sich für wissenschaftliches Arbeiten qualifizieren, wird ein struktureller Unterschied zwischen zwei Typen des Lernens von Bedeutung: Lernen$_L$ und Lernen$_F$. Lernen$_L$ ist die Weitergabe des bekannten Wissens an die je neue Generation, ein Lernen *als Lernen*, das diese neue Generation zu erbringen hat. Das Lernen$_F$ ist das Lernen als Gewinnung neuen Wissens durch *Forschung*. Lernen$_F$ ist jener Typus des Lernens, der die Wissenschaft insgesamt als gesellschaftliche Praxis von den Funktionsbestimmungen der Universität her kennzeichnet. Lernen$_L$ und Lernen$_F$ weisen ein komplexes Wechselverhältnis auf. Die in der Universität tätigen Novizinnen und Novizen auf den je unterschiedlichen Stufen ihres Studiums transformieren im Vollzug ihres Lernens Lernen$_L$ zunehmend in Partizipation am Lernen$_F$. Eine radikale Form des Lernens$_L$ ist die reine Veräußerlichung der Lernprozesse, die subjektiv als *Memorieren* geschieht. Für neuzeitliche Wissenschaft ist diese Form als ganze nur noch peripher geeignet. Wissenschaftliches Lernen hat demgegenüber das *Verstehen* als wesentliche Voraussetzung.

Dieses Verstehen kennzeichnet zugleich die wissenschaftlichen Textarten in ihren einzelnen, je spezifischen ebenso wie in den für sie allgemein charakteristischen Zwecken. Die Aneignung schriftlicher Textualität verlangt die Einsicht in die Zweckstrukturen der wissenschaftlichen Textarten. Ein davon absehendes, auf das Lernen$_L$ beschränktes Lernen genügt den Erfordernissen wissenschaftlichen Kommunizierens nicht. Es ergibt sich also für das Wissenschaftlich-schreiben-Lernen ein Gegensatz zwischen einer äußeren Adaptierung und einem verstehenden Schreiben.

Für die Praxis der Herstellung entsprechender Verstehensprozesse ist im Übergang von diskursiver Mündlichkeit zu textueller Schriftlichkeit dieses Verstehen selbst sowohl Katalysator wie Motor. Das Verstehen ermöglicht allererst die tatsächliche Ausbildung entsprechender institutionsadäquater kommunikativer Fähigkeiten im Schriftlichen. Schreiben im Wissenschaftsprozess weist also andere Kennzeichnungen auf, als sie durch eine „literarische Rhetorik" erfasst werden könnten. Ebenso ist die Aneignung textueller Schriftlichkeit alles andere als eine „Stil"-Frage oder eine Frage des Verfügens über ein spezifisches „Register". Reduziert man die Anforderungen beim Wissenschaftlich-schreiben-Lernen auf solche Kategorien, so wird textuelle Schriftlichkeit hohl. Sie bleibt gegenüber den Erkenntnisprozessen und damit den zentralen Zwecken von Wissenschaft und den zentralen Zwecken der Universität als einer ihrer wichtigsten Institutionen äußerlich.

6 Typologie universitärer Diskurs- und Textarten

6.1 Typologie-Erfordernisse

Die im universitären Lehr-Lern-Prozess vorfindlichen Handlungsmuster sind keine beliebig zusammengekommene Versammlung von Formen. Sie ermöglichen und erfordern vielmehr typologische Strukturierung. Da sie alle auf die Zwecke der Institution Universität bezogen sind, ist ihre typologische Erfassung eher zu bewerkstelligen als eine Gesamttypologie (vgl. Ehlich, 1986). Für ihre systematische Entwicklung ist sowohl die historische Verortung in der Ausbildung der Universität als eines kommunikativen Systems wie ihre gegenwärtige Systematik zu erarbeiten, wobei hier – wie für all solche Typologien, die über bloße Listen und Merkmalscluster hinausgehen – die jeweiligen Zweckstrukturen zentrales Kriterium sind. Selbstverständlich kann im Rahmen dieses Artikels eine solche Darlegung nicht vorgenommen werden. Wichtige ihrer Ergebnisse müssen vielmehr vorausgesetzt werden.

6.2 Lehr-Lern-Diskurs

Der *Lehr-Lern-Diskurs* in der Institution Universität ist für den Transfer des Wissens eine elementare Form. Sie ist keineswegs auf die Institution Universität beschränkt, hat vielmehr in allen Arten von Schule einen für die Novizinnen und Novizen biographisch vorgelagerten Ort und ist in ihren Strukturen dadurch wesentlich vorgeprägt. Allerdings ist das Verhältnis von Lehrenden und Lernenden innerhalb der universitären Kommunikation weniger strikt organisiert als in der Schule. Durch den gemeinsamen Bezug auf das Wissen – und auf dieses als ein immer zu veränderndes, als ein innovationsbezogenes – verteilen sich die Positionen der Lehrenden und der Lernenden im Fortschreiten des Wissenserwerbs als eines gesamtinstitutio-

nellen sehr viel einfacher um, als dies in der Schule der Fall ist und sein könnte. Der
Aneignungsprozess des bekannten Wissens und die Übergänge in den Zugewinn
neuen Wissens sind instabil, zumal der Gewinn neuen Wissens nicht allzu selten
zugleich eine Revision des bereits bekannten Wissens erfordert. In den kommunikativen Vollzügen gestalten sich die Aneignungsprozesse des Wissens durch die Novizinnen und Novizen insofern als ein Ensemble von Prozessen, in denen je neu und
mit einer zunehmenden Tendenz *Innovation* in die bloße Rezeption eingesprengt
wird.

Lehr-Lern-Prozesse sind durch einige durchgehende und für sie allgemein charakteristische Merkmale bestimmt (vgl. Ehlich, 1981 & 2007/III): Sie weisen eine ungleiche Wissensverteilung zwischen den Aktanten zweier Gruppen – hier der *Agenten der Institution* und der *Klienten der Institution* – auf. Dieses ungleiche Wissen soll
nach dem Willen der Wissenden den Nichtwissenden *zugänglich* gemacht werden
(im Unterschied zu allen Formen des arkanen Wissens, das vor solchem Transfer
gerade durch vielfältige Maßnahmen gefeit werden soll). Auf Seite der Nichtwissenden steht dem komplementär das *Interesse des Wissenszuerwerbs* gegenüber. Gerade
die Komplementarität dieses Verhältnisses ist für die Bestimmung des Lehr-Lern-
Diskurses grundlegend. So wie Arkanität Lehr-Lern-Diskurse unmöglich macht, ist
Desinteresse an der Übernahme des Wissens auf Seiten der Lernenden – bzw. derer,
die sich weigern, sich als Lernende zu verstehen und als Lernende zu handeln – für
den Lehr-Lern-Diskurs fatal.

Wenn Wissensweitergabe einerseits, Wissensinteresse andererseits sich komplementär zueinander verhalten, ist der Lehr-Lern-Diskurs zugleich ein Diskurs *wech-
selseitiger Anerkennung*. Diese Anerkennung ermöglicht das In-Gang-Kommen des
Diskurses ebenso wie seine innere Kontinuität und Konsistenz. Diese gemeinsamen
Merkmale machen den Lehr-Lern-Diskurs zu einem kommunikativ außerordent-
lich erfolgreichen Handlungstyp. Sein Erfolg entspricht den gesellschaftlichen bzw.
gruppenspezifischen Notwendigkeiten für die Gesellschafts- bzw. Gruppenper-
severanz. Der Lehr-Lern-Diskurs hat also eine ebenso gruppenkonstitutive wie
gruppenerhaltende Qualität und gehört so wahrscheinlich zu den grundlegenden
Formen menschlicher Kommunikation.

Bricht in Bezug auf den Lehr-Lern-Diskurs eine der konstitutiven Seiten weg
(die Nichtarkanität einerseits, das Lerninteresse andererseits) und wird gleichwohl
versucht, die kommunikative Grundstruktur aufrecht zu erhalten, wandelt sich der
Lehr-Lern-Diskurs in den *Unterrichtsdiskurs* – mit allen Konsequenzen dieser Um-
wandlung für die am Lehr-Lern-Diskurs zu beteiligenden Aktantengruppen wie für
die Zwecke, für deren Erreichung der Lehr-Lern-Diskurs innerhalb der Gesellschaft
bzw. innerhalb der Gruppe entwickelt wurde und eingesetzt wird.

Gerade die schulische Situation ist häufig durch einen solchen Umschlag gekennzeichnet, zu dessen Reparatur vielfältige Mittel, Verfahren und – oft, wenn nicht
fast immer – vergebliche Bemühungen aufgewendet werden. Die universitäre Lehr-
Lern-Kommunikation unterscheidet sich von der schulischen nicht zuletzt dadurch,

dass die Chancen für den Lehr-Lern-Diskurs größer werden und die Gefahren des Umschlags in Unterrichtsdiskurs geringer.

Sowohl der Lehr-Lern-Diskurs wie der Unterrichtsdiskurs sind primär ein mündlicher Diskurs. Er bietet Elementarformen wissensvermittelnder Kommunikation. Mündlichkeit hat hier einen zentralen Ort innerhalb der Institution Universität (vgl. Wiesmann, 1999; Fandrych, Meißner & Slavcheva, 2014). (Inwiefern Formen oder Verfahrensweisen einer simulierten Mündlichkeit, die durch technisch-artifizielle Medialität hergestellt wird, hinreichende und effiziente Surrogate dafür ergeben, ist bisher nicht umfassend untersucht).

6.3   Diskursarten-Typologie

Die hauptsächlichen Diskurs- und Textarten der Universität bilden ein enges Geflecht interdependenter Strukturen. Einige dieser Strukturen werden in diesem und im folgenden Abschnitt kurz dargestellt. Abbildung 1 vermittelt einen grafischen Eindruck von der Intensität und Dichte der wechselseitigen Relationen.

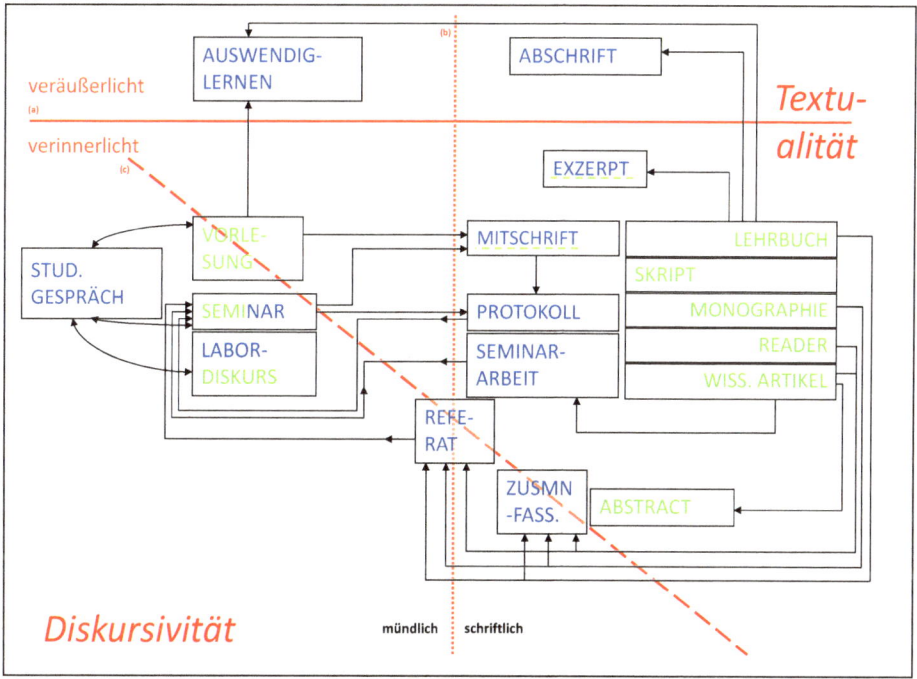

Abbildung 1   (Legende siehe im Text)

Im oberen Teil der Grafik werden zwei Strukturen veräußerlichten Wissenserwerbs (a) angeführt, schriftlich die *Abschrift*; mündlich das bereits genannte *Memorieren*, dessen Ziel die auswendige Verfügung über autoritative Wissensstoffe ist. Unterhalb der waagerechten Linie (a), durch das Stichwort „verinnerlicht" gekennzeichnet, sind Textualität und Diskursivität neuzeitlicher bzw. moderner Universität angeordnet. Diese nicht (mehr) veräußerlichten Wissensdiskurse und Wissenstexte weisen jeweils unterschiedliche Diskursivitäts- und Textualitätstypen (c) auf. Einige sind klientenbezogen (Blaufärbung), einige agentenbezogen (Grünfärbung); einige zeigen beide Klientengruppen in einer, systematisch gesehen, gleich aktiven Tätigkeit, z. B. das Seminar (Blau-/Grünfärbung). Die Verteilung von Mündlichkeit (vgl. Wiesmann, 1999) und Schriftlichkeit (senkrechte Linie (b) rot) fällt nicht mit der von Diskursivität und Textualität (rot) zusammen.[5]

Innerhalb der Universität sind es vor allem drei Strukturen, in denen eine solche *Mündlichkeit* ihren Platz hat:

- das Seminar
- der Labordiskurs und
- die Vorlesung.

Unter *Seminar* werden hier die verschiedenen Erscheinungsformen dieses Veranstaltungstyps zusammengefasst, also neben dem sogenannten Hauptseminar auch das Proseminar, das Oberseminar, darüber hinaus die Übung einerseits und das Kolloquium andererseits. Das Seminar ist ein Kernelement universitärer Kommunikation. Es ermöglicht die Einübung in die wissensbezogene Diskussion als eine elementare kommunikative Form. In ihr ist das probeweise Handeln im Wissensdiskurs nicht nur möglich, sondern es ist erfordert. Wenn oben von Einsprengseln von Innovation in den Wissenserwerb gesprochen wurde, so ist hier ein zentraler Ort, an dem dies geschieht. Lehrende und Lernende sind in der diskursiven Form miteinander verbunden und gewinnen eine kommunikativ praktizierte Gleichbedeutung und Gleichgewichtigkeit.

Besonders das *explorative Argumentieren* (das sich vom *persuasiven Argumentieren*, wie es die Rhetorik zu einem ihrer zentralen Gegenstände hat, unterscheidet, s. Ehlich, 2014) ermöglicht in der Relation zum Wissen als dem Bezugs- und Fluchtpunkt des Miteinander-Redens dieses wissensbezogene Probehandeln, das durchaus in die Gewinnung neuen Wissens umschlagen kann. Für wissenschaftliche Kommunikation ist eine solche an der „Sache" orientierte Streitkultur zentral.[6] Sie wird im Lehr-Lern-Diskurs (wird er so, wie eben beschrieben, geführt) konkret eingeübt. Es ist also eine *praktische Eristik*, die für die mündlichen Diskurse im Lehr-Lern-Diskurs kennzeichnend ist (vgl. da Silva, 2014).

---

5   Vgl. oben Anm. 2.
6   Siehe auch den Beitrag von Schmölzer-Eibinger in diesem Band.

Im *Labordiskurs* (s. Chen, 1995) zeigt sich das Probehandeln zum Teil sozusagen noch „ungeschützter", zumal hier die Beteiligtenverteilung den Lernenden einen zum Teil größeren Freiraum ermöglicht, als dies im Seminardiskurs der Fall ist.

Die *Vorlesung* ist eine diskursive Form der Sprechhandlungsverkettung; d. h. in ihr hat ein Sprecher ein lange währendes Rederecht, und es kommt nicht zu einem *turn*-Wechsel. (Sogenannte „Dialogvorlesungen" weichen dieses Grundcharakteristikum der Vorlesung auf. Sie sind im Allgemeinen hochschuldidaktisch motiviert.) Der Sprecher S trägt die volle Verantwortung für die propositionale Gesamtstruktur, die in dieser Sprechhandlungsverkettung verbalisiert wird (vgl. Hanna, 2003; Brinkschulte, 2015). Diese Verantwortung ist in der Institution Universität maximal abgesichert über das Rechtsinstitut der Habilitation, deren einzige Funktion darin besteht, Wissenschaftler zur Wahrnehmung dieser Verantwortung institutionell zu ermächtigen, indem ihnen die venia legendi, also genau das Recht, Vorlesungen zu halten, verliehen wird.

Die Bezeichnung „Vorlesung" bezieht sich ursprünglich darauf, dass tatsächlich ein schriftlicher Text vorgelesen, d. h. *ver*lesen wird. So war sie eine Übergangsform im Verhältnis von Textualität und Diskursivität, die sich einer Zeit verdankt, als Zugänglichkeit und Besitz von Büchern äußerst eingeschränkt waren. Insofern gehörte sie dem veräußerlichten Typ universitären Lehrens und Lernens zu. In welchem Umfang die Vorlesung gegenwärtig an mündlicher Textualität Anteil hat, ist in die Entscheidung des jeweils Lehrenden gestellt.

6.4 Textarten-Typologie

Zentrale Formen der *schriftlichen Textualität* finden sich in den Großformen universitärer und universitätsrelevanter Textarten:

- Lehrbuch
- Monographie
- Reader
- Wissenschaftlicher Artikel.

Je nach dem Umfang des zu tradierenden, als abgesichert geltenden Wissens einerseits und der Innovations- und Revisionsintensität andererseits zeigen sich in der Verteilung dieser Textarten auf die Disziplinen große Unterschiede.

Das als gesichert geltende und dadurch autorisierte Wissen wird im *Lehrbuch* zusammengefasst und so für die universitären Lehr-Lern-Diskurse zur Verfügung gestellt. Stark autoritative Disziplinen wie die der MINT-Fächer nutzen daneben lediglich noch den *Wissenschaftlichen Artikel* (mit der davon abhängigen Textart des *Abstracts*), der der Ort von Innovation und Kontroverse ist (s. Graefen, 1997). In den Geistes- und Sozialwissenschaften werden gleichfalls diese Textarten genutzt. Ihnen kommt aber nicht derselbe Stellenwert zu. Zentrale Textart ist hier vielmehr – und bleibt es voraussichtlich trotz aller Expandierungen des *Artikels* nach Analogie der MINT-Fächer – die *Monographie*.

Alle diese genannten Textarten werden von den Agenten der Institution erstellt. Sie sind zentraler Gegenstand für die Textualität der Studierenden. In der studentischen Aneignung gehen sie einerseits in das *Exzerpt* ein, in dem Schriftliches schriftlich verarbeitet wird. Die Verarbeitungsprozesse sind die eigentlichen Leistungen der Studierenden. Die Exzerpte erfordern eigene Verfahrensweisen der Schriftlichkeit (vgl. Emam, 2016).

Vor allem aber sind die genannten Textarten die Grundlage für den Kernbereich des studentischen Arbeitens im Lehr-Lern-Prozess. Zunächst und vor allem sind sie Gegenstand der *Seminararbeit* (vgl. Stezano Costelo, 2008; Pohl, 2009; Prestin, 2011). In ihr fließen Ergebnisse aus dem diskursiven Bereich, nämlich dem Seminar, einerseits, aus der vorgegebenen und vorliegenden Schriftlichkeit der genannten Textarten andererseits zusammen.

Eine explizitere Art von Schriftlichkeit weisen die *Zusammenfassungen* auf, die für die weitere propositionale Verarbeitung eine wichtige Form darstellen. Sie sind zusammen mit dem Exzerpt schriftlich-textuale Aneignungsformen des erarbeiteten Wissens. Auch das *Referat* verarbeitet einzelne der genannten Textarten (Guckelsberger, 2005). Das Referat geht unmittelbar in den Seminardiskurs über. Es kann sowohl schriftlich wie mündlich erstellt werden. Seine schriftliche Textualität ist systematisch auf die mündliche Präsenz hin angelegt.

Der umgekehrte Weg findet sich beim *Protokoll* (Moll, 2001). Es wird im Seminar auf der Grundlage des Seminardiskurses erstellt, bietet also eine für die Erreichung der Lernziele im Seminar wichtige Form der studentischen schriftlichen Textualität. Als solche wird sie in das Seminar zurückgespeist. Die Erstellung des Protokolls in Bezug auf das Seminar erfordert eine erhebliche eigene synthetisierende Leistung der Protokollierenden. Diese greifen für die Erstellung des Protokolls auf ihre *Mitschrift* zurück, die im Seminar parallel zu dem dort fortlaufenden Diskurs erstellt wird. Die Mitschrift hat einen zweiten universitären Ort in der Vorlesung (Breitsprecher, 2010).

Die Schriftlichkeit der Mitschrift erfordert eigene Techniken der Verschriftlichung von Mündlichem, ähnlich wie das Exzerpt eine sekundäre Schriftlichkeit in Bezug auf Schriftliches praktiziert. Die Verfahrensweisen für die Herstellung beider Erscheinungsformen solcher sekundärer Schriftlichkeit umfassen z. B. ein – zum Teil recht komplexes und wenig verallgemeinertes – System von Abbreviaturen, zum Teil auch semiotische Substrukturen. Diese werden kaum hochschuldidaktisch vermittelt – was für diese Form studentischer Schriftlichkeit erhebliche Schwierigkeiten im universitären Sozialisationsprozess mit sich bringt.

Eine besondere Textart, die schriftliche Textualität in Kombination mit der Vorlesung in die Lehr-Lern-Prozesse einbringt, ist das *Skript*. Es enthält gegenüber der Autorisiertheit des *Lehrbuchs* einen geringeren Grad von Verbreitungsanspruch. Es dient der Nutzung von Schriftlichkeit für die diskursive Qualität der Vorlesung. Die Textart als solche sichert gegenüber dem, was das *Lehrbuch* beansprucht, eine gewisse

Relativierung des Autorisierungsanspruchs ab. Erfolgt die Herstellung eines Skripts durch den Vorlesenden im Nachgang nach der eigentlichen Vorlesung oder erfolgt sie nicht durch den Vorlesenden, sondern durch Teile der studentischen Hörerschaft, so ist das Skript eine Umsetzung von diskursiver oder textueller Mündlichkeit in eine Textualität mit unterschiedlichem Überlieferungs- und Gültigkeitsanspruch.

7   Die Umsetzung der Diskurs-/Textarten in sprachliche Detailstrukturen

Für die Erfüllung der Funktionen, die den Diskursarten wie den Textarten in der institutionellen Kommunikation der Universität zukommen, haben sich in unterschiedlichem Umfang eigene Verbalisierungsmodi herausgebildet. Sind die Diskursarten durch zum Teil erhebliche Anteile alltagssprachlicher Sprachmittel gekennzeichnet, so sind demgegenüber die Textarten an Verbalisierungsstrukturen gebunden, die sich in der langen Praxis der Erstellung schriftlicher wissenschaftlicher Texte als zweckdienlich herausgestellt haben (vgl. Jacobs & Knorr, 1997).

Diese gehören jeweiligen wissenschaftlichen Sprachkulturen zu, deren Konstituierung sich einem Miteinander (und zum Teil auch Gegeneinander) von Entwicklungsverbünden wissenschaftlicher Kommunikation verdanken (vgl. Ehlich & Heller, 2006; Thielmann, 2009; Heller, 2010; Hornung, Carobbio & Sorrentino, 2014; Redder, 2017). Für das Wissenschaftlich-schreiben-Lernen (vgl. u. a. Ehlich & Steets, 2003) sind die Studierenden an die Ergebnisse der wissenschaftssprachlichen Entwicklungen in diesen einzelnen Wissenschaftskulturen gebunden und auf sie angewiesen. Der Transfer zwischen solchen Kulturen ist alles andere als einfach – auch wenn immer wieder der Anschein erweckt wird, als handle es sich hier lediglich um nomenklatorische Differenzen und Umetikettierungserfordernisse. Untersuchungen wie die von Thielmann (2009) zum Vergleich deutscher und englischer Wissenschaftstexte haben erkennen lassen, wie subtil die Unterschiede zum Teil sind und wie stark sie sich in den Formulierungspraxen bis ins Einzelne hinein auswirken. Die wechselseitigen Berührungen und Austauschprozesse *zwischen* den Wissenschaftskulturen haben unter anderem auch langfristige Veränderungen der zur Verfügung stehenden Textarten insgesamt zur Folge, wie etwa die Geschichte einer Textart wie „Essay", sofern sie wissenschaftlich genutzt wird, im europäischen Wissenschaftsvergleich verdeutlichen würde.

Jede der Wissenschaftskulturen verfügt über ein reiches, insgesamt aber durchaus überschaubares Arsenal von Ressourcen für die Verbalisierung in den unterschiedlichen Textarten. Die Nutzungsmöglichkeiten, die sich aus ihnen ergeben, optimieren den Wissenstransfer und damit die auf Ökonomie hin orientierten Zwecke wissenschaftlicher Kommunikation.

Sie erweisen ihre konkrete Nützlichkeit in ihrer kompetenten Nutzung. Die Praxis des *Formulierens* reproduziert die Ressourcen. Der Zugriff auf sie will gelernt sein. Hierfür ist – wie für den Gesamtbereich der Text- und Diskursarten der universitären Kommunikation – ein zweites Mal zwischen einer veräußerlichten und einer verinnerlichten Verfahrensweise zu unterscheiden. Der Rückgriff auf die Ressourcen als reine Präfabrikate, ohne dass ihr konkreter Nutzen für die in der jeweiligen Text- bzw. Diskursart zu erreichenden Zwecke einsichtig würde, entspricht dem veräußerlichten Verhältnis einer im Wesentlichen memorativen Wissensaneignung autoritativen und autorisierten Wissens, vor allem im Medium der Schriftlichkeit. Demgegenüber ist Transparenz der Ressourcenstrukturen eine wichtige Voraussetzung für die kompetente Verbalisierungspraxis, eine Voraussetzung, die sich emergent aus den Versuchen solcher Praxis mehr und mehr ergibt und stärkt.

Sprachliche Äußerungen als Realisierungen von sprachlichen Handlungen konkretisieren sich in der Nutzung sprachlicher Prozeduren, die den unterschiedlichen Feldern zugehören (s. Ehlich, 2007/II und vgl. oben Abschnitt 2.). Für die Zwecke wissenschaftlicher Kommunikation ergeben sich hinsichtlich der Feldernutzung einerseits Einschränkungen, z. B. in Bezug auf die Einheiten des Symbolfeldes, so dass geradezu von einer „Disziplinierung der Sprache" (Ickler, 1997) gesprochen werden kann. Zugleich kommt es in Bezug auf andere prozedurale Bereiche zu Schärfungen des Handlungspotenzials hinsichtlich der Leistungsfähigkeit der Prozeduren und der für sie verwendeten sprachlichen Mittel, so etwa im Deutschen bei der Verwendung deiktischer Prozeduren im textuellen Zusammenhang (s. Redder, 2000), wovon gerade wissenschaftliche Texte besonders intensiven Gebrauch machen. Ähnliches gilt für Teile des operativen Feldes.

Die sprachlichen Prozeduren sind nicht mit den sogenannten „Textprozeduren" (Feilke u. a. passim) zu verwechseln. Diese waren mit dem Ausdruck „Textroutine" m. E. – auch jenseits der durchaus irreführenden Homonymisierung, die hinsichtlich des Ausdrucks „Prozedur" entstanden ist (s. zur Kritik Redder, 2017) – klarer bezeichnet. Routinisierung bietet Entlastung, Routinewissen hält diese Entlastung für die je einzelnen Exemplare von Texten in den verschiedenen Textarten produktiv wie rezeptiv zur Verfügung. Routinewissen, dessen systematische Qualität und Einbindung in die Zwecke der Kommunikation nicht durchsichtig ist, steht freilich in der Gefahr, tatsächliche kommunikative Leistungsfähigkeit zu verfehlen. Umso wichtiger ist das Transparent-Machen der wissenschaftskommunikativen Strukturen, die für die einzelnen Textarten, aber auch für die einzelnen Diskursarten, zweckdienlich sind. Allerdings fehlt hier noch immer weithin einschlägige Forschung (vgl. Pohl, 2016). Durch die genannten Arbeiten von Guckelsberger, Hanna, Moll, Pohl, Stezano Cotelo und anderen, wissenschaftssprachkomparatistisch durch das euroWiss-Projekt von Redder u. a. (s. Hornung et al., 2014; Redder et al., 2014; Heller, Hornung, Redder & Thielmann, 2015) oder Hohenstein 2006 und weitere Arbeiten sind jedoch gerade in den letzten Jahren erhebliche Erkenntnisse gewonnen worden, die es weiterzuentwickeln, zu konkretisieren und auszudehnen gilt.

Eine besondere Bedeutung für die Texterstellung zeigt sich hinsichtlich der *Alltäglichen Wissenschaftssprache*. Deren kompetente Aneignung ist besonders für Nichtmuttersprachsprecherinnen und -sprecher zum Teil mit erheblichen Schwierigkeiten belastet. Aber auch diejenigen, die ihre Muttersprache für Zwecke wissenschaftlicher Kommunikation einsetzen können, bedürfen einer durch Übung und Kritik (bis hin zur Korrektur) allmählich erworbenen Fähigkeit, die in den späteren Phasen sprachlicher Sozialisation ausgebildet werden muss (s. dazu Moll & Thielmann, 2017).

Die Erarbeitung und Aneignung textueller Schriftlichkeit ist ein durchaus mühsamer Prozess. Kooperative Textproduktion (vgl. Lehnen, 2000) kann zur Ausbildung wissenschaftlicher Textkompetenz (vgl. Steinhoff, 2007) hilfreich sein. Immer aber wird die Universität nicht umhin können, die entsprechenden Qualifizierungen durch explizite didaktische Initiativen verstärkt zum Gegenstand der eigenen Arbeit zu machen.

8   Didaktische Konsequenzen

Das Wissenschaftlich-schreiben-Lernen bedeutet für die, die es für sich selbst erarbeiten, eine Erweiterung erheblichen Ausmaßes der eigenen kommunikativen Fähigkeiten. Der Weg von der diskursiven Mündlichkeit zur textuellen Schriftlichkeit ist in Bezug auf die Ausarbeitung dessen, wofür in den sprachlichen Basisqualifikationen die Grundlagen gelegt wurden, ein wesentliches Sozialisationsprozess-Ensemble für diejenigen, die sich selbst zur Kommunikation in der Institution Universität und darüber hinaus qualifizieren (vgl. exemplarisch Graefen & Moll, 2011; Redder, 2002).

Sprachaneignung ist kein auf eine kleine Phase der Biographie begrenzter Prozess, sondern setzt sich insbesondere dank der Vermittlung in den Institutionen der Bildung langanhaltend fort. Wenn die Universität im Kern eine Institution der Wissensinnovation ist, reicht die bloße veräußerlichte Übernahme z. B. der Arsenale bereits ausgebildeter Formen und Strukturen nicht aus. Wissenschaftliches-schreiben-Lernen erfordert es, das Studium selbst als Einübung in das forschende Lernen zu verstehen und in diesem Zusammenhang Einsicht in dessen innere kommunikative Strukturen zu gewinnen. Dem Schreiben kommt dafür eine herausgehobene Bedeutung zu. Angesichts der Objektivierungspotenziale, die es bietet, erleichtert, ja ermöglicht es jenen Grad von Reflexivität und Selbstreflexion, der für wissenschaftliches Arbeiten grundlegend ist. Wenn die Universität als Institution zunehmend begreift, dass die sprachliche Qualifizierung ihrer Novizinnen und Novizen kein nebenherlaufendes und hochschuldidaktisch letztlich zu vernachlässigendes Beiwerk ist, sondern integral zum wissenschaftlichen Geschehen selbst in der eigensprachlichen wie in der multilingualen Welt der Wissenschaft gehört und für diese unabdingbar ist, so wird eine Aufgabe erkannt und aufgenommen, deren Bearbeitung lange brachlag. Eines ist dabei deutlich: Die Aneignungsprozesse wissenschaftlicher Text- wie Diskursfähigkeit sind letztlich nur als individuelle biographische Leistung möglich.

Die einzelnen Studierenden dabei zu unterstützen, bedarf der Förderungsformen, wie sie z. B. aus der Sportwelt als „Coaching" bekannt sind. Das Verhältnis von Lehrenden und Lernenden, von Agenten und Klienten der Institution verlangt das Vorhalten der Möglichkeit solcher Individualisierung. Die bildungspolitisch vorangetriebene Entwicklung der Massenuniversität ist dem nicht förderlich, um es vorsichtig auszudrücken. Die institutionellen Konsequenzen, die bildungspolitisch zu ziehen sind, sind erheblich. Das vielberufene Beispiel der angelsächsischen Universitätskultur, das – oft ohne viel Einsicht in diese wie in die eigene – bemüht wird, weist mit dem „Tutoring"-System hier ein interessantes Beispiel auf. Es ist freilich nicht nur interessant, es ist auch kostspielig. Für Haushälter schwindet das Interesse an solchen Beispielen in dem Maß, wie die Kosten steigen. Für die Universität im Sinn ihres eigentlichen Zweckes hingegen wäre die Schaffung von Strukturen, die eine stärkere Individualisierung der universitären kommunikativen Lernprozesse ermöglichen, ganz ohne Zweifel von großem Nutzen.

Literatur

Bachmann, T. & Feilke, H. (Hrsg.). (2014). *Werkzeuge des Schreibens: Beiträge zu einer Didaktik der Textprozeduren*. Stuttgart: Fillibach bei Klett.

Breitsprecher, C. (2010). Studentische Mitschriften – Exemplarische Analysen, Transformationen ihrer Bedingungen und interkulturelle Forschungsdesiderate. In D. Heller (Hrsg.), *Deutsch, Italienisch und andere Wissenschaftssprachen – Schnittstellen ihrer Analyse* (S. 201–216). Frankfurt am Main [u.a.]: Peter Lang.

Brinkschulte, M. (2015). *(Multi-)mediale Wissensübermittlung in universitären Vorlesungen. Eine diskursanalytische Untersuchung am Beispiel der Wirtschaftswissenschaft*. Heidelberg: Synchron [=Wissenschaftskommunikation 11].

Chen, S. (1995*). Pragmatik des Passivs in chemischer Fachkommunikation. Empirische Analyse von Labordiskursen, Versuchsanleitungen, Vorlesungen und Lehrwerken*. Frankfurt am Main [u.a.]: Peter Lang [=Arbeiten zur Sprachanalyse 24].

da Silva, A. (2014). *Wissenschaftliche Streitkulturen im Vergleich. Eristische Strukturen in italienischen und deutschen wissenschaftlichen Artikeln*. Heidelberg: Synchron [=Wissenschaftskommunikation 7].

Ehlich, K. (1981). Schulischer Diskurs als Dialog? In P. Schröder & H. Steger (Hrsg.), *Dialogforschung* (S. 334–369). Düsseldorf: Schwann. Auch in: Ehlich, K. (2007/III), S. 131–167.

Ehlich, K. (1986). Die Entwicklung von Kommunikationstypologien und die Formbestimmtheit des sprachlichen Handelns. In W. Kallmeyer (Hrsg.), *Kommunikationstypologie* (S. 47–72). Düsseldorf: Schwann.

Ehlich, K. (1999). Alltägliche Wissenschaftssprache. In H. Barkowski & A. Wolff (Hrsg.), *Alternative Vermittlungsmethoden und Lernformen auf dem Prüfstand* (S. 1–30). Regensburg: FaDaF.

Ehlich, K (2005). Sprachaneignung und deren Feststellung bei Kindern mit und ohne Migrationshintergrund: Was man weiß, was man braucht, was man erwarten kann. In ders. (Hrsg.), *Anforderungen an Verfahren der regelmäßigen Sprachstandsfeststellung als Grundlage für die frühe und individuelle Sprachförderung von Kindern mit und ohne Migrationshintergrund. Eine Expertise für das Bundesministerium für Bildung und Forschung* (S. 11–75). Bonn & Berlin: BMBF.

Ehlich, K. (2007). *Sprache und sprachliches Handeln. Drei Bände* (Band II: Prozeduren des sprachlichen Handelns; Band III: Diskurs – Narration – Text – Schrift). Berlin [u.a.]: de Gruyter.

Ehlich, K. (2010³). Funktionale Pragmatik – Terme, Themen und Methoden. In L. Hoffmann (Hrsg.), *Sprachwissenschaft. Ein Reader* (Rev. Aufl.) (S. 214–230). Berlin: de Gruyter.

Ehlich, K. (2013). Sprachliche Basisqualifikationen, ihre Aneignung und die Schule. In *Die deutsche Schule (DDS) 105*, 2, 199–209.

Ehlich, K. (2014). Argumentieren als sprachliche Ressource des diskursiven Lernens. In A. Hornung & G. Carobbio (Hrsg.), *Diskursive und textuelle Strukturen in der Hochschuldidaktik. Deutsch und Italienisch im Vergleich* (S. 41–54). Münster: Waxmann.

Ehlich, K. (2016⁵). Artikel „Prozedur". In H. Glück & M. Rödel (Hrsg.), *Metzler Lexikon Sprache* (S. 544–545). Stuttgart: Metzler.

Ehlich, K. & Heller, D. (Hrsg.) (2006). *Die Wissenschaft und ihre Sprachen*. Bern [u. a.]: Peter Lang.

Ehlich, K. & Rehbein, J. (1977). Wissen, kommunikatives Handeln und die Schule. In H. C. Goeppert (Hrsg.), *Sprachverhalten im Unterricht* (S. 26–114). München: Fink.

Ehlich, K. & Steets, A. (Hrsg.) (2003). *Wissenschaftlich schreiben – lehren und lernen*. Berlin: de Gruyter.

Emam, H. (2016). *Exzerpieren als Wissensverarbeitung von wissenschaftlichen Texten in der deutschen und ägyptischen Universität*. München: iudicium [= Studien Deutsch 43].

Fandrych, C., Meißner, C. & Slavcheva, A. (Hrsg.) (2014). *Gesprochene Wissenschaftssprache. Korpusmethodische Fragen und empirische Analysen*. Heidelberg: Synchron [=Wissenschaftskommunikation 9].

Feilke, H. (2012). Was sind Textroutinen? Zur Theorie und Methodik des Forschungsfeldes. In H. Feilke & K. Lehnen (Hrsg.), *Schreib- und Textroutinen: Theorie, Erwerb und didaktisch-mediale Modellierung* (S. 1–31). Frankfurt am Main: Peter Lang.

Feilke, H. (2014). Argumente für eine Didaktik der Textprozeduren. In T. Bachmann & H. Feilke (Hrsg.), *Werkzeuge des Schreibens. Beiträge zu einer Didaktik der Textprozeduren* (S. 11–34). Stuttgart: Fillibach bei Klett.

Graefen, G. (1997). *Der Wissenschaftliche Artikel. Textart und Textorganisation*. Frankfurt am Main [u. a.]: Peter Lang [=Arbeiten zur Sprachanalyse 27].

Graefen, G. & Moll, M. (2011). *Wissenschaftssprache Deutsch: lesen – verstehen – schreiben. Ein Lehr- und Arbeitsbuch*. Frankfurt am Main: [u. a.]: Peter Lang.

Guckelsberger, S. (2005). *Mündliche Referate in universitären Lehrveranstaltungen. Diskursanalytische Untersuchungen im Hinblick auf eine wissenschaftsbezogene Qualifizierung von Studierenden*. München: iudicium [=Studien Deutsch 34].

Hanna, O. (2003). *Wissensvermittlung durch Sprache und Bild. Sprachliche Strukturen in der ingenieurwissenschaftlichen Hochschulkommunikation*. Frankfurt am Main [u. a.]: Peter Lang [=Arbeiten zur Sprachanalyse 42].

Heller, D. (Hrsg.) (2010). *Deutsch, Italienisch und andere Wissenschaftssprachen*. Frankfurt am Main [u. a.]: Peter Lang [=Deutsche Sprachwissenschaft international 12].

Heller, D., Hornung, A., Redder, A. & Thielmann, W. (Hrsg.) (2015). *Europäische Wissenschaftsbildung – komparativ und mehrsprachig*. Themenheft *Deutsche Sprache* 43 (4).

Hohenstein, C. (2006). *Erklärendes Handeln im Wissenschaftlichen Vortrag. Ein Vergleich des Deutschen mit dem Japanischen*. München: iudicium [=Studien Deutsch 36].

Hoffmann, L. (2016³). *Deutsche Grammatik. Grundlagen für Lehrerausbildung, Schule, Deutsch als Zweitsprache und Deutsch als Fremdsprache*. Berlin: Erich Schmidt.

Hornung, A., Carobbio, G. & Sorrentino, D. (Hrsg.) (2014). *Diskursive und textuelle Strukturen in der Hochschuldidaktik. Deutsch und Italienisch im Vergleich*. Münster [u. a.]: Waxmann [=Sprach-Vermittlungen 12].

Ickler, T. (1997). *Die Disziplinierung der Sprache. Fachsprachen in unserer Zeit.* Tübingen: Narr.

Jacobs, E.-M. & Knorr, D. (Hrsg.) (1997). *Schreiben in den Wissenschaften.* Frankfurt am Main [u. a.]: Peter Lang.

Kämper-van den Boogaart M. (2013). Der deutsche Aufsatz und das Abitur – Was man vielleicht aus der Geschichte lernen könnte … In H. Feilke, J. Köster & M. Steinmetz (Hrsg.), *Textkompetenzen in der Sekundarstufe II* (S. 41–61). Stuttgart: Fillibach bei Klett.

Lehnen, K. (2000). *Kooperative Textproduktion. Zur gemeinsamen Herstellung wissenschaftlicher Texte im Vergleich von ungeübten, fortgeschrittenen und sehr geübten SchreiberInnen.* Dissertation: Universität Bielefeld.

Lenzen, D. (2014). *Bildung statt Bologna!* Berlin: Ullstein.

Meiler, M. (2016*). Eristisches Handeln im wissenschaftlichen Weblog. Medienlinguistische Grundlagen und Analysen.* Dissertation: TU Chemnitz.

Moll, M. (2001). *Das wissenschaftliche Protokoll. Vom Seminardiskurs zur Textart: empirische Rekonstruktionen und Erfordernisse für die Praxis.* München: iudicium [=Studien Deutsch 30].

Moll, M. & Thielmann, W. (2017). *Wissenschaftliches Deutsch.* Konstanz: UVK/UTB

Pohl, T. (2009). *Die studentische Hausarbeit. Rekonstruktion ihrer ideen- und institutionsgeschichtlichen Entstehung.* Heidelberg: Synchron [=Wissenschaftskommunikation 4].

Pohl, T. (2016). Die Epistemisierung des Unterrichtsdiskurses – ein Forschungsrahmen. In E. Tschirner, O. Bärenfänger & J. Möhring (Hrsg.) *Deutsch als fremde Bildungssprache* (S. 55–79). Tübingen: Stauffenburg.

Prestin M. (2011). *Wissenstransfer in studentischen Seminararbeiten. Rekonstruktion der Ansatzpunkte für Wissensentfaltung anhand empirischer Analysen von Einleitungen.* München: iudicium [=Studien Deutsch 42].

Redder, A. (2000). Textdeixis. In K. Brinker, G. Antos, W. Heinemann & S. F. Sager (Hrsg.) *Text- und Gesprächslinguistik. Band 1.* (S. 283–294). Berlin [u. a.]: de Gruyter [=HSK 16,1].

Redder. A. (Hrsg.) (2002). „Effektiv studieren". Texte und Diskurse in der Universität. *Osnabrücker Beiträge zur Sprachtheorie OBST*, Beiheft 12.

Redder, A. (2008). Functional Pragmatics. In G. Antos & E. Ventola (Eds.) *Handbook of Interpersonal Communication* (S. 133–178). Berlin: de Gruyter [=Handbook of Applied Linguistics 2].

Redder, A. (2017). Diskursive und textuelle Eristik – Systematik und komparative Analysen. In H. Feilke, K. Lehnen, & M. Steinseifer (Hrsg.), (in prep./2017) *Eristische Literalität. Wissenschaftlich streiten – Wissenschaftlich schreiben.* Berlin: Niemeyer/de Gruyter.

Redder, A., Heller, D. & Thielmann, W. (Hrsg.) (2014). *Eristische Strukturen in Vorlesungen und Seminaren deutscher und italienischer Universitäten. Analysen und Transkripte.* Heidelberg: Synchron [=Wissenschaftskommunikation 8].

Thielmann, W. (2009). *Deutsche und englische Wissenschaftssprache im Vergleich: Hinführen – Verknüpfen – Benennen.* Heidelberg: Synchron [=Wissenschaftskommunikation 3].

Steinhoff, T. (2007). *Wissenschaftliche Textkompetenz.* Tübingen: Niemeyer [= RGL 280].

Stezano Cotelo, K. (2008). *Verarbeitung wissenschaftlichen Wissens in Seminararbeiten ausländischer Studierender. Eine empirische Sprachanalyse.* München: iudicium [=Studien Deutsch 39].

Wiesmann, B. (1999). *Mündliche Kommunikation im Studium. Diskursanalysen von Lehrveranstaltungen und Konzeptualisierung der Sprachqualifizierung ausländischer Studienbewerber.* München: iudicium [=Studien Deutsch 27].

Paul R. Portmann

Die Stimmen der Schreibenden

Ein mesostruktureller Zugang zu wissenschaftlichen Texten[1]

1   Einleitung

Ausgangspunkt der folgenden Darstellung ist die These, dass wissenschaftliche Texte dann besonders fruchtbar thematisiert werden können, wenn ihre konkrete sprachlich-textuelle Gestalt in den Blick genommen wird.

Dies ist, zumindest in der linguistischen Diskussion, keine selbstverständliche Setzung. Der traditionelle textlinguistische Ansatz beschreibt übergreifende Textstrukturen (und in Bezug darauf abstrakte Einzelmomente an Texten), kann aber nicht kenntlich machen, wie im Lauftext die kommunikativen und textstrukturellen Anforderungen tatsächlich umgesetzt werden.[2] Der neuere, auf sprachliche Mikrostrukturen und Formulierungsmuster fokussierte Zugang erlaubt es dagegen, tatsächlich fundamentale Werkzeuge des wissenschaftlichen Schreibens zu erfassen.[3] Diese ermöglichen es, die Texte von Expertinnen und Experten von denen von Anfängerinnen und Anfängern im Gebiet zu unterscheiden. Sie geben also Hinweise auf die fachliche Kompetenz der jeweiligen Schreibenden. Es ist deshalb naheliegend, sie als zentrale kognitive Instrumente des wissenschaftlichen Arbeitens zu interpretieren. Aber auch hier bleibt die Frage offen, wie Schreibende dazu kommen, das, was sie zu sagen haben, in erkennbare wissenschaftlich-textuelle Gestalt zu bringen.

Der ‚Ort‘ im Text, an dem diese textuelle Gestalt am deutlichsten greifbar wird, ist der einzelne Textabschnitt.[4] In ihm treten das semiotisch vorgeprägte sprachliche

---

1   Ein großer Dank geht an Dr. Christopher Ebner und an Dr. Bora Bushati. In Gesprächen mit ihnen sind die ersten Ideen für die hier vorgestellten Konzepte entwickelt worden.

2   Vgl. Graefen, 1997; Göpferich,1995; Hüttner, 2007.

3   Grundlegend sind die Arbeiten Ehlichs zur ‚Allgemeinen Wissenschaftssprache‘ und zur Feldertheorie (1992, 1993, 1999) und Feilkes Beiträge zu idiomatischen Prägungen und Textroutinen, z. B. Feilke, 1996; Feilke, 2012. Vgl. dazu auch die weiteren Beiträge in Feilke/Lehnen (Hrsg.), 2012. Dass solche Routinen auch für das studentische Schreiben zentral sind, wird immer wieder betont (vgl. Ortner, 2002; 2003; Pohl, 2007, S. 140 f.; Steinhoff, 2007, S. 36).

4   Absätze bzw. Abschnitte sind in der Textlinguistik wiederholt besprochen worden. Einige Hinweise über diesbezügliche Positionen gibt Stein (2003, Kap. 5). Die typographische Abgrenzung signalisiert demnach thematische Neuansätze. Spezifisch zu dem hier interessierenden Thema – Absätze in wissenschaftlichen Texten – äußert sich Graefen (1997, S. 165 f.), wobei ihre Aussagen sich über weite Strecken mit denen Steins decken. Ihr zufolge lassen sich Absätze in dreierlei Hinsicht charakterisieren. Der Schritt vom einen zum anderen ermöglicht *einen vorläufigen Abschluss, die Möglichkeit einer Zwischenbi-*

Material, die jeweils aktuellen fachlichen Sachverhalte, die generellen Anforderungen an wissenschaftliche Texte sowie die Absichten der Autorinnen und Autoren in
Kontakt miteinander, hier müssen sie alle gleicherweise berücksichtigt werden und
in sprachlich-textueller Gestalt zum Ausdruck kommen. Ich nenne diese Abschnitte
(die mit der typographischen Abschnittgliederung nicht immer ganz übereinstimmen) mesostrukturelle textuelle Elemente oder kurz Mesoelemente und die durch
sie gebildete Struktur *Mesostruktur*. Kapitel, Unterkapitel und Unterunterkapitel in
wissenschaftlichen Texten sind mesostrukturell fast immer komplex.[5]

Im Folgenden wird in einem ersten Schritt ein wesentlicher, vielleicht der wesentliche Aspekt der Textrezeption thematisiert – die Identifikation dessen, worauf es einer Autorin oder einem Autor ankommt. In einem zweiten Schritt wird
darauf aufbauend die prototypische Struktur eines komplexen Mesoelements im
wissenschaftlichen Text analysiert. In einem dritten Schritt werden die verwendeten
Begriffe und Gesichtspunkte als rhetorische Mittel ausgewiesen, die es Autorinnen
und Autoren erlauben, ihre wissenschaftliche Intention kunstgerecht in Textform zu
‚inszenieren‘.

Es geht in dieser Studie nicht primär um die Begründung der verwendeten Begriffe und Sichtweisen. Dies ist in anderen Beiträgen geschehen.[6] Das Ziel hier ist
es, die Fruchtbarkeit einer Perspektive zu demonstrieren, die nah am Lauftext bleibt
und in konkreten textuellen Konfigurationen Aspekte benennt, die ihre Machart
deutlich machen und ihre ‚Wissenschaftlichkeit‘ mitbestimmen. Dabei treten Aspekte in den Vordergrund, die in anderen Zugängen weitgehend unbeachtet blei-

---

lanz, er erlaubt *die mentale Vorbereitung auf die Aufnahme eines neuen Gedankens, evtl.
eines neuen Themas*, und er steht in einer Folge von Absätzen, so dass er *mindestens zum
vorangehenden und nachfolgenden Absatz in Beziehung gebracht werden* muss. Vermerkt
wird auch, dass typographische und thematische Gliederung nicht immer übereinstimmen (Graefen, 1997, S. 167). Graefen merkt zudem an, dass der Anfang und das Ende von
Absätzen (wie im Übrigen von Einheiten auf jeder Textebene) von besonderer Bedeutung
sind (ebda.). In ähnliche Richtung geht die Darstellung von Sachtleber (1993, S. 60 ff.).

5   Der Begriff der Mesostruktur wird in der Textlinguistik selten verwendet. Baumann
(1998, S. 410) spricht das Thema in sehr generellen Termini an. Konkreter wird das Konzept bei Feilke (2005, S. 46 f.). Roelcke (1999, Kap. 5) spricht, wie viele andere, nur von
Mikro- und Makrostruktur.

6   Eine Auseinandersetzung mit den für den vorliegenden Beitrag einschlägigen textlinguistischen und textpragmatischen Grundlagen findet sich in Portmann-Tselikas (2011)
und Portmann-Tselikas (in Vorb.). In diesen Beiträgen wird auch das im Folgenden
wegleitende Konzept der Mesostruktur begründet. Das Konzept der Stimme wird erstmals explizit ausformuliert in Portmann-Tselikas (in Vorb.). Die Vorarbeit für die hier
prominent gesetzten Aspekte der Prägnanz von Texten findet sich in Portmann-Tselikas
(2008). Die durchgängig wichtige, wenn auch nicht besonders hervorgehobene Dimension des Kontextes und seiner Relevanz für alle grundlegenden Entscheidungen von
Kommunizierenden ist detailliert dargestellt in Portmann-Tselikas & Weidacher (2010).
Beiträge, die – zwar auf anderer Basis – in ähnliche Richtung gehen wie der folgende, sind
u. a. Steinhoff 2008 und die Beiträge in Feilke & Lehnen (Hrsg.), 2012.

ben. Im Zentrum der Analyse steht ein Text aus der Linguistik. Ich nehme an, dass anhand dieses Beispiels zentrale Charakteristika zumindest geistes- und sozialwissenschaftlicher Textbildung erfasst werden können.

2 Schlüsselsätze: Wie deutlich wird, worum es geht

Wissenschaftliche Texte bestehen zum größten Teil aus Feststellungen. Diese haben ganz unterschiedliche Funktionen: Es sind Zitate, Kommentare, Paraphrasen von Beiträgen anderer Autorinnen und Autoren, methodische Überlegungen, Argumente, Interpretationen, Festlegungen. Lesende stehen hier vor dem Problem, die Beziehungen zwischen all diesen Aussagen und damit das Gewicht jeder einzelnen von ihnen zu entdecken. Zuvorderst steht hier die Aufgabe, die Schlüsse und Festlegungen zu erkennen, zu denen Autorinnen und Autoren kommen und mit denen die Resultate ihrer Überlegungen festgehalten werden. Da wissenschaftliches Schreiben unter der Prämisse steht, dass mit dem Text Neues, Horizonterweiterndes gesagt werden soll, sind es diese ‚auktorialen‘ Aussagen, auf die es vor allem ankommt und an denen die Intention der Schreibenden an einer bestimmten Stelle im Text wie auch die Ziele ihrer Auseinandersetzung mit der Sache ablesbar sind. Mit ihnen haben Lesende einen wichtigen, sogar den wichtigsten Schlüssel für das Verstehen in der Hand.[7]

Die Frage, der ich hier nachgehen will, ist die folgende: Wie machen Autorinnen und Autoren ihren eigenen Beitrag zum Thema deutlich? Und woran erkennen Lesende in dem Wust von deklarativen Sätzen in wissenschaftlichen Texten diejenigen, auf die es den Schreibenden in erster Linie ankommt? Denn dies eine ist von vornherein klar: Bei weitem nicht immer werden diese entscheidenden Aussagen explizit als auktoriale Positionierungen ausgewiesen. Im Gegenteil, in den meisten wissenschaftlichen Beiträgen geschieht diese Markierung mehr oder weniger implizit. Ich versuche im Folgenden an drei Beispielen zu verdeutlichen, wie zentral dieser Aspekt für wissenschaftliche Texte ist. Die ersten zwei Beispiele machen es den Lesenden leicht, das dritte exemplifiziert dann den akademischen Normalfall.

2.1 Nietzsche zu Kant

Nietzsche nimmt im folgenden Text, den ich nur ausschnittweise wiedergebe, Stellung zu Kants ‚Kritik der reinen Vernunft‘.

---

[7] Es geht hier um eine spezifische *Leistung* von Formulierungen. Diese erschöpft sich nicht in ihrer Semantik. Antos war einer der ersten, der diesen Aspekt an Formulierungen in der neueren Linguistik zur Geltung gebracht hat (Antos, 1982). Ich verfolge diesen Gedanken hier im Hinblick auf einen eng umgrenzten Bereich.

Wie sind synthetische Urteile *a priori möglich*? fragte sich Kant, – und was antwortete
er eigentlich? *Vermöge eines Vermögens*: leider aber nicht mit drei Worten, sondern so
umständlich, ehrwürdig und mit einem solchen Aufwande von deutschem Tief- und
Schnörkelsinne, dass man die lustige *niaiserie allemande* überhörte, welche in einer solchen Antwort steckt. (F. Nietzsche, Jenseits von Gut und Böse, 1. Hauptstück, 11)

In einem ohnehin sprachlich und rhetorisch reichen Kontext sticht eine Formulierung besonders ins Auge, und dies nicht nur darum, weil sie kursiv gedruckt
erscheint. Sie macht mit ihrer Doppelung des Wortstamms *vermög-* und der Al-
tertümlichkeit der Verwendung von *vermöge* als Präposition sozusagen von selbst
auf sich aufmerksam. Zunächst fällt die geradezu provokante Behauptung Nietzsches auf, das Hauptwerk Kants in drei Worten zusammenfassen zu können. Diese
Kürzestversion der ,Kritik der reinen Vernunft' sticht zusätzlich ins Auge dadurch,
dass der Gebrauch von *vermöge* als Präposition einen Spiegel des im folgenden Satz
charakterisierten kantischen Stils darstellt, der nach Nietzsche geprägt ist von *einem
solchen Aufwande von deutschem Tief- und Schnörkelsinne, dass …* Diese Kennzeichnung mit ihrem kunstvollen Rückgriff auf alte Dativendungen (,Aufwande',
,Schnörkelsinne') bestätigt und verstärkt den schon vom ersten Satz an merkbaren
ironisch-parodistischen Ton der Passage insgesamt und insbesondere der Charakterisierung von Kants Werk.

Dieses durchaus amüsante Spiel mit der Sprache steht – wir ahnen es – nicht
zufällig an dieser Stelle. Die kunstvoll produzierte Prägnanz von *Vermöge eines Vermögens* erfüllt eine Aufgabe. Wie haben es hier mit einer geradezu prototypischen
Formulierung mit Mehrwert zu tun, und dieser Mehrwert dient der Kenntlichma-
chung der tatsächlich wesentlichen Aussage, auf die es Nietzsche ankommt, obwohl
er sie nicht einmal explizit ausformuliert.

Wir können die Wirkungsweise dieser Formulierung besser erkennen, wenn wir
eine kleine Ersetzung vornehmen:

vermöge eines Vermögens → aufgrund eines Vermögens

Der propositionale Gehalt bleibt in der zweiten Fassung derselbe. Aber diese Formulierung ist nicht prägnant. Sie ist bloße Zusammenfassung, die Charakterisierung
dessen, was Kant nach Meinung Nietzsches gesagt hat. Nur die erste Formulierung
stößt uns sozusagen mit der Nase darauf, dass hier etwas Weiteres angesprochen
ist: Die kantische Konzeption ist problematisch, so legt Nietzsche nahe, denn sie
ist tautologisch. Sie besagt letztlich nur, dass wir synthetische Urteile a priori fällen
können, weil wir dies können. Eine solche Bestimmung bringt keine Information,
sie erklärt nichts. So erweist sich die Kürzestversion des Kantischen Werkes, dank
dieser bestimmten Formulierung, auch gleichzeitig als dessen Radikalkritik. Nietzsche äußert diese Kritik nicht explizit. So, wie er dieses *Vermöge eines Vermögens* in
Szene setzt, kann er aber darauf bauen, dass wir diesen Schluss ziehen. Und es geht
natürlich darum, dass wir begreifen, dass er es mit dieser Aussage, die wir Lesenden

selber erst ausformulieren, ernst meint: Es ist sein finales Verdikt über die idealisti-
sche Philosophie, auch wenn es spielerisch daher kommt.

Das ist nun von Belang, philosophisch und kommunikativ. Das ästhetische Spiel
ist nur die Einkleidung. Der Mehrwert der Formulierung ist die Positionierung, auf
die dieser Abschnitt hinausläuft. Der Autor spricht nicht im Modus des probeweisen
Überlegens, sondern er hat entschieden. Er stellt sich, mit dieser Formulierung als
seiner Waffe, aufs freie Feld und fordert die Leserin, den Leser heraus: „Sieh, ich sage
dir, was von dem deutschen Heroen der Philosophie zu halten ist. Du meinst vielleicht, er sei unüberholbar. Ich aber sage, sein Werk beruht auf einem sprachlichen
Kurzschluss. Wagst du etwas dazu zu sagen, ja, kannst du darauf überhaupt etwas
Substanzielles erwidern?" – Wir haben hier ein Beispiel formvollendeter Eristik
vor uns, wie Konrad Ehlich sagen würde (Ehlich, 1993, S. 18 f.), einen Paradefall des
argumentierenden, in antagonistische Positionen ausgefalteten Streitens in Philosophie und Wissenschaft.

Wissenschaftler sind nicht immer begnadete Stilisten. Aber prägnante Formulierungen – prägnant in dem Sinne, dass die Inszenierung einer Passage darauf hinausläuft, eine Formulierung mit Mehrwert, eine Positionierung zu gewinnen, – solche
Formulierungen sind in wissenschaftlichen Texten nicht einfach zufälligerweise zu
finden. Sie gehören notwendig zu ihnen. Damit Neues – eine neue Erkenntnis, eine
neue Sichtweise – gewonnen werden kann, muss Vorhandenes zumindest modifi-
ziert werden. Dies setzt voraus, dass Schreibende zeigen, an welchen Festlegungen
anderer Autorinnen und Autoren sie Anstoß nehmen und welche ihre eigenen,
überlegenen Ausgangspunkte sind. Dies ist das wissenschaftliche Grundverfahren
schlechthin. Wie dieses Verfahren in textuelle Form gebracht wird, zeigen die beiden nächsten Beispiele. Das erste erinnert in seinem Sprachgestus noch an den Text
Nietzsches.

2.2   Krämer zu Chomsky

Ziemlich zu Beginn ihres Beitrags zu Sprache und Sprechen kommt Krämer (2002)
in einem Unterkapitel mit dem Titel *Saussure und Chomsky: Warum die Sprache au-
tonom ist* auf Konsequenzen der bekannten Unterscheidung von langue und parole
bzw. von Kompetenz und Performanz zu sprechen.

> Es ist die bei Saussure schon angelegte Marginalisierung der Seite des Sprachgebrauches,
> die Chomsky mit seiner Unterscheidung von „Kompetenz" und „Performanz" – die
> er später als Unterscheidung zwischen „interner" und „externer" Sprache fortführte –
> befördert. Er hat damit zugleich die zeitgenössisch wohl einflussreichste Version der
> Unterscheidung von Schema und Gebrauch in sprachwissenschaftlicher Perspektive be-
> reitgestellt. Was bei Saussure noch ein sozial zirkulierendes Zeichensystem war, wird bei
> Chomsky zu einem – in letzter Instanz hirnphysiologisch instantiierten – Wissens- bzw.
> Kenntnissystem, wird zur Form, an der gemessen der Sprechvollzug nur als Deformation
> sichtbar wird. Und noch deutlicher als bei Saussure erwirbt dieses – implizite – Kennt-

nissystem poietisch-generative Züge: Das Regelsystem der Sprache wird zum wirklichen Erzeugungsmechanismus des Sprechens.

In einer Passage, die weitgehend als Darstellung von Chomskys Position im weiteren linguistischen Kontext auftritt, treffen wir auf eine Formulierung, die sozusagen laut auf sich selbst hinzeigt und damit aus dem Text geradezu herausspringt:

… wird zur Form, an der gemessen der Sprechvollzug nur als Deformation sichtbar wird

Mit dieser Neufassung des Begriffspaars Kompetenz – Performanz interpretiert Sybille Krämer die Ausgangsbegriffe mit einer Schärfe, die geradezu nach einer Reaktion schreit. Zwar verrät schon der erste Satz des Abschnitts eine gewisse kritische Distanz (Chomskys Ansatz befördert die *Marginalisierung des Sprachgebrauchs*). In den folgenden Sätzen wird Chomskys Position aber weitgehend neutral charakterisiert. Dann aber, mit der pointierten Entgegensetzung von Form und Deformation, nimmt die Autorin unmissverständlich Stellung. Sie kann sich für diese ihre Interpretation durchaus auf Aussagen Chomskys stützen – sie wird damit seinen Ideen bis zu einem gewissen Grade gerecht. Aber dieser Satz ist nicht mehr neutralreferierend, sondern wird gleichzeitig lesbar als Urteil. Auf diesen Mehrwert kommt es hier an, auf die Einladung an die Leserin, den Leser, die prinzipiell bekannten Festlegungen Chomskys mit Hilfe der Autorin in neuem Licht zu sehen und mit gleichsam ungläubiger Empörung auszurufen: „Aber das geht zu weit! Den Sprachgebrauch, also Kommunikation, kann man doch nicht einfach als linguistischen Schadensfall bezeichnen!!"

Die Autorin bedient sich hier, im Rahmen eines eindeutig wissenschaftlichen Textes, ähnlich wie Nietzsche einer auffälligen Formulierung, um eine Schlüsselaussage kenntlich zu machen. Ohne dass sie dies explizit zu sagen braucht (was sie natürlich auch tun könnte), wissen wir: Diese Formulierung ist wichtig. Hier geht es zwar um Chomsky, aber gleichzeitig noch mehr um das, was die Autorin selber umtreibt. Und wir wissen zugleich auch, dass hier ein Thema aufs Tapet kommt, das noch weiter besprochen werden wird. Darauf legt sich die Autorin fest. Was linguistische Pragmatik ist und auf welche Weise sie für die Sprachtheorie Bedeutung hat, das wird sie (und uns als Leserinnen und Leser ihres Beitrags) weiter beschäftigen.

2.3   Steinhoff zu Göpferich

Ein drittes Beispiel, diesmal von Torsten Steinhoff (2007, S. 25). Im Rahmen des Kapitels *Fachsprachenforschung und Wissenschaftslinguistik* kommt er in einem kurzen Unterkapitel auf den Ansatz der Fachtextpragmatik zu sprechen. Der erste Abschnitt dieses Unterkapitels kommt zum Schluss, dass diese das sprachliche Material von Texten nur am Rande berücksichtige. Damit gerate das konkrete sprachliche Material wissenschaftlicher Texte ‚ins Abseits' der Forschung. Der zweite Abschnitt knüpft bei dieser Feststellung an.

Dies lässt sich an einer einschlägigen Definition von „Fachtext" zeigen. Nach Göpferich (1995, 56) ist der Fachtext dadurch gekennzeichnet, dass er „mit einer bestimmten Intention, der Kommunikationsabsicht, geschaffen" wird, eine „erkennbare kommunikative Funktion" erfüllt und „eine inhaltlich und funktional abgeschlossene Einheit" bildet. Das sprachliche Material spielt in dieser Definition keine Rolle. Es interessiert ausschließlich als Instrumentarium zur Realisierung von Intentionen. So entsteht der Eindruck, das sprachliche Material sei in gewisser Weise austauschbar, solange die Schreiber nur wüssten, welche (Fach-)Handlungen zu realisieren seien. Es macht jedoch einen Unterschied, wie diese Handlungen auf der Textoberfläche sprachlich angezeigt werden. Bestimmte Routinen des wissenschaftlichen Handelns sind an bestimmte Sprachformen gebunden. Dafür sprechen nicht zuletzt die Ergebnisse empirisch fundierter Arbeiten zu einzelnen wissenschaftssprachlichen Handlungen.

Dieser Text ist ein gänzlich unauffälliges Beispiel alltäglicher Wissenschaft, wenn diese etwas gewagte Kennzeichnung erlaubt ist. Hier springt keine Formulierung allein schon durch ihre sprachliche Gestalt ins Auge, in keinem Satz wird, für Fachfremde erkennbar, ungewohnte oder sonst wie bemerkenswerte Information gegeben, und der Autor weist auch an keiner Stelle explizit darauf hin, dass er eine bestimmte Aussage als wichtig, als unabweisbaren Schluss, als Ausgangspunkt für die weiteren Überlegungen o. dgl. herausheben würde. Für ungeübte Leserinnen und Leser kommt das genau so daher, wie sie sich Wissenschaft vorstellen: trocken, unkonkret, mit schwer erkennbarer Pointe. Die Einsicht, um die es dem Autor geht, wird routinierten Leserinnen und Lesern jedoch sofort deutlich. Sie ist, wie sich zeigen lässt, als zentrale Aussage markiert, aber diese Markierung erfolgt ko-textuell, und es ist allein dieser Ko-Text, der sie und ihre Rolle als Selbstpositionierung des Autors erkennbar macht.

Das nächste Kapitel ist der genauen Analyse dieses Abschnitts gewidmet mit dem Ziel, anhand dieses Beispiels Einsicht in die Machart wissenschaftlicher Texte zu gewinnen.

3   Die entfaltete Struktur von Steinhoffs Text

3.1   Der Text in neuer Optik

Für die folgende Besprechung bringe ich am oben abgedruckten Text einige Änderungen an und führe ihn noch einmal in neuer Form an.

1) Der erste Satz beginnt mit einem Demonstrativpronomen („Dies …"). Damit greift Steinhoff auf den letzten Satz des vorhergehenden Abschnitts zurück. Ich formuliere die so aufgerufene Information hier explizit aus, denn sie gehört wesentlich zum besprochenen Abschnitt dazu.
2) Der letzte Satz des oben abgedruckten Abschnitts leitet über zu einem neuen Thema, nämlich der Stützung von Steinhoffs Position durch empirische Studien.

Solche Studien werden dann im folgenden Abschnitt kurz vorgestellt. Die Überleitung gehört sachlich und strukturell deutlich zu diesem folgenden Element und ist nur typographisch dem hier besprochenen zugesellt.

3) Der Text wird typographisch so dargestellt, dass drei ‚Ebenen' der Darstellung sichtbar werden. Man könnte auch, und vielleicht besser, von drei ‚Stimmen' sprechen, die dem Autor zur Verfügung stehen, um wissenschaftlich zu schreiben. Jede von ihnen, dies wird die Diskussion zeigen, hat ihre eigene Charakteristik, und jede hat ihre eigenständige Rolle zu spielen. Im Zusammenspiel von allen dreien entwickelt sich der wissenschaftliche Diskurs in seiner vollen Form.

> Die Fachtextpragmatik stellt das konkrete sprachliche Material ‚ins Abseits' der Forschung, wie sich an einer einschlägigen Definition von „Fachtext" zeigen lässt.

> > Nach Göpferich (1995, 56) ist der Fachtext dadurch gekennzeichnet, dass er „mit einer bestimmten Intention, der Kommunikationsabsicht, geschaffen" wird, eine „erkennbare kommunikative Funktion" erfüllt und „eine inhaltlich und funktional abgeschlossene Einheit" bildet.

> Das sprachliche Material spielt in dieser Definition keine Rolle. Es interessiert ausschließlich als Instrumentarium zur Realisierung von Intentionen. So entsteht der Eindruck, das sprachliche Material sei in gewisser Weise austauschbar, solange die Schreiber nur wüssten, welche (Fach-)Handlungen zu realisieren seien. Es macht jedoch einen Unterschied, wie diese Handlungen auf der Textoberfläche sprachlich angezeigt werden.

> Bestimmte Routinen des wissenschaftlichen Handelns sind an bestimmte Sprachformen gebunden.

3.2   Strukturelle und thematische Entfaltung

3.2.1 Thematisierung

Mit dem ersten Satz greift Steinhoff auf den vorhergehenden Abschnitt zurück. Er führt diesen unter einem spezifischen Gesichtspunkt weiter: Er stellt sich eine Aufgabe, die in den folgenden Sätzen abzuarbeiten ist. Das sprachliche Signal, das dies erkennbar macht, ist der Ausdruck *wie sich ... zeigen lässt*. Die Formulierung kündet einen konkreten Beleg für die These an, dass die Fachtextpragmatik kaum auf das sprachliche Material von Texten eingehe.

Textstrukturell ist dies eine auktoriale Setzung – eine Entscheidung des Autors, diesen bestimmten Aspekt zum Thema zu machen und mit dem Text so und nicht anders weiterzuführen. Damit lenkt er ihn in eine bestimmte Richtung. Ich nenne diese Form des auktorialen Handelns „Thematisierung".[8] Mit dieser Thematisierung

---

8 Es ist wichtig zu sehen, dass die hier vorgenommene Thematisierung zwar naheliegend, aber nicht zwingend ist. Steinhoff könnte nach dem ersten Abschnitt auch anders fortfahren, ohne die Kohärenz seiner Ausführungen zu gefährden. Der weitere Text würde dann

stellt der Autor das sprachliche Material in den Blickpunkt, und zwar den Sachverhalt, dass es in der Fachtextpragmatik ins Abseits der Forschung gerät. So, wie der Satz formuliert ist, macht er deutlich, dass diese Sachlage dem Autor Unbehagen bereitet – *im Abseits zu stehen* bedeutet ja, sich in einer nicht regulären Position zu befinden.

Diese Charakterisierung spielt auf ein reichlich paradoxes Verhältnis an. Wie kann in einer sprachwissenschaftlichen Sicht auf Texte deren sprachliche Dimension aus dem Blick geraten? Um zu zeigen, dass dies tatsächlich der Fall ist, greift Steinhoff auf eine fachtextpragmatische Definition zurück. Definitionen halten fest, wie in einer Fachrichtung Begriffe gefasst werden und was zwingend zu ihrer Bedeutung gehört. Auf sie muss Verlass sein. Steinhoff zielt damit direkt auf den Kern des fachtextpragmatischen Verständnisses von dem, was wissenschaftliche Texte sind.

Thematisierungen sind Eingriffe, mit denen Schreibende ihre Texte in Bezug auf ihre eigenen Fragen und Ziele hin gestalten. Sie sind dominante Handlungen. Deshalb ist hier der erste Satz typographisch so vorgezogen, dass er die weiteren Einsätze überdacht.

3.2.2 Referat

Mit dem zweiten Satz tritt der Autor in die Ausarbeitung der selbstgestellten Aufgabe ein. Die vorfindbare Literatur zum Thema bildet in der Wissenschaft notwendig den Ausgangspunkt jeder Diskussion. Diese Anknüpfung wird durch den Rückgriff auf Göpferichs Definition vollzogen. Eingeleitet wird der Satz durch den Verweis des Autors auf die Quelle. Damit ist die folgende Information deutlich als nicht vom Autor selbst verantwortete, sondern als importierte gekennzeichnet, als Beitrag einer fremden Stimme. Der Literaturverweis erlaubt es den Lesenden, die Richtigkeit der Angaben nachzuprüfen, wenn sie dies wünschen.

Textstrukturell haben wir hier ein „Referat" vor uns – den vom Autor ausgewählten, im aktuellen Kontext relevanten Hinweis auf das, was anderswo zu lesen ist. Dieses Element ist hier typographisch am weitesten eingezogen, es bildet die Basis für die weitere Auseinandersetzung. Interessant ist, dass Steinhoff Göpferichs Definition nicht einfach als ganze zitiert, sondern ihre drei wesentlichen Elemente in einen Rahmensatz einbaut, den er selbst formuliert. Dieses Vorgehen erlaubt es ihm, sie mittels der Anführungszeichen als gesonderte Definitionsmerkmale sichtbar zu machen.

Thematisch läuft hier nicht viel, eigentlich nichts. Das eingangs angesprochene *sprachliche Material* kommt in dieser Definition nicht vor. Es bräuchte viel Phantasie, es auf einleuchtende Weise den Begriffen zu subsumieren, die in den drei Merkmalen von Fachtexten genannt werden. Genau dies ist nun, übernimmt man die

---

eine andere Richtung einschlagen oder aber erst später auf den hier angesprochenen Punkt zurückkommen

Perspektive Steinhoffs, ein schwerwiegendes Problem. Welche Rolle spielen denn die konkreten sprachlichen Mittel im Rahmen von Texten? In welcher Beziehung stehen sie mit den in der Definition angesprochenen Intentionen von Autoren bzw. den kommunikativen Funktionen ihrer Texte?

3.2.3 Elaboration

Die nächsten Sätze sind nicht mehr der Darstellung der Quellenlage gewidmet. Wie der Ausdruck *in dieser Definition* klar macht, werden jetzt die referierten Informationen selbst zum Thema gemacht – der Autor ist nicht mehr Vermittler der Ansichten Dritter, sondern beginnt selbst zu sprechen und redet über das eben Zitierte. Er eröffnet sich damit die Möglichkeit, Gesichtspunkte einzubringen, die in der Quelle selbst nicht zur Sprache kommen. Auf diese Weise wird die Definition im Rahmen einer erweiterten Auseinandersetzung besprechbar und kritisierbar gemacht.

Textstrukturell handelt es sich hier um das, was manchmal informell als Kommentar, als Interpretation, als Diskussion, oft auch als Argumentation bezeichnet wird. Ich nenne dieses Teilelement „Elaboration" und betone damit den Aspekt der begrifflichen Differenzierung und theoretischen Verarbeitung, der allen diesen Benennungen gemeinsam ist. Dieses Element steht typographisch zwischen dem Referat und den auktorialen Festlegungen.

Thematisch kommen im Text Steinhoffs zunächst die Mängel der Definition zur Sprache. Entsprechend ist der erste Satz dieses Teilstücks negativ formuliert: Das sprachliche Material spielt keine Rolle. Der zweite Satz spezifiziert diese Feststellung: Sprachliches interessiere nur als Instrumentarium zur Realisierung von Intentionen, und zwar *ausschließlich*. Dieses Wort führt den negativen Gestus des ersten Satzes weiter und signalisiert, dass dies nach Ansicht des Autors keine genügende Würdigung des sprachlichen Aspekts darstellt. Der dritte Satz nennt die Folge dieses Mangels: Die Konsequenz dieser Definition ist, dass das sprachliche Material als austauschbar erscheint. Auch diese Feststellung ist eindeutig negativ formuliert: Der Autor kennzeichnet diese Konsequenz durch das *So entsteht der Eindruck* unübersehbar als fragwürdig und stuft sie mittels der konjunktivischen Verbformen als nicht realitätsgerecht ein.

Diesen kritischen Evaluationen wird im nächsten Satz entgegengehalten, dass das Wie der sprachlichen Formulierung einen Unterschied mache. Diese Aussage ist, anders als die vorhergehenden, positiv formuliert und markiert so den inhaltlichen Gegensatz auch sprachlich. Das *jedoch* bindet diesen Satz noch in die Elaboration ein und kennzeichnet ihren Abschluss: Der Autor präsentiert einen Gesichtspunkt (*macht einen Unterschied*), an den eine alternative Konzeption ansetzen kann.

3.2.4 Festlegung

Der folgende Satz steht am Schluss der Auseinandersetzung. Dies legt es nahe, ihn als Fazit zu lesen. Mit ihm macht Steinhoff deutlich, was für ihn der Ertrag von Referat und Elaboration ist. Textstrukturell ist dies eine weitere auktoriale Setzung, und zwar das, was ich eine „Festlegung" nenne. Er ist deshalb wie die Thematisierung typographisch in dominante, vorgezogene Stellung gebracht. Mit ihr macht der Autor nicht einfach irgendeine Aussage – er bezieht Position und stellt fest, was im Hinblick auf den Unterschied der Fall ist:

Bestimmte Routinen des wissenschaftlichen Handelns sind an bestimmte Sprachformen gebunden.

Leserinnen und Leser wissen: Was hier steht, ist das, worauf es ihm ankommt. Dazu steht er. Nur eine durch den Autor selbst deutlich kenntlich gemachte und begründete Neupositionierung in Fortgang der Auseinandersetzung könnte daran etwas ändern. Dass der Satz apodiktisch formuliert ist, ohne sprachliche ‚Weichmacher', ist ein wichtiges Indiz zugunsten dieser Interpretation. Es liegt zwar keine explizite Kennzeichnung vor, die diese Rolle bestätigt. Dies entspricht dem Usus und ist nicht weiter auffällig.

Interessant ist, dass Steinhoff hier nicht auf die Definition zurückgreift. Das wäre durchaus möglich, sogar naheliegend. Er könnte sie endgültig als ungenügend beurteilen, er könnte sie passend erweitern, er könnte auch eine neue, andere vorschlagen. Er macht stattdessen den Schritt hin zu einer übergreifenden Aussage prinzipieller Art, die den Unterschied auf den Punkt bringt.

In dieser Festlegung nun werden zwei Begriffe miteinander verbunden, die im fachtextpragmatischen Kontext nicht miteinander verbunden sind und mit dem vorhandenen Inventar an Begriffen und Konzepten wohl auch nicht miteinander verbunden werden können. Dies ist das Neue, worauf es hier ankommt. Dieser Schritt ist in auffälliger Weise markiert durch eine Veränderung der Begrifflichkeit. In dieser Festlegung ist nicht mehr von Intentionen oder kommunikativen Funktionen die Rede, sondern von Routinen des wissenschaftlichen Handelns, und *das sprachliche Material* wird abgelöst durch *Sprachformen*. Diese neuen Benennungen stehen in genügender semantischer Nähe zu den vorher gebrauchten Begriffen, um den inhaltlichen Anschluss zu bewahren. Sie signalisieren aber deutlich, dass hier ein anderer linguistischer Diskurs und mit ihm eine neue Sichtweise auf Sprache und Texte ins Spiel kommen.

Die Sprachformen in einem wissenschaftlichen Text, so deutet dieser Schluss an, sind keine austauschbaren Mittel zum Ausdruck fachlichen Denkens und Tuns, denn *bestimmte* von ihnen sind mit *bestimmten* Handlungen verbunden. Es kann m. a. W. fachlich gar nicht gehandelt werden ohne Rückgriff auf ein vorliegendes Inventar an sprachlichen Routinen. Diese liegen dem fachlichen Handeln als unabdingbare Instrumente des ‚Redens über die Sache' zugrunde. Mehr noch: Sie sind mit daran beteiligt, die ‚Sache‘, an der sich die Wissenschaft abarbeitet, als diese bestimmte zu konstituieren. Sie gehören somit notwendig zu den ersten Dingen, mit denen sich eine Fachtextpragmatik zu beschäftigen hätte. Der Unterschied liegt demnach nicht in irgendwelchen vergessenen Gesichtspunkten, die man der besprochenen Definition hinzufügen könnte. Vielmehr wird die gesamte Perspektive der Beschreibung wissenschaftlicher Texte verändert. Dies ist der entscheidende Mehrwert dieser Festlegung. Sie eröffnet ein neues Forschungsfeld von Belang, das bisher *im Abseits* stand.[9]

3.3   Die Prägnanz des Ko-Textes

Es lohnt sich, zum Abschluss dieser Analyse noch einmal auf Kapitel 2 zurückzublicken. Der Satz *Bestimmte Routinen des wissenschaftlichen Handelns sind an bestimmte Sprachformen gebunden* ist nach den dort genannten Kriterien höchst prägnant: Er markiert eine merkbare Differenz zu bekannten Ansätzen im Feld, er formuliert eine fachlich relevante Einsicht, und zugleich legt sich der Autor damit auf eine Position fest, auf die ihn seine Leserinnen und Leser behaften können.

Auf all dies macht dieser Satz selbst aber auf keine Weise aufmerksam. Er enthält nichts, was Laien oder auch Studierende in den ersten Semestern nicht kopfnickend als selbstverständlich akzeptieren könnten. Nichts in ihrem Alltagswissen spricht gegen ihn, allerdings würde dieses selbe Alltagswissen auch gegen viele andere Sätze nichts einzuwenden haben, die das Verhältnis von Sprache und Denken in der Wissenschaft auf ganz anders geartete Weise umschreiben. Erst im Umfeld der fachwissenschaftlichen Diskussion erwerben begriffliche Auseinandersetzungen wie die hier dokumentierte ihre Brisanz. Es geht um – in Abgrenzung und Kritik gewonnene – Einsichten und Standpunkte, die als gültig unterstellt werden können und so als Bausteine für die weitere Arbeit verfügbar werden.

Als prägnante Setzung ist Steinhoffs Schlusssatz entsprechend nur im Kontext zu verstehen, und der Kontext, der es zuwege bringt und es geradezu erfordert, ihn so zu verstehen, ist primär der Ko-Text, ist die zur Prägnanz gebrachte textuelle Gestalt dieses Abschnitts. Im Zusammenspiel der drei Stimmen führt die vierfache Bezugnahme auf die sprachlichen Mittel – ziemlich viel für einen so kurzen Text

---

9   Die in der Definition Göpferichs genannten fachbezogenen Intentionen (bzw. Handlungen bzw. Textfunktionen) bestehen, so kann man Steinhoffs Festlegung verstehen, nicht unabhängig von den sprachlichen Formen ihrer Realisierung. Dies gilt nicht nur für wissenschaftliche Texte, sondern *mutatis mutandis* für alle Textarten. Zu einer Geschichte z. B. gehören die typischen narrativen Formen und Strategien des Erzählens. Hat man eine Geschichte ‚im Kopf‘, so müssen die Bezüge zu diesen Formen und Strategien bereits mit im Spiel sein. Wie sonst könnte jemand, der eine Geschichte erzählen will, wissen, dass das, was er gleich sagen wird, ausgerechnet eine *Geschichte* ist? (Vgl. dazu die Hinweise zur Differenzierung von Erzähl- und Sachtextschemata in einem Set von Texten von Primarschülerinnen und –schülern in Portmann-Tselikas, 2014)

– nicht zur Redundanz.[10] Vielmehr erlaubt sie die Herausarbeitung, geradezu die Inszenierung eines deutlich nachvollziehbaren Gedankenschritts. Dieser kulminiert in einer Festlegung, mit der der Autor den Anschlusspunkt für seine weiteren Darlegungen gewinnt.

4 Der Begriff der Stimme und die Analyse von Mesoelementen

4.1 ‚Stimme' als neuer linguistischer Begriff

In den hier diskutierten Passagen wissenschaftlicher Texte wird nicht alles mit der gleichen Einstellung und mit dem gleichen Gewicht gesagt. Will man diese Differenzen festhalten, so zeigt sich rasch, dass hergebrachte Begriffe der Sprechakttheorie bzw. der Textlinguistik dafür nicht geeignet sind.[11] Ebenso ungeeignet sind die herkömmlichen textlinguistischen Begriffe (Textsorte, Textart etc.) oder die gängigen Kategorien der Textkonstitution (beschreiben, berichten, erklären, …). Diese letzteren können vielleicht für die Beschreibung von einzelnen konkreten Konstituenten wissenschaftlicher Texte herangezogen werden, aber nicht für eine Charakterisierung in allgemeinen Termini.

In die richtige Richtung weist Pohls Auffassung, dass ‚reife' wissenschaftliche Texte durch ihren Argumentbezug charakterisiert sind (vgl. Pohl, 2007a, S. 487 ff., Pohl, 2010). Dies ist ein Ansatz, der mit der hier eingenommenen Perspektive, v. a. mit der Einschätzung der Relevanz von auktorialen Festlegungen, in einem absolut zentralen Punkt übereinstimmt. Das Problem mit *Argument*, versteht man den Begriff als Analysekategorie, ist allerdings, dass äußerst unterschiedliche Konstel-

---

10 Nimmt man die durch Steinhoff auffällig gemachte Nichtnennung der sprachlichen Mittel in Göpferichs Definition hinzu, werden sie in diesem Abschnitt sogar fünf Mal angesprochen.

11 Der Begriff der Illokution ist viel zu eng. Damit kann man die hier herausgearbeiteten Konstellationen nicht beschreiben. Auch ein Begriff wie ‚Illokutionsstruktur' (gewonnen vornehmlich an der Analyse von Briefen) ist kaum geeignet, die Gegebenheiten im wissenschaftlichen Text zu erfassen. Und selbst wenn eine solche Analyse mit Erfolg vorgenommen werden könnte, stehen wir vor dem Problem, dass die Zuweisung von Illokutionen und illokutionären Abhängigkeiten in Äußerungen eines Textes nicht einfach offen zutage liegt, sondern ko- und kontextabhängig erfolgen muss. Noch problematischer sind Begriffe, mit denen die propositionale Ebene von Äußerungen fokussiert wird (*Thema, thematische Struktur, propositionale Struktur*), denn mit ihnen kann die unterschiedliche kommunikative Geltung der einzelnen Äußerungen schon gar nicht erfasst werden. (Hinweise auf illokutionär bzw. propositional basierte Ansätze in der Textlinguistik v. a. der 1980er Jahre gibt Sachtleber, 1993, Kap. 4.2). – Ein innovativer Ansatz, der Mikro- und Makrostruktur elegant miteinander verbindet, ist der von Schröder (2003) zur Handlungsstruktur von Berichttexten. Meiner Ansicht nach sind wissenschaftliche Texte aufgrund ihrer Andersartigkeit damit aber nicht mit der nötigen Differenziertheit analysierbar.

lationen von Äußerungen als Argumente fungieren können. So können z. B. auch sprachlich nicht markierte, sachlich kaum miteinander zusammenhängende oder im Lauftext nicht unmittelbar benachbarte Äußerungen als Argumente intendiert bzw. aufgefasst werden. Dies macht *Argument* zu einem äußerst schwierigen Begriff, wenn es um die genaue Beschreibung von Texten geht. Es ist häufig nicht einmal klar, welche Äußerungen in einem Text als Argumente zu betrachten sind. Jedes Seminar zu argumentativen Texten produziert dazu eine ganze Reihe vertrackter Beispiele.

Demgegenüber sind die hier mit dem Begriff der ‚Stimme' belegten textuellen Manöver streng lokal, sprachlich indiziert und in der Regel gut identifizierbar. In Steinhoffs Text wird zweifellos argumentiert. Aber gerade an diesem Beispiel wird deutlich, dass es die erkennbar gemachte Schichtung der Stimmen ist, die die Aussagen konturiert und wesentlich dazu beiträgt, dass sie eindeutig als Argument lesbar sind. Dieses ist ja sprachlich nicht vollständig ausformuliert, nicht alle Zusammenhänge sind explizit markiert (man beachte allein die oben vermerkten begrifflichen Verschiebungen zwischen Referat bzw. Elaboration auf der einen Seite und Festlegung auf der anderen, mit denen Leserinnen und Leser fertig werden müssen).

Steinhoffs Argument ist nachvollziehbar dank seiner kotextuellen und seiner kontextuellen Einpassung. Vor allem der lokale Ko-Text, also dieser auf bestimmte Weise strukturierte Abschnitt selber, sorgt dafür, dass es trotz aller Abbreviaturen als Argument sofort erkennbar ist, wenn man mit den Gegebenheiten wissenschaftlicher Texte vertraut ist. Transparent und beurteilbar wird dieses seinem Gehalt nach natürlich nur im Kontext der wissenschaftlichen Diskussion, also im Rahmen des weiteren textuellen und außertextuellen Kontexts. Die lokalen begrifflichen und textuellen Mittel der Inszenierung des Arguments sind aber zentral für die Rekonstruktion dieser Beziehungen zum weiteren Umfeld.[12]

Auch wenn *Stimme* kein eingeführter textlinguistischer Begriff ist – in einer Beschreibung wie der hier vorgenommenen drängt er sich geradezu auf, wenn es darum geht, typisierbare, den Autorinnen und Autoren zur Verfügung stehende textuelle Weisen des Zugriffs auf die Sache und ihre Bearbeitung im Rahmen von Mesoelementen zu benennen.

4.2   ‚Stimmen' und die Pflichten von Schreibenden

Wer die Beiträge anderer referiert, indem er sie zitiert oder paraphrasiert, unterliegt der Verpflichtung zur Treue. Was als Position Dritter ausgegeben wird, muss anhand von deren Schriften nachvollzogen werden können und ihnen gerecht werden unabhängig davon, welche Einstellung der Autor selber den referierten Positionen gegen-

---

12 Ich nehme an, dass dieser Sachverhalt für alle nicht vollständig expliziten bzw. formalisierten Ableitungen von Belang ist und geeignet ist, sowohl die Schwächen wie die Stärken diskursiver Argumentation zu kennzeichnen.

über hat. Der Autor fungiert hier als unparteiischer Vertreter abwesender Dritter. Es ist eine schwerwiegende Kritik, wenn ihm falsche, einseitige oder tendenziöse Darstellung vorgeworfen werden kann. Dies unterminiert auch die Geltung seiner eigenen Schlüsse.

Elaborationen verorten das Referierte in einem größeren Kontext und bringen es in Kontakt mit Begriffen und Gesichtspunkten, die im Original nicht zur Geltung kommen. Die Autorinnen und Autoren agieren hier als Expertinnen und Experten im Feld, die dank ihres fachlichen Wissens einen erweiterten Verstehenshintergrund eröffnen und andere Sichtweisen ermöglichen, als sie im zitierten Text angelegt sind. Ihre Pflicht ist es, fachlich stimmige und stringente Einsichten und Argumente vorzulegen. Steinhoff z.B. stellt fest, dass die Definition von Göpferich zu unerwünschten Konsequenzen führt, weil sie zu einem entscheidenden Punkt nichts zu sagen hat und damit wesentliche Aspekte an wissenschaftlichen Texten aus der Betrachtung ausschließt. Kritik an diesem Einspruch wäre möglich, wenn der Gesichtspunkt irrelevant oder aber längst so bekannt wäre, dass er im aktuellen fachlichen Diskurs zum Common Sense zählt.

Auktoriale Setzungen sind die Lenkelemente im Rahmen eines Abschnitts, sie determinieren seinen Ausgangspunkt und sein Resultat. Autorinnen und Autoren stellen sich hier als wissenschaftliche Autoritäten dar, die kompetent entscheiden können, was fachlich relevante Themen und was vertretbare weiterführende Ergebnisse ihrer Arbeit sind. Für die Beurteilung der Qualität des gesamten Beitrags ist entscheidend, ob es ihnen gelingt, mit ihren auktorialen Setzungen neue Impulse für die Forschung zu geben. Solche Setzungen, darauf sei explizit hingewiesen, können nicht – z.B. aus der Literatur – übernommen werden. Autorinnen und Autoren müssen sie in Bezug auf ihre Forschungsfrage und ihre inhaltlichen Ziele selber vornehmen. Sie sind Resultat ihrer persönlichen Auseinandersetzung mit der vorliegenden Forschung im Hinblick auf das Ziel, einen eigenständigen fachlichen Beitrag zu leisten.

Die hier verwendeten Begriffe widersprechen, so weit ich sehe, keiner der in Linguistik und Pragmatik erarbeiteten Einsichten in Struktur und Machart wissenschaftlicher Texte. Vielmehr komplementieren und präzisieren sie diese. Vor allem erlauben sie es, an minimalen Teiltexten zu demonstrieren, wie Autorinnen und Autoren allgemeine Anforderungen an wissenschaftliche Texte, konkrete fachliche Inhalte und ihre spezifischen Absichten im Lauftext gleichzeitig zu berücksichtigen und zur Geltung zu bringen vermögen.

4.3   Einstimmige und mehrstimmige Mesoelemente

Betrachtet man einzelne Beiträge in einer Disziplin, beispielsweise eine Dissertation, ist rasch zu sehen, dass der Text nicht nur aus Mesoelementen der hier analysierten Art besteht, sondern meist zum bedeutend größeren Teil aus anderen, einfacher strukturierten. Diese sind – in der hier verwendeten Terminologie – nicht mehr-

stimmig, sondern einstimmig gehalten. Die notwendige Aufarbeitung vorhandenen
Wissens kann dazu führen, dass über lange Strecken Referate und Übersichtsdarstellungen vorherrschen. Die Schreibenden arbeiten sich in diesen Passagen
weitgehend rezeptiv an der Sicherung der Voraussetzungen ab, auf deren Basis sie
weiterdenken können. Mehrstimmige Mesoelemente der hier in den Vordergrund
gerückten Art stehen dabei meist nicht im Mittelpunkt. Ähnliches gilt für ‚Dienst-
leistungstexte' wie Lexikonartikel, Einführungen für Studierende, Berichte über den
Forschungsstand in einem Fach usw. (Eine differenziertere Auseinandersetzung mit
einstimmigen Texten findet sich in meinem Beitrag „Textstruktur und Textkompetenz" (in diesem Band).)

Aber man wird überall dort Textelemente der hier besprochenen Art finden,
wo die Schreibenden beginnen, ihr eigenes Geschäft zu betreiben, wo sie aktiv die
Grundbegriffe und Gedankengänge ihres eigenen Beitrags bestimmen, um damit
etwas zu sagen, was im Fach so noch nicht gesehen und gesagt worden ist. Wo solche Elemente auftreten, markieren sie deutlich die entscheidenden Stellen, an denen
nicht nur über vorhandene wissenschaftliche Beiträge berichtet, sondern an neuen
fachlichen Sichtweisen gearbeitet wird. Ich gehe davon aus, dass Steinhoffs Text ein
einfaches und unauffälliges, zugleich aber paradigmatisches Beispiel für diesen zentralen Modus wissenschaftlicher Textbildung ist.

Die Art, wie diese Mehrstimmigkeit ins Spiel gebracht wird und wie entsprechend die hier typographisch markierte Oberflächenstruktur aussieht, kann stark
variieren. So sind auktoriale Setzungen nicht auf die Anfangs- und Endposition
beschränkt, Referate können mehrfach erfolgen, unterbrochen durch Elaborationen
usw. Bedingung dafür, dass der Text problemlos verstehbar bleibt, ist die unzwei-
deutige Signalisierung der unterschiedlichen Weisen des Redens über die Sache.
Nur, wenn der Übergang von der einen auf die andere Stimme für die Lesenden
klar nachvollziehbar ist, können sie sich ein Bild darüber machen, auf welche Weise
die unterschiedlichen Aussagen verstanden werden sollen, wie sie miteinander verknüpft sind und welches die Intentionen sind, die die Schreibenden verfolgen.

Anzumerken ist hier noch, dass intertextuelle Bezüge, also Zitate und Hinweise
auf die Literatur, nicht nur im Referat zu finden sind. Zitate können ebenso in der
Elaboration oder den auktorialen Setzungen vorkommen. Sie können dann auch
andere Rollen spielen als im Referat – etwa als zusätzliche Absicherung des Autors
für eine von ihm vorgenommene Interpretation usw.

4.4   Mesostruktur, Mikrostruktur, Makrostruktur

Der analysierte Abschnitt Steinhoffs ist in einen größeren Kontext eingefügt und hat
dort eine Aufgabe zu erfüllen. Andererseits besitzt er eine klare Eigenständigkeit.
Er kann so, wie er zu Beginn dieses Kapitels steht, als eigenständiger Kleintext verstanden werden – er ist durch seine textuelle Gestalt als abgeschlossenes Teilelement
gekennzeichnet, das notfalls auch mit einem eigenen Titel versehen werden könnte.

Entsprechend kann man in Bezug auf dieses Mesoelement davon sprechen, dass er nicht einfach ein Textteil, sondern ein echter Teiltext ist.

Dies gilt nicht für die Sätze und die in ihnen verwendeten Ausdrücke, die den Abschnitt konstituieren. Diese mikrostrukturellen Elemente sind verständlich in dem Sinne, dass man weiß, was sie (semantisch) bedeuten, sie sind aber nicht für sich (pragmatisch) als Mitteilungen lesbar.[13] Unter Berufung auf die Kommunikationsdefinition von Grice könnte man sagen, dass an ihnen nur schwer ein kommunikativer Zweck ablesbar ist und entsprechend nicht schlüssig erkennbar ist, auf welche Weise mit ihnen die Leserinnen und Leser beeinflusst werden sollen.[14] Trotzdem ist klar – und das ist ja der inhaltliche Kern des Steinhoffschen Textes –, dass diese Teilelemente keinesfalls neutrales ‚sprachliches Material‘ darstellen, sondern durch ihre spezifische Geformtheit in deutlicher Weise anzeigen, dass sie für den Gebrauch in wissenschaftlichen Texten gemacht und in besonderer Weise geeignet sind.

Im Beispieltext wird ein einzelner Gedankenschritt vollzogen. Er ist ein Mosaikstein im Rahmen eines großen und vielfältigen Beitrags, in dem viele solcher einzelner Schritte koordiniert und zu einem komplexen Gedankengang zusammengefügt werden. Die so entstehende Makrostruktur des Textes ist natürlich von Belang – sie ist das eigentliche Ziel der Arbeit. Aber sie könnte nicht zustande kommen ohne die Grundlagen, die in der detaillierten Auseinandersetzung im Rahmen von Mesoelementen wie dem hier analysierten gelegt werden.

Verschiedene Typen wissenschaftlicher Texte (Beitrag in einer Zeitschrift, Fachvortrag, Monographie, Projektantrag etc.) sind makrostrukturell und makrofunktional durchaus unterschiedlich, weisen aber auf der mesostrukturellen Ebene – in ihren wissenschaftlich entscheidenden Passagen – überwältigende Gemeinsamkeiten auf. Auf dieser Basis, und nicht in ihren Makrostrukturen, sind sie alle gleicherweise und ohne Schwierigkeit als wissenschaftliche Texte erkennbar. Entsprechend greift eine allein textsortenbasierte Analyse zu kurz: Sie stellt relativ oberflächliche makrostrukturelle Unterschiede in den Vordergrund und belässt die entscheidenden mesostrukturellen Gemeinsamkeiten im Abseits.

---

13 Dieses Verhältnis lässt sich auch in anderen ‚einfachen Formen‘ (Witz, Kurznachricht, Todesanzeigen etc.) beobachten. Vgl. die entsprechenden Hinweise in Portmann-Tselikas, 2011, S. 26 ff.

14 Vgl. Grice, 1979 sowie Kellers Reformulierung von dessen Definition von Kommunikation als Beeinflussung (Keller, 1995, S. 105). Siehe auch die Bemerkungen dazu in Portmann-Tselikas/Weidacher 2010, S. 17 ff.

5   Das mehrstimmige Mesoelement als Modell wissenschaftlichen Handelns

Wissenschaftlichen Beiträge gliedern sich in Teile, Kapitel und Subkapitel, in denen verschiedene Themen abgehandelt werden, die auch variierende Darstellungsverfahren notwendig machen – man denke an die unterschiedlichen Aufgaben, die sich beim Schreiben von Einleitungen, Literaturreferaten, der Interpretation von Texten, der Darstellung und Interpretation von Untersuchungsergebnissen usw. stellen. Wissenschaftliche Texte sind in diesem Sinne Konglomerate unterschiedlicher Teiltexte.

Bei der Erledigung dieser diversen Aufgaben spielen permanent die bekannten Anforderungen an wissenschaftliche Texte eine grundlegende Rolle. Sie bilden den Rahmen, der die gesamte Arbeit von Wissenschaftlerinnen und Wissenschaftlern bestimmt. Es herrscht weitgehend Übereinstimmung über die drei zentralen Aspekte, die hier die dominante Rolle spielen: Diskursbindung/Intertextualität, Perspektivierung/Kritik und Erkenntnisfortschritt/Originalität. Man kann in wissenschaftlichen Texten überall die Spuren dieser Rahmenforderungen erkennen – sie bestimmen den Takt der Arbeit von Wissenschaftlerinnen und Wissenschaftlern von Anfang an, sie strukturieren ihre Aufmerksamkeit und formen ihre Intentionen.[15]

Im mehrstimmigen Abschnitt findet diese Rückbindung an Grundwerte wissenschaftlichen Arbeitens ihren prägnantesten und fassbarsten Ausdruck. Referat, Elaboration und auktoriale Setzungen können als textuelle Reflexe auf sie verstanden werden. Im mehrstimmigen Mesoelement kommen sie alle in Kontakt miteinander bei der Bildung eines klar definierten Gedankenschritts. In diesem Sinne kann dieser Abschnittstyp als Modell für das wissenschaftliche Handeln schlechthin dienen. Was immer sonst an Kompetenzen und Wissen eine Rolle spielen mag – ohne die Perspektiven, die in ihm konzentriert und im Zusammenspiel miteinander zum Ausdruck kommen, ist Wissenschaft nicht ernsthaft zu betreiben.

Der mehrstimmige Abschnitt nötigt die Schreibenden dazu, ihre Festlegungen in Ko- und Kon-Text so zu situieren, dass sie als begründete Positionierungen gelesen werden können. Er steht für eine textuelle Strategie des wissenschaftlichen Handelns, die Genauigkeit im Denken und Prägnanz im Ausdruck fordert und fördert. Diese Prägnanz, wenn es gelingt, sie auf den ganzen Text zu übertragen, macht die Qualität eines Textes aus, denn sie begründet seine Originalität, sie reduziert Beliebigkeit und Unklarheit und sie erhöht Transparenz und kritische Kontrollierbarkeit. Gute Texte sind in hohem Maße prägnant in dem hier beschriebenen Sinne, und wer gute Texte zu schreiben weiß, zeigt damit, dass er (bzw. sie) wirklich etwas von der Sache versteht. Sonst wäre sie (oder er) nicht imstande, so zu schreiben. Die Qualität eines Textes ist das beste Argument von Schreibenden den Leserinnen und Lesern gegenüber, die diesen Autorinnen und Autoren dafür zumindest soweit

---

15 Zu diesem Aspekt der kon- und kotextuell bestimmten Formung von Intentionen s. Portmann-Tselikas/Weidacher, 2010, S. 18 und S. 20 ff.

Vertrauen schenken, dass sie zugestehen, dass sie tatsächlich etwas zu sagen haben – unabhängig davon, bis zu welchem Grade sie ihnen dann in der Sache zustimmen oder nicht. (Für eine kommunikationstheoretische Begründung dieser Einschätzung s. Portmann-Tselikas, 2008).

6   Zum Abschluss

Vor allem längere Texte sind, wie sich bei näherem Zusehen zeigt, von fast unüberschaubarer Komplexität. Die Aufgabe der Textlinguistik ist es, in ihnen Strukturen und Muster zu erkennen, die nicht nur für den jeweiligen Einzeltext von Belang, sondern für das Profil der Texte einer bestimmten Art charakteristisch sind. Dies ist hier anhand der Analyse von kurzen Textpassagen versucht worden.

Der Reiz dieses Zugangs liegt darin, dass in zusammenhängenden Passagen andere Aspekte sichtbar werden als in Untersuchungen, die quer zum Lauftext einzelne Phänomene (idiomatisch geprägte Ausdrücke, Argumente, die Verwendung von Zitaten, die Funktionen der Verwendung von „Ich" durch die Autorinnen und Autoren etc.) zum Thema machen. Der Nachteil liegt darin, dass an Einzelanalysen gewonnene Ergebnisse aus einer kleinen Zahl von Beispielen extrapoliert sind, und dass es von daher schwierig ist, ihre Gültigkeit nach den üblichen quantitativen Kriterien zu bestätigen.

Für die hier vorgelegten Interpretationen spricht, dass sie weitgehend an die neuere Forschung zu wissenschaftlichen Texten und zum wissenschaftlichen Schreiben anschließbar sind. Ebenso erlauben sie es, persistent sich wiederholende Erfahrungen mit dem eigenen Schreiben wie auch mit der Lektüre und Beurteilung von wissenschaftlichen Arbeiten aufzunehmen und begrifflich auf den Punkt zu bringen.

Auch wenn hier noch längst nicht alles gesagt ist, was auf der mesostrukturellen Ebene an Texten zu beobachten ist, ist damit zumindest ein Anfang gemacht in der Untersuchung einer bisher weitgehend vernachlässigten Dimension von Sach- und insbesondere von wissenschaftlichen Texten. Denn, was immer an Interessantem über Mikro- und Makrostrukturen zu sagen ist: Es ist die mesostrukturelle Ebene, auf der wir es mit den entscheidenden Schaltstellen von Lese- und Schreibprozessen zu tun haben. Hier geht es um die zentralen Konstituenten dieser Texte, hier werden die Perspektiven auf die verhandelte Sache geformt, hier werden die Begriffe und Modelle der Beschreibung wie auch der sprachlich-textuelle Modus der Darstellung bestimmt.

Der Schlusssatz aus Steinhoffs Beispiel muss vor diesem Hintergrund aus textlinguistischer Sicht um einen entscheidenden Aspekt erweitert werden: Bestimmte Routinen wissenschaftlichen Handelns sind nicht nur an bestimmte Sprachformen, sondern gleichzeitig auch an bestimmte textuelle Formen gebunden. Dies ist eine Festlegung, zu der die vorliegende Analyse zwingend führt – sofern denn die hier gemachten Beobachtungen tatsächlich auf etwas für wissenschaftliche Texte Exemplarisches hinweisen.

Literatur

Antos, G. (1982). *Grundlagen einer Theorie des Formulierens.* Tübingen: Niemeyer.

Baumann, K-D. (1998). Textuelle Eigenschaften von Fachsprachen. In HSK 14.1, *Fachsprachen* (S. 408–416). Berlin: de Gruyter.

Ehlich, K. (1992). Scientific Texts and Deictic Structures. In D. Stein (Ed.), *Cooperating with Written Texts. The Pragmatics and Comprehension of Written Texts* (S. 201–230). Berlin: de Gruyter.

Ehlich, K. (1993). Deutsch als fremde Wissenschaftssprache. In A. Wierlacher et al. (Hrsg.), *Jahrbuch Deutsch als Fremdsprache* Bd. 19 (S. 13–42). München: Iudicium.

Ehlich, K. (1999). Alltägliche Wissenschaftssprache. In *Info DaF* 26, 1, 3–24.

Feilke, H. (1996). *Sprache als soziale Gestalt. Ausdruck, Prägung und die Ordnung der sprachlichen Typik.* Frankfurt a. M.: Suhrkamp.

Feilke, H. (2005). Beschreiben, erklären, argumentieren – Überlegungen zu einem pragmatischen Kontinuum. In P. Klotz & C. Lubkoll (Hrsg.), *Beschreibend wahrnehmen – wahrnehmend beschreiben. Sprachliche und ästhetische Aspekte kognitiver Prozesse* (S. 45–59). Freiburg/Br. & Berlin: Rombach.

Feilke, H. (2012). Was sind Textroutinen? – Zur Theorie und Methodik des Forschungsfeldes. In H. Feilke & K. Lehnen (Hrsg.), *Schreib- und Textroutinen. Theorie, Erwerb und didaktisch-mediale Modellierung* (S. 1–31). Frankfurt a. M.: Lang.

Feilke, H. & Lehnen, K (Hrsg.). (2012). *Schreib- und Textroutinen. Theorie, Erwerb und didaktisch-mediale Modellierung.* Frankfurt a. M.: Lang.

Göpferich, S. (1995). *Textsorten in Naturwissenschaften und Technik. Pragmatische Typologie – Kontrastierung – Translation.* Tübingen: Narr.

Graefen, G. (1997). *Der wissenschaftliche Artikel – Textart und Textorganisation.* Frankfurt a. M.: Lang.

Grice, H. P. (1979). „Logik und Konversation". In G. Meggle (Hrsg.), *Handlung, Kommunikation, Bedeutung* (S. 243–265). Frankfurt a. M.: Suhrkamp.

Hüttner, J. I. (2007). *Academic Writing in a Foreign Language. An Extended Genre Analysis of Student Texts.* Frankfurt a. M.: Lang.

Keller, R. (1995). *Zeichentheorie. Zu einer Theorie semiotischen Wissens.* Tübingen: Francke.

Krämer, S. (2002). Sprache und Sprechen oder: Wie sinnvoll ist die Unterscheidung zwischen einem Schema und seinem Gebrauch? Ein Überblick. In S. Krämer & E. König (Hrsg.), *Gibt es eine Sprache hinter dem Sprechen?* (S. 97–125). Frankfurt a. M.: Suhrkamp.

Ortner, H. (2002). Schreiben für Fortgeschrittene – vom kreativen zum wissenschaftlichen Schreiben. In P. Portmann-Tselikas & S. Schmölzer-Eibinger (Hrsg.), *Textkompetenz. Neue Perspektiven für das Lehren und Lernen* (S. 233–246). Innsbruck: Studienverlag.

Ortner, H. (2003). Synkretismus statt Gestaltung – ein Problem beim wissenschaftlichen Schreiben. In K. Ehlich & A. Steets (Hrsg.), *Wissenschaftlich schreiben – lehren und lernen* (S. 186–210). Berlin: de Gruyter.

Pohl, T. (2007). *Studien zur Ontogenese wissenschaftlichen Schreibens.* Tübingen: Niemeyer.

Pohl, T. (2010). Das epistemische Relief wissenschaftlicher Texte – systematisch und ontogenetisch. In T. Pohl & T. Steinhoff (Hrsg.), *Textformen als Lernformen* (S. 97–116). Duisburg: Gilles & Francke.

Portmann-Tselikas, P. R. (2008). Qualität und Prägnanz. Aspekte eines Ethos der Kommunikation. In C. Lubkoll & O. Wischmeyer (Hrsg.), *Ethical turn? Geisteswissenschaften in neuer Verantwortung* (S. 99–117). Paderborn: Fink.

Portmann-Tselikas, P. R. & Weidacher, G. (2010). Nicht nur zur Begrifflichkeit. Kontexte, Kommunikation und Kompetenzen. In P. Klotz, P. R. Portmann-Tselikas & G. Weidacher (Hrsg.), *Kontexte und Texte. Soziokulturelle Konstellationen literalen Handelns* (S. 9–57). Tübingen: Narr.

Portmann-Tselikas, P. R. (2011). Mesoebene – die Basisstruktur wissenschaftlicher Texte. Mit einem Ausblick auf die Didaktik. In: D. Knorr & A. Nardi (Hrsg.), *Fremdsprachliche Kompetenz entwickeln* (S. 25–54). Frankfurt a. M.: Lang.

Portmann-Tselikas, P. R. (2014). Schemadifferenzierung beim Schreiben. Zur Herausbildung sachtext-spezifischer Formulierungsstrategien in Texten von VolksschülerInnen. In A. Nardi & D. Knorr (Hrsg.), *Bewegte Sprache. Leben mit und für die Mehrsprachigkeit* (S. 53–69). Frankfurt a. M: Lang.

Portmann-Tselikas, P. R.: Textstruktur und Textkompetenz. Der Weg Studierender zum wissenschaftlichen Text. (i. d. B.)

Portmann-Tselikas, P. R. (in Vorb.): Die prototypische wissenschaftliche Textgestalt und der Weg zu ihr.

Roelcke, T. (1999). *Fachsprachen*. Berlin: Schmidt.

Sachtleber, S. (1993). *Die Organisation wissenschaftlicher Texte. Eine kontrastive Analyse.* Frankfurt a. M.: Lang.

Schröder, T. (2003). *Die Handlungsstruktur von Texten. Ein integrativer Beitrag zur Texttheorie.* Tübingen: Narr.

Stein, S. (2003). *Textgliederung. Einheitenbildung im geschriebenen und gesprochenen Deutsch. Theorie und Empirie.* Berlin: de Gruyter.

Steinhoff, T. (2007). *Wissenschaftliche Textkompetenz. Sprachgebrauch und Schreibentwicklung in wissenschaftlichen Texten von Studenten und Experten.* Tübingen: Niemeyer.

Steinhoff, T. (2008). Kontroversen erkennen, darstellen, kommentieren. In *Fest-Platte für Gerd Fritz*. Hrsg. und betreut von I. Bons, D. Kaltwasser & T. Gloning. Gießen Verfügbar unter: http://www.festschrift-gerd-fritz.de/files/steinhoff_2008_kontroversen_erkennen_darstellen_und_kommentieren.pdf [28.07.2008].

II
Wissenschaftliches Schreiben in der Schule

Sabine Schmölzer-Eibinger

Warum haben Zebras Streifen?

Eristische Literalität von Schülerinnen und Schülern

In diesem Beitrag werden eristische Strukturen in Schülertexten analysiert, die im Kontext einer Interventionsstudie zum wissenschaftspropädeutischen Schreiben in der Schule[1] entstanden sind.[2] Ziel dieser Studie war es u. a., die wissenschaftliche Textkompetenz von Schülerinnen und Schülern im Rahmen eines prozedurenorientierten didaktischen Ansatzes zu fördern.[3] Im Folgenden soll diskutiert werden, welche Rolle Eristik in der Wissenschaft und in der Schule spielt und was unter eristischen Strukturen in Texten verstanden werden kann.

1 Eristik in der Wissenschaft – Erkenntnisgewinn durch Streit

Der Zweck von Streit in der Wissenschaft ist Erkenntnisgewinn. Wissen wird erweitert und neu generiert, indem bestehende Theorien oder Positionen kritisch diskutiert, angezweifelt, eingeschränkt oder aber verworfen werden. Dieser Diskurs wird primär über Texte geführt. Texte sind im wissenschaftlichen Diskurs sowohl Bezugspunkt als auch Werkzeug erkenntnisbezogener Reflexion. Wissenschaftliche Texte sind daher, so Ehlich (1993, S. 29), immer auch *Ausdruck einer Streitkultur*.[4]

Diese *Kultur des Streitens* zeigt sich an der Oberfläche wissenschaftlicher Texte in bestimmten sprachlichen Formen.[5] Diese haben sich historisch und sozial eta-

---

1 Siehe Projekt „Wissenschaftlich schreiben. Die textlinguistische und erwerbstheoretische Bedeutung von wissenschaftlichen Textprozeduren", durchgeführt vom Fachdidaktikzentrum der Geisteswissenschaftlichen Fakultät Graz (2014–2016), finanziert vom Österreichischen Nationalbankfonds (ÖNB-Projekt 15820), siehe https://www.oenb.at/jublfonds/jublfonds/projectsearch?id=5687&action=detailview&origin=resultlist.

2 Ich bedanke mich bei Prof. Helmuth Feilke für die kritische Lektüre dieses Beitrags, seine konstruktiven Kommentare und weiterführenden Anregungen.

3 Das Interventionsdesign basiert auf Ansätzen einer Prozedurenorientierten Didaktik (Schmölzer-Eibinger, Dorner, Langer & Helten-Pacher, 2013; Schmölzer-Eibinger & Fanta, 2014; Rotter & Schmölzer-Eibinger, 2015) und einem für Studierende entwickelten Konzept zur Förderung wissenschaftlicher Textkompetenz (Bushati & Ebner, 2015). Die Wirksamkeit der didaktischen Intervention wurde zum einen im Rahmen der Umsetzung eines Aufgabensettings untersucht (qualitative Analyse) und zum anderen durch ein Prä-/Post-Test-Design getestet (quantitative Analyse). Die didaktische Intervention fand während 12 Unterrichtseinheiten statt, die Testung wurde zwei Monate nach Ende der Intervention durchgeführt (vgl. Bushati/Ebner/Niederdorfer/Schmölzer-Eibinger, 2018)

4 Siehe auch Beitrag von Ehlich in diesem Band.

5 Siehe dazu das Konzept der *alltäglichen Wissenschaftssprache* (Ehlich, 1999).

bliert und durch vielfachen Gebrauch als Muster verfestigt. Die Rede ist von sog. *Prozedurausdrücken* (Feilke, 2014), die als konventionalisierte sprachliche Formen mit wissenschaftstypischen Handlungsschemata zu sog. *Textprozeduren* (Feilke, 2014) verbunden sind. So verweist etwa der Prozedurausdruck *bislang wurde p unter dem Blickwinkel q wahrgenommen* auf den Stand des Erkenntnisgewinns, implizit aber auch auf die Fähigkeit, diesen kritisch zu hinterfragen. In solchen sprachlichen Formen erleben wir, so Ehlich (1993, S. 30), „den Prozess der Wissenschaft selbst".

Textprozeduren bilden in wissenschaftlichen Texten *eristische Strukturen* aus. Diese verweisen auf den diskursiven Prozess des Erkenntnisgewinns und auf soziale Praktiken zu diesem Zweck. Es besteht daher ein enger Zusammenhang zwischen dem wissenschaftlichen Diskurs und wissenschaftlichem Handeln als soziale Praxis sowie wissenschaftssprachlichen Formen und dem Erkenntnisgewinn durch Texte (siehe auch Beitrag von Ehlich i. d. B.). Dieser Zusammenhang ist für die Etablierung eristischer Strukturen in einem wissenschaftlichen Text konstitutiv.

Eristische Strukturen verstehen sich als *Reaktion* auf einen bereits bestehenden wissenschaftlichen Diskurs.[6] Als solche sind sie als ein Diskursbeitrag zu verstehen, mit dem sich ein Autor/eine Autorin am kollektiven Erkenntnisgewinn beteiligt und in der wissenschaftlichen Diskursgemeinschaft positioniert. Er/Sie macht sich damit als Forschende/r *streitbar*.

Eristische Strukturen kommen in sprachlichen Formen zum Ausdruck, die die Wirklichkeit nicht einfach abbilden und reproduzieren, sondern diese zum Zweck des Erkenntnisgewinns kritisch-reflektierend und argumentativ-abwägend thematisieren (vgl. Ehlich, 1993, S. 28). In wissenschaftlichen Texten kommen aber auch *assertive Strukturen* vor. Diese zeigen sich in sprachlichen Formen, die an die Wiedergabefunktion des Wissens gebunden sind (z. B. in Verben wie *feststellen, bestätigen, manifestieren* etc.). Assertive Strukturen sind in wissenschaftlichen Texten mit eristischen Strukturen auf komplexe Weise verschränkt (Ehlich, 1993, S. 28). Der folgende Ausschnitt aus einem Text von Dascal (2006) ist ein Beispiel dafür:

„Es ist bekannt, dass Karl Popper viel Wert auf Kritik bei der Entwicklung des wissenschaftlichen Wissens gelegt hat: ‚Kritik kann entweder Widersprüche aufdecken oder schlichtweg einer Theorie widersprechen. Ohne Widersprüche, ohne Kritik gäbe es keine rationalen Gründe, Theorien zu ändern. Es gäbe keinen intellektuellen Fortschritt' (Popper 1963, 316). Auf diese Weise erhebt Popper den Gegensatz zu etwas Wesentlichem und ist zweifellos im Einklang mit dem, was die Passage aus dem Bereshit Rabba[7] auf einem tiefer liegenden Niveau verdeutlicht: Die gemeinsame Anstrengung, die für die

---

6   Die Betonung der *Reaktion* als Merkmal der Konstitution eristischer Strukturen in einem wissenschaftlichen Text sei hier betont. Dies impliziert die Annahme, dass auch nicht-eristische wissenschaftliche Texte existieren. Dies dürfte v. a. in Bezug auf die Darstellung von Erkenntnissen zutreffen, die zufällig gewonnen wurden und nicht auf einem zuvor bereits geführten wissenschaftlichen Diskurs aufbauen (z. B. die Erfindung des Penicillins, der Röntgenstrahlen, etc.).

7   Diese Passage wird im Text von Dascal zuvor erwähnt.

Erkenntnisgewinnung notwendig ist, schließt Meinungsverschiedenheiten und Auseinandersetzungen nicht aus; vielmehr sind dies wesentliche Merkmale der Wissenschaft." (Dascal, 2006, S. 22)

In diesem Text manifestiert sich Assertion etwa in der Formulierung „es ist bekannt, dass", die auf Feststehendes, nicht weiter Hinterfragbares verweist. Eristik kommt durch den Verweis von Dascal zum Ausdruck, dass Popper den Gegensatz „zu etwas Wesentlichem erhebt", dieser „zweifellos" im Einklang mit einer zuvor im Text erwähnten Passage steht und diese etwas „verdeutlicht" bzw. dass die gemeinsame Anstrengung für den Erkenntnisgewinn „Meinungsverschiedenheiten und Auseinandersetzungen nicht ausschließt". Dascal nimmt damit als Autor teil an einem Diskurs, den er meinungs- und erkenntnisbildend vorantreibt.

Seit Einführung der *Vorwissenschaftlichen Arbeit* in Österreich (im Schuljahr 2014/2015), der *Facharbeit* in Deutschland (siehe Beitrag von Schindler i. d. B.) bzw. der *Maturaarbeit* in der Schweiz sind auch Schülerinnen und Schüler mit der Anforderung konfrontiert, wissenschaftliche Diskurse in Texten abzubilden bzw. sich selbst am „Streit mit Worten" als Autorinnen und Autoren zu beteiligen.

Sind Schülerinnen und Schüler aber bereits in der Lage, eristische Strukturen in einem Text auszubilden? Auf diese Frage soll der Blick im folgenden, kooperativ verfassten Schülertext[8] (11. Schulstufe) gelenkt werden, der im Rahmen der schon erwähnten Interventionsstudie entstanden ist:

In dieser Arbeit wird die Frage „Warum haben Zebras Streifen" ausgearbeitet und nach Möglichkeit in jeder Hinsicht beantwortet. Bis heute haben Forschungen schon mehrere mögliche Gründe vorgelegt, jedoch gibt es keine einheitliche Meinung zu diesem Thema. Das Ziel der Arbeit ist es, die Argumente abzuwägen und daraus einen Entschluss zu ziehen.

Auch in diesem Text sind eristische Strukturen mit assertiven Strukturen eng verwoben. Während im ersten Satz die Formulierung „die Frage (…) wird ausgearbeitet" und „nach Möglichkeit (…) beantwortet" auf einen diskursiven, ergebnisoffenen Prozess hinweist, wird mit der Formulierung „in jeder Hinsicht beantwortet" die Absicht formuliert, zu einem feststehenden Ergebnis zu gelangen. Die Schülerinnen und Schüler kündigen hier also an, zu einem endgültigen, nicht weiter hinterfragbaren Ergebnis zu kommen, wissen aber scheinbar selbst noch nicht, ob sie dies überhaupt leisten können.

Wenn es im zweiten Satz heißt, dass schon „mehrere Gründe vorgelegt" wurden und es „keine einheitliche Meinung zum Thema" gibt, so wird damit auf den unsicheren Status des Wissens hingewiesen. Im letzten Satz wird zunächst ein argumentatives Vorgehen angekündigt („Ziel der Arbeit ist es, die Argumente abzuwägen"), um dann „einen Entschluss zu ziehen" und so zu einem feststehenden, nicht mehr

---

8 Die in diesem Beitrag angeführten Schülertexte sind nicht um Fehler bereinigt.

weiter hinterfragbaren Ergebnis zu gelangen.[9] Die Frage soll also nicht nur diskursiv-eristisch behandelt, sondern im Sinne einer Assertion möglichst abschließend geklärt und außer Streit gestellt werden.

Dieser Text zeigt, dass eristische Literalität bei Schülerinnen und Schülern durchaus bereits in Ansätzen entwickelt sein kann, jedoch noch weiter auszubauen wäre. Die Frage ist, wie dies unter schulischen Bedingungen gelingen kann und welche Fördermaßnahmen dafür geeignet sind. Während eristische Literalität im wissenschaftlichen Diskurs sowohl über den rezeptiven als auch den produktiven Kontakt und die Auseinandersetzung mit wissenschaftlichen Texten erworben wird, kommen Schülerinnen und Schüler mit wissenschaftlichen Texten bzw. wissenschaftlichem Schreiben meist gar nicht in Berührung. Es fehlt ihnen damit die Gelegenheit, den domänenspezifischen „Streit mit Worten" in wissenschaftlichen Texten kennen zu lernen, die dafür typischen sprachlichen Formen und Handlungsschemata zu rezipieren bzw. diese selbst zu erproben. Dazu kommt, dass der Prozess der wissenschaftlichen Erkenntnisproduktion in der Schule meist weitgehend ausgeblendet ist (vgl. Weitze & Liebert, 2006, S. 9) und ein diskursiv-kritischer Umgang mit wissenschaftlichen Erkenntnissen in der Regel nicht stattfindet.

2   Eristik in der Schule – Wissensvermittlung als Assertion

Die schulische Wissensvermittlung ist vor allem an „Wahrheit" orientiert, an Ergebnissen und einem Wissenskanon, nicht an Unsicherheiten und „blinden Flecken". Wissenschaftliches Wissen gilt als verlässlich, nicht weiter hinterfragbar und feststehend. Dies hat zur Folge, dass die Genese und Gültigkeit von Wissen für Schülerinnen und Schüler meist nicht einschätzbar ist (Weitze & Liebert, 2006, S. 8).

Das schulische Schreiben ist durch eine Praxis gekennzeichnet, in der Wissen nicht erst hinterfragt, diskutiert und „erstritten" werden muss. Dies hat auch Auswirkungen auf die sprachliche Verfasstheit der Texte, die unter diesen Bedingungen entstehen. Zunächst sind diese nicht für eine wissenschaftliche Diskursgemeinschaft, sondern für das *System Schule* bzw. die Lehrperson gedacht, die diese Texte *nach schulischen Vorgaben* zu beurteilen hat. Die schulische Schreibsituation stellt daher keinen „echten" wissenschaftlichen Kontext dar, sondern vielmehr einen fiktiven – in der Regel handelt es sich dabei um einen Lern- bzw. Prüfungskontext.

Damit unterscheiden sich sowohl der Stellenwert als auch die Funktion solcher Texte von Texten in der Wissenschaft, aber auch im Studium. Zwar schreiben auch Studierende Texte in der Rolle von Lernenden, sie kommen mit wissenschaftlichen Texten jedoch regelmäßig in Kontakt und haben im Studium zahlreiche Gelegenhei-

---

9   Dass Hinweise auf die Zielsetzung und Vorgangsweise in einer wissenschaftlichen Arbeit durchaus erwartbar und üblich sind, wurde den Schülerinnen und Schülern in der Intervention zwar vermittelt, die Formulierungen, die sie dafür in diesem Text verwendeten, kamen dabei jedoch nicht vor.

ten, die wissenschaftliche Diskurspraxis kennen zu lernen und eristische Literalität über einen längeren Zeitraum hinweg aufzubauen.

Der Bedarf, Schülerinnen und Schüler in ihrem Erwerb von wissenschaftlicher Textkompetenz zu unterstützen, wird in den letzten Jahren zwar zunehmend erkannt, entsprechende Fördermaßnahmen sind bisher aber meist weder curricular noch institutionell verankert. Ebenso zielen Beurteilungsvorgaben meist nicht auf diskursiv-eristische Strukturen in den Texten der Schülerinnen und Schüler. Dazu kommt, dass die Lehrkräfte, die diese Arbeiten zu betreuen haben, selbst meist wenig Erfahrung mit dem wissenschaftlichen Schreiben haben und oft nicht darauf vorbereitet sind, Schülerinnen und Schüler beim Verfassen eines wissenschaftlichen Textes zu beraten. Daraus erwachsen neue Aufgaben für das Bildungssystem, die Schule und die Didaktik.

3   Eristische Literalität von Schülerinnen und Schülern – eine Förderaufgabe der Schule

Zentral ist dabei die Frage, ob Schülerinnen und Schüler bereits über diskursiv-eristische Fähigkeiten verfügen, die für das Verfassen wissenschaftlicher Texte benötigt werden bzw. wie diese in der Schule aufgebaut werden können.

Im Rahmen des bereits genannten Projekts wurde ein didaktisches Modell zur Förderung wissenschaftlicher Textkompetenz von Schülerinnen und Schülern entwickelt und in einer Interventionsstudie[10] erprobt. Ausgangspunkt war dabei die Annahme, dass die Schülerinnen und Schüler weder über Routine beim Schreiben noch beim Lesen wissenschaftlicher Texte verfügen und domänenspezifische Textprozeduren daher im Schreibprozess nicht abrufen und nutzen können. Ziel der Intervention war es daher, den Schülerinnen und Schülern sowohl produktive als auch rezeptive Erfahrung mit wissenschaftlichen Texten zu ermöglichen und sie dabei zu unterstützen, wissenschaftstypische Textprozeduren zu erkennen, zu reflektieren und im jeweiligen Kontext funktional adäquat einzusetzen.

Prozedurausdrücke wurden dabei sowohl explizit als auch im Sinne einer *Input-flut* (vgl. Rotter & Schmölzer-Eibinger, 2015, S. 82) vermittelt, um den Schülerinnen und Schülern deren Musterhaftigkeit und Funktionalität im domänenspezifischen Kontext zu verdeutlichen. Durch deren wiederholten Gebrauch sollten sie in ihrer Fähigkeit gefördert werden, wissenschaftliche Textprozeduren zunehmend routinisiert und kontextuell adäquat[11] zu verwenden.

Die didaktische Intervention folgte dem Prinzip eines „doppelten Prozedere": Die Schülerinnen und Schüler sollten an ihrer wissenschaftlichen Textkompetenz arbeiten, indem sie Texte und Aufgaben bearbeiteten, die sich inhaltlich mit Wis-

---

10 Die Intervention wurde in drei Schulen mit drei Interventions- und drei Kontrollgruppen durchgeführt.

11 Zum Konzept der *kontextuellen Passung* siehe Steinhoff (2007).

senschaftlichkeit und wissenschaftssprachlichem Handeln befassen. Ihre Aufmerksamkeit wurde darauf gelenkt, wie Wissenschaft sprachlich funktioniert, gleichzeitig wurden sie dazu angeleitet, selbst sprachlich adäquat in dieser Domäne zu handeln. Auf diese Weise sollten sie dazu befähigt werden, typische sprachliche Praktiken der Scientific Community kennen zu lernen und beim Schreiben eigener Texte zu realisieren. Die Verwendung von Texten aus anderen Domänen (Instruktionstexte, Ratgeberliteratur) sollte zudem einen Vergleich zwischen alltagssprachlichen und populärwissenschaftlichen Kontextualisierungen und einen Übergang von einem sachlichen zu einem wissenschaftlichen Sprachduktus ermöglichen.

Zentral war dabei die Beschäftigung mit wissenschaftsspezifischer Intertextualität, dem Referieren und Verknüpfen von fremden Positionen (vgl. Schmölzer-Eibinger, Bushati & Ebner 2017). Das Referieren hat in wissenschaftlichen Texten eine wichtige Funktion sowohl für die Rezeption als auch die Produktion von Texten. Beim Referieren geht es nicht nur um die Trennung eigener und fremder Erkenntnisse, sondern auch um darauf aufbauende Handlungen des Vergleichens, Gegenüberstellens und Bewertens von Erkenntnissen. Darüber hinaus sind intertextuelle Bezüge für die dialogisch-eristische Form argumentativer Themenentfaltung in wissenschaftlichen Texten konstitutiv (vgl. Steinseifer, 2014, S. 203).[12] Das Referieren ist daher auch für die Konstitution eristischer Strukturen in einem wissenschaftlichen Text elementar.

Im Folgenden wird eine Aufgabenstellung aus dieser didaktischen Intervention vorgestellt, bei der es darum ging, eine fiktive wissenschaftliche Einleitung zu einer vorgegebenen Forschungsfrage zu schreiben.[13] Das wissenschaftliche *Einleiten* wurde als Handlungsbereich gewählt, da es sich dabei um einen obligatorischen Bestandteil jeder wissenschaftlichen Textsorte sowie um „hochgradig markierte Texte" (Lehnen, 2012, S. 41) handelt, in denen gleich mehrere wissenschaftstypische Textprozeduren auftreten, die sich z. T. geradezu anbieten, eristische Strukturen zu etablieren.[14]

Domänenspezifische Textprozeduren des Einleitens wurden den Schülerinnen und Schülern bereits zuvor vermittelt.[15] Die Aufgabenstellung lautete wie folgt:

> *Stellen Sie sich vor, Sie verfassen eine vorwissenschaftliche Arbeit zur Frage „Warum haben Zebras Streifen?" Schreiben Sie die Einleitung zu dieser Arbeit. Erfinden Sie alle dafür notwendigen Informationen. Lassen Sie dabei Ihrer Phantasie freien Lauf! Stützen Sie sich beim Schreiben der Einleitung auf die besprochenen Aufgaben (Textprozeduren) und verwenden Sie dafür passende Formulierungen.*

---

12 Siehe auch Konzept der „literalen Basisqualifikationen" nach Ehlich, 2013 und der „Schlüsselprozeduren" nach Anskeit & Steinhoff, 2014.

13 Die Schülerinnen und Schüler erhielten dafür keine Vorlagentexte bzw. anderen Informationen zum Thema.

14 Aufgrund ihres musterhaften funktionalen Aufbaus sind wissenschaftliche Einleitungen seit Swales' CARS-Modell (1990) in den Mittelpunkt der Auseinandersetzung mit wissenschaftlichen Texten gerückt (Paltridge & Starfield, 2007; Pohl, 2007, S. 230 ff.).

15 In den Texten, die zu dieser Aufgabe entstanden, finden sich v. a. jene Prozedurausdrücke, die in der sog. „Weltcafé"-Aufgabe vermittelt wurden (s. Anhang).

Die methodische Ausblendung tatsächlichen Lesens in dieser Aufgabe ermöglicht es, die konstruktiven Potenziale der Schülerinnen und Schüler und entsprechend verfügbare Textprozeduren zur Herstellung fiktiver Lese- und Diskursbezüge zu ermitteln. Das Fiktive der Aufgabenstellung erhält dadurch einen zusätzlichen Spielcharakter: die Schülerinnen und Schüler verhalten sich beim Schreiben, als ob sie gelesen hätten und verwenden dabei Textprozeduren, die auf fiktive Leseprozesse referieren. Das macht deutlich, dass eristische Literalität in Bezug auf das Schreiben geradezu dadurch definierbar ist, dass sie – notwendigerweise – die Referenz auf Leseprozesse impliziert.[16]

Mit dieser Aufgabenstellung soll darüber hinaus auch das Hypothesen-Bilden angeregt werden, das zu einem zentralen Verfahren wissenschaftlichen Erkenntnisgewinns zählt. Weiters soll das Interesse am Thema geweckt und Neugierde an „echten" wissenschaftlichen Theorien bzw. Hypothesen erzeugt werden, die die Schülerinnen und Schüler in weiterer Folge durch die Lektüre wissenschaftlicher Texte kennen lernen und diskutieren sollen.[17]

Diese Aufgabenstellung wurde im Rahmen der Intervention als kooperative Schreibaufgabe von insgesamt 17 Gruppen (je 3–4 Schülerinnen und Schüler) bearbeitet. Dabei entstand u. a. der folgende Text:[18]

> (1) Im Jahr 2014 legt der WWF den Fokus auf das Zebra. (2) ~~Natürlich Natürlich wird das~~ Natürlich wird oft die Frage gestellt warum das Zebra ~~schw~~ Streifen hat. (3) Bislang wurde die Streifenbildung unter dem Blickwinkel der genetischen Veranlagung wahrgenommen. (4) Die ~~bisherigen~~ jüngsten Forschungen belegten, dass ~~es sich~~ auch andere Aspekte für die Streifenbildung verantwortlich sind. (5) Diese Erkenntnisse verlangen nach professionellen Überprüfungen.
> (6) In dieser Arbeit ~~wird die Theorie vertreten werden~~ wird die Perspektive vertreten, dass ~~es sich~~ auch ~~von~~ die Ernährung eine Rolle spielt. (7) Diese Abhandlung besteht aus den verschiedenen Perspektiven der Streifenbildung.

Was ist an diesem Text eristisch?

Der Text beginnt mit einer Sachinformation, die das Thema kontextualisiert. Es handelt sich dabei um eine Feststellung, die, wenngleich erfunden, als Faktum dargestellt und damit als Assertion zu betrachten ist (Satz 1).

Mit dem zweiten Satz (2) bringen die Schülerinnen und Schüler ihre subjektive Sichtweise ins Spiel. Dies geschieht jedoch nicht neutral, sondern vielmehr evalu-

---

16 Diesen Hinweis verdanke ich einem Review von Professor Helmuth Feilke (Universität Gießen).

17 In der darauf folgenden Aufgabenstellung erhalten die Schülerinnen und Schüler drei wissenschaftliche Texte, in denen verschiedene Theorien zu dieser Fragestellung vertreten werden. Sie sollen – darauf bezugnehmend – einen Kontroversentext verfassen.

18 Die durchgestrichenen Wörter bzw. Textteile wurden im Rahmen einer Überarbeitung von den Schülerinnen und Schülern getilgt.

ativ. Die Schülerinnen und Schüler beziehen sich dabei auf das Stellen der Frage und bestätigen deren Relevanz bzw. heben diese hervor. Sie geben dadurch auch zu erkennen, dass ihnen der Diskurs zu dieser Frage bekannt ist.

In welchem Diskurs bewegen sie sich dabei jedoch? Ist es ein wissenschaftlicher oder ein nicht-wissenschaftlicher Diskurs? Für letzteren sprechen die zeitliche Angabe *oft* und das konsenserzeugende Modalwort *natürlich*. Dieses kommt zwar auch in wissenschaftlichen Texten häufig vor (vgl. Steinhoff, 2007, S. 352), als sog. *Evidenzmarker* referiert es hier jedoch auf ein unterstelltes konsensuelles Wissen, was wissenschaftlich problematisch ist – die Relevanz der Frage wäre ja nicht schon zu unterstellen, sondern vielmehr erst wissenschaftlich zu begründen.

Der dritte Satz (3) bestätigt die Annahme, dass es hier eher um einen wissenschaftlichen Diskurs als um einen Alltagsdiskurs geht. Dies zeigt sich etwa darin, dass die Schülerinnen und Schüler einen Prozedurausdruck einsetzen, der dazu dient, den Forschungsstand darzustellen (*bislang wurde p unter dem Blickwinkel q wahrgenommen*).[19] Damit rücken die Schülerinnen und Schüler die Wahrnehmung des Gegenstands durch die Forschenden in den Mittelpunkt. Es handelt sich somit nicht bloß um eine Aussage, wie *etwas ist*, sondern wie Wissen diskursiv entsteht.

Der vierte Satz (4) führt von einer historischen Darstellung des Forschungsstands zu einer aktuellen Darstellung des Diskurses – die in der Erstfassung verwendete Formulierung *die bisherigen Forschungen* wird in einer Überarbeitung durch *jüngste Forschungen* ersetzt. Indem die Schülerinnen und Schüler darauf verweisen, dass *auch andere Aspekte für die Streifenbildung verantwortlich sind,* relativieren sie die bisherige Auseinandersetzung mit der Forschungsfrage. Obwohl in der Intervention nicht eigens behandelt, gelingt den Schülerinnen und Schülern hier eine domänenadäquate Realisierung eines Prozedurausdrucks; dies gilt ebenso für die Formulierung *die jüngsten Forschungen belegten*.[20] Die Verwendung der Präteritumform (*belegten*) ist domänenunspezifisch und kann als lernersprachliche Form betrachtet werden. Die Schülerinnen und Schüler konzipieren mit dem Präteritum den Diskurs als Narration. Durch die diskursive Auseinandersetzung mit der Forschungsfrage ist auch in diesem Satz eine eristische Struktur realisiert.

Der fünfte Satz (5) folgt ebenso dem in der Intervention vermittelten Einleitungsschema (siehe Anhang, Tabelle 2) und bezieht sich auf das *Besetzen einer Forschungslücke*. Diese Textprozedur wird in Verbindung mit einem Forschungspostulat realisiert. Ein in der Intervention vermitteltes Ausdrucksmuster wird hier von den Schülerinnen und Schülern mit einer domänenunspezifischen, lernersprachlichen Formulierung verschränkt (*professionelle Überprüfungen*). Für wissenschaftliche

---

19 Dieser Prozedurausdruck wurde in der Intervention vermittelt (s. Tabelle 1).

20 Lediglich der Begriff „Aspekt" kam in unterschiedlichen Varianten in der Intervention vor, z. B. in Formulierungen wie *es wird oft ein Aspekt übersehen, ein Aspekt wird vertieft, x hat einen Aspekt ausgeblendet* oder *bislang wurde p unter dem Aspekt q betrachtet/wahrgenommen* etc.

Texte wäre diese Formulierung untypisch. Durch den Verweis auf den noch offenen Forschungsprozess gelingt es aber auch hier, eine eristische Struktur zu etablieren.

Im sechsten Satz (6) wird schließlich das eigene Vorhaben benannt. Mit dem metatextuellen Verweis auf die eigene Arbeit wird auf einen Prozedurausdruck rekurriert, der in der Intervention vermittelt wurde (siehe Anhang, Tabelle 3). Eine eristische Struktur wird in diesem Satz sowohl durch die Perspektivierung als auch die Positionierung der Autorinnen und Autoren ausgebildet.

Der siebte Satz (7) beginnt damit, dass auf den Aufbau der eigenen Arbeit verwiesen wird. Auch hier orientieren sich die Schülerinnen und Schüler eng an der Intervention (siehe Anhang, Tabelle 4). Die Realisierung der Textprozedur gelingt allerdings nicht ganz, da anstatt auf die Teile der Arbeit auf verschiedene Perspektiven auf das Thema verwiesen wird. Die Funktion dieser Textprozedur (*Erläuterung des Aufbaus der Arbeit*) wurde von den Schülerinnen und Schülern möglicherweise nicht ganz verstanden. Eristische Strukturen sind in diesem Satz nicht vorhanden.

Dieses Textbeispiel zeigt, dass die Schülerinnen und Schüler die in der Interventionsstudie vermittelten Textprozeduren intensiv nutzten, um eristische Strukturen in ihren Texten zu realisieren. Im Folgenden sollen auch die anderen Texte, die zu dieser Aufgabenstellung entstanden sind, in Bezug auf eristische Strukturen untersucht werden.

4 Eristische Strukturen in Schülertexten – Versuch einer Kategorisierung

Unter eristischen Strukturen werden im Folgenden *Verweise auf den diskursiven Prozess des Erkenntnisgewinns* sowie *evaluierende Darstellungen des Diskurses* betrachtet, in dem der Erkenntnisprozess verortet ist. Erstere zeigen sich in den Schülertexten darin, dass auf die Tradierung, Genese oder den aktuellen Stand des Wissens verwiesen wird, zweitere in Kommentaren zu alternativen Positionen oder Theorien.

In den Texten der Schülerinnen und Schüler dieses Korpus ließen sich 7 Handlungsbereiche ausmachen, die induktiv-explorativ gewonnen wurden und in der folgenden Tabelle im Überblick dargestellt werden. Sie bestehen aus paarig miteinander verschränkten Textprozeduren,[21] die jeweils an bestimmte Funktionen des wissenschaftlichen Texthandelns geknüpft sind.[22] Die Darstellung basiert auf dem Konzept der Textprozeduren nach Feilke (2014, S. 26) und ist am Aufbau wissenschaftlicher Einleitungen orientiert, wie dieser in der Intervention vermittelt wurde (siehe Anhang).

---

21 Diese Textprozedurenpaare werden vielfach mit weiteren Textprozeduren verknüpft, kommen also in der Regel nicht isoliert vor.

22 Die jeweiligen Kombinationen von Textprozeduren erfüllen mitunter verschiedene Funktionen.

Tabelle 1:　Handlungsbereiche

	Funktion	**Textprozedur**	
		Handlungsschema	Prozedurausdrücke
Modalisieren	Verweis auf einen kontroversiellen Forschungsdiskurs	Verweis auf historische Dimension der Auseinandersetzung mit dem Thema	über Jahre hinweg; bis heute; immer noch nicht; …
		Verweis auf unsicheren Status des Wissens	es ist nicht geklärt, welche p sich als richtig erweist; p ist unklar; …
	Verorten der Forschungsfrage im Forschungsdiskurs	Verweis auf zeitliche Dimension der Auseinandersetzung mit dem Thema	über die Jahre hinweg; in den vergangenen Jahren; immer wieder; …
		Verweis auf das Stellen der Frage	kam die Frage p auf; die Frage warum p, beschäftigt x; …
	Hervorheben einer bestimmten Forschungsperspektive im Diskurs	Verweis auf bisherige Auseinandersetzung mit dem Thema	bislang wurde p; lange wurde p; …
		Fokussieren eines bestimmten Forschungsaspekts	unter dem Blickwinkel p wahrnehmen; unter dem Gesichtspunkt von x betrachten; …
	Identifizieren einer Forschungslücke	Verweis auf aktuellen Stand der Auseinandersetzung mit dem Thema	derzeitig; noch nicht; bislang; …
		Verweis auf unsicheren Status des Wissens	der Wissensstand ist unklar; ungeklärt ist; p ist nicht belegt; …
	Aufzeigen eines Forschungsdesiderats	Verweis auf bestehende Forschungsergebnisse	diese Forschungen; diese Erkenntnisse; …
		Hinweis auf Forschungsbedarf	p verlangen Beweise/Belege; p verlangen nach Forschungen; …
	Vorstellen der eigenen Arbeit	Verweis auf die eigene Arbeit	in dieser Arbeit; in dieser Untersuchung; …
		Positionierung durch Verweis auf Ausrichtung der Arbeit	wird die Auffassung/Perspektive/Annahme/Theorie vertreten; …
	Beschreiben des eigenen Forschungsvorhabens	Benennen der Zielsetzung der eigenen Forschungsarbeit	Ziel der Arbeit ist es; mit den folgenden Untersuchungen soll; …
		Benennen der Vorgangsweise und Resultat der Arbeit	ausarbeiten und beantworten; analysieren und wiedergeben; abwägen und einen Entschluss daraus ziehen; …

Im Folgenden werden die einzelnen Kategorien aus dieser Tabelle erklärt und anhand von Beispielen veranschaulicht.

Modalisierung

Modalisierungen nehmen als eristisch strukturbildende Textprozeduren eine Sonderstellung ein, da diese nicht an einen Handlungsbereich gebunden sind, sondern vielmehr verschiedene Handlungsbereiche durchziehen (siehe Tabelle).

Bei Modalisierungen handelt sich um subjektive Stellungnahmen zur Geltung des in einer Äußerung denotierten Sachverhalts (vgl. Fries, 2000, S. 446), anhand derer die Gültigkeit, Gewissheit bzw. „Wahrheit" einer Aussage beurteilt wird. In Modalisierungen zeigen sich, so Ehlich (1993, S. 25), die Wissenschaftlerinnen und Wissenschaftler selbst, denen etwas „auffällt", sich „etwas zeigt" oder die „etwas bemerken", ohne dass sie sich selbst auf den Gegenstand des Diskurses beziehen müssen. Modalisierungen werden darüber hinaus auch dazu eingesetzt, der eigenen Position Nachdruck zu verleihen oder diese einzuschränken (vgl. Hug, 2007, S. 50).

Anhand von Modalisierungen kann der Wahrheitsanspruch einer Aussage daher sowohl verstärkt als auch abgeschwächt werden. Bestehende Auffassungen oder Theorien werden als echt oder unecht, hinlänglich oder unzureichend bewertet, es kann Distanz oder Übereinstimmung, Potenzialität oder Faktizität zum Ausdruck gebracht werden. Dies ist z. B. dann der Fall, wenn auf Positionen von Personen Bezug genommen wird, deren Autorität nicht anerkannt bzw. angezweifelt wird (vgl. Ehlich, 1993, S. 26). Modalisierungen können aber auch der Differenzierung des eigenen Standpunkts bzw. dazu dienen, Kompromissbereitschaft oder Unnachgiebigkeit, Einlenken oder Beharren, Objektivität oder Subjektivität anzuzeigen (vgl. Hug, 2017, S. 50).

In den Schülertexten dieses Korpus werden Modalisierungen auf unterschiedliche Weise realisiert:[23] durch Verwendung des Konjunktivs („einerseits *könnten* die Streifen als Schutzfunktion gegen Räuber und Mücken dienen, andererseits *könnte* es ein Merkmal von Wiedererkennung sein"), durch modalisierende Verben (*Mit den Folgenden untersuchungen* soll *festgestellt werden*), durch Modalitätsverben (*doch* scheinen *manche als plausibler*) oder durch Modaladverbien (*natürlich*[24], *tatsächlich, wahrscheinlich, womöglich*). Diese fungieren einerseits als „Gewissheitsindikatoren" (Steinhoff, 2007, S. 347), die eine Aussage verstärken oder bestätigen oder als „Einstellungsoperatoren", die eine Aussage abschwächen. Die Schülerinnen und Schüler verweisen damit auf unterschiedliche Grade der Sicherheit einer Aussage bzw. Theorie, z. B.:

---

23 Vorkommen in den Texten: Konjunktiv: 5, Modalverben: 6, Modalitätsverben: 2, Modaladverbien: 4.

24 Siehe auch die bereits in der Analyse des Beispieltextes genannte Modalisierung (*natürlich*).

1) Zwar ist immer noch nicht geklärt, welche Theorie sich *tatsächlich* richtig erweist doch erschienen manche plausibler während andere widerlegt werden können.

2) Die Arbeit wird bestehende Theorien empirisch analysieren und nach ausführlicher Analyse *wahrscheinlich* genau wiedergeben.

Die Modalisierungen in diesen beiden Sätzen verweisen auf den unsicheren Stand des Wissens bzw. auf die Offenheit des Arbeitsergebnisses. In beiden Fällen wird die Auseinandersetzung mit dem Gegenstand kommentiert, über den Gegenstand selbst aber nichts ausgesagt. Die Schülerinnen und Schüler scheinen daran interessiert, Unsicherheit und Zweifel auszuräumen und zu gesicherten Aussagen im Sinne einer Assertion zu gelangen.

Verweis auf einen kontroversiellen Forschungsdiskurs

Als eines der Kernelemente am Beginn jeder Einleitung fungiert die überblicksartige Darstellung des aktuellen Forschungsstandes. Sie dient dazu, das Thema zu kontextualisieren und den bisherigen Erkenntnisstand zu einem Forschungsgegenstand oder -gebiet darzulegen (vgl. Swales & Feak, 1994). Dieser wird in den Texten der Schülerinnen und Schüler meist als kurzer Verweis auf einen noch ungesicherten, durch einen kontroversiellen Diskurs charakterisierten Stand der Forschung realisiert.

Die Schülerinnen und Schüler beziehen sich dabei zunächst auf die historische bzw. auf die aktuelle Auseinandersetzung mit dem Thema und schließlich auf divergierende Perspektiven, Begründungen, Theorien oder Positionen (siehe Beispiel (1)), die den unsicheren Status des Wissens im eristischen Sinne verdeutlichen. Sprachlich manifestiert sich dies in ihren Texten in konzessiven Strukturen (*zwar – aber*) bzw. dem Kontrastieren verschiedener Theorien (*manche Theorien erschienen plausibler, während andere widerlegt werden können*). Damit manifestiert sich in den Texten sowohl der komplexe Prozess der Urteilsbildung als auch die Distanz zur Assertion.

Um auf einen kontroversiellen Forschungsdiskurs zu verweisen, verschränken die Schülerinnen und Schüler in ihren Texten jeweils zwei Textprozeduren, in jeweils derselben Abfolge. Dafür typische Handlungsschemata werden anhand unterschiedlicher Prozedurausdrücke realisiert (s. Tabelle). Diese kamen nur zu einem geringen Anteil auch in der Intervention ident vor (Beispiele dafür sind: *über Jahre hinweg, bis heute; p wurde von x unterschiedlich betrachtet*). Konstruktionen wie *(x) hat schon mehrere Gründe vorgelegt* kamen in der Intervention in ähnlicher Form vor (*x gibt Gründe an*), sind jedoch in der von den Schülerinnen und Schüler realisierten Form nicht domänentypisch.[25]

---

25 Auch wenn ein Prozedurausdruck unmittelbar nur das Schema einer Handlung indiziert, kann aufgrund pragmatischer Kontextualisierungseffekte auch die Zugehörigkeit zu einer

Tabelle 2:   Verweis auf einen kontroversiellen Forschungsdiskurs[26]

Handlungsschema	Prozedurausdrücke
Verweis auf historische Dimension der Auseinandersetzung mit dem Thema	• derzeitig • über Jahre hinweg* • bis heute* • immer noch nicht
Verweis auf unsicheren Status des Wissens	• p wurde von x unterschiedlich betrachtet* • x hat schon mehrere möglich Gründe vorgelegt**, jedoch es gibt keine einhellige Meinung zu p • es ist nicht geklärt, welche p sich als richtig erweist • es erschienen p plausibler, während q widerlegt werden können • p ist unklar

Bei den anderen von den Schülerinnen und Schülern verwendeten Formulierungen
handelt es sich überwiegend um ihre eigenen Kreationen ohne Bezug zur didaktischen Intervention. Diese sind fast alle funktional adäquat eingesetzt, jedoch nicht
immer domänentypisch. So ist etwa die Formulierung *immer noch nicht* zwar funktional angemessen, aufgrund der Modalisierung jedoch nicht domänentypisch. Dies
gilt ebenso für die Formulierung *jedoch es gibt keine einheitliche Meinung zu p*, die
ebenfalls in der Domäne Wissenschaft nicht angemessen ist. Dieser Prozedurausdruck verweist auf ein mögliches Interesse der Schülerinnen und Schüler, die Frage
endgültig zu klären und hat somit assertiven Charakter. Dies gilt auch für die Formulierung *es ist nicht geklärt, welche p sich als richtig erweist* – auch hier scheint ein
Bedürfnis der Schülerinnen und Schüler nach Lösung der Kontroverse und damit
nach Wahrheitsfindung im Sinne einer Assertion zu bestehen.

Der von den Schülerinnen und Schülern verwendete Prozedurausdruck *es erschienen p plausibler, während q widerlegt werden können* könnte in abstrahierter
Form zwar als domänentypisch eingestuft werden, aufgrund der unspezifischen
Referenz ist dieser aber als lernersprachliche Form zu werten: für (x) wird *manche*
und für (y) *andere* eingesetzt. Referenzen dieser Art kommen in den Schülertexten häufig vor – sie entsprechen nicht dem in wissenschaftlichen Texten üblichen
spezifischen Referenzbezug und der konkreten Benennung von Autorinnen und
Autoren, Gruppen o. a.

Domäne festgestellt werden (vgl. Feilke, 2012, S. 18 f.). Deren Bestimmung ist methodisch
jedoch durchaus herausfordernd und nicht immer eindeutig. In diesem Projekt wurde
die Domänentypik der Lernerformulierungen durch einen Vergleich mit Expertentexten
im Forscherteam bestimmt.

26   * identische Musterübernahme, ** Paraphrasierung eines vorgegebenen Musters

Verorten der Forschungsfrage im Forschungsdiskurs

In wissenschaftlichen Diskursen dient die Auseinandersetzung mit einer Forschungsfrage dazu, diese im jeweiligen Forschungsdiskurs zu verorten und damit als Gegenstand der Forschung zu legitimieren.[27] In ihren Texten verwenden die Schülerinnen und Schüler dafür oft Prozedurausdrücke, die der üblichen Verwendung in der Domäne Wissenschaft nicht entsprechen. So heißt es etwa in einem Schülertext: *Warum Zebras Streifen haben, beschäftigt viele Menschen, vor allem Kinder.* Die unbestimmte Personenangabe stellt einen wissenschaftsuntypischen Referenzbezug dar. Auch die Art und Weise, wie die Schülerinnen und Schüler auf die historische bzw. aktuelle Auseinandersetzung mit der Forschungsfrage hinweisen (*die Frage p wurde immer gemieden, es kam immer wieder die Frage auf, wird oft die Frage gestellt, über die Jahre hinweg*), ist nicht domänentypisch.

In der Realisierung von Textprozeduren zeigt sich auch hier wiederum eine zweigliedrige Struktur: so wird zunächst auf den Prozess der Auseinandersetzung mit dieser Frage[28] und schließlich auf das Stellen der Frage selbst verwiesen (s. Tabelle). Die dafür verwendeten Prozedurausdrücke kamen in der Didaktisierung zum Teil ident (z. B. *kam die Frage auf*), zum Teil in ähnlicher Form vor (z. B. *zur Frage, warum wurden q*). Eristische Strukturen sind somit auch hier auf textproduraler Ebene erkennbar.

Tabelle 3:   Verortung der Forschungsfrage im Forschungsdiskurs[29]

Handlungsschema	Prozedurausdrücke
Verweis auf zeitliche Dimension der Auseinandersetzung mit der Forschungsfrage	• über die Jahre hinweg* • in den vergangenen Jahren* • immer • immer wieder • oft
Verweis auf das Stellen der Frage	• kam die Frage p auf* • wurde die Frage p gemieden** • wurde geforscht, warum p • wurde geforscht, weswegen p • wird die Frage gestellt, warum p • die Frage warum p, beschäftigt x** • Warum p, beschäftigt x

---

27 In Bezug auf die Intervention ist dieser Handlungsbereich als spezifischer Aspekt der Darstellung des Forschungsstands zu betrachten (siehe Anhang).

28 Siehe auch Beitrag von Ehlich zur Wissenschaft als *Prozess* in diesem Band.

29 * identische Musterübernahme, ** Paraphrasierung eines vorgegebenen Musters

Hervorheben einer bestimmten Forschungsperspektive im Diskurs

Indem ein Forschungsaspekt fokussiert wird, wird eine bestimmte Perspektive im Diskurs hervorgehoben. Auch dieser Handlungsbereich hat in den Texten der Schülerinnen und Schüler die historische Darstellung des Forschungsstandes zum Zweck, ist jedoch insofern spezifischer, als er zum Aufzeigen einer Forschungslücke bzw. zur Etablierung einer eigenen Position hinführt.

In den Texten der Schülerinnen und Schüler wird zunächst auf die bisherige Auseinandersetzung mit dem Thema verwiesen, darauf folgt die Fokussierung eines bestimmten Forschungsaspekts. So schreiben sie z. B.: Lange wurde nach einer Begründung, weshalb Zebras Streifen haben, ausschließlich unter dem Gesichtspunkt der Verhaltensforschung gesucht. Dadurch ergibt sich auf textproceduraler Ebene wiederum eine zweigliedrige Verschränkung. Ebenso werden auch in Bezug auf diesen Handlungsbereich eristische Strukturen durch Prozedurausdrücke gebildet.

Tabelle 4: Hervorheben einer bestimmten Forschungsperspektive im Diskurs[30]

Handlungsschema	Prozedurausdrücke
Verweis auf bisherige Auseinandersetzung mit dem Thema	• bislang wurde p* • lange wurde p* • im aktuellen Diskurs wird p*
Fokussieren eines bestimmten Forschungsaspekts	• unter dem Blickwinkel p wahrnehmen* • unter dem Gesichtspunkt von x betrachten** • ausschließlich unter dem Gesichtspunkt p suchen** • speziell p betrachten

In den Texten der Schülerinnen und Schüler fällt weiters auf, dass sich die für diesen Handlungsbereich verwendeten Prozedurausdrücke überwiegend auf das Sehen und Wahrnehmen beziehen. Die meisten dieser Ausdrücke wurden in der Intervention vermittelt und von den Schülerinnen und Schülern in ihren Texten reproduziert (z. B. *bislang wurde p unter dem Blickwinkel q wahrgenommen*) bzw. geringfügig verändert (z. B. *lange wurde p unter dem Gesichtspunkt von q betrachtet; im aktuellen Diskurs wird speziell p betrachtet; lange wurde p unter dem Gesichtspunkt von q gesucht*).

Identifizieren einer Forschungslücke

In wissenschaftlichen Texten wird auf den unsicheren Erkenntnisstand verwiesen, um auf die notwendige Weiterentwicklung von Wissen hinzuweisen bzw. diese zu unterstützen. Auch die Schülerinnen und Schüler verweisen in ihren Texten auf unklare bzw. nicht ausreichend abgesicherte Erkenntnisse und identifizieren damit

---

30 * identische Musterübernahme, ** Paraphrasierung eines vorgegebenen Musters

Forschungslücken. Sie gehen dabei vom aktuellen Wissensstand aus, etwa indem sie schreiben: *Ungeklärt hingegen ist jedoch ob auch das Umfeld oder der Lebensraum der Tiere die Streifenbildung beeinflusst.*

Auch in diesen Handlungsbereich werden Textprozeduren wiederkehrend auf dieselbe Weise kombiniert, und auch dabei werden eristische mit assertiven Strukturen verwoben (s. Tabelle). Die Textprozeduren dieses Handlungsbereichs finden sich auch im ersten Handlungsbereich dieser Darstellung (siehe Tabelle 1, Darstellung eines kontroversiellen Forschungsdiskurses), allerdings dort in anderer Funktion.

Tabelle 5:   Identifizieren einer Forschungslücke[31]

Gebrauchsschema	Prozedurausdrücke
Verweis auf aktuellen Stand der Auseinandersetzung mit dem Thema	• derzeitig • noch nicht • bislang
Verweis auf ungesicherten Erkenntnisstand	• der Wissensstand ist unklar • ungeklärt hingegen ist jedoch, ob p** • dennoch ist noch nicht belegt, ob p** • Belege, die noch nicht gemacht wurden • der wahre Grund ist unerforscht

Der Handlungsbereich „eine Lücke in der Forschung identifizieren" wurde in der Interventionsstudie ausführlich behandelt (s. auch Anhang), die dabei vermittelten Prozedurausdrücke von den Schülerinnen und Schülern jedoch kaum verwendet. Eine Ausnahme bilden die Konstruktionen *ungeklärt hingegen ist jedoch, ob p,* und *dennoch ist noch nicht belegt, ob p*; die geringfügig veränderte Adaptierungen der in der Intervention vermittelten Prozedurausdrücke darstellen.

Aufzeigen eines Forschungsdesiderats

Die Schülerinnen und Schüler zeigen in ihren Texten Forschungsdesiderata auf, indem sie – ausgehend von bisherigen Forschungsergebnissen – auf fehlende Belege, Beweise etc. hinweisen. Ein Forschungsdesiderat zeigt Entwicklungsperspektiven für die weitere Forschung auf und ist meist mit der Absicht einer Autorin/eines Autors verbunden, sich als Forschende/r im jeweiligen Forschungsfeld zu positionieren. Positionierungen dieser Art kommen in den Texten der Schülerinnen und Schüler jedoch nicht vor, sie appellieren vielmehr an eine nicht näher definierte Allgemeinheit, Erkenntnisse zur ungelösten Forschungsfrage zu produzieren.

Forschungsdesiderata sind von den Schülerinnen und Schülern z. B. so formuliert: *Diese Erkenntnisse verlangen jedoch wissenschaftliche Belege, die bislang noch*

---

31 ** Paraphrasierung eines vorgegebenen Musters

nicht gemacht wurden. Die in der Interventionsstudie vermittelten Prozedurausdrücke (*die bisherigen Forschungen verlangen nach, diese Erkenntnisse verlangen, diese Ergebnisse verlangen nach*) werden von den Schülerinnen und Schülern dabei entweder übernommen, verkürzt oder erweitert. Veränderungen erfolgen in den meisten Fällen entweder im ersten Teil des Prozedurausdrucks (*die Ergebnisse* anstatt *diese Ergebnisse*) oder im prädikativen Teil (*verlangen* anstatt *verlangen nach*), der Schlussteil (in der Intervention gekennzeichnet durch die Leerstelle p) wird von den Schülerinnen und Schülern selbst ergänzt.

Auch in diesem Handlungsbereich zeigt sich eine wiederkehrende textprozedurale Verschränkung, die dadurch gekennzeichnet ist, dass eristische auf assertive Strukturen folgen.

Tabelle 6:   Formulieren eines Forschungsdesiderats[32]

Gebrauchsschema	Prozedurausdrücke
Verweis auf bestehende Forschungsergebnisse	• diese Forschungen* • diese Erkenntnisse* • die Ergebnisse**
Hinweis auf Forschungsbedarf	• p verlangen mehrere/mehr Beweise** • p verlangen nach Überprüfungen** • p verlangen nach Forschungen** • p verlangen Belege

Vorstellen der eigenen Arbeit

Die Schülerinnen und Schüler stellen ihre Forschungsarbeit vor, indem sie auf deren Ausrichtung verweisen. Sie tun dies mithilfe der in der Interventionsstudie vermittelten metatextuellen Verweise, so zum Beispiel: *In dieser Arbeit wird die Auffassung vertreten, dass die Zebramusterung evolutionär bedingte Gründe hat.* Auf diese Weise ergibt sich auch in diesem Handlungsbereich eine wiederkehrende Verschränkung assertiver und eristischer Strukturen, die durch eine funktional bestimmte Art der Verknüpfung von Textprozeduren entsteht.

In ihren Formulierungen orientieren sich die Schülerinnen und Schüler eng an den in der Interventionsstudie vermittelten Prozedurausdrücken zum Handlungsbereich „das eigene Vorhaben benennen" (s. Anhang).

---

32 * identische Musterübernahme, ** Paraphrasierung eines vorgegebenen Musters

Tabelle 7:   Vorstellen der eigenen Arbeit[33]

Handlungsschema	Prozedurausdrücke
Verweis auf die eigene Arbeit	• in dieser Arbeit* • in dieser Untersuchung*
Posotionierung durch Verweis auf Ausrichtung der Arbeit	• wird die Auffassung vertreten, dass p* • wird die Perspektive vertreten, dass p* • wird die Annahme vertreten, dass p* • wird die Theorie vertreten, dass p*

Beschreiben des eigenen Forschungsvorhabens

Die Schülerinnen und Schüler beschreiben ihr eigenes Forschungsvorhaben, indem sie die Ziele ihrer Forschungsarbeit benennen und erläutern. Die genannten Verfahren stellen wissenschaftstypische Handlungen dar (etwas beweisen, analysieren, abwägen, eine Frage ausarbeiten), mit denen angezeigt wird, dass etwas beantwortet, wiedergegeben oder aus einer Erkenntnis ein Entschluss gezogen werden soll.

Es lässt sich auch hier wiederum ein Interesse der Schülerinnen und Schüler vermuten, zu nicht mehr weiter hinterfragbaren Resultaten zu gelangen.

Tabelle 8:   Beschreiben des eigenen Forschungsvorhabens[34]

Handlungsschema	Prozedurausdrücke
Verweis auf die Zielsetzung der eigenen Forschungsarbeit	• in meiner Arbeit möchte ich* • in dieser Arbeit wird/werden** • Ziel der Arbeit ist es • mit den folgenden Untersuchungen soll*
Verweis auf Vorgangsweise und Resultat der Arbeit	• beweisen, dass p • die Frage p ausarbeiten und beantworten • bestehende Theorien empirisch analysieren und wiedergeben • es soll festgestellt werden, weshalb p • Argumente abwägen und daraus einen Entschluss ziehen

Die von den Schülerinnen und Schülern in ihren Texten verwendeten Prozedurausdrücke, die als Verweise auf die Zielsetzung der eigenen Arbeit fungieren, kamen in der Didaktisierung zum Teil in derselben oder in ähnlicher Form vor (*in dieser Arbeit wird/möchte ich*). Die Prozedurausdrücke, in denen sie eristische und assertive Strukturen miteinander verschränken, kamen in der Intervention nicht vor, es handelt sich dabei ausschließlich um eigene Formulierungsvarianten.

---

33 * identische Musterübernahme
34 * identische Musterübernahme, ** Paraphrasierung eines vorgegebenen Musters

5 Resümee

In den Texten der Schülerinnen und Schüler werden wissenschaftstypische Handlungsbereiche in Form von miteinander verschränkten Textprozeduren etabliert, die assertive und eristische Strukturen auf spezifische Weise kombinieren. Ihre Abfolge entspricht weitgehend dem in der Intervention vermittelten Einleitungsschema (s. Anhang).

Die von den Schülerinnen und Schülern eingesetzten Textprozeduren sind auf der Textoberfläche durch Prozedurausdrücke klar erkennbar. Diese sind syntaktisch überwiegend gut integriert, funktional weitgehend angemessen und nahezu zur Hälfte auch domänenspezifisch verwendet. So wurden 47% der verwendeten Prozedurausdrücke im Sinne einer kontextuellen Passung (Steinhoff, 2007) eingesetzt, fast alle davon kamen auch in der Intervention vor.[35] Ihr Einsatz dürfte v. a. imitierend erfolgt sein, d. h. durch Reproduktion aus dem Input,[36] insbesondere dann, wenn diese in der Intervention mehrfach vorkamen.[37] Dies würde einem natürlichen Spracherwerbsmechanismus entsprechen, demnach Daten, wenn sie wiederholt und gehäuft in derselben Form angeboten werden, vorrangig aufgenommen und verarbeitet werden (vgl. z. B. Peltzer-Karpf, Brizić & Rabitsch, 2006, S. 15). In den Texten kommen aber auch lernersprachliche Formen im Sinne einer Transformation von Formulierungsroutinen (Steinhoff, 2007) vor, die ein Indikator dafür sein könnten, dass Schülerinnen und Schüler die im Unterricht vermittelten Prozedurausdrücke bereits zu variieren versuchen, ihnen dies jedoch noch nicht auf domänenspezifische Weise gelingt.

Eristische Strukturen kommen somit auch schon in Schülertexten vor. Die kleinschrittige Vermittlung von Textprozeduren in der Intervention, beginnend bei der Rezeption wissenschaftlicher Texte über die Bewusstmachung domänenspezifischer Diskurspraktiken bis hin zum forschungsorientierten Schreiben, scheint deren Realisierung beim Schreiben angeregt zu haben. Die Aufgabe, Texte zu einer kontroversen Forschungsfrage zu verfassen, dürfte daher die Entwicklung von eristischer Literalität beim wissenschaftspropädeutischen Schreiben unterstützen.

Auffallend ist jedoch, dass die in diesen Texten realisierten eristischen Strukturen epistemisch überwiegend schwach ausgeprägt sind – teils fehlen Propositionen, teils

---

35 Nur in einem Fall war ein kontextuell passend eingesetzter Prozedurausdrück nicht in der Intervention vermittelt worden. 23,5% der Prozedurausdrücke wurden im Sinne einer Transformation (Steinhoff, 2007) eingesetzt, davon wurde die Hälfte in der Intervention vermittelt, die andere Hälfte nicht. 29,4% der Prozedurausdrücke kamen in der Intervention nicht vor und wurden domänenunspezifisch eingesetzt. Aufgrund des schmalen Datenkorpus können diese Ergebnisse allerdings nur als vorsichtig zu interpretierende Tendenzen und nicht als empirisch aussagekräftige Ergebnisse betrachtet werden.

36 Wobei auffällt, dass die Schülerinnen und Schüler in manchen Handlungsbereichen auffällig viele, in anderen eher wenige Prozedurausdrücke aus der Intervention übernahmen.

37 Die meisten Prozedurausdrücke und Handlungsschemata wurden aus der sog. „Weltcafé"-Aufgabe (siehe Anhang b) übernommen.

sind diese nicht näher spezifiziert. Die epistemische Prägung eines Textes scheint daher nicht nur von textprozedural erzeugten eristischen Strukturen abzuhängen, sondern auch davon, inwieweit diese in Bezug auf den Gegenstand erkenntnisbildend eingesetzt werden. D.h. auch wenn Schülerinnen und Schüler eristische Strukturen in einem Text realisieren und domänentypische Textprozeduren funktional adäquat einsetzen, ersetzt dies die inhaltliche Auseinandersetzung und eigene Wissensbildung nicht – ansonsten „klingen" die Texte zwar wissenschaftlich, sind es aber nicht.

Es kann daher angenommen werden, dass eristische Strukturen zwar einen epistemischen Rahmen für die Textproduktion bilden, dieser aber erst durch einen doppelten Fokus – auf Sprache und Inhalte – erkenntnisbildend genutzt werden kann.[38] Erst dann sind eristisch strukturbildende Textprozeduren nicht nur *Werkzeuge des Schreibens* (Bachmann & Feilke, 2014), sondern auch Werkzeuge der Aneignung von Wissen[39].

Literatur

Anskeit, N. & Steinhoff, T. (2014). Schreibarrangements für die Primarstufe. Konzeption eines Promotionsprojekts und erste Ergebnisse zum Gebrauch von Schlüsselprozeduren. In H. Feilke & T. Bachmann (Hrsg.), Werkzeuge des Schreibens. Beiträge zu einer Didaktik der Textprozeduren (S. 129–155). Stuttgart: Fillibach.

Bachmann, T. & Feilke, H. (Hrsg.). (2014). Werkzeuge des Schreibens. Beiträge zu einer Didaktik der Textprozeduren. Stuttgart: Fillibach.

Bushati, B. & Ebner, C. (2015). „Wie baut man eine Hundehütte?". Das Unterrichtsmodul „Wissenschaftliches Schreiben" mit Fokus auf Studierende mit Deutsch als Zweitsprache. In S. Schmölzer-Eibinger & E. Thürmann (Hrsg.), Schreiben als Lernen. Kompetenzentwicklung durch Schreiben in allen Fächern (S. 267–292). Münster: Waxmann.

Bushati, B., Ebner, C., Niederdorfer, L. & Schmölzer-Eibinger, S. (2018). Wissenschaftlich schreiben lernen in der Schule. Baltmannsweiler: Schneider Verlag Hohengehren.

Dascal, M. (2006). Die Dialektik in der kollektiven Konstruktion wissenschaftlichen Wissens. In W.-A. Liebert & M.-D. Weitze (Hrsg.), Kontroversen als Schlüssel zur Wissenschaft? Wissenskulturen in sprachlicher Interaktion (S. 19–38). Bielefeld: transcript.

Ehlich, K. (1993). Deutsch als fremde Wissenschaftssprache. Jahrbuch Deutsch als Fremdsprache 19, S. 13–42.

Ehlich, K. (1999). Alltägliche Wissenschaftssprache. In H. Barkowski & A. Wolff (Hrsg.), Alternative Vermittlungsmethoden und Lernformen auf dem Prüfstand (S. 1–30). Regensburg: FaDaF.

---

38 Möglicherweise nimmt die inhaltliche Auseinandersetzung mit zunehmender Routinisierung im Gebrauch von Textprozeduren zu, da dadurch Kapazität für neue kognitive Anforderungen frei wird, dennoch ist aus didaktischer Sicht dafür zu plädieren, Inhalte im Rahmen einer prozedurenorientierten Didaktik ausreichend zu berücksichtigen, insbesondere dann, wenn es um fachliche Lernkontexte geht.

39 Siehe dazu die Unterscheidung von Ehlich zwischen LernenL vs. LernenF in diesem Band.

Ehlich, K. (2013). „Sprachliche Basisqualifikationen", ihre Aneignung und die Schule. Die deutsche Schule (DDS) 105 (2): Sprachförderung, S. 199–209.

Feilke, H. (2014). Argumente für eine Didaktik der Textprozeduren. In H. Feilke/T. Bachmann (Hrsg.), Werkzeuge des Schreibens. Beiträge zu einer Didaktik der Textprozeduren (S. 11–34). Stuttgart: Fillibach.

Fries, N. (2000). Modalität. In H. Glück (Hrsg.), Metzler-Lexikon Sprache (S. 446). 2., erweiterte Auflage. Stuttgart: Metzler.

Hug, M. (2007). „Es sollte vielleicht" – Modalisieren beim argumentativen Schreiben. Praxis Deutsch, Materialgestütztes Argumentieren, 44 (2), 50–59.

Lehnen, K. (2012). Erwerb wissenschaftlicher Textroutinen. Schreibarrangements und Modellierung von Aufgaben am Beispiel von Einleitungen. In H. Feilke & T. Bachmann (Hrsg.), Werkzeuge des Schreibens – Theorie und Potentiale einer Didaktik der Textprozeduren (S. 33–60). Stuttgart: Fillibach.

Paltridge, B. & Starfield, S. (2007). Thesis and Dissertation. Writing in the second Language. A handbook for supervisors. London: Routledge.

Peltzer-Karpf, A., Brizić, K. & Rabitsch, E. (2006). A kuci sprecham Deutsch. Sprachstandserhebung in multikulturellen Volksschulklassen: bilingualer Spracherwerb in der Migration. Wien: bm:bwk.

Pohl, T. (2007). Ontogenese wissenschaftlicher Textkompetenz. Tübingen: Niemeyer [= Reihe Germanistische Linguistik 271].

Rotter, D. & Schmölzer-Eibinger, S. (2015). Schreiben als Medium des Lernens in der Zweitsprache. Förderung literaler Kompetenz im Fachunterricht durch eine Prozedurenorientierte Didaktik und Focus on Form. In S. Schmölzer-Eibinger & E. Thürmann (Hrsg.), Schreiben als Lernen. Kompetenzentwicklung durch Schreiben in allen Fächern (S. 73–97). Münster: Waxmann.

Schmölzer-Eibinger, S., Dorner, M., Langer, E. & Helten-Pacher, M.-R. (2013). Sprachförderung im Fachunterricht in sprachlich heterogenen Klassen. Stuttgart: Fillibach.

Schmölzer-Eibinger, S. & Fanta, J. (2014). Erklären lernen. Ein prozedurenorientiertes didaktisches Modell zur Förderung literaler Handlungskompetenz am Beispiel des Erklärens. In H. Feilke & T. Bachmann (Hrsg.), Werkzeuge des Schreibens – Theorie und Potentiale einer Didaktik der Textprozeduren (S. 157–175). Stuttgart: Fillibach.

Schmölzer-Eibinger, S., Bushati, B. & Ebner, C. (2017): Stars with Stripes? – SchülerInnen schreiben Kontroversen zu strittigen Fragen der Wissenschaft. In Praxis Deutsch, Themenheft Argumentieren materialgestützt, Hrsg. v. H. Feilke, 39. Jg, Seelze: Friedrich, S. 42–49.

Steinhoff, T. (2007). Wissenschaftliche Textkompetenz. Sprachgebrauch und Schreibentwicklung in wissenschaftlichen Texten von Studenten und Experten. Tübingen: Niemeyer. [= Reihe Germanistische Linguistik 280].

Steinseifer, M. (2014). Vom Referieren zum Argumentieren. In H. Feilke & T. Bachmann (Hrsg.), Werkzeuge des Schreibens – Theorie und Potentiale einer Didaktik der Textprozeduren (S. 199–221). Stuttgart: Fillibach.

Swales, J. M. (1990). Genre Analysis. English in Academic and Research Setting. Cambridge: Cambridge University Press.

Weitze, M.-D. & Liebert, W.-A. (2006). Kontroversen als Schlüssel zur Wissenschaft – Probleme, Ideen und künftige Forschungsfelder. In dies. (Hrsg.), Kontroversen als Schlüssel zur Wissenschaft? Wissenskulturen in sprachlicher Interaktion (S. 7–16). Bielefeld: transcript.

Anhang

a. Einleitungsschema (didaktisches Modell)

einen Kontext für das Thema herstellen   1

den Forschungsstand darstellen   2

eine Lücke in der Forschung identifizieren   3

das eigene Vorhaben benennen   4

den Aufbau der Arbeit erläutern   5

b. Aufgabenstellung (Auszug):

- Die Klasse wird in vier Gruppen aufgeteilt. Auf jedem Gruppentisch liegt ein Plakat mit Formulierungen, die in wissenschaftlichen Einleitungen eingesetzt werden können.
- Jede Gruppe soll möglichst viele Sätze mit unterschiedlichen Formulierungen bilden. (…)
- Nach fünf Minuten zieht die Gruppe zum nächsten Tisch weiter und erledigt die gleiche Aufgabe am anderen Tisch.

Tabelle a: Den Forschungsstand darstellen

				als	q		
bislang					dem Gesichtspunkt		
bisher					dem Aspekt		gesehen
bis heute				*unter*	*dem Blickwinkel*		(auf-)gefasst
lange					der Betrachtungsweise		betrachtet
über Jahre hinweg	*wurde/*				dem Fokus		diskutiert
in der bisheri-	wird	*p*			der Perspektive	*q*	*wahrgenommen*
gen Forschung				aus	der Sichtweise		thematisiert
im aktuellen wissen-					der Position		
schaftlichen Diskurs				vom	Standpunkt		

Tabelle b: Eine Lücke in der Forschung besetzen

diese Erkenntnisse	*verlangen nach*		
diese Ergebnisse	erfordern	*p*	
diese Forschungen	machen	p	notwendig
	bemüht sich (nicht) um	p	
	ist von	p	weit entfernt
die (bisherige) Forschung	hält/hielt	p	(nicht) für notwendig
X			(nicht) für relevant
	blendet	p	bislang aus

Tabelle c: Das eigene Vorhaben benennen

		das Konzept			
		der Ansatz			
		der Gedanke	vorgestellt		
	diesem Beitrag	die Theorie	verfolgt		
	dieser Arbeit	die Auffassung	dargestellt	, der/die/das/	
In	dieser Untersuchung	*wird*	das Modell	aufgegriffen	, *dass*	*p*
	dieser Studie	die Annahme	vorgelegt		
	dieser Abhandlung	die Position	*vertreten*		
		der Standpunkt	skizziert		
		die Perspektive			
		der Blickwinkel			

Tabelle d: Den Aufbau der Arbeit erläutern

die (vorliegende) Arbeit	ist gegliedert in	
diese Studie	*besteht aus*	
dieser Artikel	setzt sich zusammen aus	*p*
diese Untersuchung	teilt sich in	
diese Abhandlung		

Karin Wetschanow

Die vorwissenschaftliche Arbeit

Ein genreanalytischer Bestimmungsversuch

1   Einleitung

Mit dem Einführen einer verpflichtenden vorwissenschaftlichen Abschlussarbeit als dritte Säule der neuen Reifeprüfung an der AHS wurde eine Brücke zwischen schulischer und akademischer Ausbildung geschaffen. Obwohl in den letzten Jahren versucht wurde, die gesetzlichen Vorgaben mit Hilfe von Handreichungen, unterstützenden Materialiensammlungen (vgl. http://www.ahs-vwa.at/) und Schulungen zu konkretisieren, wird jedoch vielerorts das Fehlen einheitlicher Zielvorstellungen beklagt. Insbesondere die Frage, inwieweit und wodurch sich der vorwissenschaftliche Charakter vom wissenschaftlichen unterscheidet, beschäftigt Lehrende sowie Schülerinnen und Schüler (im Folgenden mit ‚SuS' abgekürzt). Es herrscht Uneinigkeit darüber, in welchem Ausmaß Merkmale des wissenschaftlichen Diskurses als Qualitätskriterien für die didaktische Textsorte *vorwissenschaftliche Arbeit* (im Folgenden mit ‚VWA' abgekürzt) herangezogen werden sollen und wo eigenständige Bewertungsmaßstäbe zu entwickeln und anzusetzen sind. Da, wie Steets (2011) treffenderweise ausführt, die Anforderungen an wissenschaftliche Arbeiten vom Wissenschaftsfeld „durchgereicht" werden an die Schule, finden sich auch in Ratgeberliteratur und in Unterstützungsmaterialien für den Schulbereich Zielvorstellungen für die VWA formuliert, die innerhalb des wissenschaftlich-akademischen Feldes durchaus ihre Funktionen haben. Außerhalb desselben – also etwa im schulischen Bereich – muss ihre Funktionalität und Angemessenheit aber auf den Prüfstand gestellt werden: Die Grenze dessen, was dem wissenschaftlich-akademischen Diskurs vorbehalten bleiben und was in den schulischen, VORwissenschaftlichen übernommen werden soll und muss, ist schwer zu ziehen. Der vorliegende Artikel widmet sich diesem Problem aus genreanalytischer Sicht[1] und versucht unstimmige Funktionalitäten aufzudecken. Ein genreanalytischer Ansatz wurde gewählt, da diese Herangehensweise in enger Auseinandersetzung mit den (akademischen) Lehr- und Lernkontexten entwickelt wurde (für einen Überblick über die Entwicklung der Genreanalyse siehe: Gruber & Huemer, 2008; Hüttner, 2007) und von der Annahme ausgeht, dass die Analyse von Genres zentral für eine kompetente und zielführende Vermittlung literaler Kompetenzen und Praktiken im Unterricht ist.[2] *Genre* wird in der vorliegenden Arbeit als ein soziales

---

1   Vgl. Berkenkotter & Luginbühl, 2014; Gruber, Rheindorf, Wetschanow, Reisigl, Muntigl & Czinglar, 2006; Hüttner, 2008, 2007; Muntigl & Gruber, 2005; Samraj, 2008; Swales, 1993.

2   Auf die Relevanz genreanalytischer Studien für die Entwicklung sinnvoller Unterrichtsmaterialien und für eine erfolgreiche Teilhabe an einer Diskursgemeinschaft weisen unterschiedlichste Studien hin (Dudley-Evans, 1994; Peacock, 2002).

Konstrukt konzipiert, das es Schreibenden und Lesenden erleichtert, ein wiederkehrendes kommunikatives Problem zu lösen. Gruber, Huemer und Wetschanow (2014) weisen in diesem Zusammenhang darauf hin, dass sowohl der kommunikative Zweck als auch die Diskursgemeinschaft[3] für den VWA-Bereich komplex und problematisch zu fassen sind. An diese Beobachtung anschließend und damit auch ganz im Sinne der Sichtweise genreanalytischer, aber auch handlungstheoretischer textlinguistischer Ansätze (vgl. hierzu Brinker, 1983) steht in der vorliegenden Pilotstudie die kommunikative Funktion vorwissenschaftlicher Arbeiten im Zentrum. Auf unterschiedlichen Analyseebenen wird der Frage nachgegangen, welche kommunikativen Zwecke in den vorliegenden VWAs zu erkennen sind und inwieweit sie sich von wissenschaftlich-akademischen unterscheiden. In Anlehnung an den „academic literacies"-Ansatz[4] wie er in Gruber et al. (2006, S. 6) vorgestellt und umgesetzt wurde, werden neben textuellen auch kontextuelle Faktoren der Textproduktion in die Analyse miteinbezogen, bleiben aber aufgrund des Pilotcharakters dieser Studie auf ministerielle Dokumente, Ratgeber und (in geringem Ausmaß) den Einflussfaktor *Betreuung* beschränkt.

Schlussendlich wird diskutiert, inwieweit etwaige Abweichungen von wissenschaftlichen Erwartungen als Stärken im Sinne von Lösungskompetenzen für VOR-wissenschaftliche Probleme interpretiert werden können, da sie für die ermittelten kommunikativen Zwecke als funktional zu betrachten sind. Da das vorliegende Projekt auf der Annahme basiert, dass die Analyse von Genres bzw. Textsorten zentral für eine kompetente und zielführende Vermittlung literaler Kompetenzen und Praktiken im Unterricht ist, wird abschließend diskutiert, welche Schlussfolgerungen sich aus den Ergebnissen für zukünftige unterstützende Maßnahmen ziehen lassen. Die vorliegende Untersuchung versteht sich als qualitative Pilotstudie, die relevante Forschungsfelder und Fragen für eine genrebasierte korpuslinguistische Untersuchung aufzeigt und zu weiterer Forschung anregt.

2   Analyseebenen und Datenkorpus

Da „bei der Erstellung der Arbeit […] nach wissenschaftlichen Kriterien vorzugehen" ist und „wissenschaftliche Arbeitsweisen" eingesetzt werden sollen (BMB, 2016,

---

3 Hüttner (2008) weist in ihrer Arbeit zum studentischen Schreiben an Universitäten bereits auf die Komplexität der Gemeinschaft in akademischen Kontexten hin. Sie sieht die akademische Diskursgemeinschaft aufgespalten in Studierende und „gatekeeper", die über die Angemessenheit der kommunikativen Lösungen entscheiden. Für den schulischen Kontext ist eine ähnliche Aufspaltung zu vermuten. Da der schulische Kontext traditionell dem Lehren und Lernen und wenig dem Forschen verbunden ist, spielen hier die „gatekeeper" sicherlich noch eine einflussreichere Rolle. Auch stellt sich die Frage, ob für den schulischen Kontext nicht auch die „gatekeeper" in konzeptionelle (ministerielle Bestimmungen) und administrative (Lehrende) zu differenzieren wären.

4 Der „academic literacies approach" wurde in den 1990ern in Großbritannien zur Untersuchung insbesondere studentischen Schreibens entwickelt (vgl. Lea & Street, 2006).

S. 7), wird vergleichend untersucht, welche Muster aus der Domäne der Wissenschaft in die schulische VWA übernommen werden, welche adaptiert oder ignoriert werden. Entsprechend der Kriterien, die in der Handreichung des BMB (2016, S. 7 ff.) angeführt werden, werden in einem ersten Schritt Merkmale der formalen Gestaltung („formale und ästhetische Ansprüche einer wissenschaftlichen Arbeit") sowie der Umgang mit Intertextualität („zitieren") untersucht. Die zweite Analyseebene widmet sich der Frage, ob eine klassische Systematisierung entlang der Unterscheidung „theoretische – empirische Arbeit" in den untersuchten VWAs sinnstiftend ist und welche Unterteilung sich aufgrund der in Abstracts formulierten Zielsetzungen anbieten würde. Indirekt wird damit auch die Frage der Methodenkompetenz angesprochen, jedoch steht dabei die Frage der Funktionalität im Zentrum der Analyse. Schließlich werden die funktionalen Abschnitte *Einleitung* und *Schluss* einer kontrastiven Genreanalyse (Moveanalyse) unterzogen und aus den Abweichungen vom wissenschaftlichen Modell ein eigenständiges VWA-Modell entwickelt. Die ebenfalls im Zuge dieser Pilotstudie begonnene Analyse von Vertextungsmustern (vgl. Brinker, Antos, Heinemann & Sager, 2000) und die Entwicklung einer Genretypologisierung kann an dieser Stelle leider nur erwähnt werden: Eine detaillierte Auswertung und Darstellung muss an anderer Stelle erfolgen.

Da für die vorliegende Analyse entscheidend ist, ob die vorhandenen Realisierungen als dem Zweck einer VWA entsprechend (= pos.) oder nicht entsprechend (= neg.) bewertet wurden, war eine zentrale Erhebung aus datenschutzrechtlichen Gründen nicht möglich, da Noten nicht eingesehen werden dürfen. Die Daten mussten daher nach dem Prinzip der Zugänglichkeit erhoben werden. Bekannte Lehrpersonen, Studierende und Bekannte wurden angesprochen und darum gebeten, SuS um ihre Arbeiten zu bitten. Eine möglichst breite Streuung an Bundesländern, Wissenschaftsbereichen sowie theoretischen und empirischen Arbeiten wurde dabei angestrebt. In den Datenkorpus eingegangen sind schlussendlich 19 Arbeiten, die in fünf verschiedenen Bundesländern Österreichs in den Schuljahren 2014/15 und 2015/16 verfasst und beurteilt wurden. Lediglich zwei der zur Verfügung gestellten Arbeiten (GW2 und NW3) wurden negativ beurteilt. Sechs Arbeiten (NW3 bis NW8) wurden von ein und derselben Lehrkraft an derselben Schule betreut. Erste Hypothesen zum kontextuellen Einflussfaktor *Betreuung* sollen damit ermöglicht werden.

Tabelle 1 gibt einen Überblick über disziplinäre Zuordnung, Thema, Benotung, Bundesland und Geschlecht. Zum Schutz der SuS und des Lehrkörpers werden auch die Titel der Arbeiten anonymisiert, indem der Inhalt paraphrasiert zusammengefasst wird. Die Arbeiten werden den Themenbereichen, wie sie auf der Seite „Themenplattform für vorwissenschaftliche Arbeiten und Diplomarbeitsprojekte" (2016) von Young Science zu finden sind, zugeordnet, wobei die 10 Bereiche zu den vier übergreifenden Kategorien *Geistes- und Kulturwissenschaft* (GW), *Life Sciences* (LS), *Naturwissenschaften* (NW) und *Sozialwissenschaft* (SW) zusammengefasst werden.[5]

---

5 Alle zitierten Ausschnitte werden unverfälscht widergegeben, etwaige Fehler entsprechen den Originaltexten. Kursivierungen wurden eingefügt und dienen der Hervorhebung.

Tabelle 1:   Untersuchte vorwissenschaftliche Arbeiten

Thema	Sigle	Bundes-land	nega-tiv	Empirie	w/m
Kulturwissenschaftliche Bildinterpreta-tion auf Literaturbasis	GW1	NÖ			w
Literaturwissenschaftliche Werkinter-pretation und Biografie	GW2	NÖ	X		w
Psychologische Interpretation von Literatenbiografien	GW3	W			w
Biografie einer Person öffentlichen Interesses vor historisch-familiären Gegebenheiten	GW4	W		Email-Interview	m
Historische Aufarbeitung einer NS-Euthanasieeinrichtung in Österreich	GW5	NÖ			w
Vergleich biografischer Ereignisse einer Kinderbuchautorin mit Inhalten ihrer Bücher	GW6	OÖ			w
Die Entwicklung des Schisports in einer österreichischen Gemeinde	GW7	OÖ		Interview & Recherche	w
Vergleich dreier Erklärungsmodelle für ein Phänomen im Sport	LS1	NÖ			m
Risikofaktoren und Präventionsmaß-nahmen einer psychischen Erkrankung	LS2	W		Interview	w
Potentiale und wirtschaftliche Aspekte einer Form der Energiegewinnung in einem österreichischen Bundesland	NW1	T		Experteninter-view	m
Beschreibung und Testung einer Tech-nologie zur Kommunikation zwischen Gehirn und Computer	NW2	W		Experiment & Befragung	m
Psychologisches Phänomen	NW3	S	X	Befragung	m
Funktionsweise einer biologischen Grundlage für ein menschliches Gefühl	NW4	S		„ja" (Alltagsbei-spiele)	m
Darstellung einer Problemlösungsstrate-gie von Massen	NW5	S		Experiment	w
Beeinflussung des Menschen durch Musik	NW6	S			w
Techniken und Anwendungen eines psychologischen Phänomens	NW7	S			m
Forschungsstand und Anwendungsmo-delle eines psychologischen Phänomens	NW8	S			m
Auswirkung eines Spieltyps auf Kinder und Jugendliche	SW1	W		Befragung	w
Soziopolitisches Phänomen in Öster-reich	SW2	W		Experteninter-view	m

3   Formale Gestaltung und Intertextualität

Eine den wissenschaftlichen Kriterien entsprechende formale Gestaltung sowie ein der wissenschaftlichen Arbeitsweise entsprechender Umgang mit intertextuellen Verweisen werden in der Handreichung des BMB (2016) eingefordert. Im Bemühen Qualitätskriterien transparent zu machen, stellt das BMB auf der für die Unterstützung der VWA angelegten Homepage „Materialien zur VWA zur Verfügung, die LehrerInnen bei der Betreuung von SchülerInnen in allen Arbeitsphasen unterstützen sollen"[6]. Als eines der wenigen Dokumente, das sich auf die textuelle Strukturierung von VWAs bezieht, bietet das Informationsblatt „Elemente einer VWA"[7] einen tabellarischen Überblick über erwartete Komponenten einer VWA und Inhalte. In einem ersten Schritt wird geprüft, ob die 19 untersuchten VWAs diese Elemente aufweisen, und etwaige Abweichungen werden besprochen. In einem zweiten Schritt wird untersucht, ob die von SuS eingesetzten Zitiersysteme mit wissenschaftlichen Kriterien übereinstimmen. Dazu wurden alle relevanten Komponenten in jeder einzelnen Arbeit in atlas.ti deduktiv kodiert und alternative Realisierungsformen induktiv erschlossen. In einem dritten Schritt werden die Publikationstypen untersucht. Dazu wurden alle in den 19 VWAs angeführten Quellen in einem deduktiven Kodierverfahren in Publikationstypen unterteilt. In einem vierten und letzten Schritt schließlich wird der Frage nachgegangen, ob ein Einfluss präferierter Publikationstypen auf stilistische Elemente zu finden ist. Um einen solchen Vergleich zu ermöglichen, wurden die Lexeme *ich* und *wir* in atlas.ti automatisch kodiert. Eine Kookkurrenzabfrage ermöglicht Aussagen über Zusammenhänge.

Die Grobstruktur aller 19 untersuchten Arbeiten entspricht den Kriterien, die das BMB auf seiner zentralen VWA-Homepage im Informationsblatt „Elemente einer VWA"[8] auflistet. Alle Arbeiten weisen ein Titelblatt auf, enthalten einen deutschen oder englischen Abstract (GW4 und NW2), ein Inhaltsverzeichnis und fünf auch ein (optionales) Vorwort. Der Hauptteil ist durchwegs in eine Einleitung, einen in hierarchisch organisierte Kapitel gegliederten Mittelteil und einen Schluss unterteilt. Das Literaturverzeichnis sowie weitere optionale Verzeichnisse und Anhänge liefern im Anschluss an den Hauptteil relevante Informationen zu Quellen und Datenmaterial.

Gegenüber gängigen formalen Konventionen im wissenschaftlichen und akademischen Feld zeigen sich folgende Abweichungen: (1) In zwei Arbeiten (GW6 und GW7) wird dem offiziellen Titelblatt ein grafisch anschaulich gestaltetes ,Cover' vorangestellt. (2) Mit diesem lektüreanreizenden Element korrespondiert die vorgefundene illustrative Funktion von Abbildungen in manchen VWAs (z. B. GW2: die

---

6   http://www.ahs-vwa.at/

7   http://www.ahs-vwa.at/pluginfile.php/2982/mod_page/content/112/Elemente%20einer%20VWA_NEU.pdf

8   http://www.ahs-vwa.at/pluginfile.php/2982/mod_page/content/112/Elemente%20einer%20VWA_NEU.pdf

Abbildung eines Buchcovers). Für diese Abbildungen kann kein für den Inhalt der Arbeit relevanter Informationswert festgestellt werden. Ihr Einsatz scheint lektüre-anreizend motiviert zu sein. (3) Eine weitere Auffälligkeit ist die tendenziell starke Zergliederung in Kapitel und Unterkapitel, die Häufigkeit und stellenweise Dominanz von „Kapitel-ist-gleich-Absatz-Strukturen" (z. B. NW5 und SW1) und der in nahezu allen Arbeiten zu belegende Einsatz einer „Absatz-ist-gleich-Satz-Struktur" (besonders häufig in GW2: 19 und LS2: 24). (4) Die bereits in Gruber et al. (2006) für studentische Seminararbeiten festgestellte Tendenz zur Präsentation von Aufzäh-lungen in Listenform kann in den VWAs ebenfalls belegt werden ebenso wie deren Einsatz als Vertextungsmuster für ganze Kapitel: Die Arbeit NW8 weist ein Kapitel auf, das ausschließlich aus einer Liste besteht und zwei weitere, die jeweils aus einem einleitenden bzw. ausleitenden kurzen Absatz und einer Liste bestehen. (5) Fußno-ten als Mittel wissenschaftlicher Arbeiten, um zusätzliche Information zu geben, sind im Datenkorpus ausschließlich in den Arbeiten GW4 und NW2 zu finden, wo sie entsprechend wissenschaftlicher Praxis dazu eingesetzt werden, spezifizierende Zusatzinformation zu geben.

Bezogen auf die Frage, woran denn das *Vor*wissenschaftliche im Bereich der Intertextualität festzumachen sei, liefern die untersuchten Arbeiten zwei interessan-te Ergebnisse: (1) Erstens kann keine disziplinäre Beeinflussung bei der Wahl der Quellverweissysteme festgestellt werden: Neun der 19 untersuchten VWAs geben ihre Quellverweise in Fußnoten an, die übrigen zehn tun dies im Text in Klam-mern, wobei die disziplinäre Verortung des VWA-Themas nicht über das gewählte Zitiersystem entscheidet. (2) Zweitens werden bestehende Zitiersysteme um neue erweitert: Im Datenkorpus finden sich in den 19 untersuchten VWAs gleich drei unterschiedliche Formen und sechs Belege (GW2, NW3, NW4, NW6, NW7, NW8) für Alternativen. Allen drei innovativen Systemen (Fußnote zur Überschrift, Quel-langabe nach der Überschrift, Quellangabe am Ende eines Kapitels) gemeinsam ist, dass sie als Einheit für ihren Quellbeleg das Kapitel wählen.

Was die Publikationstypen betrifft, so kann festgestellt werden, dass die un-tersuchten VWAs unterschiedlichste Quellen einsetzen. Das Spektrum reicht von Ted-Talks (SW1) über journalistische Artikel (GW1, GW4, GW6, NW1, NW8, SW2) und Webseiten bis hin zu Diplomarbeiten (GW6), Dissertationen (NW2), wissenschaftlichen Monografien (GW1, GW2, NW3, SW1) und wissenschaftlichen Fachzeitschriftenartikeln (GW5, NW1, NW2, NW3). Informationen aus Schulbü-chern (GW1, GW4, GW6, LS1) und Nachschlagewerken (GW5, LS1, NW6) werden ebenso herangezogen wie handlungsorientierte Anleitungen aus Ratgebern (GW2, NW7, NW8). Auf Informationen aus Webseiten beziehen sich nahezu alle Arbeiten, lediglich die VWAs GW4 und GW5 kommen gänzlich ohne Onlinequellen aus. Sie arbeiten mit wissenschaftlichen Monografien und Fachaufsätzen sowie mit populär-wissenschaftlichen Monografien, Lexika und Enzyklopädien und stellen mit ihrem Bezug auf vornehmlich wissenschaftliche Quellen eher die Ausnahme im Datenma-terial dar. Was den Einsatz unterschiedlicher Publikationstypen in VWAs betrifft, können im Datenkorpus extreme Pole festgestellt werden. Auf der einen Seite finden sich im Datenkorpus Arbeiten, die ihr Wissen aus unterschiedlichen wissenschaftlichen Quellen beziehen, auf der anderen Seite gibt es Arbeiten, die sich vornehmlich auf ein Ratgeberwerk und Wikipediaeinträge stützen.[9]

Der Grad der Wissenschaftlichkeit der zugrundeliegenden Quellen beeinflusst nachhaltig den Stil der VWAs. In jenen VWAs, die sich zu einem Großteil oder ausschließlich auf Ratgeberliteratur beziehen, sind Charakteristika der Ratgeberliteratur wie direkte Ansprachen, Handlungsanweisungen und ein inklusives „wir" vertreten. Jene VWAs, die sich vorrangig auf wissenschaftliche Arbeiten (GW4, GW5, NW2) oder auch populärwissenschaftliche Magazine stützen (GW6), kommen gänzlich ohne „ich" aus (GW5) oder beschränken dessen Einsatz auf das Vorwort (NW2, GW4), das Einleitungs- und Schlusskapitel (GW6) und auf die Narration von Datenerhebungen (GW4).

Die Analyse der formalen Gestaltung und des Umgangs mit Intertextualität weist darauf hin, dass sich VWAs durchaus im wissenschaftlich-akademischen Feld verorten, dass aber auch durchaus Spuren didaktisch-populärwissenschaftlicher Wissensaufbereitung zu finden sind: Einerseits werden Quellen aus diesem Feld eingesetzt, andererseits finden sich für diese Publikationsformen typische Struktur- (Tendenz zu kürzeren Absätzen, Listen, lektüreanreizende Abbildungen) und Stilelemente in den VWAs wieder. Auch die Zitierstrategie, eine Quellangabe für ein gesamtes Kapitel anzuführen, findet ihre Entsprechung in populärwissenschaftlichen und journalistischen Praxen der Quellreferenz.

4   „Reproduktiv" – „Produktiv" – Eine Sinnvolle Differenzierung?

Henz (2016, S. 7 ff.) unterteilt in ihrem „Praxisbuch für die Schule" die vorwissenschaftliche Arbeit in „reproduktive bzw. literaturanalytische" und „produktive bzw. empirische" Formen von Vorgehensweisen. Entsprechend dieser Teilung, die sich an der Theorie-Empirie-Differenzierung der Wissenschaft orientiert, sollte eine Klassifizierung entlang dieser binären Kategorien einen ersten Überblick über die Art der untersuchten VWAs geben. Eine solche Zuordnung erwies sich allerdings als weit diffiziler als gedacht und erforderte die Konzeptionierung eines eigenständigen mehrstufigen Analyseverfahrens, das im Weiteren vorgestellt und dessen Ergebnisse präsentiert und diskutiert werden.

---

9   Dass der vorrangig zitierte Publikationstyp jedoch nicht auf eine redliche Arbeitsweise schließen lässt, wird anhand des Beispiels NW3 deutlich: Der Schüler zitiert sieben englischsprachige wissenschaftliche Artikel bzw. Buchkapitel in seiner Arbeit. Eine eingehendere Untersuchung der Quellen und ihrer Inhalte legt allerdings die Vermutung nahe, dass der Autor dieser VWA die pdf-Version eines Buchkapitels im Internet gefunden hat und darin zitierte Quellen in seine Arbeit übernimmt, ohne sie rezipiert zu haben. Diese Arbeit zeichnet sich durch eine fehlerhafte, weil unvollständige, Literaturangabe sowie durch ein alternatives Zitiersystem im Text aus und wurde negativ benotet.

In einem ersten Arbeitsschritt wurden alle Kapitel kodiert, deren Titel auf eine empirische Vorgehensweise verweisen. Als sprachliche Kennzeichen dienten alle Termini, die auf einen Forschungsteil (z. B. „Empirieteil", NW4), auf Forschungsdesigns (z. B. „Experiment", NW6), Erhebungsverfahren (z. B. „Befragung", GW6) oder Erhebungsinstrumente (z. B. „Fragebogen", NW3) Bezug nehmen.

In diesem Schritt konnten sechs Arbeiten als „produktive" Arbeiten klassifiziert werden (GW6, NW2, NW3, NW4, NW5, SW1). In einem zweiten Schritt wurden in allen Arbeiten explizite Verweise auf empirische Arbeitsschritte kodiert. Der Vergleich dieser Stellen mit der im ersten Schritt ermittelten Liste an Arbeiten zeigt, dass drei Arbeiten (GW7, NW1, SW2) in ihren Abstracts die Befragungsmethode „Interview" angeben, jedoch kein entsprechendes empirisches Kapitel in der Gliederung anführen.

Daher wurden in einem dritten Schritt alle Kapitel der betroffenen Arbeiten nach Berichten und Ergebnissen der im Abstract angekündigten Erhebungsmethode durchsucht. Die Arbeiten NW1 und SW2 präsentieren ihre Interviews jeweils als Teil von Unterkapiteln der dritten Gliederungsebene, GW7 integriert Informationen aus dem Interview über mehrere Kapitel hinweg.

In einem vierten Schritt wurde die Realisierungsform der Interviews kodiert. Die Spannbreite reicht von der Präsentation der Transkripte im Fließtext (LS2, SW2) über die Rekapitulation zentraler Aussagen als Absätze in einem inhaltlichen Kapitel (NW1) bis hin zur paraphrasierten Zitation zentraler Aussagen mit Quellangaben (GW7).

Da die Erhebungsmethoden nicht immer in erwarteter Weise in die VWA integriert werden, wurde in einem fünften Schritt untersucht, mit welchen sprachlichen Mitteln empirische Vorgehensweisen in den Abstracts beschrieben wurden. Kodiert wurden alle Adverbien, Adjektive und Nominalphrasen, die Auskunft über Funktion und Stellenwert der Methode für die Arbeit geben. Sechs Arbeiten (GW6, LS2, NW1, NW3, NW5, SW2) rahmen eingesetzte Methoden mittels Adverbien („ergänzend", „weiters", …) oder Nominalphrasen („als Zusatzquelle", LS2) als „Zusatz" oder „Beispiel" (NW5). Die von NW3 gewählten Adjektive („klein") und Adverbien („etwas") zur näheren Bestimmung seiner Befragung drücken geringe Größe und geringe Bedeutung aus. In einem funktionalen Kontext werden „empirische" Teile lediglich in NW2 („considering that the studies […] had ambivalent results, an experiment was performed"), SW1 („zur Beantwortung") und NW4 präsentiert. Letztere Arbeit sieht das „Ziel" dieses Teils allerdings nicht in der Beantwortung einer Frage, sondern darin, „die gewonnen (sic!) Erkenntnisse anhand von Beispielen […] näherzubringen" (NW4, Abstract), also in der Vermittlung von Wissen. In der Arbeit von SW1, die mit einer empirischen Studie beginnt, wird das Verhältnis von Theorie und Empirie verkehrt: Sie stellt den Literaturteil ihrer Arbeit als nebengeordnet dar, wenn sie erklärt, dass „zur Beantwortung […] eine empirische Studie durchgeführt" und „außerdem Literatur und Internet hinzugezogen" wurde (SW1, Abstract).

Abschließend wurden die Seitenanzahlen für die methodischen Teile ermittelt und den sprachlichen Darstellungsformen gegenübergestellt: Jene empirischen Teile, die im Abstract in einem funktionalen Zusammenhang zur Fragestellung vorgestellt werden, nehmen mit 43 Prozent (NW2) und 17 Prozent (SW1) die höchsten Anteile an der Gesamtarbeit ein. Bei den übrigen Arbeiten mit produktiven Teilen liegt der Prozentsatz zwischen 6 und 11 Prozent.[10]

Eine Methodenbeschreibung ist in keiner der untersuchten VWAs zu finden, weder auf der Gliederungsebene noch auf der inhaltlich propositionalen. Einzig NW2 erläutert seine methodische Vorgehensweise sehr ausführlich, indem er in seinem Kapitel „Entwicklung des Versuchs" explizit zwei Ziele für seinen Versuch formuliert und anschließend für die Wahl der eingesetzten technischen Apparaturen argumentiert sowie für den Einsatz eines Fragebogens zur Ermittlung geeigneter Versuchspersonen (NW2, Kapitel 4.1, S. 22–28). NW3 fasst zunächst unter der Überschrift „Fragebogen" seine Vorgehensweise mit 47 Wörtern zusammen, um sie dann im Unterkapitel „Vorgehensweise" näher auszuführen. Auffällig ist bei seiner Darstellung die Herabstufung seiner Leistung durch die Adverbien „zumindest" und „kurzfristig" sowie die Kennzeichnung seiner Empirie als „klein":

> Um *zumindest* einen *kleinen* selbst erarbeiteten Beitrag zu dieser Arbeit zu leisten, habe ich am Montag, dem 9.Februar *kurzfristig* entschieden, einen *kleinen* Fragebogen zu erstellen. Gesagt, getan fuhr ich dann am Mittwoch dem 11.Februar nach XY und befragte dort nach dem Zufallsprinzip Passanten, im Bereich der XYgasse. (NW3, Kap. 5, S. 24)

In der Arbeit GW7 sorgt die passivierte Darstellungsform dafür, dass der Arbeitsprozess unsichtbar wird: Im Abschnitt „Erzählte Geschichten" führt die Autorin der Arbeit in zwei Absätzen die interviewten Personen ein und erklärt im nächsten Absatz, dass die „folgenden Geschichten […] aus dem Interview mit XY und YZ, welches am 12. August mit ihnen geführt wurde, entnommen" sind. Das Interview wird in dieser sprachlichen Realisierung als Behälter präsentiert, dem Inhalte entnommen werden können, die eigene Leistung aber auch die Herangehensweise tritt in den Hintergrund.

Die übrigen Arbeiten präsentieren ihre Daten entweder ohne Einleitung (LS2) oder geben in einem Absatz Informationen zu Idee (GW6) und Stichprobe (GW6, SW1). NW5 stellt einen Versuch nach und rekapituliert in ihrem Kapitel „Die Grundlagen" das ursprüngliche Experiment.

Betrachtet man den marginalen Methodenbezug in den VWAs im Kontext institutioneller Vorschreibungen, so korreliert diese Beobachtung mit der im Dokument „Elemente einer VWA" des Bundesministeriums (2016) vorgeschlagenen Strukturelemente: Hier werden ausschließlich die Punkte „Befragungen oder Experimente

---

10 Die Arbeiten, in denen Transkripte in den Text eingebunden wurden, sind hier nicht berücksichtigt.

auswerten" und „Ergebnisse darstellen, Schlussfolgerungen ziehen" als relevante
Teile einer VWA angeführt.

Die durchgeführte fünfschrittige Analyse sowie die kursorische Durchsicht der
Methodenteile lässt vermuten, dass der Umgang mit wissenschaftlichen Methoden
ein relevantes Analysekriterium für die Bestimmung des vorwissenschaftlichen
Charakters von VWAs vorstellt. Empirische Arbeitsleistungen werden kaum in
einem funktionalen Zusammenhang zur Beantwortung einer leitenden Frage präsentiert. Das Verhältnis von Theorie und Empirie wird eher als Nebenordnung von
„Wissen" und „Praxis" dargestellt.

5   „Forschend Schreiben" vs. „Lernend schreiben"

Im Datenkorpus liegen neben den VWAs mit empirischen Teilen aber auch Arbeiten vor, die zwar keine empirischen Erhebungsmethoden einsetzen, jedoch in
ihrer Aufbereitung und Kontrastierung vorhandener Literatur texthermeneutisch
vergleichend verfahren und so durch „eigenständige Arbeit" Antworten auf „die
dem Thema impliziten Fragestellungen" (Handreichung BMB, 2016, S. 9) finden
(LS1, LS2).

In Analogie zu Ehlichs (2003) Differenzierung des Lernens in ein „forschendes"
und ein „lernendes", werden die VWAs in einem Kontinuum zwischen „forschend
schreiben" und „lernend schreiben" eingeordnet. Die beiden Endpunkte werden dabei unter Bezug auf Ehlichs Definition wie folgt charakterisiert: Dem „forschenden
Schreiben" zugerechnet werden Arbeiten, die darüber berichten, was sie „Neues
über die Wirklichkeitsausschnitte, die ihrer Beforschung unterliegen" (Ehlich, 2003,
S. 13), in Erfahrung gebracht haben. Hier wird eine eigenständige (theoretische oder
empirische) Forschungsleistung erbracht. Erhobenes Wissen oder Daten werden
bewusst dazu gebraucht, um eine Frage zu beantworten. Die eingesetzte Vorgehensweise ist funktional, d. h. sie verfolgt einen konkreten Zweck und ist nicht beliebig.
Der Kategorie „lernendes Schreiben" zugeordnet werden Arbeiten, in denen Wissen
zu einem Thema zusammengetragen wird: „Das Wissen ist gesellschaftlich oder ‚an
sich' bekannt. Neu ist es für die Studierenden […]" (Ehlich, 2003, S. 13). In diesen
VWAs wird Wissen zu einem Phänomen „erschrieben". Die nachstehende Tabelle
stellt eine erste nach inhaltlichen Kriterien vorgenommene Zu- und Einordnung der
analysierten Arbeiten in das vorgeschlagene Schema dar.

Um das aufgesetzte Modell mit empirischen Daten zu stützen, wurden die
Zielformulierungen aller 18 Einleitungen untersucht. In einem induktiven Kodierverfahren wurden alle Textstellen ermittelt, die auf das Ziel der Arbeit („Ziel der
Arbeit ist es", „Die Arbeit will/soll", „Ich wollte" etc.) eingehen. Die angegebenen
Ziele wurden in einem zweistufigen Verfahren zu folgenden drei Zielkategorien
verdichtet: *Wissenschaftliche Funktion*, *Vermittlungsfunktion* und *Ermächtigungsfunktion*. Zielformulierungen, die eine *wissenschaftliche Funktion* zum Ausdruck
bringen, verorten ihre Ziele durch die gewählten Verben (z. B.: NW2: „nachweisen",

Tabelle 2: Realisierungstypen

Realisierungstypen	VWA
forschend schreiben	
Eigenständige Forschung ohne Literatur- und Methodenbezug	GW7
Forschungsbericht imitierend	NW2, SW1
Biografie + Vergleichsgröße	GW2, GW3, GW4, GW6
Quellbasierte Phänomenerklärung + exemplarischer empirischer Teil	NW1, NW5, SW2
Analyse eines Werkes/Ereignisses auf Basis von Sekundärliteratur	GW1, GW5
Theorie-/Modellvergleich	LS1, LS2
Quellbasierte Phänomenerklärung	NW3, NW4, NW6, NW7, NW8
lernend schreiben	

„widerlegen", „evaluieren"; GW3: „erforschen") oder Nominalkonstruktionen (z. B.: LS2 „Auseinandersetzung mit Begrifflichkeiten") in einem wissenschaftstheoretischen Kontext. Dieser Gruppe gehören die VWAs GW3, GW4, GW6, LS2, NW1, NW2, NW6, NW8 und SW1 an. An einer *Vermittlungsfunktion* orientierte Arbeiten geben an, einer undefinierten bis explizit definierten Gruppe (GW7: „geschichtsinteressierten und/oder schifahrbegeisterten XXer/innen") Wissen vermitteln („näher bringen", „übermitteln", „Zugang schaffen", „Einblick gewähren", etc.) zu wollen. Zu dieser Kategorie zählen die Arbeiten GW1, GW7, LS1, NW3, NW7, NW4, NW5 und SW2. Eine zusätzliche *Ermächtigungsfunktion* wurde in den Arbeiten GW1 und NW7 gefunden: Eng mit der Absicht der Wissensvermittlung setzen sie es sich zum Ziel, die Leserschaft zu eigenen Handlungen zu motivieren (GW1) oder Anleitungen zu liefern (NW7). Da nicht in allen Einleitungen ein Ziel formuliert wird, können nicht alle Arbeiten klassifiziert werden. Die mit Nichtgenügend bewertete VWA GW2 gibt kein Ziel an.

Der Vergleich zeigt, dass die im Kontinuum „forschend-lernend Schreiben" dem forschenden Schreiben zugeordneten Arbeiten (NW2, SW1, GW3, GW4, GW6) ihre Ziele an wissenschaftlichen Funktionen orientieren. Die große Ausnahme bildet hier die geschichtswissenschaftliche Arbeit GW7: Die Schülerin basiert die Erarbeitung ihrer historischen Darstellung der Entwicklung einer Sportart in einer Gemeinde ausschließlich auf selbst erhobenen und recherchierten Quellen, reflektiert aber ihr methodisches Vorgehen nicht und bindet ihre Arbeit auch an keinen theoretischen Diskurs an. Die Theorielosigkeit der Arbeit spiegelt sich wohl auch in der Zielsetzung wider.

Interessant ist, dass sich das rein spekulativ aufgestellte Kontinuum dazu eignet, auch andere Phänomene im Datenmaterial zu erklären: Vergleicht man etwa die Auffälligkeiten der besprochenen strukturellen Merkmale der VWAs mit den in Tabelle 2 vorgeschlagenen Realisierungstypen, so zeigen sich interessante Zusammenhänge: Während sich als „forschend schreibend" klassifizierte Arbeiten auch auf der Ebene der Kapitel- und Absatzorganisation an wissenschaftlichen Standards orientieren, zeichnen sich als „lernend schreibend" klassifizierte Texte durch eine starke Zergliederung und durch den Einsatz (unkommentierter) Listen und lektüreanreizender Abbildungen aus. Diese Tendenz steht in engem Zusammenhang mit der Beobachtung, dass der Einsatz von alternativen Zitiersystemen ebenfalls mit dem „forschend-lernend-Schreiben-Kontinuum" korreliert: Alle Arbeiten, die Zitationsvarianten einsetzten, sind dem Typus „lernend schreibend" zugeordnet. Dieser Zusammenhang liegt darin begründet, dass die als „lernend schreibend" klassifizierten Arbeiten sich zumeist nur auf eine Hauptquelle (z. B. NW8) beziehen.

6   Analyse der Einleitungskapitel

Nachdem sich alle untersuchten Arbeiten mehr oder weniger an der IMRaD-Struktur orientieren, stellt sich die Frage, ob die einzelnen Abschnitte auch wissenschaftliche Funktionen realisieren. Um diese Frage zu beantworten, werden die kommunikativen Züge, die „moves" (Swales, 1990) der Einleitungs- und Schlusskapitel in einem induktiven Verfahren erschlossen und anschließend mit etablierten Modellen und ministeriellen Anleitungen abgeglichen. Ein „move" wird dabei als ein „segment of text that is shaped and constrained by a specific communicative function" definiert. Swales' 1990 dargestelltes CARS-Modell (= Creating a Research Space) hat zu einer Reihe weiterer Analysen[11] der rhetorischen Makrostruktur von Einleitungen motiviert und bildet die Vergleichsgrundlage für ein Modell wissenschaftlicher Einleitungen. Dem wird das von Weigl (2016) verfasste Informationsblatt „Einleitung" gegenübergestellt, welches auf der zentralen Webseite des Bundesministeriums für Bildung zur VWA zur Verfügung gestellt wird und von dem daher auszugehen ist, dass es einen zentralen Leitfaden für Lehrende und SuS darstellt.

In der folgenden Tabelle werden drei Modelle kontrastierend dargestellt: (1) Das für wissenschaftliche Publikationen geltende CARS-Modell, (2) das Weigl-Modell als relevanter Kontexteinfluss und (3) die im explorierenden Verfahren ermittelten funktionalen Schritte der untersuchten VWA-Einleitungen. Der Übersicht halber sind Schritte, die vom CARS-Modell abweichen, kursiv gesetzt.

Bis auf einige Ausnahmen werden in den VWAs ähnliche funktionale Züge wie im CARS-Modell realisiert. Interessant dabei ist, dass alle Abweichungen mit dem Einfluss der ministeriellen Instruktionen erklärt werden können. Es sind aber auch Einleitungen im Datenkorpus zu finden, welche sich ausschließlich auf die Realisierung eines Zugs konzentrieren: So fokussiert die Einleitung von GW2 den Aufbau der Arbeit, GW3 die persönliche Motivation für die Themenwahl und NW2 die Behauptung der Relevanz des Themas.

---

11 Für einen Überblick über rezente Studien deutschsprachiger Einleitungen siehe Wetschanow, 2016.

Tabelle 3:   CARS-Modell (Swales, 1990, S. 80), ministerielle Instruktionen und realisierte
             Züge im Vergleich

	CARS-Modell	Instruktion Weigl	VWA-Modell
Zug 1: Territorium etablieren			*Thema etablieren*
Schritt 0			*Motivation*
Schritt 1	Zentralität behaupten		Relevanz aufzeigen
Schritt 2 (A)	Generelles zum Thema	Was genau ist ihr Thema?	Thema etablieren
Schritt 2(B)			*Thema präsentieren*
Schritt 3	bisherige Forschung besprechen	Auf welche Literatur stützen Sie sich in Ihrer Arbeit?	Forschungsüberblick geben
Zug 2: Nische etablieren			*Frage(n) aufbringen*
Schritt 1A	Widerspruch od.		
Schritt 1B	Lücke aufzeigen od.		
Schritt 1C	Frage aufbringen od.		Frage(n) aufbringen
Schritt 1D	Tradition weiterführen		
Zug 3: Nische besetzen			*Arbeit vorstellen*
Schritt 1A	Zwecke aufzeigen	Was ist das Ziel Ihrer Arbeit?	Ziel- oder Zweck aufzeigen
Schritt 1B	aktuelle Forschung ankündigen	Wie werden Sie vorgehen?	aktuelle Forschung ankündigen
Schritt 1 B.I		*Auf welche Literatur stützen Sie sich in Ihrer Arbeit?*	*Zugrundeliegende Quelle(n) angeben*
Schritt 2	Wichtigste Resultate ankündigen		
Schritt 3	Artikelstruktur vorstellen	Wie bauen Sie Ihre Arbeit auf?	Aufbau vorstellen
		Was werden Sie nicht machen?	*Einschränkungen angeben*

Entsprechend der Tatsache, dass VWAs nicht innerhalb eines wissenschaftlich-akademischen Feldes geschrieben und erarbeitet werden, sind sie kaum in einen aktuellen disziplinären Forschungsdiskurs eingebettet, weshalb in der Regel auch keine Forschungslücken in der Einleitung[12] (Ausnahme: GW4) festgestellt werden. Daher scheint es angebrachter, den ersten Zug des CARS-Modells entsprechend seiner Funktion im Bereich der VWA-Einleitungen als „Thema etablieren" zu benennen und den Zug „Nische etablieren" durch „Frage(n) aufbringen" zu ersetzen. Der Tatsache, dass in den untersuchten VWAs sprachlich keine Nische etabliert wird,

---

12 NW2 formuliert sehr ausführlich eine Forschungslücke im Schlusskapitel.

entspricht der Befund, dass der Zug „Nische besetzen" im VWA-Modell als „eigene
Arbeit vorstellen" realisiert wird und dementsprechend als solcher benannt wird.

Der Umstand, dass VWAs im schulischen und nicht in einem wissenschaftlichen oder akademischen Kontext verfasst werden, könnte dafür verantwortlich
sein, dass die Motivation für das VWA-Vorhaben im eigenen Interesse gesucht und
einer Leserschaft mitgeteilt wird. Sechs der 19 untersuchten Arbeiten thematisieren
persönliche Beweggründe für die Themenwahl; die Einleitung einer Arbeit (GW3)
besteht sogar fast ausschließlich aus Angaben zur eigenen Motivation. So beginnt
die Autorin ihre Einleitung folgendermaßen:

> Für mich hat diese Arbeit einen ganz besonderen Wert, da mich einen Teil meiner Kindheit
> Selbstmordgedanken begleitet haben. Ich werde diese Zeit nie vergessen, die mich innerlich
> zu zerstören drohte. Und in dieser Zeit liebte ich es mich in anderen Welten zu verstecken
> um meine eigene zu vergessen, und ich vergrub mich in Büchern. Diese Welten, die auf
> knisternden Seiten auf mich warteten, bereit mich zu verzaubern. Und die Menschen, die
> diese Welten erschufen waren für mich wie Götter. Und ich begann eine Faszination zu
> entwickeln, eine Faszination mit dem Selbstmord an sich und mit dem damit verbundenen
> Leiden. Für mich waren traurige Worte immer die schönsten. (GW3; Einleitung)

In diesem ersten Absatz wird keinerlei Information über das Thema der Arbeit gegeben, jedoch viel Information über die eigene Kindheit und den Stellenwert von
Literatur in diesem Lebensabschnitt. Der Mangel an Einbettung in eine forschende
Gemeinschaft lässt die SuS ihre Person als fragende Instanz, die über die Relevanz
eines Themas bestimmt, in den Mittelpunkt rücken. Folglich wird das Erkenntnisinteresse explizit als ein persönliches konkretisiert und nicht als ein gesamtgesell-
schaftliches oder wissenschaftliches. Entsprechend wird der Schritt „Motivation" ins
VWA-Modell eingeführt. Eine mögliche kontextuelle Erklärung für die Tendenz zur
Angabe persönlicher Motivation findet sich im Dokument „Elemente einer VWA"
(BMB, 2016), wo erläutert wird, dass in der Einleitung „Raum auch für einen persönlichen Standpunkt zur Problemstellung der Arbeit" sei.

Eine interessante Realisierungsvariante stellt die Einleitung von GW6 dar. Die
Einleitung dieser Arbeit besteht aus einem einzigen Absatz. Die ersten 220 Wörter
widmen sich der persönlichen Bedeutung des Themas für die Schülerin und der
Narration des Prozesses der Themenwahl sowie der Recherchearbeit. Die kom-
munikative Funktion schwenkt mitten im Satz von der Motivation weg hin zum
Aufbau der Arbeit. Das chronologisch organisierte Vertextungsmuster der Narra-
tion wird innerhalb eines Satzes vom Vertextungsmuster der Deskription abgelöst.
Indirekt klingt in der Erzählung des wissenschaftlichen Arbeitsprozesses auch die
Problemstellung der Arbeit an, welche aber nicht näher erläutert wird. Die einzige
Information, die über diesen Aspekt der Arbeit gegeben wird, ist die Stelle, an der
er positioniert ist. In den folgenden drei Sätzen wird in sehr komprimierter Form
auf zugrundeliegende Quellen, den Zweck der Arbeit und den Aufbau eingegangen.
Beachtenswert ist dabei, dass im letzten Satz der Einleitung oberflächlich gesehen,
die Struktur der Arbeit vorgestellt wird, inhaltlich aber eine zusätzliche, für wissen-

schaftliche Arbeiten relevante Information gegeben wird: Die Schülerin informiert gleichzeitig mit der Beschreibung des letzten Kapitels ihrer Arbeit über das empirische Vorgehen eines Teils ihrer Arbeit:

> <Motivation> Ich begann ein wenig über Astrid Lindgren zu recherchieren und somit wurde mein <Frage> Interesse für ihr privates und berufliches Leben geweckt, <Aufbau> welches auch den Beginn meiner Arbeit darstellt. <Vorgehen: Quelle> In diesem Kapitel stütze ich mich auf die Biographie von Birgit Dankert. <Vorgehen> Für den Hauptteil habe ich Astrid Lindgrens ersten und letzten Charakter, folglich Pippi Langstrumpf und Ronja Räubertochter gewählt, <Ziel, Zweck> um diese zu charakterisieren, zu vergleichen und den biographischen Bezug zu Astrid Lindgrens Leben und vor allem zu ihrer Kindheit herauszuarbeiten. <Aufbau> Neben einem Kapitel über den Einfluss von Astrid Lindgren auf den phantastischen Roman bildet eine Umfrage über die Beliebtheit und Bekanntheit der Bücher von Astrid Lindgren am BRG/BORG […] den Schluss meiner Arbeit. (GW6; Einleitung)

Die Einleitung von GW6 macht deutlich, dass die funktionalen Züge einer Einleitung in sehr komprimierter Form realisiert werden können und dass manche kommunikativen Funktionen einer Einleitung nur sehr indirekt, weil in andere vorrangige Züge eingebettet, realisiert werden. Auch wird die Schwierigkeit deutlich, von der persönlichen Erzählebene auf die wissenschaftlich erklärende Ebene zu wechseln. Zudem zeigt sich an diesem Beispiel, wie sich das Fehlen einer leitenden Frage als zentrales Gelenk zwischen Thema und Vorhaben auf die sprachliche Gestaltung der Einleitung auswirkt.

Eine weitere Differenz zum CARS-Modell zeigt sich in der Funktion, die Literaturverweisen in diesem Abschnitt zukommt. Während intertextuelle Verweise in wissenschaftlichen Einleitungen zumeist der Verortung in der jeweiligen Forschungslandschaft dienen und somit dem Zug „Feld etablieren" zuzuordnen sind, wird in den untersuchten VWAs Literatur oftmals mit den Zweck angeführt, das eigene Vorgehen durch Angabe der zugrundeliegenden Quellen zu konkretisieren.[13]

> Die Informationen und wissenschaftlichen Grundlagen bzw. Erkenntnisse, die für das Erstellen dieser Arbeit verwendet wurden, stammen größtenteils aus Printmedien. Eines dieser Werke trägt den Titel „XX", verfasst von Prof. Dr. VORNAME NACHNAME. Dieses Werk trug maßgeblich zur Erstellung dieser Arbeit bei, indem es einen großen Teil der Erkenntnisse bezüglich des Themas dieser Arbeit bereitstellte. (GW4; Einleitung)

Entsprechend wird im VWA-Modell der Schritt „zugrundeliegende Quellen angeben" in den Zug „Eigene Arbeit vorstellen" aufgenommen. Ein kontextueller Ein-

---

13 Bei der Realisierung dieses Schritts reicht das Spektrum von einem sehr ausführlichen Forschungsüberblick inklusive Rekapitulation der wichtigsten Werke (LS2) bis zur Nennung einer konkreten zugrundeliegenden Quelle in einem Nebensatz (NW5). Keinerlei Bezug auf bestehende Forschung stellen fünf (GW2, GW3, LS1, SW1, NW2) der 19 untersuchten Arbeiten her.

fluss für dieses Vorgehen scheint in Weigls (2016) instruierender Frage „Auf welche Literatur stützen Sie sich in Ihrer Arbeit?" gegeben zu sein, die durch ein solches Verfahren unmittelbar beantwortet wird.

Das Angeben von „Einschränkungen" in vier Arbeiten (GW4, GW5, NW3, NW6) bildet einen zusätzlichen funktionalen Schritt innerhalb des Zugs „Eigene Arbeit vorstellen". In diesem Zug wird über methodische Zugänge und deren Aussagekraft reflektiert (GW4) oder es werden Grenzen der Arbeit aufgezeigt (GW5, NW3, NW6). Auch hier scheint die kontextuelle Einflussnahme von Weigls Frage „Was werden Sie nicht machen?" Spuren zu hinterlassen. Die Reflexionen zur Aussagekraft und Herangehensweise GW4s dagegen scheinen eher erkenntnistheoretischen Überlegungen geschuldet und können somit auch dem Zug „erwartete Resultate" zugerechnet werden: So erklärt GW4 abschließend, dass „das Resultat nur als Hypothese zu betrachten" (S. 2) sei. Bis auf diese eine Erwähnung werden im Datenkorpus allerdings keine Ergebnisse angekündigt.

Der größte Unterschied zu Swales' Modell wissenschaftlicher Einleitungen von Forschungsartikeln besteht in ihrer grundsätzlichen Funktion: Während die Lücke das zentrale Element und der Dreh- und Angelpunkt wissenschaftlicher Einleitungen ist, wird sie in vorwissenschaftlichen Einleitungen kaum realisiert. Die Analyse der Einleitungen legt so die Vermutung nahe, dass SuS die Funktion von VWAs darin sehen, eine für sich selbst interessante Wissenslücke zu schließen.

7   Analyse der Schlusskapitel

Analog zur Einleitung haben auch konkludierende Textabschnitte in genreanalytischen Arbeiten mehr und mehr Beachtung gefunden. Eine zentrale Annahme dabei ist, dass sich Einleitung und Schlusskapitel hinsichtlich ihrer Anordnung kommunikativer Züge spiegelbildlich gegenüberstehen: Der Struktur *Establish a territory* → *Establish a niche* → *Occupy the niche* stehe die Struktur *Occupy the niche* → *(Re)establish the niche* → *Establish additional territory* gegenüber (vgl. Peacock, 2002). Für die vorliegende vergleichende Analyse wird ein Raster verwendet, das für Masterthesen von Studierenden im Fach Angewandte Linguistik erstellt wurde (vgl. hierzu Chen & Kuo, 2012). Analog zu Anleitungen zum Schreiben einer Einleitung finden sich auch für das Schreiben des Schlusskapitels instruierende Materialien auf der Homepage des Bundesministeriums für Bildung. Die Informationen im einleitenden Dokument „Elemente einer VWA" (2015) sowie im von Weigl (2016) erstellten Informationsblatt „Schlusskapitel" werden für die Kontrastierung herangezogen. Das Dokument „Elemente einer VWA" führt den „Schluss (Fazit)" als einen Abschnitt an, den eine VWA „aufzuweisen" hat. Enthalten soll dieser Teil (1) eine „prägnante Kurzform der Resultate der Arbeit", (2) „eventuell persönliche Erfahrungen im Arbeitsprozess: Erfolge, Schwierigkeiten" und (3) Verweise auf „offene Fragen und weiterführende Aspekte". Ähnlich leiten die Fragen Weigls im ministeriellen Dokument „Schlusskapitel" an. Diese speziell für den vorwissenschaftlichen Bereich geschaffenen Anleitungen werden einem Modell akademischer Abschlussarbeiten gegenübergestellt und mit den realisierten Zügen im Datenkorpus verglichen (siehe Tab. 4).

Tabelle 4: Chen und Kuo's-Modell (2012, S. 51), Weigls anleitende Fragen und realisierte Züge im Vergleich

	Chen und Kuo (2012)	Weigl	VWA-Modell
Zug 1: Einleitung ins Schlusskapitel			
Schritt 1	Wiederholung von Zweck, Design, Fragestellung/Hypothese(n)		Wiederholung von Ziel und Fragestellung
Schritt 2	Ergebnisse		Ergebnisse
Zug 2: Zusammenfassung der Studie			
Schritt 1	Kurze Zusammenfassung	Was sind die wichtigsten Ergebnisse der Arbeit? Was sollten sich die Leserinnen und Leser zusammenfassend merken?	Kurze Zusammenfassung
Zug 3: Bewertung der Studie			
Schritt 1	Hinweisen auf Signifikanz		
Schritt 2	Hinweisen auf Beschränkung		Hinweisen auf Beschränkung
Schritt 3	Bewerten der Methodologie		Bewerten der Methodologie
Zug 4: Schlussfolgerungen			
Schritt 1	Empfehlen von weiterer Forschung	Sind Sie auf offene Fragen gestoßen, die man in einer weiteren Arbeit untersuchen sollte? Wenn ja, welche Frage waren das?	Empfehlen von weiterer Forschung
Schritt 2	Pädagogische Implikationen ziehen		
Schritt 3	Vorschläge machen		Handlungsempfehlungen geben
Schritt 4	Auf andere Studien verweisen		
Schritt 5	Rechtfertigungen und Unterstützungen		
Zug 5:		*Reflexion*	*Reflexion*
Schritt 1		*Sind während des Arbeitsprozesses unvorhergesehene Schwierigkeiten aufgetreten? Wenn ja, welche? Konnten Sie sie lösen?*	*Reflexion des Erkenntnisgewinns und/oder Arbeitsprozesses*

Mit Ausnahme der Arbeit GW3 werden im Wesentlichen die zentralen Züge konkludierender Kapitel erfüllt. Acht der 19 untersuchten Arbeiten weisen einen einleitenden Zug auf. Während LS1, NW2, NW 4, NW 6 und NW 7 das Ziel der Studie im Schlusskapitel erneut anführen bzw. die leitende Fragestellung der Arbeit in Erinnerung rufen, leiten drei der acht VWAs ihre Konklusion mit unerwarteten Schritten ein. So erzählt GW2, wie sich ihr Forschungsinteresse im Schreibprozess verlagert hat, GW5 gibt einleitend den gewünschten gesellschaftlichen Verwertungszweck („soll eine Grundlage geschaffen werden, die es ermöglicht, einen dunklen Teil unserer Vergangenheit aufzuarbeiten") der Arbeit an und LS2 liefert einleitende generelle Informationen zum Themengebiet ihrer VWA.

Ein dominanter und in den Vorgaben nicht angeführter Zug vorwissenschaftlicher Schlusskapitel ist das Reflektieren des persönlichen Erkenntnisgewinns durch das Verfassen der VWA. Sechs SuS (GW1, GW6, LS2, NW5, NW8, SW2) gehen darauf ein, in welcher Weise die Beschäftigung mit einem Thema ihre persönlichen Einstellungen geändert hat oder Bewusstheit für eine Thematik geschaffen wurde. Auf Schwierigkeiten während des wissenschaftlichen Arbeitsprozesses geht ausschließlich NW1 ein. GW1 reflektiert in ihrem Schlusskapitel den Zweck ihrer Arbeit und SW2 erzählt von persönlich Erlebtem im Zusammenhang mit seinem sozialpolitischen Thema. Besonders interessant ist der einleitende Zug des „Fazits" von NW2: Dieser Zug etabliert nämlich eine wissenschaftlich argumentierte Lücke, indem er einen Widerspruch in bisherigen Forschungsergebnissen aufzeigt und erläutert, wodurch die vorliegende Arbeit versucht, diese Lücke zu schließen:

> Aufgrund von widersprüchlichen Ergebnissen der Studien, [...], wurde in dieser Arbeit ein Versuch durchgeführt, welcher die Wirksamkeit von [...] überprüfen sollte. *Denn während in einem Versuch* von VORNAME NACHNAME die Testpersonen [...] das Verhältnis zwischen [...] ändern konnten, geschweige denn positive Effekte verspüren konnten, *wurde in einem Experiment* von VORNAME NACHNAME die [...] Darbietung der Versuchspersonen durch [...] verbessert sowie ihr Lampenfieber gesenkt. (NW2; Fazit)

Die kommunikative Funktion, abschließend die Ergebnisse zusammenzufassen (Zug 2), wurde in den VWAs entweder als Rekapitulation der wichtigsten Inhalte (GW4, NW3, NW7) oder als Antwort auf die leitende Fragestellung der Arbeit (NW2, SW1) realisiert. SW1 ist die einzige VWA, in der die eingeschränkte Gültigkeit dieser Antwort diskutiert wird. Ihre Ergebnisse bzw. ihre Methode evaluieren (Zug 3) lediglich zwei SuS: Einerseits diskutiert NW2 die Aussage seiner Ergebnisse, andererseits nimmt NW5 eine Bewertung der von ihr gewählten Versuchsgruppe vor:

> Natürlich kann man auch mit Experimenten Nachforschungen anstellen. Dass das viele Fehlerquellen beinhalten kann, musste ich am eigenen Leib erfahren. Es ist also nicht so einfach, einen neutralen Raum zu finden, in dem sich die einzelnen ExperimentteilnehmerInnen nicht gegenseitig beeinflussen. Die TeilnehmerInnen fallen sonst leicht in die Gruppendenke, ein Zustand, der solche Ergebnisse verfälscht. (NW5; Schluss)

Ansonsten können keine Realisierungen des dritten Zugs gefunden werden. Einen „Ausblick" (Zug 4) geben mehr als die Hälfte aller Arbeiten. Sieben der untersuchten VWAs thematisieren am Ende ihrer Arbeit weitere interessante Forschungsbereiche.

> Meiner Meinung nach müsste man eine Studie anfertigen, die über mehrere Jahre andauert. In dieser müsste man Phasen einführen, in denen Videospiele gespielt werden, und Phasen ohne spielen. Dadurch könnte man eine Veränderung des Verhaltens bei Probanden besser erschließen. […]. (SW1; Resümee)

Neben für wissenschaftliche Publikationen typischen Anregungen weiterer Forschungstätigkeiten finden sich aber auch Ausblicke, die angenommene oder erwünschte gesellschaftliche Auswirkungen thematisieren oder eine abschließende Bewertung des besprochenen Phänomens vornehmen. In einem Fall thematisiert ein Schüler im Ausblick die Auswirkungen der Arbeit auf seine persönlichen Zukunftspläne (SW2). Eine Arbeit (NW1) macht bereits den anwendungsbezogenen Charakter des Schlusskapitels im Titel deutlich: Im Kapitel „Schlussfolgerungen und Handlungsempfehlungen" fasst er seine Ergebnisse inhaltlich zusammen und leitet daraus handlungsorientierte Überlegungen ab.

Den Vergleichsmodellen unmöglich zuzuordnen ist das Schlusskapitel der Arbeit GW3, in dem kein einziger Zug des Swale'schen Modells realisiert wird. Das letzte Kapitel dieser Arbeit trägt den Titel „Psychologische Aspekte und Zusammenhänge" und führt in Klammern die Funktion „Fazit" an. Wie dem Titel zu entnehmen ist, werden in diesem Kapitel psychologische Modelle in Listenform rekapituliert und anschließend pro Literat bzw. Literatin die relevanten Phasen in der jeweiligen Biografie beschrieben. Dem persönlichen Zugang in der Einleitung GW3s steht die Interpretation biografischer Daten innerhalb eines psychologischen Modells im Schlusskapitel gegenüber.

Zusammenfassend kann festgehalten werden, dass sich ähnlich wie die Einleitung auch das vorwissenschaftliche Schlusskapitel von wissenschaftlichen Einleitungen dahingehend unterscheidet, dass persönliche Motivationen und Erkenntnisse thematisiert werden. An die Stelle des forschenden tritt (insbesondere bei Arbeiten, die lernend schreiben) das persönliche Erkenntnisinteresse, welches insbesondere in der Reflexion des persönlichen Wissenszuwachses seinen Ausdruck findet.

8   Fazit

Die vorliegende qualitative Genreanalyse vorwissenschaftlicher Arbeiten aus unterschiedlichen Fachrichtungen in Österreich lässt ein breites Spektrum an Realisierungstypen erkennen. Die Spannbreite reicht von einem Konzept des forschenden Schreibens bis hin zu einem des lernenden Schreibens. Die Maximalvariante einer VWA, so könnte man aus der Analyse schließen, ist ein Forschungsbericht, die Minimalvariante besteht in der Literaturzusammenfassung einer oder zweier Quelle(n). Während die Maximalvariante im Datenmaterial nur einmal vertreten ist, finden sich fünf Belege der Minimalvariante, woraus man die Hypothese ableiten könnte, dass Maximalvarianten eher die Ausnahme darstellen, während Minimalvarianten durchaus öfter vorkommen. Der Grad der Forschungsorientiertheit entscheidet in den untersuchten Arbeiten allerdings nicht darüber, ob eine Arbeit positiv bewertet wird oder nicht: Sowohl forschend als auch lernend geschriebene Arbeiten werden als VWA anerkannt und positiv benotet. Zu einer negativen Benotung scheint die Kombination aus fehlender Zitierkompetenz (GW2, NW3), unwissenschaftlichem Stil (umgangssprachliche Formulierungen (GW2, NW3)), Satzellipsen (NW3), Meinungsbekundungen (GW2, NW3) sowie einer Ziellosigkeit der Arbeit (GW2) zu führen.

Insgesamt orientieren sich die untersuchten VWAs bei der Strukturierung und bei den funktionalen Zügen von Einleitungs- und Schlussteilen an wissenschaftlichen Vorbildern, modifizieren diese jedoch ihrer eigenen Zwecke entsprechend. So finden sich verschiedene Strukturelemente (Cover, Zergliederung, Listen, illustrative Abbildungen) in den VWAs, die einer ansprechenderen Lektüre und der Textverständlichkeit geschuldet sind. Traditionelle Züge von Einleitungs- und Schlussteilen werden um Schritte erweitert, welche die fehlende Forschungsanbindung von SuS kompensieren: An die Stelle einer forschungsrelevanten Lücke tritt das eigene Interesse, an die Stelle der Schlussfolgerungen die Reflexion des Arbeitsprozesses und Erkenntnisgewinns. Alternative Quellverweissysteme deuten darauf hin, dass mancherorts neue Strategien eingesetzt werden, wenn die Praktiken des wissenschaftlichen Betriebs als „unpraktisch", weil den Zielen einer VWA nicht entsprechend, erlebt werden. Auch der im Datenkorpus belegte Trend, sich auf Informationen von Webseiten zu beziehen, ist durchaus als funktional zu bewerten, trägt man der fehlenden wissenschaftlichen Verortung Rechnung: VWA-Schreibende benötigen in der Regel umfassenden Überblick in kurzer Zeit, denn sie müssen sich ihre Orientierung jenseits jahrelanger akademischer Ausbildungen oder thematischer Seminare erarbeiten. Da die vorliegende Analyse aber die Schlussfolgerung nahe legt, dass der Publikationstyp der Basisliteratur Auswirkungen auf Vertextungsmuster[14] und Stil hat, stellt sich die Frage, ob Wikipedia als Quelle nicht allemal allen ratgebenden Publikationstypen vorzuziehen ist, da hier nicht die Gefahr besteht, am falschen Genremodell zu lernen.

Es stellt sich die Frage, ob im Ringen darum, den Begriff *vorwissenschaftlich* mit Inhalten und Werten zu füllen, die Wissenschaftlichkeit die Messlatte darstellen soll oder das Element des Vorbereitens. Anders formuliert: Soll man die Dinge jenseits der Wissenschaftlichkeit zu „Fehlern" gerinnen oder soll man die Abweichungen zum Programm werden lassen? Wenn die vorwissenschaftliche Arbeit weiterhin an den Gütekriterien der Wissenschaft gemessen wird, kann sie nie genügen, muss sie

---

14 Erste Analysen der Vertextungsmuster legen die Vermutung nahe, dass die Verwendung von Ratgeberliteratur dazu führt, deren handlungsanleitenden Stil zu übernehmen, was sich durch den Einsatz des Vertextungsmusters „Instruktion" in den Arbeiten zeigt (G2, NW8).

immer defizitär bleiben. Wenn aber den Abweichungen nachgegangen wird und daraus ein Programm für die Annäherung an die Wissenschaft abgeleitet wird, kann die VWA zu einer produktiven Sache heranwachsen.

Welche „Fehler" könnten nach der vorliegenden Analyse zur positiven Deskription des vorwissenschaftlichen Charakters beitragen? Hier wäre in erster Linie die zentrale Funktion der Arbeit zu nennen: SuS würden einen für sie interessanten Bereich für sich zu erarbeiten haben und müssten ihr persönliches Interesse offenlegen und reflektieren. Eine VWA würde sich auf den reproduktiven Teil konzentrieren müssen und hier das Zusammenfassen einer Quelle und das Kontrastieren zweier Quellen zum selben Themenbereich fokussieren. Letzteres fördert das Verständnis für die diskursive Qualität von Wissenschaft und damit die Textqualität der VWAs. Die SuS sollten der Verantwortung enthoben werden, eine wissenschaftliche Methode einzusetzen, vielmehr sollten sie dazu angeregt werden, ein methodisches Instrumentarium bewusst auszuprobieren. Die abschließende Reflexion des Arbeits- und Erkenntnisprozesses wäre verpflichtend einzuführen. Würde man die Fehler bei der Zitierung im Text zum Anlass für Aufweichungen der Zitiersysteme im vorwissenschaftlichen Bereich nehmen, könnten Varianten für zentrale Quellangaben pro Kapitel systematisiert werden. In jedem Fall könnten die in der vorliegenden Arbeit vorgefundenen Abweichungen von wissenschaftlichen Standards dazu hergenommen werden, Diskussionen um die Grenze zwischen wissenschaftlich und vorwissenschaftlich anhand konkreter Beispiele zu diskutieren. Eine deutliche Grenzziehung und vor allem eine positive Bestimmung vorwissenschaftlicher Kriterien könnte auch Lehrenden entgegenkommen, die sich zum Teil wenig mit dem Wissenschaftssystem identifizieren. Von Seiten der Wissenschaft wären klare vorwissenschaftliche Regeln ebenfalls zu befürworten, da damit das Risiko minimiert werden könnte, dass vorwissenschaftliche Ansprüche in die akademische Ausbildung übertragen werden. Dass die Meinung und der Zugang von Lehrenden zu Wissenschaftlichkeit einen Einfluss auf SuS hat, konnte im Datenkorpus exemplarisch belegt werden. Anhand weiterer und umfassenderer Analysen könnten konkrete Realisierungstypen entworfen werden, die Entstehungskontexte und den Arbeitsaufwand mitberücksichtigen.

Unterlagen des Bundesministeriums

Bundesinstitut Bifie (Oktober 2016). *Textsortenkatalog zur SRDP in der Unterrichtssprache (Deutsch, Kroatisch, Slowenisch, Ungarisch)*. Verfügbar unter: http://www.brgdomath2. com/app/download/7665482076/161021_bifie_textsortenkatalog_beschreibung_neu. pdf?t=1484289080 [03.03.2017].

Bundesministerium für Bildung (Oktober 2015). *Elemente einer VWA*. Verfügbar unter: http://www.ahs-vwa.at/mod/data/view.php?d=2&perpage=100&search=&sort=29&orde r=ASC&advanced=1&f_39=Eckdaten,+Checklisten+und+Formulare [03.03.2017].

Bundesministerium für Bildung (September 2016). *Die kompetenzorientierte Reifeprüfung. Vorwissenschaftliche Arbeit. Unverbindliche Handreichung für das Prüfungsgebiet*

„*vorwissenschaftliche Arbeit*" *(VWA).* Verfügbar unter: http://www.ahs-vwa.at/plu
ginfile.php/2986/mod_page/content/24/reifepruefung_ahs_vwa_handreichung.pdf
[30.06.2017].

Weigl, H. (12. Oktober 2016). *Einleitung.* Verfügbar unter: http://www.ahs-vwa.at/mod/data/
view.php?d=2&perpage=100&search=&sort=29&order=ASC&advanced=1&f_39=Schre
iben+und+%C3%9Cberarbeiten [03.03.2017].

Weigl, H. (12. Oktober 2016). *Schlusskapitel.* Verfügbar unter: http://www.ahs-vwa.at/mod/
data/view.php?d=2&perpage=100&search=&sort=29&order=ASC&advanced=1&f_39=
Schreiben+und+%C3%9Cberarbeiten [03.03.2017].

Young Science – Zentrum für die Zusammenarbeit von Wissenschaft und Schule (2016):
Themenplattform für vorwissenschaftliche Arbeiten und Diplomarbeiten. Verfügbar unter:
http://www.youngscience.at/themenplattform/ueber_die_themenplattform/ [03.03.2017].

Literatur

Berkenkotter, C. & Luginbühl, M. (2014). Producing genres: Pattern variation and genre
development. In E.-M. Jakobs & D. Perrin (Hrsg.), *Handbook of Writing and Text Produc-
tion* (S. 285–304). Berlin: de Gruyter.

Brinker, K. (1983). Textfunktionen. Ansätze zu ihrer Beschreibung. *Zeitschrift für Germanistische Linguistik, 11* (2), 127–148. doi: 10.1515/zfgl.1983.11.2.127.

Brinker, K., Antos, G., Heinemann, W. & Sager, S. F. (Hrsg.). (2000). *Text- und Gesprächslinguistik. Ein internationales Handbuch zeitgenössischer Forschung.* Berlin: de Gruyter.

Chen, T.-Y. & Kuo, C.-H. (2012). A genre-based analysis of the information structure of
master's theses in applied linguistics. *The Asian ESP Journal, 8* (1), 24–52.

Dudley-Evans, T. (1994). Genre analysis: an approach to text analysis for ESP. In M. Coulthard
(Hrsg.), *Advances in Written Text Analysis* (S. 219–228). London: Routledge.

Ehlich, K. (2003). Universitäre Textarten, universitäre Strukturen. In K. Ehlich & A. Steets
(Hrsg.), *Wissenschaftlich schreiben – lehren und lernen* (S. 13–29). Berlin: de Gruyter.

Gruber, H. & Huemer, B. (2008). Two views on text structure: Using rhetorical structure
theory and register and genre theory in improving students' academic writing. *Odense
Working Papers in Language and Communication, 29,* 332–365.

Gruber, H., Huemer, B. & Wetschanow, K. (2014). Die Vorwissenschaftliche Arbeit – Annäherung an eine Textsorte. *Ide, 38* (4), 24–35.

Gruber, H., Rheindorf, M., Wetschanow, K., Reisigl, M., Muntigl, P. & Czinglar, C. (2006).
Genre, Habitus und wissenschaftliches Schreiben. Wien: Lit.

Henz, K. (2016). *Vorwissenschaftliches Arbeiten. Das Praxisbuch für die Schule* (2. Aufl. ed.).
Wien: Dorner.

Hüttner, J. I. (2008). The genre(s) of student writing: developing writing models. *International Journal of Applied Linguistics, 18* (2), 146–165.

Hüttner, J. I. (2007). *Academic writing in a foreign language.* Frankfurt am Main: Lang.

Lea, M. R. & Street, B. V. (2006). The "Academic Literacies" Model: Theory and Applications.
Theory Into Practice, 45 (4), 368–377.

Muntigl, P. & Gruber, H. K. (2005). Introduction: Approaches to Genre. *Folia Linguistica, 39*
(1–2), 1–18.

Peacock, M. (2002). Communicative moves in the discussion section of research articles.
System, 30 (4), 479–497. doi: http://dx.doi.org/10.1016/S0346–251X(02)00050–7.

Samraj, B. (2008). A discourse analysis of master's theses across disciplines with a focus on introductions. *Journal of English for Academic Purposes, 7* (1), 55–67. doi: http://dx.doi.org/10.1016/j.jeap.2008.02.005.

Steets, A. (2011). Die schulische Seminararbeit als sinnvolles Propädeutikum. Möglichkeiten und Grenzen. *Der Deutschunterricht, 5*, 62–69.

Swales, J. (1993). *Genre analysis: English in academic and research settings* (3. Aufl.). Cambridge: Cambridge University Press.

Wetschanow, K. (2016). Zitationspraxen in deutschsprachigen Fachaufsatzeinleitungen. *Linguistic Online, 76* (2). doi: 10.13092/lo.76.2817.

Kirsten Schindler, Sarah Rosell und Anne Gleis

Wissenschaftliches Schreiben an der Schule lernen?

Überlegungen am Beispiel der Facharbeit[1]

1   Hinführung

Wissenschaftliches Schreiben ist in den letzten Jahren vor allem im Hinblick auf die besondere *Sprachlichkeit* wissenschaftlicher Texte diskutiert worden. Für die Anbahnung wissenschaftlicher Schreibexpertise bedeutet dies, dass wissenschaftlich Schreibende darin unterstützt werden, sprachlich angemessene Formen adäquat – also kontextuell passend – in ihren Text einzusetzen (vgl. auch Steinhoff, 2007). In diesem Zusammenhang steht auch die Diskussion um die Text- oder auch literale Prozedur, so wie sie vor allem Helmuth Feilke (vgl. Feilke, 2014) geprägt und das Konzept einer alltäglichen Wissenschaftssprache, wie sie Konrad Ehlich (vgl. Ehlich, 1999) beschrieben hat, sowie der Idee, wissenschaftliches Schreiben als Eristik (ebenfalls Ehlich, 1999) zu begreifen. Diese – auch theoretischen –Konzeptualisierungen prägen in besonderer Weise auch diesen Band. In Forschungsprojekte umgesetzt sind sie beispielsweise im Gießener Kontext (vgl. Feilke & Lehnen, 2012), in den Arbeiten an der Universität Siegen (vgl. Siebert-Ott, Decker & Kaplan, 2014) sowie den Projekten an der Universität Graz (vgl. Bushati, Ebner, Niederdorfer & Schmölzer-Eibinger, 2018). Damit ist ein sprachwissenschaftlich fundierter Blick auf die Spezifik wissenschaftlicher Texte gelungen, der bislang in der Diskussion fehlte. Diese Spezifik setzt dabei argumentativ an einem engen Form-Funktionszusammenhang an. Die Funktion wissenschaftlicher Texte ist demnach gerichtet auf einen Beitrag zu einer wissenschaftlichen Kontroverse (vgl. auch Liebert & Weitze, 2006 sowie Steinhoff, 2008); daraus folgt die Anforderung, sich in einem Forschungsumfeld zu positionieren und sich diesen Platz streitend zu sichern.

Mit dem materialgestützten Schreiben – Lisa Schüler zeigt es eindrucksvoll in ihrer Dissertation (2016) – ist seit 2012 zugleich ein didaktischer Handlungsrahmen am Lernort Schule gegeben, der solche sprachlichen Handlungsmuster wissenschaftlichen Schreibens fordert und entsprechend bei den Schreibenden fördert (vgl. KMK, 2012). Materialgestützte Schreibaufgaben erzwingen z.B. ein Lesen (der Texte), um (einen eigenen Text) zu schreiben bzw. ein Schreiben unter Rückgriff auf schriftliche Quellen oder auch, wie es Martin Steinseifer zeigt, das Referieren als intertextuelle Kompetenz (vgl. Steinseifer, 2010 und 2014). Materialgestützte Schreibaufgaben können in diesem Sinne wissenschaftliches Arbeiten und Schreiben anbahnen.

---

1   Der Beitrag ist Graciela Fernandez gewidmet, die das Projekt mitinitiiert und maßgeblich gestaltet hat. Nach langer Krankheit ist sie im Dezember 2016 verstorben.

Die Textsorte Facharbeit ist in diesem Zusammenhang etwas in Vergessenheit geraten, obwohl sie ebenfalls versucht, wissenschaftliches Schreiben in einem zunächst sehr allgemeinen Sinne vorzubereiten. Mit der Oberstufenreform 1972 eingeführt, wird sie nach wie vor in den meisten deutschen Bundesländern praktiziert (vgl. Schindler & Fischbach, 2015, S. 14–15). Die Facharbeit scheint in besonderer Weise durchaus geeignet, propädeutisch zu wirken, wenngleich sich in der Umsetzung am Lernort Schule vielfältige Herausforderungen für die Beteiligten (Lehrkräfte wie Schülerinnen und Schüler) stellen. Bezogen auf den Fall der Facharbeit ist es außerdem notwendig, Überlegungen einzubeziehen, wie sie im engeren Sinne als *Schreib*kompetenz[2] verstanden, in den Beratungskonzepten der Schreibzentren formuliert werden (vgl. Bräuer, 2009 und 2016) und sich auch in hochschuldidaktischen Konzeptionen „schreibintensiver Lehre" (vgl. Lahm, 2016) abbilden lassen. Wissenschaftliches Schreiben, so wie es an der Schule bzw. unter den Bedingungen von Schule praktiziert wird, kann u. E. nur bedingt an den Zielen einer wissenschaftlichen Eristik und auf *Text*kompetenz ausgerichtet sein und sich vor allem auf die Formen wissenschaftlichen Schreibens konzentrieren. Es bedarf neben der Gestaltung entsprechender Aufgabenarrangements flankierender Unterstützungsangebote, die gezielt auf Beratung und Rückmeldung und zudem auf einen langfristigen Aufbau auch von *Schreib*kompetenz ausgerichtet sind. Diese Annahme soll im vorliegenden Beitrag mit Bezug auf ein Praxisprojekt zum wissenschaftlichen Schreiben konkretisiert werden.

Dazu wird zunächst die Textsorte Facharbeit beschrieben und die besondere Situation der Umsetzung in Nordrhein-Westfalen charakterisiert. Da die Facharbeit als Bestandteil eines schulischen Lernplans im Bundesland verankert und nicht als Bestandteil der Bildungsstandards auf Bundesebene verortet ist, ist dieser Länderfokus zwingend, um die spezifischen Rahmenbedingungen der Umsetzung der Textsorte nachvollziehen zu können. Mit der Kooperation zwischen einem Kölner Gymnasium und der Universität zu Köln hat 2010 ein Kooperationsprojekt begonnen, das seitdem mit unterschiedlichen Herangehensweisen versucht, wissenschaftliches Schreiben im Kontext Schule zu verankern (vgl. auch Schindler, 2015 sowie Schindler & Fernandez, 2016). Neben der Facharbeit wird seit zwei Jahren auch das materialgestützte Schreiben entsprechend genutzt, wir werden es daher ebenfalls vorstellen. Nach der Darstellung der Projektziele und der Umsetzung in inzwischen sechs Durchläufen soll schließlich auf die Grenzen der Projektarbeit verwiesen und die abschließende Frage gestellt werden, wie viel wissenschaftliches Schreiben an der Schule überhaupt umsetzbar ist und wie die Forderungen nach einer an wissen-

---

2   Wir greifen hier die Unterscheidung von Schüler (2016) zwischen Schreib- und Textkompetenz auf. Sie schreibt: „Schreibkompetenz ist auf die Organisation und Steuerung verschiedener Handlungen bzw. Prozeduren im Schreibprozess bezogen. Textkompetenz meint hingegen das Verfügen über sprachlich-textuelle Prozeduren, die in einem bestimmten Kontext ein angemessenes schriftsprachliches Kommunizieren erlauben." (Schüler, 2016, S. 9).

schaftlicher Textkompetenz ausgerichteten Schreibausbildung an der Schule einzu-
lösen bzw. einzuschränken sind.

2   Facharbeit und materialgestütztes Schreiben

2.1   Die Facharbeit

Die Facharbeit ist im Zusammenhang mit der Oberstufenreform von 1972 mit der
Maßgabe eingeführt worden, die allgemeine Studierfähigkeit von Schülerinnen und
Schülern der Oberstufe zu verbessern (vgl. KMK, 1972). Seit 2000 ist sie fest in den
Lehrplänen der Bundesländer verankert. Ihre vor allem propädeutische Funktion
erklärt die Nähe zur studentischen Seminararbeit. In Umfang (zwischen 10 und 30
Seiten) und Form ähnelt sie den Texten, die Studierende zu Beginn ihres Studiums
verfassen müssen. Auch in der Facharbeit sollen die Schülerinnen und Schüler eine
wissenschaftliche Fragestellung auf Grundlage der vorhandenen Literatur bearbeiten
sowie fachsprachlich konzise und entsprechend strukturiert aufbereiten (vgl. MfSW,
2009). Konsequenzen hat die Facharbeit unmittelbar für die Abiturnote bzw. das
Abiturzeugnis (in Nordrhein-Westfalen beispielsweise ersetzt sie eine Klausur und
hat damit einen prozentualen Anteil an der Gesamtnote von 2%, wenn es sich um
einen Grundkurs handelt, und 6%, wenn es sich um einen Leistungskurs handelt).
Teilweise wird sie auf dem Abiturzeugnis auch noch einmal separat ausgewiesen
und bekommt damit eine größere Aufwertung. Neu ist für die Schülerinnen und
Schüler der vergleichsweise lange Produktionszeitraum (zwischen 5 Monaten und
einem Jahr), der Umgang mit Literatur, die sie selbst recherchieren und ausgehend
von einer Fragestellung, die sie ebenfalls eigenständig entwickeln, auswerten müssen, sowie die große Textmenge, die zudem am Rechner produziert werden muss.
Trotz dieser Orientierung an wissenschaftlichen Texten ist die Facharbeit doch klar
als *Lernform* (vgl. Pohl & Steinhoff, 2010) schulischen Schreibens gekennzeichnet.
     Wie die Facharbeit in den einzelnen Bundesländern umgesetzt wird, ist wie
oben bereits angeklungen durchaus unterschiedlich (vgl. auch Schindler & Fischbach, 2015). Seit einigen Jahren wird die Facharbeit beispielsweise in einem „Wissenschaftspropädeutischen Seminar" geschrieben, das Schülerinnen und Schüler
unabhängig von dem spezifischen (Schul-)Fach verschiedene Studientechniken und
Methoden vermitteln soll (vgl. auch Bräuer, Brinkschulte & Halagan, 2016 für ein
Projekt in Niedersachsen). Einzig die dafür verpflichteten Lehrkräfte betreuen auch
die Facharbeiten (vgl. Steets, 2011 und 2014). Neben der personellen Verantwortung
bedeutet dies auch eine spezifische schreibdidaktische Konzeption. Das Schreiben
(einer Facharbeit) wird als *fachübergreifendes* Denken bzw. Lernen ausgewiesen.
Dieses sogenannte Bayerische Modell, lässt sich damit durchaus dem im US-amerikanischen Raum etablierten Ansatz des *writing across the curriculum* zuordnen, mit
dem das Essay Schreiben von Studienanfängerinnen und -anfängern zu Beginn der

hochschulischen Ausbildung gerahmt wird (vgl. beispielsweise die Überlegungen
bei Elbow, 1998 und 2000).

Die Situation in Nordrhein-Westfalen ist eine andere. Hier ist die Facharbeit an
ein Schulfach und die entsprechende Lehrkraft gebunden, das bzw. die die Schülerinnen und Schüler aus ihren schriftlich belegten Fächern auswählen können. Die
Facharbeit ersetzt eine Klausurnote in diesem Fach. Die Motivation der Fachwahl
kann neben der Wahl für eine bestimmte Lehrkraft oder ein fachliches Interesse daher auch notenstrategisch getroffen werden. Jede Lehrkraft, die in der entsprechenden Jahrgangsstufe (11. Klasse usw.) unterrichtet, ist grundsätzlich dazu verpflichtet,
für ihr Fach die Betreuung von Facharbeiten zu übernehmen, wobei die Anzahl der
Facharbeiten pro Lehrkraft auf eine bestimmte maximale Zahl beschränkt ist. Denn
der Betreuungsaufwand ist hier größer als der für eine Klausurvorbereitung. Eine
entsprechende Entlastung ist nicht vorgesehen.

In den letzten Jahren ist die Rolle der Facharbeit durchaus kontrovers diskutiert
worden, insbesondere die Frage danach, ob sie sich als propädeutisches Instrument
eignet. Angelika Steets und Horst Sitta sehen die Facharbeit hier in einer besonderen Rolle und betonen, dass sie anders als andere Textvorhaben den Bedingungen
universitären Schreibens am ähnlichsten sei. So geht Steets davon aus, dass die
Facharbeit das „wichtigste Instrument zur Vorbereitung auf die schriftlichen Anforderungen der Universität" darstellt (Steets, 2011, S. 62). Sitta wiederum glaubt, dass
„wer gelernt hat, was im Kontext Facharbeit gelernt worden ist, ist auf jeden Fall
anders ausgestattet für das Schreiben in der Hochschule als der, der damit nicht in
Berührung gekommen ist" (Sitta, 2008, S. 54). Steinhoff sieht das zwar ebenfalls, arbeitet aber zugleich heraus, dass gerade diese Ähnlichkeit bei fehlender Einbindung
an der Schule zu einer überfordernden Situation führen kann (vgl. Steinhoff, 2011,
S. 27). Auch Fernandez sieht die Schülerinnen und Schüler hier in einer Überforderungssituation und verweist u. a. auf das Schreibalter der Beteiligten, die mit ihren
16–17 Jahren – bedingt durch die Verkürzung der Schulzeit in NRW – noch nicht reif
für das wissenschaftliche Schreiben seien. Denn: „Für die Mehrheit der Schüler/in-
nen übersteigen die komplexen Anforderungen an ihre erste ‚wissenschaftliche'
Arbeit ihre bis dahin erworbenen Schreibkompetenzen weitestgehend aufgrund
von ungenügenden Schreib- und Leseerfahrungen." (Fernandez, 2015, S. 60). Dass
Steinhoffs und Fernandez' Skepsis berechtigt ist, zeigt sich anschaulich, wenn die
einzelnen Anforderungen, die an die Schreibenden einer Facharbeit gestellt werden,
aufgelistet werden und diese sich grundlegend vom Schreiben an der Schule unterscheiden.

Dabei sind die Anforderungen nur zu einem Teil auf das Formulieren des Textes
gerichtet. Schülerinnen und Schüler müssen zunächst selbstständig ein (aktuelles
und im wissenschaftlichen Diskurs relevantes) Thema wählen und eine Fragestellung entwickeln, die für sie leitend bei der Recherche- und Lektürephase sein sollte.
Die wissenschaftliche Lektüre muss gesichtet, verarbeitet und im Text auffindbar
sein. Einen solchen Prozess müssen die Schülerinnen und Schüler zudem über meh-

Fach- und Themenfestlegung	Die Schülerinnen und Schüler (SuS) wählen ein Fach und legen (selbstständig) ein Thema für ihre Arbeit fest.
Fragestellung	Die SuS entwickeln eine konsistente (wissenschaftliche) Fragestellung
Recherche	Die SuS recherchieren selbstständig Fachpublikationen u. a. in Bibliotheken und elektronischen Datenbanken
Textlektüre	Die SuS werten die Texte im Hinblick auf ihre Fragestellung aus und fassen die Überlegungen zusammen
Formulieren und Argumentieren	Die SuS formulieren einen argumentativen Text und verfassen ihn fachsprachlich und entsprechend der Konventionen der Domäne (wissenschaftliche Alltagssprache)
Quellenbelege, Literaturverzeichnis	Die SuS zitieren und paraphrasieren die Literatur in ihrem Text und nehmen die Literaturangaben in einem Literaturverzeichnis auf, das sie entsprechend gestalten
Deckblatt, Inhaltsverzeichnis, Anmerkungsapparat, Einverständniserklärung	Die SuS produzieren die entsprechenden Textteile und fügen sie zusammen.
Maschinengeschrieben	Die SuS müssen den Text in einem Textverarbeitungsprogramm schreiben und entsprechend gestaltet (formatiert) einreichen.

Abb. 1:   Das Schreiben einer Facharbeit – Anforderungen an die Schreibenden

rere Monate eigenständig planen und moderieren. Für sie wie auch für die Lehrkräfte stellt sich damit eine Situation dar, die sicherlich treffend als herausfordernd beschrieben werden kann. Während die Schülerinnen und Schüler mit Anforderungen konfrontiert werden, die sie aus ihrer schulischen Praxis bislang nicht kennen und die weder vor noch nach der Facharbeit eingeübt werden, sind Lehrkräfte zwar in ihrer Betreuungsrolle gefragt, sie werden dafür aber nicht vorbereitet. So kennen sie wissenschaftliches Schreiben nur aus der Perspektive ihrer Ausbildung, also als Schreibende, eine inhaltliche Auseinandersetzung mit dem Gegenstand wissenschaftlichen Schreibens oder eine didaktische Fortbildung in der Schreibberatung haben sie i. d. R. nicht. Fernandez beschreibt die Situation aus ihrer schulischen Praxis folgendermaßen:

> „Leider sehen wir auch immer wieder Arbeiten, die nicht in dem kleinen Rahmen zu bewältigen sind, weil Lehrkräfte ein zu umfangreiches Thema gebilligt haben. Das geschieht seltener aus Unkenntnis denn aus purer zeitlicher Not, z. B. ein Thema zuzulassen, bevor man Gelegenheit hatte, die tatsächliche Realisierbarkeit zu überdenken bzw. die Quellenlage zu überprüfen" (Fernandez, 2015, S. 60)

Grundsätzlich in Frage gestellt wird von Pohl (2011), ob die Facharbeit Anforderungen wissenschaftlichen Schreibens überhaupt gerecht werden kann, fehlt ihr doch die fachliche Einbindung in ein universitäres Seminar. Im Seminarkontext an der Hochschule werde der wissenschaftliche Kenntnisstand zu einem Gebiet systematisch und gemeinsam erarbeitet und kritisch reflektiert. Die Seminararbeit sei entsprechend Bestandteil dieses wissenschaftlichen Diskursprozesses. Die Facharbeit in der Schule könne dies nicht leisten (vgl. Pohl, 2011). Pohl schlägt daher vor, stärker andere, kleinformatigere im Sinne einer Propädeutik vorbereitende Schreibarrangements an der Schule zu etablieren. Pohls Kritik fußt auf einer Vorstellung von Seminararbeiten, die historisch sicher gerechtfertigt ist (vgl. auch Pohl, 2009), die sich zurzeit aber selbst stark in Auflösung begriffen. Mit der veränderten Studienstruktur (Bachelor und Master) und den Universitäten als Massenhochschulen haben sich auch Bedingungen der Entstehung von Texten stark verändert (vgl. beispielsweise für den deutschsprachigen Raum Breuer & Schindler, 2016). Gerade die einführenden Seminare sind stärker auf das Vermitteln eines im Fach etablierten Wissens gerichtet als auf die kontroverse und kritische Durchdringung relevanter Themen. Ob also nicht auch an der Schule wissenschaftliches Schreiben im Sinne einer Anbahnung an Diskurspraktiken sinnvoll geschehen kann, lässt sich u. E. weniger konzeptionell als vielmehr an den *Bedingungen der Umsetzung* diskutieren. Zudem stellt sich unabhängig vom Diskurs um die Facharbeit nach wie vor für die Schulen in NRW noch die Aufgabe, Schülerinnen und Schüler zu befähigen, eine Facharbeit zu schreiben und sie idealerweise während dieses Prozesses entsprechend zu begleiten.[3]

2.2   Das materialgestützte Schreiben

Eine bereits schon früh geäußerte Kritik an der Facharbeit (vgl. für eine ausführlichere Diskussion Schindler & Fernandez, 2016) bezieht sich auf die fehlende Schreibpraxis der Schülerinnen und Schüler. Die Facharbeit sei kaum durch andere Schreibaufgaben vorbereitet. Das materialgestützte Schreiben kann hier durchaus flankierend eingesetzt werden. Anders als bei der Facharbeit sind bei materialgestützten Schreibaufgaben das Thema, die Fragestellung und die Texte bereits vorgegeben, auf die sich die Schülerinnen und Schüler beziehen sollen. Herausforderungen zeigen sich entsprechend beim Formulieren des eigenen Beitrags und beim Literaturverweis (Zitieren, Paraphrasieren und Referieren).

Das materialgestützte Schreiben ist erst mit den Bildungsstandards für die gymnasiale Oberstufe (vgl. KMK, 2012) beschrieben und als verbindliches Prüfungsformat für die Abiturklausuren eingeführt worden. Es ist aber weder als Aufgabe auf das Abitur noch auf die Sekundarstufe II beschränkt. In einer aktuellen Publikation

---

3   Dieses Anliegen überzeugte auch die Rhein-Energie-Stiftung, die das Projekt von Juni 2014 bis September 2016 im Förderprogramm „Jugend/Beruf Wissenschaft" gefördert hat.

Fach- und Themenfestlegung	Das Fach und das Thema sind durch die Aufgabenstellung vorgegeben.
Fragestellung	Die Fragestellung ist durch die Aufgabenstellung vorgegeben.
Recherche	Die Texte sind durch das Aufgabenarrangement (weitgehend) vorgegeben. Die eigene Recherche entfällt in der Regel.
Textlektüre	Die SuS werten die Texte im Hinblick auf die Fragestellung aus und fassen die Überlegungen in einem eigenen Text und unter der genannten Fragestellung zusammen.
Formulieren und Argumentieren	Die SuS formulieren einen argumentativen Text und verfassen ihn fachsprachlich und entsprechend der Konventionen der Domäne (wissenschaftliche Alltagssprache).
Quellenbelege, Literaturverzeichnis	Die SuS zitieren und paraphrasieren die Literatur in ihrem Text und nehmen die Literaturangaben in einem Literaturverzeichnis auf, das sie entsprechend gestalten.
Deckblatt, Inhaltsverzeichnis, Anmerkungsapparat, Einverständniserklärung	Die Textteile sind nicht eigens herzustellen.
Maschinengeschrieben	Die Texte werden in der Regel handschriftlich verfasst.

Abb. 2: Anforderungen an die Schreibenden beim materialgestützten Schreiben

formulieren Feilke, Lehnen, Rezat & Steinmetz (2016) beispielsweise verschiedene Aufgabenbeispiele für die Sekundarstufe I. Materialgestützte Schreibaufgaben können zudem sowohl als Lern- als auch als Prüfungsaufgaben genutzt werden. Aufgrund der Neuheit des Aufgabenformats können Lehrkräfte erst seit kurzem auf entsprechende Materialien und/oder Erfahrungen zurückgreifen. Das materialgestützte Schreiben wurde daher erst im fortgeschrittenen Projektverlauf eingebunden. Es ergänzt inzwischen das Schreibcurriculum an der Schule und bereitet die Schülerinnen und Schüler gezielt auf die Facharbeit vor (vgl. auch Schindler, 2015). Wir werden daher am Ende des Beitrags auf die Rolle des materialgestützten Schreibens eingehen.

3 Schreiben zwischen Schule und Hochschule – das Projekt ATeKo

3.1 Ausgangspunkt und Zielsetzung

Ausgangspunkt der Kooperation war die Anfrage der Oberstufenkoordinatorin eines Kölner Gymnasiums. Die Schule, die bereits seit längerem unzufrieden mit

der Qualität der Texte (Facharbeiten) und der zeitlich aufwändigen, aber vergleichsweise wenig effektiven Unterstützung durch die Lehrkräfte war, wollte eine neue
Herangehensweise erproben. Graciela Fernandez, als entsprechende Koordinatorin
und Initiatorin des Projektes, hatte sich bereits selbstständig in einer Weiterbildung
durch die PH Freiburg bei Gerd Bräuer mit entsprechenden methodischen Ansätzen der Schreibberatung auseinandergesetzt. Unter den gegebenen Rahmenbedingungen – fehlende Einbettung der Facharbeit und keine Kompensation für die
Lehrkräfte – schienen eigene Unterstützungsinstrumente noch zu wenig zu greifen.

Die Schule verband mit der Kooperation ganz konkrete Zielsetzungen. Die Lehrkräfte wünschten sich beispielsweise eine bessere Vorbereitung bzw. Begleitung der
Schülerinnen und Schüler bei gleichzeitiger Entlastung für sie. Die Entkoppelung
von Beratung und Bewertung in der Umsetzung eines Peer-Konzeptes sollte – so die
Idee – zu insgesamt erfolgreicheren Schülerinnen und Schülern führen. Die Schreibenden sollten also befähigt werden, ihr Schreibhandeln zu planen, selbstständig zu
steuern und in konkrete Textarbeit zu überführen.

Der Kooperationspartner, das Institut für Deutsche Sprache und Literatur II,
verband zunächst andere Zielsetzungen mit einer solchen Kooperation. Das gemeinsame Agieren mit dem Gymnasium schien sowohl für die Lehre in lehramts-
ausbildenden Studiengängen wie auch für die Forschung neues Potenzial zu bieten.
Am Institut werden Lehramtsstudierende aller Lehramtsstudiengänge betreut. Ein
wichtiges Interesse richtet sich auf eine zugleich praxis- wie forschungsbezogene
Ausbildung, die neben der Umsetzung von Lehr-Forschungsprojekten auch auf
Konzepten des forschenden Lernens basiert (vgl. Schneider & Wildt, 2009). Die
Studierenden sollen also dazu befähigt werden, eigene Forschungsprojekte zu konzipieren, am Lernort Schule umzusetzen und als relevante Praxis zu reflektieren. In
der Kooperation mit dem Gymnasium bot sich ein entsprechender Praxiszugang,
um solche – auch empirischen – Projekte durchzuführen. Der Peer-Ansatz sollte
zudem eine neue Lehrerfahrung ermöglichen, die sich stärker auf das Beraten von
Schülerinnen und Schülern bezieht. Zudem sollten in der Auseinandersetzung mit
dem Thema „wissenschaftliches Schreiben" Kompetenzen aufgebaut werden, die
sich sowohl auf das Schreiben eigener Texte richten sollte als auch auf die (für die
spätere Berufspraxis relevante) Anleitung entsprechender Projekte.

3.2   Umsetzung

Seit dem Winterhalbjahr 2011 wird die Kooperation jährlich umgesetzt; aktuell zum
sechsten Mal. Neben den Akteuren der beteiligten Institutionen (Albertus-Magnus-
Gymnasium und Institut für Deutsche Sprache und Literatur II) arbeiten hier jeweils der gesamte Jahrgang (der Qualitätsphase 1/Q1, 11. Klasse; pro Kohorte ca. 100
Schülerinnen und Schüler) und Teilnehmende eines sprachdidaktischen Seminars
zusammen (in der Regel 30 bis 40 Studierende im fortgeschrittenen Bachelor/teil-
weise auch im Master).

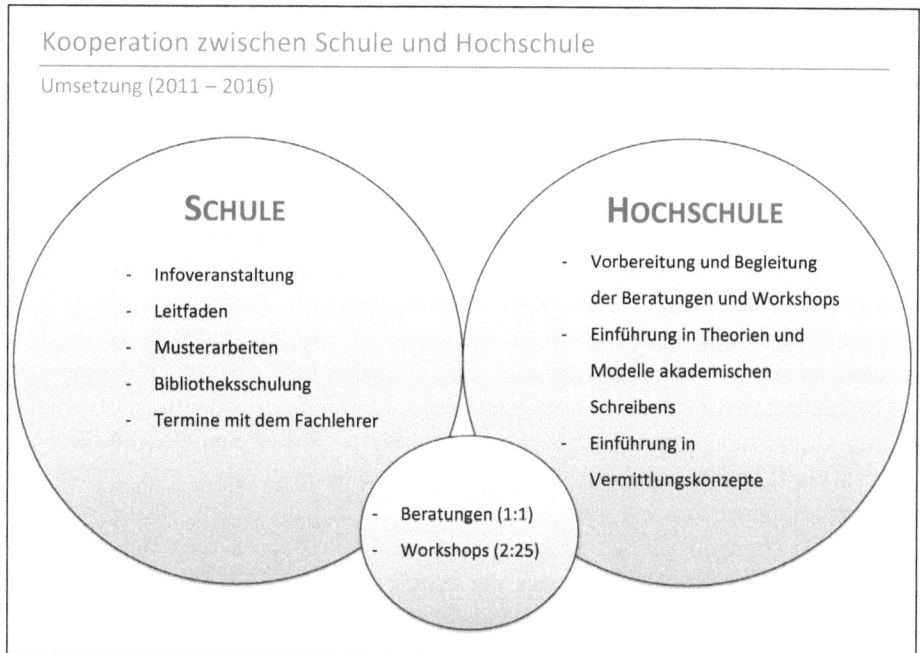

Abb. 3:   Instrumente der Vermittlung im Überblick

Die an der Schule bereits etablierten Instrumente – so gibt es beispielsweise eine zentrale Infoveranstaltung für den gesamten Jahrgang, einen mehrseitigen Leitfaden zur Facharbeit, der elektronisch vorliegt sowie als Ausdruck verteilt wird, Muster- arbeiten, die in den Kursen rotieren, sowie eine Bibliotheksschulung und Termine mit dem Fachlehrer – werden in die neue Konzeption integriert. Diese Instrumente werden zum Teil angepasst, zum Teil erweitert. An der Infoveranstaltung nehmen inzwischen nicht nur die Schülerinnen und Schüler des Jahrgangs teil, sondern auch alle Lehrkräfte, die Facharbeiten betreuen, sowie die Studierenden. Die erweiterten Angebote beziehen sich auf Beratungstermine, ein Schüler/eine Schülerin kann sich von einem/einer Studierenden einzeln beraten lassen, sowie auf Workshopangebote, die von mindestens zwei Studierenden vorbereitet und durchgeführt werden und an denen bis zu 25 Schülerinnen und Schüler teilnehmen können. Die Workshops beziehen sich auf allgemeine Aspekte der Facharbeit und nehmen einzelne Heraus- forderungen besonders in den Blick, z. B. das Strukturieren und Gliedern des Textes. Die Hochschule bereitet diese Angebote vor, d. h. die Studierenden erarbeiten – auf der Grundlage der Fachliteratur (z. B. Pohl, 2007; Steinhoff, 2007; Steets, 2011 u. a.) Beratungsstrategien und Workshopmaterialien (vgl. auch Schindler, 2014, S. 83).

Bereits mit Beginn des ersten Durchlaufs wird ein methodisch-didaktisches Konzept für Beratungen und Workshops umgesetzt, das sich zum einen stark auf den Arbeits- bzw. Schreibprozess fokussiert und zum anderen fachübergreifend ausgerichtet ist. Letzteres ist in der oft fachfremden Expertise der Studierenden begründet, hat aber auch Gründe für die Akzeptanz an der Schule: Die Lehrkräfte

befürchteten zunächst, die Studierenden würden ihre fachliche Betreuungsaufga-
be übernehmen oder hier in Konkurrenz treten. Mit einem Ansatz, der zumindest
versucht, fachliche (inhaltliche) und schreibprozessbezogene Fragen zu trennen,
konnte diese Sorge in Teilen entkräftet werden. Zugleich zeigt sich in der gemeinsamen Arbeit aber auch, dass diese Trennung analytisch und in der praktischen
Umsetzung schwierig ist. Facharbeiten unterscheiden sich – das gilt ebenso für andere Textsorten wissenschaftlichen Schreibens – je nach fachlichem Hintergrund
und thematischer Einbettung (in der US-amerikanischen Schreibdidaktik wird der
Ansatz des *writing across the curriculums* daher auch um Überlegungen des *writing
in the discipline* ergänzt; vgl. Bean, 2014). Fragen der Schreibarbeit, z. B. wie ein Text
strukturiert sein soll, welche Formulierung geeigneter oder ob eine Quelle passend
ist, lassen sich immer nur im konkreten Fall und an einem (inhaltlichen) Beispiel
klären. Überschneidungen zwischen den Hinweisen der Betreuenden (Studierende
vs. Lehrkraft) lassen sich daher nicht immer vermeiden.

Dass es neben den Hinweisen zur Organisation des eigenen Schreibhandelns
auch Hilfestellungen zur Textarbeit im engeren Sinne bedarf, zeigt sich beispielsweise auch im wachsenden Interesse der Schülerinnen und Schüler an Workshops
teilzunehmen, die „Texte formulieren und am Leser orientieren" heißen. Im Sinne
des zu Beginn genannten Prozedurenansatzes scheint hier ein besonderes Potenzial
zu liegen, das zum einen für die Facharbeit stärker genutzt, zum anderen aber auch
bereits bei Schreibaufgaben materialgestützten Schreibens ausgeschöpft werden
kann.

Die Umsetzung wird durch eine umfangreiche Evaluation begleitet. Diese Evaluation besteht aus verschiedenen Bestandteilen. Befragt werden Schülerinnen und
Schüler (per Fragebogen), Lehrkräfte und die beteiligten Studierenden. Inzwischen
haben ca. 600 Schülerinnen und Schüler sowie 175 Studierende an der Kooperation
teilgenommen. Zu den Workshops liegen 380 Fragebögen vor, zu den Beratungen
250. 20 Beratungsgespräche sind videographiert worden, 150 Beratungsprotokolle
liegen elektronisch vor. Neben der im engeren Sinne auf das Projekt bezogenen
Evaluation werden auch Zugänge genutzt, die stärker mit dem Seminarkontext
verbunden sind. In verschiedenen, begleitenden Schreibaufgaben verfolgen die
Studierenden ihre eigene Schreibentwicklung wie auch ihre Lehrerfahrungen (z. B.
Minute-Paper, Protokolle zu Seminarsitzungen, Rezensionen zur Seminarlektüre,
Portfolio).

Die Evaluation hat zwei Gründe. Die Begleitforschung hat zum einen den praktischen Zweck, die entwickelten Maßnahmen zunehmend auf die Bedürfnisse und
besonderen Herausforderungen der Zielgruppe abzustimmen. Herausfordernd war
beispielsweise, einen geeigneten Zeitpunkt zu finden, damit die Workshopangebote auch von den Schülerinnen und Schülern sinnvoll genutzt werden können, also
innerhalb ihres Schreibprozesses zeitlich passend waren. Zum anderen werden mit
der Evaluation Daten generiert, mit denen die Frage diskutiert werden kann, wie
sich unabhängig von der konkreten Kooperation wissenschaftliches Schreiben an

der Schule einführen lässt und welche Lern- und Entwicklungsmöglichkeiten sich im Rahmen der Umsetzung einer Facharbeit erkennen lassen. Die Perspektive der Schülerinnen und Schüler wird um die Perspektive der Studierenden erweitert. In diesem Zusammenhang scheint die Frage, welche Lernmöglichkeiten ein Peer-Ansatz für die Ausbildung wissenschaftlicher Textkompetenzen bietet, in besonders grundlegender Weise relevant zu sein.

3.3   Diskussion

Die Kooperation soll aus zwei Perspektiven diskutiert werden. Die erste Perspektive nimmt die Institutionen in den Blick und fragt, wie eine (erfolgreiche) Kooperation, an der zwei Institutionen beteiligt sind und die versucht, wissenschaftliches Schreiben an der Schule zu implementieren, aussehen kann. Die zweite Perspektive fragt aus der Perspektive der Akteure, welches Entwicklungspotenzial eine systematische Vermittlung wissenschaftlichen Schreibens entfalten kann und worin Begrenzungen liegen.

3.3.1 Wissenschaftliches Schreiben lernen – eine institutionelle Perspektive

Die Kooperation gelingt, so der vor allem empirisch gewonnene Wert, wenn insbesondere fünf Gelenkstellen in den Blick genommen werden. Alle Akteure müssen beteiligt werden, es ist wichtig, dass sowohl die Lehrkräfte als auch die Schülerinnen und Schüler die Kooperation akzeptieren. Anders als in hochschulischen Zusammenhängen müssen Rahmenbedingungen in der Schule als obligatorisch verankert werden. Wichtig ist ebenfalls, dass die beteiligten Akteure sich miteinander und nicht ausschließlich über die Schülerinnen und Schüler verständigen, dass dennoch eine klare Zuständigkeit deutlich ist und die Beteiligten schließlich auch klarstellen, worin Begrenzungen liegen, die eine Umsetzbarkeit behindern.

- Akzeptanz: Aktivitäten, die von der Hochschule ausgehen, dürfen aus Sicht der Schule keine Unterrichtszeit in der ohnehin schon knapp bemessenen Zeit der Oberstufe kosten. Die Schülerinnen und Schüler empfinden die zusätzlichen Angebote rund um die Facharbeit in der Regel nicht als Bereicherung, sondern als zusätzliche Belastung in einem bereits eng getakteten Unterrichtsalltag. Der fehlenden Akzeptanz für die Textsorte und den besonderen – auch zeitlichen – Herausforderungen wird der *Facharbeitspreis* entgegengesetzt, der bereits zweimal vergeben wurde und die besten Facharbeiten des Jahrgangs auszeichnet. Damit erhält die Facharbeit aus Sicht der Schülerinnen und Schüler eine entsprechende Aufwertung. Auf der Grundlage eines von Studierenden entwickelten Kriterienkatalogs vergibt eine Jury aus Studierenden den Preis, schreibt eine entsprechende Laudatio, kümmert sich um die Urkunden für die Schülerinnen und

Schüler und erwirbt attraktive Sachpreise. Für Akzeptanz sorgt auch die richtige zeitliche Passung des Angebots. Inzwischen gibt es mehrere Workshoptermine und die Schülerinnen und Schüler können sich recht flexibel für die Beratungen anmelden. Dieses Vorgehen, so zeigt die Evaluation von dem Durchgang im Wintersemester 2015/2016, scheint inzwischen sehr gut zu gelingen. 89% der befragten Schülerinnen und Schüler geben beispielsweise an, dass der Zeitpunkt für sie günstig gewesen sei.

- Obligatorik: Die von uns genutzten Ansätze einer Peer-Beratung, so wie sie auch im Hochschulkontext verwendet werden, basieren auf Freiwilligkeit. Im schulischen Kontext schien das nicht sinnvoll, würde die Kooperation damit abgewertet und das Angebot würde nicht alle bzw. nicht diejenigen erreichen, die davon in besonderer Weise profitieren könnten. Wir haben also zunehmend eine Verbindlichkeit eingeführt: Alle Schülerinnen und Schüler müssen einen (können aber zwei) Workshop(s) und müssen eine (können aber mehrere) Beratung(en) besuchen, unentschuldigtes Fernbleiben kommt einem Fehltermin gleich.

- Verständigung: Eine besondere Herausforderung stellt die Verständigung zwischen den Beteiligten dar. Wir haben uns daher für einen gemeinsamen Kick-off entschieden, eine Infoveranstaltung, bei der seit dem letzten Winter alle Beteiligten versammelt sind. Andere Instrumente der Verständigung haben sich trotz entsprechenden Bemühens noch nicht durchgesetzt. Das Angebot eines „roten Ordners", eines Schnellhefters, in dem jeder Schüler/jede Schülerin alle Materialien rund um die Facharbeit sammelt, die mit den Lehrkräften getroffenen Vereinbarungen, eine Kopie der Abgabe des Themenzettels, die Checkliste, die Bestätigungen für Workshop und Beratung ablegt, ist bislang nur zögerlich angenommen worden. Die Schülerinnen und Schüler vergessen ihn bei den entsprechenden Terminen mitzunehmen oder pflegen die Informationen nicht entsprechend ein.

- Zuständigkeit: Um Irritationen im Prozess zu begegnen und auch, um die Rolle der Studierenden nicht zu überfrachten, wird eine klare Zuständigkeit formuliert, so sollen die Studierenden als Peers im Prozess beratend agieren; die Lehrkräfte als Fachlehrerinnen und Fachlehrer beraten zwar ebenfalls im Prozess (sie geben vornehmlich inhaltliche Hinweise), sie bewerten aber auch das Textprodukt. Die Zuständigkeiten entsprechend klar zu formulieren ermöglicht, Betreuungskonflikte zu entschärfen, es birgt aber auch die Gefahr, dass Inhalt und Sprache getrennt voneinander verhandelt werden; uns scheint dies weder theoretisch begründbar, noch praktisch durchsetzbar. Die Studierenden geben inzwischen auf den Beratungslisten an, um den Schülerinnen und Schülern eine Orientierung zu ermöglichen, in welchen Themenbereichen sie als Ansprechpartnerinnen und Ansprechpartner gesehen werden können. Für die Beratungen und Workshops sollen die Schülerinnen und Schüler im Gegenzug ihre Themen- und Beratungswünsche bereits bei der Anmeldung konkretisieren. Diese stärker thematische Orientierung scheint aufzugehen, in der letzten Evaluation (WS 2015/2016) gaben die Schülerinnen und Schüler fast vollständig an, ihr Schreibberater/ihre Schreibberaterin sei eine Hilfe gewesen.

- Umsetzbarkeit: Die Kooperation, so wie wir sie durchführen, stellt einen hohen organisatorischen Mehraufwand dar, der in den letzten zwei Jahren vornehmlich durch die Hochschule geleistet und im Rahmen von Projektmitteln umgesetzt wurde. Wir müssen klären, ob und inwieweit die Fortführung gesichert ist, wenn diese Ressourcen aufgebraucht sind. Denn pro Durchgang müssen acht Workshops für 150–200 Plätze und ca. 150 Beratungstermine vereinbart werden – die Studierenden müssen an der Schule empfangen werden, ihnen müssen entsprechende Räume zugewiesen werden etc. Immer wieder gibt es auf studentischer (seltener) und schulischer (häufiger) Seite Ausfälle. Die Organisation ist ohne entsprechende Projektrahmung nur schwer zu realisieren.

3.3.2 Wissenschaftliches Schreiben lernen – die Sicht der Akteure

Von diesen doch eher praktischen und sehr eng an einen Kontext des Projektes gebundenen Erfahrungen erlaubt das Kooperationsprojekt aber auch Einschätzungen darüber, worin Chancen und Grenzen einer systematischen Begleitung der Facharbeit liegen. Diese Chancen und Grenzen sollen im Folgenden aus verschiedenen Perspektiven skizziert werden.

Der von uns gewählte Peer-Ansatz ist trotz der oben benannten Schwierigkeiten durchaus gewinnbringend. Dass die Schülerinnen und Schüler von Studierenden unterstützt werden, wird als positiv empfunden. Die Schülerinnen und Schüler beschreiben die altersbedingte Nähe zu den Studierenden als eine Möglichkeit, Themen anzuschneiden, die im Gespräch mit den Fachlehrkräften nicht geäußert werden. Das gelingt auch deshalb, weil das Gespräch mit den Studierenden keine Auswirkung auf die Bewertung der Arbeit hat. Zugleich haben die Studierenden einen Erfahrungsvorsprung, der von den Schülerinnen und Schülern auch als solcher wahrgenommen wird. Auffällig ist, dass die besonderen Herausforderungen der Facharbeit von den Schülerinnen und Schülern erst im Arbeitsprozess erkannt werden. So steigt beispielsweise nach dem Besuch des ersten Workshops der Wunsch einen zweiten Workshop zu besuchen. Umso unglücklicher ist, dass die Facharbeit eine singuläre Erfahrung in der Oberstufe darstellt und die im Rahmen der Facharbeit gesammelten Erfahrungen nicht wieder aufgegriffen werden. Die Phase der Themenfindung und Fragestellung wird häufig als besonders herausfordernd von den Schülerinnen und Schülern empfunden. Die meisten der Beratungsgespräche haben die Klärung dieser Aspekte zum Ziel. Die Formulierungsphase empfinden die Beteiligten im Vergleich zumindest als weniger problematisch. Eine ehemalige Teilnehmerin schätzt das folgendermaßen ein:

„Bei der Themenfindung sollten die höheren Anforderungen idealerweise bereits berücksichtigt werden. Denn die Schülerinnen und Schüler können in der Regel aus ihrem

Erfahrungshorizont im Vorfeld der Facharbeit weder den damit verbundenen Arbeitsaufwand abschätzen, noch den Überblick über mögliche Theoriekonzepte als Analyseraster haben. (…) Ein fehlendes Korrektiv in der Phase der Themenwahl kann dann schnell zu Fragestellungen führen, bei denen das Ziel der Arbeit unklar bleibt bzw. die Machbarkeit erschwert wird. Dies ist dann in der Schreibphase nur schwer auszugleichen." (Deichert, 2015, S. 46–47)

Die Facharbeit ist eingebunden in einen schulischen Alltag, der kaum zeitliche Umwege erlaubt. Hatte noch Thorsten Pohl am Ende seiner Monographie (vgl. Pohl, 2007) darauf hingewiesen, wissenschaftliches Schreiben brauche vor allem eins: Zeit, so ist dies für die Schülerinnen und Schüler weder machbar noch wünschenswert. Die Facharbeit soll gelingen und dies möglichst effektiv. Gedankliche Umwege, die nicht sofort in einen entsprechenden Text münden, sollen unbedingt vermieden werden (vgl. Schindler, 2015, S. 262). Eine Tendenz, die sich durchaus auch an der Hochschule zeigt.

Erschwerend kommt hinzu, dass viele der im Kontext Facharbeit geforderten Kompetenzen nicht eigens angebahnt werden bzw. dafür Zeit veranschlagt wird. Viele der Schülerinnen und Schüler sind es beispielsweise nicht gewohnt, Textverarbeitungsprogramme zu nutzen oder Fußnoten anzulegen, Tabellen einzubauen u. ä. Hier sollte also durch flankierende Maßnahmen Abhilfe geschaffen werden. Nicht alle Texte an der Schule müssen handschriftlich verfasst werden. Erschwerend kommt hinzu, dass die von den Schülerinnen und Schülern verlangten Kompetenzen dabei kaum von denen an der Hochschule zu unterscheiden sind. Barbara Missler, Lehrerin an einem nordrhein-westfälischen Gymnasium, plädiert daher für mehr Bescheidenheit und geht davon aus, dass:

„(…) Anforderungen einer Facharbeit völlig überzogen [sind]. Gefordert wurde hier von den Schülerinnen und Schülern ein hohes Maß an Selbstständigkeit und Reflexion, verbunden mit Haltungen wie Zielstrebigkeit, Planhaftigkeit und Durchhaltevermögen. All dies trifft so auch für Bachelor- und Masterarbeiten zu. Doch ist es realistisch und angemessen, diesen Anspruch an 16-jährige zu stellen, die die Facharbeit neben ihrem Schulalltag bewältigen müssen, der 34 Wochenstunden Unterricht umfasst (…)?" (Missler, 2015, S. 62)

Geklärt werden muss, was wissenschaftliches Schreiben an der Schule heißen kann und was es (noch) nicht bedeuten kann. Dadurch, dass wie in unserem Fall die Hochschule Einblick in Prozesse und Bewertungskriterien erhielt, wurde es im konkreten Fall notwendig, die bis dato häufig individuell festgelegten Bedingungen miteinander auszuhandeln und abzustimmen. Ein Prozess, der auch an anderen Schulen erforderlich ist.

„Es gibt Kollegen, die haben für sich geklärt, wie eine Facharbeit und der Weg zum Text auszusehen haben. In der Regel geben sie ihren Schülerinnen und Schülern einen genauen Arbeitsplan in die Hand, der nach ihren Vorgaben abgearbeitet werden muss. Sie ändern in der Regel die Anforderungen, die mit der Facharbeit verbunden sind (…). Die

Frage nach der Sinnhaftigkeit einer Facharbeit stellt sich ihnen nicht. Die oft positiven Ergebnisse, die die Schüler bei ihnen erzielen, geben ihnen scheinbar Recht." (Missler, 2015, S. 64–65)

Die Studierenden erleben ihre Aufgabe im Seminar als individuell bedeutsam. Dies ist insbesondere für Lehramtsstudierende wichtig, die sich meist wenig als angehende Wissenschaftlerinnen und Wissenschaftler verstehen und auch die Notwendigkeit, selbst wissenschaftlich zu schreiben, schwer akzeptieren. Wenngleich einzelne Absolventinnen und Absolventen im Anschluss an das Seminar formulieren, solche Seminare sollten verpflichtend sein, insbesondere für Studierende, die später Schülerinnen und Schüler bei der Facharbeit begleiten werden, so ist dieses Ansinnen eher wenig umsetzbar, steht es doch in Konkurrenz zu vielen weiteren, ebenso wichtigen Lerninhalten. Ein ehemaliger Teilnehmer verweist aber auf die Betreuungslücke, die entsteht, sollten sich (angehende) Lehrkräfte wenig als Vermittlerinnen und Vermittler wissenschaftlicher Textkompetenz verstehen.

> „Damit Lehrkräfte die Schüler/innen angemessen auf die im Studium zu absolvierenden akademischen Schreibaufgaben vorbereiten können, ist es notwendig, die angehenden Lehrer/innen bereits während des Studiums für akademische Schreibanforderungen zu sensibilisieren. Diese Forderung gewinnt vor allem für Lehrkräfte an Bedeutung, die in ihrem späteren Berufsalltag ihrerseits die Aufgabe haben, Schüler/innen auf ein Hochschulstudium vorzubereiten." (Marzi, 2015, S. 57)

Aber nicht nur das eigene Lehren wird bedeutungsvoll, auch das Schreiben eigener wissenschaftlicher Texte erschließt sich den Studierenden durch den Umgang mit den Schülerinnen und Schülern, aber auch durch die intensive Vorbereitung an der Hochschule. Im Vergleich zu den jüngeren Peers können eigene Schreibkompetenzen (ein-)geschätzt und entsprechend wahrgenommen werden. Im Zusammenhang mit der Seminarliteratur (vor allem Pohl, 2007 und Steinhoff, 2007) kann die eigene Schreibentwicklung verstanden und nachvollzogen werden.

4 Ausblick

Die Facharbeit kann eine wissenschaftliche Diskussion, wie sie beispielsweise in einem stark spezialisierten Masterseminar stattfindet, nicht vorwegnehmen. Im Rahmen eines Faches kann aber durchaus ein Projekt entwickelt werden, an dem die Schülerinnen und Schüler gemeinsam wissenschaftlich arbeiten, das aber vor allem im bzw. für den Schulunterricht Relevanz hat; gelungene Facharbeiten können sich beispielsweise durch einen lokalen Bezug (die Gemeinde, die Schule o. ä.) auszeichnen oder sich auf eine bestimmte Gruppe beziehen (z. B. Schülerinnen und Schüler selbst), für welche die Schülerinnen und Schüler Expertinnen und Experten sind. Hier ließe sich vielleicht sogar mit anderen Akteuren kooperieren (dem Geschichtsverein, der Jugendhilfe o. a.), damit die Arbeiten auch eine andere

Öffentlichkeit bekommen. Denkbar ist auch, die Facharbeit nach einer ersten Rückmeldung noch einmal überarbeiten zu lassen und so den eher prozessorientierten Charakter des Schreibens zu betonen. Vorstellbar ist schließlich auch, noch einmal genau zu überlegen, wozu die Facharbeit im Sinne der Propädeutik dienen kann, das mag sich möglicherweise weniger auf den zu erforschenden Inhalt beziehen, sondern sehr grundsätzlich auf eine fragende Grundhaltung, die Schülerinnen und Schüler entwickeln können. Eine solche Grundhaltung ist nach Grimm (2011) konstitutiv für das wissenschaftliche Arbeiten. Die Facharbeit als Textsorte ermöglicht dies durchaus. Ein eigenes Thema selbstständig auszuwählen und zu gestalten, stellt zwar wie geschildert eine besondere Herausforderung dar, ist aber zugleich für die Schülerinnen und Schüler auch eine besondere Chance im Schulalltag. Im Sinne Baurmanns (2002) mag ein solcher individuell bedeutsamer Zugang eine „milde Form der Besessenheit" auslösen (Baurmann, 2002, S. 53).

Andere, vielleicht nachgeordnete Anforderungen ließen sich besser durch vorbereitende Schreibaufgaben einüben. Im Zusammenhang mit dem materialgestützten Schreiben könnten Schülerinnen und Schüler lernen, andere Texte zu referieren und den Inhalt im eigenen Text zu paraphrasieren und zu zitieren. Im Zusammenhang mit Kontroversenreferaten könnten Positionen unterschieden und mit Argumenten versehen werden, das Planen und/oder Recherchieren ließe sich auch bei anderen komplexen Schreibaufgaben anleiten (z. B. dem Schreiben eines Referates). Das Formulieren kann über einen stärker prozedurenorientierten Zugang bereits frühzeitiger, aber mindestens in der Sekundarstufe I, angeleitet werden (vgl. Feilke & Bachmann, 2014). Das Schreiben von Texten am Computer kann in verschiedenen Schreibsituationen genutzt werden und wird – so ist zu vermuten – ohnehin als Anforderung zunehmend stärker gewichtet werden.

Dergestalt vorbereitet, könnte die Facharbeit auch in einem fordernden Schulalltag einen Platz bekommen, der ihrer besonderen und aus dem Unterricht losgelösten Situation entspricht, der aber zugleich von den Beteiligten bewältigbar ist.

Literatur

Baurmann, J. (2002). *Schreiben Überarbeiten Beurteilen. Ein Arbeitsbuch zur Schreibdidaktik.* Seelze: Kallmeyersche Verlagsbuchhandlung GmbH.

Bean, J. (2014). From Right Answers to Arguments: Using Short, Scaffolded Writing Assignments to Accelerate Students' Growth as Disciplinary Thinkers and Writers in Science and Mathematics. Wilfred Laurier University. Keynote Presentation. April 29, 2014.

Bräuer, C., Brinkschulte, M. & Halagan, R. (2016). Akademisches Schreiben lernen lehren lernen. *OBST, 88,* 89–119.

Bräuer, G. (2009). *Scriptorium – Ways of Interacting With Writers and Readers.* Freiburg im Breisgau: Fillibach.

Bräuer, G. (2016). Konzeptuelle Überlegungen zur Ausrichtung von Schreibzentren als Lernzentren. In S. Ballweg (Hrsg.), *Schreibberatung und Schreibtraining in Theorie, Empirie und Praxis* (S. 337–360). Frankfurt a. Main: Peter Lang.

Breuer, E. & Schindler, K. (2016). Country Report Germany. In O. Kruse, M. Chitez, B. Rodriguez & M. Castelló (Eds.), *Exploring European Writing Cultures: Country Reports on Genres, Writing Practices and Languages Used in European Higher Education* (S. 87–100). Zurich University of Applied Sciences: Working Papers in Applied Linguistics, 10 [Online Publication].

Bushati, B., Ebner, C., Niederdorfer, L. & Schmölzer-Eibinger, S. (2018). *Wissenschaftlich schreiben lernen in der Schule.* Baltmannsweiler: Schneider Verlag Hohengehren.

Deichert, L. (2015). Die Facharbeit als Heranführung an das selbstständige Schreiben. *Die Facharbeit – ein Kontroversendossier (zeitschrift schreiben)*, 46–48. Verfügbar unter: http://zeitschrift-schreiben.eu/globalassets/zeitschrift-schreiben.eu/2015/schindler_fischbach_kontroversendossier.pdf [29.12.2016].

Ehlich, K. (1999). Alltägliche Wissenschaftssprache. In H. Barkowski & A. Wolff (Hrsg.), *Alternative Vermittlungsmethoden und Lernformen auf dem Prüfstand* (S. 1–30). Regensburg: Fachverband Deutsch als Fremdsprache.

Elbow, P. (1998). *Writing with power: techniques for mastering the writing process.* New York: Oxford University Press.

Elbow, P. (2000). *Everyone can write: essays toward a hopeful theory of writing and teaching writing.* New York: Oxford University Press.

Feilke, H. (2014). Argumente für eine Didaktik der Textprozeduren. In H. Feilke & T. Bachmann (Hrsg.), *Werkzeuge des Schreibens. Beiträge zu einer Didaktik der Textprozeduren* (S. 11–34). Stuttgart: Fillibach bei Klett.

Feilke, H. & Bachmann, T. (Hrsg.). (2014). *Werkzeuge des Schreibens. Beiträge zu einer Didaktik der Textprozeduren* (S. 11–34). Stuttgart: Fillibach bei Klett.

Feilke, H. & Lehnen, K. (Hrsg.). (2012). *Schreib- und Textroutinen. Theorie, Erwerb und didaktisch-mediale Modellierung.* Frankfurt a. Main: Peter Lang Verlag.

Feilke, H., Lehnen, K., Rezat, S. & Steinmetz, M. (2016). *Materialgestütztes Schreiben lernen. Grundlagen – Aufgaben – Materialien. Sekundarstufen I und II.* Braunschweig: Schroedel.

Fernandez, G. (2015). Wissenschaftspropädeutik in Schulen oder Wie bekomme ich kompetentere Schüler in weniger Zeit? *Die Facharbeit – ein Kontroversendossier (zeitschrift schreiben)*, 59–61. Verfügbar unter: http://zeitschrift-schreiben.eu/globalassets/zeitschrift-schreiben.eu/2015/schindler_fischbach_kontroversendossier.pdf [29.12.2016].

Grimm, S. (2011). Schreiben in der Oberstufe – ein wissenschaftspropädeutischer Anspruch? *Der Deutschunterricht, 63,* 70–77.

Kultusministerkonferenz (KMK) (1972). *Vereinbarung zur Gestaltung der gymnasialen Oberstufe in der Sekundarstufe II.* Verfügbar unter: http://www.kmk.org/fileadmin/Dateien/pdf/PresseUndAktuelles/1999/Vereinb-z-Gestalt-d-gymOb-i-d-SekII.pdf [29.12.2016].

Kultusministerkonferenz (KMK) (2012). *Bildungsstandards im Fach Deutsch für die Allgemeine Hochschulreife.* Verfügbar unter: http://www.kmk.org/fileadmin/Dateien/veroeffentlichungen_beschluesse/2012/2012_10_18-Bildungsstandards-Deutsch-Abi.pdf [29.12.2016].

Lahm, S. (2016). *Schreiben in der Lehre. Handwerkszeug für Lehrende.* Opladen: Verlag Barbara Budrich.

Liebert, W.-A. & Weitze, M.-D. (Hrsg.). (2006). *Kontroversen als Schlüssel zur Wissenschaft? Wissenskulturen in sprachlicher Interaktion.* Bielefeld: transcript.

Marzi, Yussefi (2015). Akademisches Schreiben – ein Zusammenspiel langfristiger schulischer Vorbereitung und kompetenter Lehrkräfte. Die Facharbeit als schulisches Wissenschaftspropädeutikum. *Die Facharbeit – ein Kontroversendossier (zeitschrift schreiben),*

55–58. Verfügbar unter: http://zeitschrift-schreiben.eu/globalassets/zeitschrift-schreiben. eu/2015/schindler_fischbach_kontroversendossier.pdf [29.12.2016].

Ministerium für Schule und Weiterbildung (MfSW). (2009). *Empfehlungen und Hinweise zur Facharbeit in der gymnasialen Oberstufe. Soest.* Verfügbar unter http://www.fachdidaktik-einecke.de/5_Schreibdidaktik/facharbeit.pdf [29.12.2016].

Missler, B. (2015). Die Facharbeit. Beobachtungen aus der Praxis und viele Fragen, die auf eine Antwort warten. *Die Facharbeit – ein Kontroversendossier (zeitschrift schreiben), 62–66.* Verfügbar unter: http://zeitschrift-schreiben.eu/globalassets/zeitschrift-schreiben. eu/2015/schindler_fischbach_kontroversendossier.pdf [29.12.2016].

Pohl, T. (2007). *Studien zur Ontogenese des wissenschaftlichen Schreibens.* Tübingen: Niemeyer.

Pohl, T. (2009). *Die studentische Hausarbeit. Rekonstruktion ihrer ideen- und institutionengeschichtlichen Entstehung.* Heidelberg: Synchron Verlag.

Pohl, T. (2011). Wissenschaftlich schreiben. Begriff, Erwerb und Förderungsmöglichkeiten. *Der Deutschunterricht, 63* (5), 2–11.

Pohl, T. & Steinhoff, T. (2010). Textformen als Lernformen. In Dies. (Hrsg.), *Textformen als Lernformen* (S. 5–26). Duisburg: Gilles & Francke.

Schindler, K. (2014). (Schrift-)Sprachliche Kompetenz. (Vor-)Wissenschaftliches Schreiben lernen und lehren am Beispiel der Facharbeit. *ide, 4,* 78–88.

Schindler, K. (2015). Akademische Textkompetenz am Beispiel der Facharbeit entwickeln. Zur Kooperation zwischen einem Kölner Gymnasium und der Universität zu Köln. In S. Schmölzer-Eibinger & E. Thürmann (Hrsg.), *Schreiben als Medium des Lernens. Kompetenzentwicklung durch Schreiben im Fachunterricht* (S. 248–266). Münster: Waxmann.

Schindler, K. & Fernandez, G. (2016). Facharbeit und materialgestütztes Schreiben anleiten und begleiten. Beispiele für eine Propädeutik in der Schule. *OBST, 88,* 63–88.

Schindler, K. & Fischbach, J. (2015). Einleitung: Der Brennpunkt der Kontroverse. *Die Facharbeit – ein Kontroversendossier (zeitschrift schreiben), 7–15.* Verfügbar unter: http:// zeitschrift-schreiben.eu/globalassets/zeitschrift-schreiben.eu/2015/schindler_fischbach_ kontroversendossier.pdf [29.12.2016].

Schneider, R. & Wildt, J. (2009): Forschendes Lernen und Kompetenzentwicklung. In: L. Huber, J. Hellmer, & F. Schneider (Hrsg.), *Forschendes Lernen im Studium. Aktuelle Konzepte und Erfahrungen* (S. 53–68). Bielefeld: Universitätsverlag Webler.

Schüler, L. (2016). *Materialgestütztes Schreiben argumentierender Texte als Wissenschaftspropädeutik in der Oberstufe. Untersuchungen zu Textkonzeption und Textkomposition bei der Darstellung fachlicher Kontroversen.* Unveröffentlichte Dissertation, Universität Gießen.

Siebert-Ott, G., Decker, L. & Kaplan, I. (2014). Modellierung und Förderung der Textkompetenzen von Lehramtsstudierenden. Kompetenzorientiert Lern- und Leistungsaufgaben entwickeln. In B. Ralle, S. Prediger, M. Hammann & M. Rothgangel (Hrsg.), *Lernaufgaben entwickeln, bearbeiten und überprüfen. Ergebnisse und Perspektiven fachdidaktischer Forschung* (S. 207–216). Münster: Waxmann.

Sitta, H. (2008). Wissenschaftliches Schreiben in der Schule – die Facharbeit. *Praxis Deutsch, 210,* 52–54.

Steets, A. (2011). Die schulische Seminararbeit als sinnvolles Propädeutikum. Möglichkeiten und Grenzen. *Der Deutschunterricht, 63* (5), 62–69.

Steets, A. (2014). Schreiben in der Sekundarstufe II. In H. Feilke & T. Pohl (Hrsg.), *Schriftlicher Sprachgebrauch – Texte verfassen* (S. 178–194). Baltmannsweiler: Schneider Verlag Hohengehren.

Steinhoff, T. (2007). *Wissenschaftliche Textkompetenz. Sprachgebrauch und Schreibentwick-lung in wissenschaftlichen Texten von Studenten und Experten.* Tübingen: Niemeyer.

Steinhoff, T. (2008). Kontroversen erkennen, darstellen, kommentieren. In I. Bons, D. Kaltwasser & T. Gloning (Hrsg.), *Fest-Platte für Gerd Fritz.* Verfügbar unter: http:www. festschrift-gerd-fritz.de/files/steinhoff_2008_kontroversen_erkennen_darstellen_und_ kommentieren.pdf [14.08.2017].

Steinhoff, T. (2011). Der Guttenberg-Skandal. Unterrichtspraktische Anregungen zum jour-nalistischen und wissenschaftlichen Schreiben. *Der Deutschunterricht, 63,* 22–33.

Steinseifer, M. (2010). Textroutinen im wissenschaftlichen Schreiben Studierender. Eine computerbasierte Lernumgebung als Forschungs- und Lerninstrument. In E.-M. Jakobs, K. Lehnen & K. Schindler (Hrsg.), *Schreiben und Medien. Schule, Hochschule, Beruf* (S. 91–114). Frankfurt a. Main: Lang.

Steinseifer, M. (2014). Vom Referieren zum Argumentieren – Didaktische Modellierung von Textprozeduren der Redewiedergabe und Reformulierung. In H. Feilke & T. Bachmann (Hrsg.), *Werkzeuge des Schreibens. Beiträge zu einer Didaktik der Textprozeduren* (S. 199–221). Stuttgart: Fillibach bei Klett.

Sara Rezat

Argumentative Textprozeduren als Instrumente zur Anbahnung wissenschaftlicher Textkompetenz

Textprozeduren – Nutzungsweisen von Schülerinnen und Schülern der Sekundarstufe

1 Einleitung

Im Bereich der Schreibentwicklungsforschung wird dem Textprozedurenkonzept (vgl. Bachmann & Feilke, 2014) ein beträchtliches Potenzial bezogen auf die Aneignung literaler Kompetenz zugesprochen (vgl. Schmölzer-Eibinger & Rotter, 2016). Textprozeduren sind „didaktische Ankerpunkte" (Feilke & Lehnen, 2011, S. 401) für das Schreiben, die sich als besonders kompetenzfördernd erweisen, wie jüngst die Ergebnisse der Untersuchung von Rüßmann, Steinhoff, Marx und Wenk (2016) zur Wirksamkeit sprachlich profilierter Schreibarrangements belegen. Das Konzept zeichnet sich dadurch aus, dass es die unterschiedlichen Phasen der Aneignungsprozesse in besonderer Weise berücksichtigt (vgl. Pohl, 2014, S. 130 f.). Damit stellen Textprozeduren auch für die Förderung wissenschaftlicher Textkompetenz zentrale Ansatzpunkte dar.

Zwar können auch aus konkreten Prozedurenausdrücken in Textprodukten Schlüsse auf die Art der Nutzung gezogen werden, doch ermöglichen diese noch keinen Einblick in die kognitiven Prozesse bzw. Gebrauchsschemata der Schreibenden (vgl. Rezat, 2014). Um den Erwerb wissenschaftlicher Textkompetenz gezielt mit Hilfe von Textprozeduren zu fördern, ist aber ein umfassender Einblick in deren tatsächliche Nutzung durch Schreibende notwendig. Darum soll es in diesem Beitrag gehen.

In Kapitel 2 wird zunächst der Forschungsstand zu Textprozeduren und Schreibförderung dargestellt und daraus das Desiderat abgeleitet. Der theoretische Rahmen für die Untersuchung der Textprozedurennutzung wird in Kapitel 3 dargestellt. Auf der Grundlage einer qualitativen empirischen Untersuchung werden dann in Kapitel 4 Nutzungsweisen von argumentativen Textprozeduren durch Schülerinnen und Schüler der Sekundarstufe analysiert. Welche Konsequenzen sich daraus für die Anbahnung und Förderung wissenschaftlicher Textkompetenz bereits in der Schule ergeben, wird im Fazit zusammenfassend erläutert sowie diskutiert.

2   Textprozeduren und Schreibförderung: Forschungsstand und Desiderat

Textprozeduren vermitteln als Werkzeuge des Schreibens zwischen Schreibprozessen und Textprodukten und zeichnen sich dadurch aus, dass sie textsortenspezifisch sind. Das heißt, sie „[…] beziehen sich auf den Text und dessen Komposition. Sie betreffen die kommunikativ-sprachlichen Handlungskomponenten des zu schreibenden Textes (z. B. Einleitung, Gliederung, Argumentation etc.)" (Feilke, 2014, S. 21). Dabei liegt die Annahme zugrunde, dass Texte aus unterschiedlichen Handlungen bestehen, die wiederum entsprechenden Texthandlungstypen (z. B. Erzählen, Berichten, Beschreiben, Argumentieren) aber auch metatextuellen Texthandlungstypen (wie Gliedern, Zusammenfassen, Kommentieren) zuzuordnen sind.

Die Textprozedur ist eine duale Einheit, bestehend aus einem sprachlichen Ausdruck und einem damit zusammenhängenden Handlungsschema. Feilke (2007, S. 23) spricht in diesem Zusammenhang von „komplexen Zeichen für Texthandlungen". Damit sind Textprozeduren Teil des sprachlichen Wissens von Schreibenden. Die bislang vorliegenden Forschungsergebnisse zu Textprozeduren zeigen generell, dass Textprozeduren Indikatoren von Schreibkompetenz sind (vgl. Knopp, Jost, Linnemann & Becker-Mrotzek, 2014). Schreibentwicklungsstudien, auf denen bisher der Fokus lag, belegen darüber hinaus, dass für den Ausbau von Schreibfähigkeiten die Aneignung von Textprozeduren einen wichtigen Faktor darstellt. Rüßmann et al. (2016, S. 45) sprechen in diesem Zusammenhang davon, „[…] dass die Aneignung von Textprozeduren und die Entwicklung von Schreibkompetenzen Hand in Hand gehen […]".

Für den Bereich des wissenschaftlichen Schreibens hat dies Steinhoff (2007) gezeigt. Die Untersuchungen von Gätje, Rezat & Steinhoff (2012) und Rezat (2011) belegen dies im Bereich der Entwicklung argumentativen Schreibens bezogen auf Positionierungsprozeduren bzw. konzessive Prozeduren. In all diesen Untersuchungen wird deutlich, dass die Verwendung von Textprozeduren mit zunehmender Literalitätserfahrung häufiger und kompetenter wird.

Neben den Schreibentwicklungsstudien gibt es Forschungsprojekte, die sich dezidiert mit den Effekten von Schreibfördermaßnahmen beschäftigen. In diesen Interventionsstudien wird grundsätzlich der Nachweis erbracht, dass die Übung von Textprozeduren einen positiven Einfluss auf die Textqualität hat (vgl. Anskeit & Steinhoff, 2014; Rüßmann et al., 2016).

Rüßmann et al. (2016) kommen bei ihrer Untersuchung zur Wirksamkeit sprachlich profilierter Schreibarrangements zu dem allgemeinen Ergebnis, dass Schreibarrangements, in denen das Handlungsschema (auch: Schemabezug) von Textprozeduren fokussiert wird, besonders wirksam sind. Bezogen auf Gymnasialschülerinnen und -schüler muss hier allerdings noch einmal differenziert werden. Für diese Schreiberinnen und Schreiber erweisen sich Schreibarrangements am wirksamsten, in denen sowohl die Ausdrucksseite als auch die Handlungsschemaseite (auch: Ausdrucksbezug und Schemabezug) von Textprozeduren im Rahmen der Intervention fokussiert werden.

Werden Textprozeduren für das Formulieren und Überarbeiten im Rahmen profilierter Schreibarrangements bereitgestellt, lässt sich anhand der Textprodukte belegen, „[…] dass die Schüler/innen die Prozeduren im Regelfall keineswegs nur imitieren, sondern ebenso schemagerecht wie kreativ zu verwenden in der Lage sind" (Anskeit & Steinhoff, 2014, S. 152). Rezat (2014, S. 186 ff.) unterscheidet in diesem Zusammenhang zwei Typen der Nutzung von Textprozeduren: die identische und stereotype Übernahme, bei der Textprozedurenausdrücke eins-zu-eins übernommen werden, und die analoge Musterbildung, bei der Textprozedurenausdrücke nicht wortgetreu übernommen werden, sondern analoge schemagerechte Textprozeduren verwendet werden.

Gemeinsam ist all diesen Studien, dass die Analyse von Textprozeduren zum einen auf die Rolle von Textprozeduren in Textprodukten und zum anderen auf die Rolle ihrer Verwendung im Schreibprozess ausgerichtet ist. Schüler (2017, S. 99) spricht in diesem Zusammenhang von einer „Dominantsetzung des Schreibprodukts als Analysegegenstand" und beleuchtet die Problematik, die sich dadurch für die Entwicklung von Standards und Kompetenzen, aber auch die Entwicklung von Leistungsaufgaben ergeben.

Es steht außer Frage, dass durch die Analyse von Schreibprodukten bereits wichtige Forschungsergebnisse generiert werden konnten, dennoch ermöglicht dieser Zugang nur beschränkt Einblicke in die kognitiven Prozesse der Schreibenden, d. h. in die Gebrauchsschemata der Schreibenden bei der Nutzung von Textprozeduren, sodass „[…] die Textanalyse ergänzt werden [muss] durch weitere Methoden wie teilnehmende Beobachtung, Fragebögen und Interviews u. Ä. […]" (Rezat, 2014, S. 184).

An diesem Punkt setzt die in diesem Beitrag vorgestellte explorative Fallstudie an. Im Fokus steht die Analyse der kognitiven Prozesse bei der Nutzung argumentativer Textprozeduren. Konkret wird danach gefragt, welche Nutzungsweisen Schreiberinnen und Schreiber im Umgang mit Textprozeduren entwickeln und welche Konsequenzen sich daraus für die Förderung von Schreibkompetenz im Hinblick auf die Anbahnung wissenschaftlichen Schreibens ableiten lassen.

Laut Pohl gehören „Schreibfähigkeiten im Argumentieren unter Antizipation potenzieller Gegenargumente" und damit auch die Verfügbarkeit entsprechender argumentativer Textprozeduren – neben Schreibfähigkeiten in Gegenstandsanalysen und im Referieren – zu den *Basisqualifikationen* wissenschaftlichen Schreibens, die bereits in der Schule gefördert werden sollten (vgl. Pohl, 2011, S. 10).

Erfolgt diese schulisch bzw. insbesondere gymnasial zu leistende Grundsicherung nicht in ausreichendem Maße, steht zu befürchten, dass der mit Studienbeginn aufgestaute Erwerbsrückstand bis zum Studienende und den dort zu verfassenden Examensarbeiten (Diplom-, Magister-, Staats- und Masterarbeiten) nicht mehr aufgeholt werden kann. Diese Befürchtung wird nicht nur durch die Begutachtung entsprechender Abschlussarbeiten genährt, sondern auch durch die Verkürzung der Gymnasialausbildung, die notwendig eine Verjüngung des Schreibalters bei den Studienanfängern zur Folge haben wird. (Pohl, 2011, S. 10)

Wichtig ist also, bereits in der Schule Teilleistungen wissenschaftlichen Schreibens zu fokussieren, wobei es im schulischen Kontext nicht um ein Schreiben geht, das an einem fachlichen Diskurs orientiert ist, wie es das wissenschaftliche Schreiben ausmacht (vgl. Steinhoff, 2007, S. 2). Vielmehr müssen in der Schule Teilleistungen wissenschaftlichen Schreibens fokussiert werden, die später übertragbar sind in den wissenschaftlichen Kontext. Argumentative Textprozeduren bieten sich in diesem Zusammenhang als „didaktische Ankerpunkte" (Feilke & Lehnen, 2011) für die Anbahnung wissenschaftlichen Schreibens an. Eine sinnvolle textprozeduren-orientierte Schreibdidaktik im schulischen Kontext mit dem Ziel der Anbahnung wissenschaftlichen Schreibens sollte aber ein Wissen über Nutzungsweisen von Textprozeduren angemessen berücksichtigen.

3   Theoretischer Rahmen: Textprozeduren als Instrumente des Schreibens

Für die Untersuchung der Nutzung von Textprozeduren wird der Ansatz der kognitiven Ergonomie (Rabardel, 1999; Rabardel, 2002; Béguin & Rabardel, 2000), der auch als instrumenteller Ansatz bezeichnet wird, herangezogen. Es handelt sich hier um einen kognitionspsychologischen Ansatz, der in der Tradition der kulturhistorischen Schule steht. Rabardel knüpft in seiner Theorie an das Werkzeug als soziales Medium an und an Vygotskijs instrumentellen Akt.

Zentraler Ausgangspunkt der kognitiven Ergonomie ist das *Artefakt*, das erst im Zuge der Nutzung durch ein Subjekt zum vermittelnden Instrument wird. Das vermittelnde Instrument ist laut Rabardel dadurch gekennzeichnet, dass es aus zwei Komponenten besteht: einer Artefaktkomponente und einem Schemabestandteil. In Rezat (2014) wird dargestellt, wie der instrumentelle Ansatz mit dem Textprozedurenansatz verknüpfbar ist und gezeigt, dass Textprozeduren als vermittelnde Instrumente des Schreibens betrachtet werden können:

> Es ist Feilkes funktionale Bestimmung von Textprozeduren, die einen Zusammenhang zur Definition des Instruments nach Rabardel ermöglicht. Die semiotische Kopplung von Gebrauchsschema und Ausdrucksform bei der Textprozedur lässt sich als duale Einheit bestehend aus einer Gebrauchsschema-Komponente und einem Textprozedurenausdruck, der das Artefakt darstellt, auffassen. (Rezat, 2014, S. 181)

Während Feilke den Begriff des Gebrauchsschemas auf textliche Handlungsschemata bezieht (vgl. Feilke, 2012, S. 11), ist der Begriff in der kognitiven Ergonomie weiter gefasst und bezieht sich auf kognitive Strukturen, die sozio-kulturell geprägt sind „durch übergeordnete Handlungsintentionen und spezifische, auch historisch gewachsene sprachliche Verwendungskontexte" (Rezat, 2014, S. 181). Damit wird die Textprozedur als eine duale Einheit definiert, bei der die sprachliche Ausdrucksform zeichenhaft auf ein textliches Handlungsschema und die damit verbundenen sozio-kulturell geprägten Gebrauchsschemata verweist.[1] Die Synthese der beiden Ansätze ermöglicht schließlich

> […] eine Beschreibung der kognitiven Prozesse bei der Nutzung von Artefakten […], d.h. eine differenzierte Analyse der Lernprozesse bei der Auseinandersetzung mit Arte-fakten, in diesem Fall eine differenzierte Analyse der Lernprozesse bei der Nutzung von Textprozeduren. Im Zentrum steht die instrumentelle Genese, also die Frage, wie das Artefakt bzw. die Textprozedur zum Instrument wird. (Rezat, 2014, S. 182)

Bei der instrumentellen Genese lassen sich zwei Prozesse unterscheiden, die soge-nannte Instrumentierung und die Instrumentalisierung (vgl. Rabardel, 2000).

Wenn man die instrumentelle Genese von Textprozeduren untersuchen will, dann geht es bei der Instrumentalisierung um die Frage, welche Funktionen und Zwecke der/die Nutzende den Textprozeduren zuschreibt. Bei der Instrumentierung geht es dagegen um die Frage, welche Gebrauchsschemata in Zusammenhang mit der Nutzung von Textprozeduren herausgebildet werden.

Wie bereits im Forschungsstand angemerkt, fehlt bislang ein differenzierter Ein-blick in die spezifisch kognitiven Prozesse bei der Nutzung von Textprozeduren. Dennoch lassen sich aus den empirischen Untersuchungen zu Textprozeduren, in denen Textprodukte analysiert werden, bereits Erkenntnisse bezüglich der Instru-mentierung ableiten. Diese sollen im Folgenden anhand der Untersuchungen von Rezat (2011), Gätje et al. (2012) sowie Rezat (2014) kurz beschrieben werden, um die Ergebnisse der in diesem Beitrag vorgestellten Fallstudie entsprechend zu kontex-tualisieren.

Die Entwicklung konzessiver Argumentationskompetenz und konzessiver litera-ler Prozeduren ist Gegenstand der Pilotstudien von Rezat (2011). Wichtiges Ergebnis dieser Studien ist, dass der Erwerb konzessiver literaler Prozeduren über den Er-werb adversativer literaler Prozeduren erfolgt. Im Hinblick auf die Gebrauchssche-mata, die beim konzessiven Argumentieren herausgebildet werden, ist von einer Gebrauchsschemaassimilation auszugehen: Die Verfügbarkeit adversativer literaler Prozeduren und entsprechender Gebrauchsschemata ist die Voraussetzung für den Erwerb konzessiver literaler Prozeduren. Konkret bedeutet dies, dass die Gebrauchs-schemata, die mit dem Konnektiv *aber* zusammenhängen, beim Erwerb konzessiver literaler Prozeduren im Sinne einer Assimilation angewendet werden: „‚Aber' bildet sozusagen die Schaltstelle im Erwerb, die dann konzessiv ausdifferenziert wird" (Rezat, 2011, S. 59). Um konzessiv zu argumentieren, wird ein bereits bestehendes Gebrauchsschema – hier: das Gebrauchsschema adversativer literaler Prozeduren –

---

1 Wenn im Folgenden der Begriff „Gebrauchsschema" verwendet wird, dann sind damit sowohl das textliche Handlungsschema als auch die damit verbundenen kognitiven Strukturen gemeint.

genutzt, um ein Gegenargument dem eigenen Argument gegenüberzustellen. Dieser Assimilation folgt dann im Verlauf des Erwerbs eine konzessive Ausdifferenzierung, mit der eine entsprechende Gebrauchsschemaakkomodation einhergeht.

Gätje et al. (2012) haben gezeigt, wie der Erwerb der Positionierungsprozedur zur sprachlichen Markierung der eigenen Meinung verläuft und welche Gebrauchsschemata im Zusammenhang mit dieser Prozedur erworben werden. Kennzeichnend für den Erwerb ist eine Ausdifferenzierung der Gebrauchsschemata, und zwar ausgehend von verbalen Formen (*Ich finde* + N + Adj; *Ich bin für/gegen, dass*) hin zu nominalisierten Formen (*Meiner Meinung nach, Meines Erachtens*), wobei je nach Prozedurenausdruck unterschiedliche grammatische und syntaktische Gebrauchsschemata aktualisiert werden müssen. Die Ausdifferenzierung ist wesentlich geprägt durch entsprechende sprachliche Verwendungskontexte. Ausgangspunkt ist dabei zunächst einmal die Rezeption: „Lerner finden bei der Textrezeption ein sozial etabliertes Inventar von Positionierungsprozeduren vor, an das sie bei der eigenen Textproduktion anschließen können" (Gätje et al., 2012, S. 132). Der rezeptive Umgang mit Positionierungsprozeduren in bestimmten Kontexten führt schließlich dazu, dass die Prozeduren auch produktiv in ähnlichen Kontexten adäquat angewendet werden. Insbesondere mit dem Kontext des wissenschaftlichen Schreibens ist eine Engführung hin zu genuin literalen, d. h. domänentypisch-literalen, Prozeduren zu verzeichnen: Die ausgeschriebene Form des Prozedurenausdrucks *meines Erachtens* wird z. B. abgelöst durch die abgekürzte und domänentypische Form *m. E.* (vgl. Gätje et al., 2012, S. 148).

Im Gegensatz zu den Untersuchungen von Rezat (2011) sowie Gätje et al. (2012) wird in der Untersuchung von Rezat (2014) nicht der Erwerb einer spezifischen Prozedur untersucht, sondern die konkrete Nutzung von konzessiven Prozeduren im Rahmen eines Scaffolding-Arrangements. Den Schülerinnen und Schülern werden für das Verfassen einer argumentativen Schreibaufgabe konzessive Textprozedurenausdrücke zur Verfügung gestellt, auf die sie beim Formulieren des Textes zurückgreifen können. Die Nutzung der Textprozedurenausdrücke wird anhand der entstandenen Textprodukte mit dem Ansatz der kognitiven Ergonomie analysiert. Dabei lassen sich auf Grundlage der Analyse folgende Gebrauchsschemata unterscheiden.

1) *Assimilation von Gebrauchsschemata – analoge Musterbildung:* Die Schreiberinnen und Schreiber übernehmen die vorgegebenen Textprozedurenartefakte nicht wortgetreu, sondern bilden analoge Textprozedurenausdrücke, die sich funktional entsprechen. Beispielsweise wird statt des vorgegebenen Textprozedurenausdrucks *zwar/gewiss ..., jedoch* der Textprozedurenausdruck *zwar ..., aber* verwendet. Eine solche analoge Musterbildung ist ein Hinweis auf eine Assimilation bereits vorhandener Gebrauchsschemata:

> Bereits vorhandene Gebrauchsschemata sind die Grundlage für die Variation der syntaktischen Kombinationsmuster bzw. für die analoge Musterbildung. Es ist anzuneh-

men, dass die vorgegebenen Textprozedurenartefakte wie ein Impuls oder Schalter wirken, um die Textprozedurenausdrücke im Rahmen der konkreten Schreibaufgabe zu instrumentalisieren. (Rezat, 2014, S. 189)

2) *Textprozeduren als Trigger für die Gebrauchsschemabildung – identische Muster-bildung:* Schreiberinnen und Schreiber übernehmen die zur Verfügung gestellten Textprozedurenausdrücke identisch und zum Teil stereotyp listenartig, wobei es den Schreibenden gelingt, die Ausdrücke adäquat syntaktisch im Text zu integrieren und mit sinnvollen Argumenten zu verbinden. Die Vorgabe der Textprozedurenausdrücke wird als gebrauchsschemabildend für den Schreibprozess gewertet:

> Sie [die Textprozedurenausdrücke, S.R.] funktionieren in diesem Fall auch wie ein ‚Schalter' zur Auslösung impliziten bzw. prozeduralen Wissens. Die listenartige und quantitativ übermäßige Verwendung der Textprozeduren deutet allerdings darauf hin, dass es dem Schreiber noch nicht gelingt, die Textprozeduren angemessen im Hinblick auf die Makrostruktur des Textes als Instrument des Schreibens zu verwenden. (Rezat, 2014, S. 190 f.)

3) *Abweichende und nicht adäquate Verwendung von Textprozedurenausdrücken – Lernerformen:* Die Schreiberinnen und Schreiber verwenden nicht die vorgegebenen Textprozedurenausdrücke und auch nicht analoge Ausdrücke, sondern nicht adäquate Textprozedurenausdrücke:

> Diese sogenannten Lernerformen bieten Einblicke in die individuelle Dimension der Instrumentierung und sind Indizien dafür, dass Textprozeduren noch nicht gänzlich als Instrumente des Schreibens zur Verfügung stehen. (Rezat, 2014, S. 191)

Diese Gebrauchsschemata sind unter anderem Ausgangspunkt für die deduktive Kategorienbildung im Rahmen der qualitativen Datenanalyse im folgenden Kapitel.

4   Explorative Fallstudie zur Nutzung argumentativer Textprozeduren

4.1   Konzeption der Studie, Datenbasis und Auswertungsmethode

In der im Folgenden dargestellten Fallstudie wurde die Nutzung argumentativer Textprozeduren durch Schülerinnen und Schüler der Sekundarstufe I untersucht. Es handelt sich um exemplarische Fallanalysen von fünf Schülerinnen und Schülern der 9. Jahrgangsstufe eines Gymnasiums. Die Schülerinnen und Schüler haben im Deutschunterricht bereits das argumentierende Schreiben behandelt. Gearbeitet wurde mit dem „Deutschbuch" für die Klasse 9 aus dem Cornelsen Verlag. In diesem Schulbuch werden u. a. auch Formulierungshilfen zum Argumentieren bereitgestellt.

Es wurden zwei Arten von Daten erhoben und trianguliert: Textprodukte und Interviewdaten. Mit der Triangulation der Daten ist das Ziel verbunden, die Erkenntnismöglichkeiten bzw. Perspektiven auf die Nutzung von Textprozeduren zu erweitern.

Im ersten Schritt wurden Textprodukte ausgehend von einer argumentativen Schreibaufgabe zum Thema „Cybermobbing" erhoben. Ausgangspunkt der Schreibaufgabe ist die Schilderung einer Situation, bei der eine Mitschülerin der Klasse in sozialen Netzwerken aufgrund ihrer Figur beschimpft und beleidigt wird. Die Schülerinnen und Schüler haben folgende Schreibaufgabe erhalten: „Die Redakteure eurer Schülerzeitung wollen das Thema unter der Fragestellung ‚Mobbing in der Schule – einmischen oder raushalten?' in der nächsten Ausgabe aufgreifen. Sie bitten dich dazu um eine Stellungnahme für die Schülerzeitung."[2]

Die Schreibaufgabe enthält gesonderte Aufgaben zur Textplanung, in der typische Handlungsschemata der Textsorte *schriftliche Stellungnahme* thematisiert werden und Grundlage für die Textplanung darstellen. Das Formulieren der Stellungnahme wird durch die Bereitstellung entsprechender Textprozedurenausdrücke in Form von Formulierungshilfen gestützt. Es handelt sich hier um eine „Textprozedurenkompilation" (vgl. Rüßmann et al., 2016, S. 49), d. h. eine Zusammenstellung von Textprozeduren, welche sortentypische Handlungsschemata einer Stellungnahme (Einleitung und Schluss) sowie elementare argumentative Texthandlungsschemata (sogenannte Basishandlungsschemata), die unabhängig von einer argumentativen Textsorte und konstitutiv für argumentative Texthandlungstypen sind, umfasst. Die folgende Tabelle gibt eine Übersicht über die zur Verfügung gestellten Formulierungshilfen bzw. Textprozedurenausdrücke, die zeichenhaft auf entsprechende Handlungsschemata verweisen, welche wiederum dem Makroschema der Textsorte *schriftliche Stellungnahme* zuzuordnen sind.

Bei den in der Tabelle kursivgedruckten Handlungsschemata handelt es sich um Basishandlungsschemata des Argumentierens. Zum Verfassen der schriftlichen Stellungnahme haben die Schülerinnen und Schüler ein Arbeitsblatt erhalten, auf dem in der linken Randleiste die Textprozedurenausdrücke in Form von Blöcken, die wiederum bestimmten Handlungsschemata entsprechen, zur Verfügung gestellt werden.[3]

---

2   Die Schreibaufgabe stammt aus dem Schulbuch „Wortstark 9, Werkstattheft", das im Schroedel-Verlag 2011 erschienen ist (Wortstark Plus, Sprach-Lesebuch Deutsch, Differenzierende Ausgabe, Werkstattheft, Braunschweig: Schroedel, 2011, S. 12–14). Da die Schule eine zentrale verantwortliche Sozialisationsinstanz für die Aneignung spezifischen Sprachwissens darstellt (vgl. Neumann, 2012), zu dem auch Textprozeduren gehören, ist es naheliegend zu untersuchen, wie in Schulbüchern dieses spezifische Wissen angeeignet wird. Zudem handelt es sich bei der gewählten Schreibaufgabe um eine Lernaufgabe, die eine Typik aufweist, die auch in anderen Schulbüchern anzutreffen ist.

3   Das Arbeitsblatt befindet sich im Anhang.

Tabelle 1:   Textprozedurenkompilation für das Verfassen einer schriftlichen Stellungnahme

Makroschema (schriftliche Stellungnahme)	**Textprozedur**	
	Handlungsschema	Prozedurenausdrücke
Einleitung	Einführung in das Thema; Anlass des Themas nennen	Wie ihr wisst … Einigen von euch ist sicher bekannt … Deshalb/Aus diesem Grund möchte ich …
Hauptteil	Positionieren Begründen und Schließen Argumente ausbauen (= Argumente mit Beispielen/Belegen ausführen)	Ich denke/bin der Meinung … Dafür spricht … Ein weiteres wichtiges Argument … Am wichtigsten aber scheint mir … Wenn zum Beispiel … z. B. erlebt/gesehen … Untersuchungen haben ergeben …
	Konzedieren (= ein Gegenargument entkräften)	Nun behaupten manche, dass … Man könnte dagegen einwenden … Allerdings … Nach meiner Erfahrung …
Schluss	Positionieren (= Bekräftigung des Standpunktes) Evtl. Vorschlag/Ratschlag	Ich bin also der Ansicht … Ich denke also, man sollte … Z. B. könnte man …

Im zweiten Schritt, d.h. nach der Textproduktion, erfolgte ein leitfadengestütztes Interview mit den Schülerinnen und Schülern, in der diese zur Nutzung der Textprozeduren befragt wurden. Schwerpunkte des Interviews waren 1) das Vorgehen beim Formulieren und die Rolle der Textprozeduren für das Formulieren, 2) die Funktion der Textprozedurenausdrücke sowie 3) das Vorgehen bei der Integration von Gegenargumenten in den Text und die damit verbundenen konzessiven Textprozeduren.

Die Datenauswertung erfolgte inhaltsanalytisch in Form einer strukturierenden Inhaltsanalyse (vgl. Mayring, 2015). Die Analyse der Nutzungsweisen erfolgt auf Grundlage der Theorie der kognitiven Ergonomie und wird im Hinblick auf die Prozesse der Instrumentierung (Kap. 4.2) und Instrumentalisierung (Kap. 4.3) differenziert. Bei der Instrumentierung geht es darum, Gebrauchsschemata, die in Zusammenhang der Nutzung relevant sind, zu identifizieren, während die Analyse der Instrumentalisierung darauf abzielt, die Funktionen und Zwecke, die der/die Nutzende den argumentativen Textprozeduren zuschreibt, zu untersuchen.

Um den Prozess der Instrumentierung zu analysieren, werden sowohl die Textprodukte als auch die Interviews ausgewertet, wohingegen die Frage, welche Funktionen und Zwecke den Textprozeduren zugeschrieben werden, in erster Linie auf der Grundlage der Interviews zu analysieren ist. Die Identifizierung von Lernerformen in den Textprodukten kann allerdings auch Aufschluss über die Instrumentalisierung geben, wie in Abschnitt 4.3 gezeigt werden wird.

Die Hauptkategorien der Analyse wurden zunächst deduktiv auf Grundlage des Forschungsstandes, d. h. forschungsbasiert und theoriegeleitet, gebildet. Die Ausdifferenzierung in Unterkategorien erfolgte induktiv anhand der vorliegenden Daten. Die Kategorienbildung wurde somit gemischt deduktiv-induktiv vollzogen.

In Kapitel 4.4 wird schließlich noch die Nutzung konzessiver Textprozeduren gesondert dargestellt. Die Antizipation potenzieller Gegenargumente und die damit verbundenen Schreibfähigkeiten stellen grundsätzlich eine Herausforderung im Erwerb argumentativen Schreibens dar (vgl. Rezat, 2011 und 2014) und bilden für das wissenschaftliche Schreiben eine wichtige Basis. Insofern ist ein Einblick in die Nutzung konzessiver Textprozeduren für die Förderung dieser Basisqualifikation wissenschaftlichen Schreibens besonders interessant.

4.2   Analyse und Interpretation der Daten – Instrumentierung

Wie nutzen nun die Schülerinnen und Schüler die im Rahmen der Schreibaufgabe vorgegebenen Textprozedurenausdrücke und welche Gebrauchsschemata sind damit verbunden? In den analysierten Daten sind drei Hauptgebrauchsschemata-kategorien festzumachen: 1) die identische Musterrealisierung, 2) die analoge Musterbildung und 3) die eigene Musterbildung.[4] Die ersten beiden Kategorien wurden bereits in Kapitel 3 beschrieben. Die dritte Kategorie wurde induktiv anhand der Daten hergeleitet und ist durch die Verwendung eigener Textprozedurenausdrücke gekennzeichnet, die nicht zur Verfügung gestellt wurden, aber funktional richtig angewendet werden (z. B. *meiner Meinung nach*).

Diese drei Kategorien sind sowohl anhand der Analyse der Schülertexte festzustellen als auch in den Interviews mit den Schülerinnen bzw. Schülern.

Liv[5] übernimmt beispielsweise in ihrem Text die vorgegebenen Textprozedurenausdrücke identisch und beschreibt ihre Nutzung im Interview analog: „Ich hab Sie

---

4   Eine abweichende, nicht adäquate Verwendung der Textprozedurenausdrücke, d. h. Lernerform, findet sich in den analysierten Daten nur bei einer Schülerin (Alisa). Da es sich hier um einen exemplarischen Fall handelt, wurde dieses Gebrauchsschema nicht bei der Kategorisierung der vorliegenden Daten aufgenommen. Eine Beschreibung und Analyse der Lernerform findet sich in Abschnitt 4.4.

5   Alle Namen der an der Studie teilnehmenden Schülerinnen und Schüler wurden zum Zwecke der Anonymisierung geändert.

wortgenau benutzt …“ (LIV_I: 25). Alisa bildet analoge sprachliche Textprozedurenausdrücke und stellt im Interview fest: „Also ich hab auch einige, zum Beispiel am Anfang, ähm, ‚wie ihr vielleicht schon mitbekommen habt‘, umgeschrieben, …“ (AL_I: 21–22). Lina bildet beim Formulieren eigene Textprozedurenausdrücke mit der Begründung, dass sie „[…] halt auch noch son bisschen was Eigenes formulieren wollte und nicht nur so das am Rand nehmen wollte. Ich fand die ein bisschen geeigneter als die am Rand“ (LI_I: 39–40). Als weiteren Grund für die Verwendung eigener Ausdrücke gibt Lina an, dass sie „[…] nicht richtig wusste, wie ich die [die vorgegebenen Ausdrücke, S. R.] einsetzen sollte“ (LI_I: 95).

Bei dem ersten Gebrauchsschema, der identischen Musterrealisierung, wurden auf Grundlage der Interviewdaten induktiv noch zwei Subkategorien gebildet, die Subkategorie 1a) *syntaktische Passung* und 1b) *pragmatische/unbewusste Motive bei der Auswahl*.

Die Kategorie *syntaktische Passung* ist dadurch gekennzeichnet, dass die Schreibenden die spezifischen syntaktischen Eigenschaften der Prozedurenausdrücke erkennen und die damit verbundenen *constraints* der vorgegebenen Artefakte thematisieren, wie beispielsweise Liv: „Ich habe sie wortgenau benutzt. […] und ähm, ich hab probiert den Satz so umzustellen, dass es mit diesen Satzanfängen überhaupt auch Sinn ergibt“ (LIV_I: 25–26). Auch Svenja beschreibt ein ähnliches Vorgehen der syntaktischen Passung: „Also ich hab einfach, ich hab mir die erstmal durchgelesen und dann hab ich geguckt wie ich daraus nen Satz formulieren kann, also wie ich das dann schreibe“ (SV_I: 17–18).

Die Textprozedurenausdrücke als Artefakte determinieren den Formulierungsprozess der Schreibenden somit in grammatikalisch-syntaktischer Hinsicht. Nicht das Artefakt wird angepasst, sondern das Artefakt führt dazu, dass für das Formulieren grammatisch-syntaktische Entscheidungen vorgegeben werden. Der kompetente Umgang der Schreiberinnen und Schreiber mit den vorgegebenen Ausdrücken ist dabei als ein Indiz syntaktischer Sprachbewusstheit zu werten.

In den Interviews wird bei der Frage, wie die Schülerinnen und Schüler die vorgegebenen Textprozeduren nutzen, deutlich, dass die Auswahl der jeweiligen Textprozedur teilweise auch rein pragmatisch motiviert ist und keine sprachbewussten Entscheidungen für die Auswahl vorliegen. Dazu muss angemerkt werden, dass die vorgegebenen Textprozeduren auf eine ganz spezifische Weise angeboten werden, und zwar in Blöcken am linken Rand des Arbeitsblattes (vgl. Arbeitsblatt im Anhang). Einige Schülerinnen und Schüler wählen immer den ersten Textprozedurenausdruck, der innerhalb eines Textprozedurenblocks steht. Hier wird deutlich, dass die Anordnung von Textprozeduren ausschlaggebend für die Auswahl des jeweiligen Ausdrucks ist bzw. die Anordnung offensichtlich die Auswahl beeinflusst. Liv erläutert dieses Gebrauchsschema folgendermaßen:

Liv: und ich hab das einfach wahllos eingebaut, weil ich das praktisch fand (LIV_I: 8–9).

> Liv: Das ähm, hm, war, muss ich sagen, wahllos, weil ich hab mich ja hauptsächlich immer
> für die allerersten entschieden, weil ich finde, die haben doch so am besten gepasst
> und ich wollte, ich bin sehr faul, und ich wollte nicht mehr so viele durchprobieren
> und ich dachte mir o hmm, passt das jetzt? Oh das passt ja einfach, dann nimmst du's
> einfach. (LIV_I: 173–176)

Auch Maximilian beschreibt dieses Vorgehen in ähnlicher Weise:

> Interviewer: Äh, also, du hast jetzt den Ausdruck „nun behaupten manche" benutzt, und
> warum hast du den benutzt? […]
> Maximilian: Ja ich würd sagen, weils an oberster Stelle war und ich das schon ziemlich
> passend fand und allerdings keine Lust mehr hatte, weiter zu lesen, die restlichen
> Folgerungen.(MA_I: 110–115)

Neben der isolierten Betrachtung einzelner Gebrauchsschemata, die in den Texten und Interviews festzumachen sind, ist auch die Analyse der Zusammenhänge zwischen den einzelnen Gebrauchsschemata aufschlussreich, d. h. die Frage, ob bzw. inwiefern Gebrauchsschemata bei den einzelnen Nutzenden kombiniert werden. Betrachtet man die Nutzung der Textprozeduren bezogen auf jeden einzelnen Nutzenden, dann wird deutlich, dass diese nicht nur auf ein Gebrauchsschema zurückgreifen, sondern neben der identischen Musterrealisierung mindestens ein weiteres Gebrauchsschema realisieren. In allen Texten gibt es Belege dafür, dass die Schülerinnen und Schüler die vorgegebenen Textprozedurenausdrücke identisch übernehmen, außerdem bilden sie noch analoge Textprozeduren und/oder eigene Textprozeduren. Dieses Vorgehen der Gebrauchsschemakombination beschreiben Liv und Alisa im Interview folgendermaßen:

> Liv: Ich dachte irgendwie eher, auch wenn es diese Funktion hat, es soll ja zur Hilfestellung sein und ich dachte, du könntest es nehmen oder du könntest dich irgendwie mal selber rantrauen, weil es sind ja Hilfestellungen. (LIV_I: 90–92)

> Alisa: Ich habe mir die alle angeschaut und auch versucht einzubauen, aber manchmal hab ich auch eigene benutzt. (AL_I: 142–143)

Bei dieser Gebrauchsschemakombination lässt sich aufgrund der Interviewdaten eine weitere Subkategorie feststellen. Und zwar beschreiben einige Schülerinnen, dass sie zu Anfang des Schreibprozesses die vorgegebenen Ausdrücke für ihren Text verwendet haben, sich ab einem bestimmten Punkt aber bewusst von den Vorgaben gelöst und eigene Textprozedurenausdrücke gebraucht haben:

> Svenja: Also ich glaub eher, dass es so war, dass ich erst angefangen hab, mich daran zu halten und dann halt meinen Text dann halt selber weitergeschrieben hab, also dass ich mich nicht so ganz da dran an diese Seiten da gehalten hab. (SV_I: 26–28)

Liv: Und bei dem letzten dachte ich mir einfach, dass ich glaube, da was selber finden kann, und dass ich jetzt so viele Hilfestellungen genommen hab, wie diese Anfänge mir gegeben haben, dass ich das bestimmt auch alleine hinbekomme … (LIV_I: 101–104)

Aufgrund dieses Gebrauchsschemas ist anzunehmen, dass die zu Anfang des Schreibprozesses zur Verfügung gestellten Textprozedurenausdrücke Trigger für implizit verfügbare Handlungsschemata und Prozedurenausdrücke im weiteren Verlauf des Schreibprozesses sind. Dies könnte ein Hinweis auf die instrumentelle Genese von Textprozeduren sein. Ob es sich tatsächlich um eine instrumentelle Genese handelt, müsste aber über einen längeren Zeitraum und bezogen auf eine größere Fallzahl betrachtet werden.

Einblicke dieser Art in die instrumentelle Genese von Textprozeduren bieten dann gute Ansatzpunkte für die Förderung durch Textprozeduren. Es ist anzunehmen, dass es bei einigen Schreiberinnen und Schreibern ausreicht, nur zu Anfang des Formulierungsprozesses Textprozeduren vorzugeben. Weitere Textprozeduren werden dann eigenständig verwendet. In einem solchen Zusammenhang stellt sich die methodische Frage, wie man die Nutzung von Textprozeduren so anlegen kann, dass diese zwar eine Stütze für das Schreiben sind, der bzw. die Schreibende aber langfristig auf eigene implizit verfügbare domänen- und textsortentypische Textprozeduren zurückgreifen kann, ohne abhängig von konkret vorgegebenen Textprozeduren zu sein.

4.3   Analyse und Interpretation der Daten – Instrumentalisierung

Die Analyse des Prozesses der Instrumentalisierung fokussiert, welche Funktionen und Zwecke die Schülerinnen und Schüler den im Rahmen der Schreibaufgabe zur Verfügung gestellten Textprozeduren zuschreiben. Die Analyse erfolgt, wie bereits angemerkt, in erster Linie auf der Grundlage der leitfadengestützten Interviews. Hier wurde ganz allgemein nach der Funktion von Textprozeduren für das Schreiben gefragt, aber auch spezifisch nach der Funktion der einzelnen Textprozedurenblöcke, d. h. nach den mit den Ausdrücken verbundenen Handlungsschemata.

Bezüglich der Instrumentalisierung sind vier Kategorien, die induktiv aus den Daten hergeleitet wurden, festzumachen. Diese werden in Tabelle 2 jeweils durch ein Beispiel illustriert.

Die erste Kategorie wird in den Interviews am häufigsten und ausführlichsten von den Schülerinnen und Schülern thematisiert. Textprozedurenausdrücke werden als eine Hilfe für das Formulieren eingeschätzt, indem sie den Formulierungsprozess entlasten und eine stilistische Variation ermöglichen.

Tabelle 2:   Kategoriensystem Instrumentalisierung

	Bezeichnung der Kategorie	Definition	Beispiel
1)	Textprozedurenausdrücke als Formulierungshilfe	Textprozeduren sind eine Hilfe für das Formulieren. Sie entlasten den Formulierungsprozess und ermöglichen stilistische Variation.	Liv: Ähm, als gute Hilfestellung fand ich als allererstes, dass hier diese, ähm, Satzanfänge sozusagen standen, dass ich wenigstens ein bisschen Auswahl hab, dass ich nicht die ganze Zeit in meinem Gedächtnis rumkramen muss, was würde jetzt am besten dazu passen. Das hat sehr, also ich fand das sehr vorteilhaft, dass das hier an der Seite stand. (LIV_I: 5–8)
2)	Textprozedurenausdrücke indizieren ein Handlungsschema	Textprozeduren sind duale Einheiten. Ein Textprozedurenausdruck steht pars pro toto für ein Handlungsschema.	Svenja: Also das leitet es ein. Das nächste ist, was man sagen möchte, dann Beispiel nennen und dann etwas dagegen sagen und dann der Schluss. (SV_I: 54–55)
3)	Textprozedurenausdrücke als Ausdruck für lexikalische/kontextuelle Bedeutung	Die Bedeutung eines Textprozedurenausdrucks wird lexikalisch oder aus der kontextuellen Verwendung heraus beschrieben.	Lina: Mmh. ‚Einigen von euch ist sicher bekannt' hab ich ausgewählt, weil es wahrscheinlich schon viele Schülerinnen und Schüler kennen und was also, das Thema Mobbing und ähm. (LI_I: 18–19)
4)	Textprozedurenausdrücke indizieren Makroschema einer Textsorte	Textprozeduren sind textsortenspezifisch und gebunden an das jeweilige Makroschema der Textsorte.	Interviewer: Okay. Und warum stehen die einzelnen Formulierungsblöcke, hier so (zeigt auf ersten Formulierungsblock: wie ihr wisst usw.), genau an der Stelle im Text? Lina: Weil das halt für denjenigen Teil ist, denk ich mal. Zum Beispiel für die Einleitung und den Hauptteil und den Schluss und man den Schülern damit helfen will. (LI_I: 50–53)

Dass Textprozeduren nicht nur ausdrucksseitig bestimmt sind, sondern ebenso durch ein bestimmtes Handlungsschema, wird auch in den Interviews genannt. Allerdings ist hier auffallend, dass die Schülerinnen und Schüler keine tiefergehenden Erläuterungen zum Handlungsschema formulieren. Es scheint mit Ausnahme von Maximilian ein eher oberflächliches Benennungswissen bei den Schülerinnen und Schülern vorzuherrschen. Nur Maximilian ist in der Lage, die Handlungsschemata ausführlich zu beschreiben. In Zusammenhang mit der Nennung des Handlungsschemas werden einzelne Textprozedurenausdrücke auch semantisch beschrieben, und zwar wird entweder auf die lexikalische Bedeutung der Textprozedurenausdrücke eingegangen oder aber Bezug genommen auf die kontextuelle Bedeutung. D.h. die Ausdrücke werden auf Grundlage des konkreten Textkontextes bzw. -inhalts beschrieben. Eine Abstraktion vom Textkontext fehlt hier jedoch.

Dass Textprozeduren eine Textsortenspezifik aufweisen, wird in den Interviews kaum angesprochen. Ist dies der Fall, wird die Textsortenspezifik nur im Hinblick auf das Makroschema (Einleitung, Hauptteil, Schluss) der schriftlichen Stellungnahme thematisiert.

Insgesamt zeigt sich in diesem Bereich, dass die Schülerinnen und Schüler offenbar nicht über ein tiefergehendes explizites Sprachwissen (vgl. Ellis, 2004) zu den Textprozeduren verfügen. Daraus darf allerdings nicht auf eine mangelnde Performanz in diesem Bereich geschlossen werden.

4.4   Nutzung konzessiver Textprozeduren

An dieser Stelle soll gesondert die Nutzung konzessiver Textprozeduren dargestellt werden, da die Fähigkeit zur Antizipation und sprachlichen Integration potenzieller Gegenargumente in den Text eine wichtige Basisqualifikation für das wissenschaftliche Schreiben darstellt (vgl. Pohl, 2007 und Steinhoff, 2007). Die Analyse von Textprodukten zeigt, dass der Erwerb konzessiven Argumentierens nicht nur im schulischen, sondern auch im wissenschaftlichen Schreiben eine besondere Herausforderung darzustellen scheint (vgl. Rezat, 2011; Rezat, 2014; Steinhoff, 2007). Auf der Grundlage der Analyse von Texten sind bislang aber nur Annahmen möglich, warum die Antizipation von Gegenargumenten ein kritischer Punkt im Erwerb ist. Die Interviews ermöglichen, zumindest exemplarisch, tiefergehende Einblicke in die Nutzungsweisen und das Wissen um konzessive Textprozeduren zu bekommen.

Im Folgenden werden die Nutzungsweisen für jeden der fünf Schülerinnen und Schüler einzeln beschrieben. Svenja nutzt in ihrem Text keine konzessiven Textprozeduren, sie ist im Interview aber in der Lage die Funktion der konzessiven Textprozeduren zu benennen („etwas dagegen sagen", SV_I: 55). Bei der Nachfrage im Interview, wie sie mit den Textprozeduren umgegangen ist, wird allerdings deutlich, dass Svenja die rhetorische Funktion konzessiven Argumentierens nicht klar ist:

> Also ich hab die, glaub ich, eher weniger eingebaut, ich hab ja nur ein Gegenargument benutzt. Ich hab ja nur ein Argument, also eher weniger benutzt, weil ich so eigentlich keine Gegenargumente dagegen hab, weil ich find einfach, Mobbing gehört sich nicht. (SV_I: 74–76)

Liv dagegen verwendet im Text zwei konzessive Textprozeduren und führt diese eigenständig fort. Auf Nachfrage, welche Funktion mit den Textprozeduren verbunden ist, äußert sie: „… dass man auch die Schattenseite davon sieht" (LIV_I:

167) bzw. „… dann kommt das Negative hier raus, das ist das Minus von alledem" (LIV_I: 121). Dieses oberflächliche und deklarative Wissen um die konzessiven Textprozeduren zeigt sich auch bei der Beschreibung, wie Liv mit den Textprozeduren umgegangen ist:

> Interviewer: Hier die erste Formulierung (nun behaupten manche, dass), die hast du ja
> eingebaut.
> Liv: Ich bin eigentlich, sagen wir mal, schmerzfrei damit umgegangen, weil ich dachte,
> dieser Text kann sich ja nicht nur sich auf das Positive beziehen und ich dachte, ach
> die armen Kinder, ähm, dacht ich mir, da muss auch dieses kleine Fünkchen mit rein,
> dachte ich mir. (LIV_I: 159–162)

Die rhetorische Funktion konzessiven Argumentierens ist Liv offensichtlich nicht klar. Ihr gelingt es nicht, die Funktion vom Kontext des Themas, zu dem sie schreibt, zu abstrahieren. Ausgehend von der adäquaten Verwendung konzessiver Textprozeduren im Text ist also keinesfalls darauf zu schließen, dass die Schreibenden über ein explizites Textprozedurenwissen verfügen.

Dies ist auch bei Lina der Fall. Sie integriert eine konzessive Textprozedur adäquat im Text, aber sie ordnet vorgegebene Textprozedurenausdrücke einem falschen Handlungsschema zu: „‚Wenn zum Beispiel‘ hab ich halt immer benutzt, um halt ein Argument zu entkräften und es halt zu beschreiben. Ja." (Li_I: 28–29)

Alisa ist in der Lage, die Funktion der konzessiven Textprozedur im Sinne des Abwägens von Argumenten zu beschreiben:

> Und dann ist dann Gegenargumente oder generell, wenn man jetzt gegen, fürn Thema ist,
> noch mal die andere Seite zu zeigen, was dafür spricht, was dagegen dann noch spricht.
> (Al_I: 96–98)

Dass dieses Wissen nur ein oberflächliches deklaratives und kein tiefes, d. h. strategisches deklaratives Wissen ist, zeigt sich dann im weiteren Verlauf des Interviews. Denn Alisa ist nicht in der Lage zu beschreiben, wie sie in ihrem Text mit dem Einbezug von Gegenargumenten umgegangen ist.

> Interviewer: Ähm. Jetzt wollt ich mal von dir wissen, ob du das von dir auf Seite 13, das
> von dir formulierte Gegenargument in deinen Text mit einbezogen hast? […] Hier,
> dieses (zeigt auf die fünfte Aufgabe, Seite 13).
> Alisa: Achso, das ist jetzt, hä? Aber das ist ja kein Gegenargument.
> I: Da war ja die Aufgabe, ähm, wähle ein wichtiges Argument, das deinem Standpunkt
> entgegensteht, aus und versuche, es zu entkräften oder zu widerlegen.
> A: Das versteh ich jetzt irgendwie nicht, weil das. Hä?
> I: Man sollte da einfach ein, also man sollte da ein Gegenargument niederschreiben.
> […]
> A: Aber das ist ja kein Gegenargument, oder? Das versteh ich grad nicht, wieso ich das
> geschrieben hab. Als Gegenargument würd ich an sich jetzt was schreiben, was dage-
> gen spricht, aber das ist ja, also stimmt das denn jetzt? (AL_I: 104–117)

Alisa kann im Interview das eigene Vorgehen nicht beschreiben und ist auch nicht in der Lage, das eigene Textprodukt kritisch zu analysieren und zu beurteilen. Ihr fehlt scheinbar eine entsprechende metasprachliche Analyse- und Reflexionsfähigkeit, die wiederum Voraussetzung für eine sinnvolle Überarbeitung des Textes wäre.

Auch die Analyse des Textes von Alisa ist in diesem Zusammenhang aufschlussreich. Obwohl Alisa in der Textplanung ein mögliches Gegenargument festhält, das im Formulierungsprozess herangezogen werden soll, enthält das Textprodukt kein konzessives Argumentieren. Dennoch verwendet Alisa den Textprozedurenausdruck *allerdings* in ihrem Text, der im Folgenden komplett abgedruckt ist[6]:

> Liebe Leserinen und Leser,
> Wie ihr vielleicht schon mitbekommen habt ist die Rate von Mobbing besonderst im Internet genannt Cybermobbing rapieder gestiegen. Aus diesem Grund möchte ich euch ein paar Tipps geben, wie ihr Mobbing stoppen könnt oder sogar ganz verhindern. Ich denke, dass jeder sagt oder eher meint er würde jemanden helfen wenn er gemobbt werden würde, aber in den meisten Fällen hällt sich jeder einfach zurück auch wenn er gegen Mobbing ist. Woran liegt das?
> Ich denke das liegt daran, dass die Aussenstehenden Angst haben sie würden, wenn sie helfen, selbst gemobbt werden. Aber wenn sich alle die ebenfalls gegen das Mobbing sind zusammen schließen würden, dann könnten sie gemeinsam etwas dagegen tun. Leider kommt es in den meisten Fällen nicht dazu. Wenn man sich *allerdings* selbst einmal in die Lage des Opfers hineinversetzt versteht man wie schlimm es für die den betroffenen sein muss. Vorallem, wenn man keinen hat der einen stützt. In den schlimmsten Fällen tuhen sich die Opfer in der Verzweiflung sogar etwas an, wenn sie nicht mehr weiter wissen. Also schau nicht einfach zu! Sondern helft, es könnte auch du sein.
> Zusammen stoppt ihr Mobbing. (AL_T: 1–17)

Interessant ist an dieser Stelle, wie Alisa den vorgegebenen Textprozedurenausdruck instrumentalisiert. Alisas Instrumentalisierung des Artefakts *allerdings* ist zunächst einmal eine mögliche Instrumentalisierung, aber eine andere als im Rahmen der Textsorte und der Aufgabe intendierte. Mit dem Ausdruck *allerdings* sind zwei potenzielle Instrumente und damit auch unterschiedliche Gebrauchsschemata verbunden, weil es adversativ oder konzessiv verwendet werden kann. Alisas Verwendung ist adversativ, denn sie stellt einen Gegensatz zwischen zwei Propositionen her. Alisa markiert aber durch die Verwendung von *allerdings* kein Gegenargument, wie dies beim konzessiven Argumentieren der Fall ist. Dies ist daran festzumachen, dass Alisa ein Argument verwendet, das ihren eigenen Standpunkt unterstützt.

An Alisas Nutzung wird exemplarisch deutlich, dass es Textprozedurenausdrücke (Artefakte) gibt, die unterschiedlich instrumentalisiert werden können und damit zwei potenzielle Instrumente sind, weil ihre konkrete Funktion erst aus dem Textkontext heraus zu fassen ist.

---

6 Der Text ist so abgedruckt, wie er von der Schülerin verfasst wurde, und wurde nicht sprachlich-formal korrigiert.

Maximilian ist der einzige Schüler, der über ein Sprachwissen verfügt, das über die reine Benennung von Handlungsschemata hinausgeht. So nennt er beispielsweise als allgemeine Funktion von Textprozeduren, dass sie eine Rezeptionserleichterung darstellen. Bezogen auf konzessive Textprozeduren ist er in der Lage, deren rhetorische Funktion zu erklären:

> … und dann für mein Gegenargument außer Kraft zu setzen, für die Einleitung des Gegenarguments hab ich benutzt ‚nun behauptet man‘, ‚nun behaupten manche‘, dass man halt so darstellt, son bisschen über die betont, was die wollen und das dann halt außer Kraft setzt. (MA_I: 38–41)

Im Text selbst verknüpft Maximilian die Ausdrücke „nun behaupten manche" mit „allerdings" zu einer konzessiven Prozedur und formuliert folgendermaßen:

> Nun behaupten mansch, bei soviel Einsatz für die Opfer wird man leicht selbst zum Opfer. Allerdings kann man sich falls es dazu kommt sich selbst mutgeben, … (MA_T: 20–21)

Maximilian ist der einzige der Schülerinnen und Schüler, bei dem die adäquate Textprozedurennutzung im Text mit einer sprachlichen Bewusstheit über Handlungsschemata von Textprozeduren korreliert. Die anderen Fälle zeigen aber, dass eine adäquate Verwendung von Textprozeduren im Text nicht zwangsläufig mit einer sprachlichen Bewusstheit über Textprozeduren einhergehen muss. Vielmehr zeigen die Interviews, dass diese Schülerinnen die Prozedurenausdrücke unreflektiert imitiert haben.

5   Fazit

Ergebnisse von Fallanalysen im Rahmen qualitativer Forschung sind aufgrund ihres Kontextbezugs schwer generalisierbar, da sie häufig spezifische Aussagekraft haben. Dennoch ergeben sich aus der vorliegenden Analyse bezogen auf die Instrumentierung, d. h. die Gebrauchsschemata bei der Nutzung von Textprozeduren, folgende Aspekte, die im Hinblick auf eine sinnvolle Schreibförderung durch Textprozeduren und die damit verbundene Anbahnung wissenschaftlicher Textkompetenz in der Schule zu diskutieren und empirisch zu überprüfen sind.

Auf welche Weise Textprozeduren für das Schreiben bereitgestellt werden, d. h. die Anordnung und Abfolge, scheint ein wesentlicher Faktor für die Auswahl der Textprozeduren zu sein. Es ist somit danach zu fragen, wie Textprozeduren so bereitgestellt werden können, dass nicht die Anordnung der Ausdrücke ausschlaggebend ist, sondern die Funktion im Rahmen der Texthandlung die Auswahl leitet. Zu bedenken ist in diesem Zusammenhang auch das Ergebnis der Untersuchung von Schüler (2017), in welcher Schülerinnen und Schüler der Oberstufe für das Verfassen einer argumentativen materialgestützten Schreibaufgabe innerhalb einer digitalen Schreib- und Lernumgebung auf Formulierungshilfen in einer Toolbox zurückgreifen konnten. Die Auswertung der Studie zeigt, „[…] dass die SchülerInnen sich ganz bewusst dagegen entscheiden, die Toolbox zu nutzen." (Schüler, 2017, S. 437) Schüler führt dies auf die Komplexität der Schreibaufgabe bzw. des Schreibsettings in Kombination mit der „knapp bemessenen Schreibzeit" zurück. Neben der Anordnung von Formulierungshilfen bzw. Textprozeduren wirkt sich offensichtlich die Komplexität eines Schreibsettings darauf aus, ob Formulierungshilfen überhaupt genutzt werden. Für die Erforschung der Nutzung von Textprozeduren müssen demnach Schreibsettings konzipiert werden, die den Fokus auf den Formulierungsprozess legen und dabei den Ausdrucks- und Schemabezug von Textprozeduren didaktisch integrieren.

Die Tatsache, dass eigentlich bei allen Schülerinnen und Schülern analoge und eigene Musterbildungen, d. h. Gebrauchsschemakombinationen, festzustellen sind, führt zu der Frage, wie viele Textprozeduren für ein Handlungsschema bereitgestellt werden sollten. Für die analysierten Fälle ist davon auszugehen, dass eine geringere Menge an Textprozedurenausdrücken ausgereicht hätte, um weitere Prozedurenausdrücke zu *triggern*. Des Weiteren müssen Formen gefunden werden, um zu verhindern, dass die Textprozedurenartefakte zu sehr den Formulierungsprozess in syntaktischer Hinsicht einschränken. Digitale Schreibumgebungen könnten bezüglich dieser Aspekte flexible Bedingungen schaffen, um Textprozeduren sinnvoll zu nutzen.

Im Beitrag richtete sich der Fokus der Analyse stark auf einzelne Gebrauchsschemata und weniger auf die Kombination von Gebrauchsschemata. Letzteres ermöglicht aber erst, Nutzertypen auszumachen. Voraussetzung für eine solche Nutzertypologie sind aber größere Datenmengen. Eine solche Typologie ist notwendig für die Entwicklung von Schreibförderkonzepten, die eine optimale Passung von Erwerb und Förderung anstreben.

Die exemplarischen Fallanalysen der Instrumentalisierung werfen schließlich die Frage auf, über welche Art von Textprozedurenwissen Schreibende verfügen sollten. Der Textprozedurenansatz setzt voraus, dass dieses Wissen implizit und durch rezeptive Spracherfahrung erworben wird. Um Textprozeduren für das eigene Schreiben nutzen zu können, muss man sie also durch rezeptive Spracherfahrung „kennengelernt" haben. Insbesondere die Analyse der Nutzung konzessiver Textprozeduren zeigt aber, dass bei derart komplexen und im Erwerb schwierigen Prozeduren die rezeptive Spracherfahrung möglicherweise nicht ausreicht. Hier scheint eine rezeptive und produktive Auseinandersetzung an metasprachliche Analysen und Reflexionen gekoppelt werden zu müssen, beispielsweise indem grammatische Eigenschaften von Textprozedurenausdrücken thematisiert werden. In diesem Zusammenhang ist auch danach zu fragen, welche potenziellen Gebrauchsschemata in Zusammenhang mit einem Prozedurenausdruck (Artefakt) stehen (vgl. AL_T: 1–17). Auch ist die Rolle syntaktischer *constraints* von Textprozeduren zu thematisieren (vgl. LIV_I: 25–26). Darüber hinaus ist eine intensive rezeptive Spracherfahrung bei L2-Sprechenden und ebenso bei Schreibnovizinnen und -novizen im Bereich des wissenschaftlichen Schreibens nicht vorauszusetzen. Eine Möglichkeit, die sich in diesem Zusammenhang bietet, ist die Verknüpfung des Textprozedurenansatzes mit dem Focus-on-Form-Ansatz (vgl. Doughty & Williams, 1998), wie es Schmölzer-Eibinger & Rotter (2016) vorschlagen.

Schließlich ist zu hinterfragen, inwiefern Textprozeduren während der Textproduktion tatsächlich als Instrumente der Inhaltsgenerierung genutzt werden können, wie dies Rüßmann et al. (2016, S. 45) suggerieren. Zumindest für den Bereich konzessiver Textprozeduren scheinen die Textprozeduren nicht automatisch adäquate Inhalte bzw. Argumente zu generieren. Um die mit den Textprozeduren verbundenen *Leerstellen* auszufüllen, muss zumindest bei komplexen und kognitiv anspruchsvollen Textprozeduren das textuelle Handlungsschema klar sein und das entsprechende inhaltliche und sprachliche Wissen, das damit zu verbinden ist, thematisiert werden.

Angesichts der Komplexität wissenschaftlichen Schreibens, in der diskursive Schreibfähigkeiten und damit die Fähigkeit, auf der Grundlage einer Vielzahl von Texten fremde Äußerungen in die eigene Argumentation zu integrieren, gefordert sind, muss bereits in der Schule eine „Grundsicherung" (Pohl, 2011, S. 10) elementarer argumentativer Textprozeduren im Sinne einer textprozeduralen Sprachbewusstheit erfolgen. Neben der rezeptiven und produktiven Auseinandersetzung mit argumentativen Textprozeduren muss verstärkt die metasprachliche Reflexion über argumentative Textprozeduren fokussiert werden. Eine textprozedurale Sprachbewusstheit ist dann die Grundlage für den Erwerb domänenspezifischer wissenschaftlicher Textkompetenz mit Studienbeginn.

Grundsätzlich gilt es, die in diesem Beitrag dargestellten Nutzungsweisen und deren Konsequenzen im Rahmen einer sinnvollen textprozedurenorientierten Förderung von Schreibfähigkeiten im Argumentieren zu bedenken und im Rahmen einer entsprechenden Nutzertypologie auf eine breite empirische Basis zu stellen. Dies ermöglicht aus schreibdidaktischer Sicht eine differenzierte textprozedurale Anbahnung und Förderung wissenschaftlicher Schreibkompetenz mit dem Ziel, argumentative Textprozeduren als Instrumente wissenschaftlichen Schreibens einsetzen zu können.

Literatur

Anskeit, N. & Steinhoff, T. (2014). Schreibarrangements für die Primarstufe. Konzeption eines Promotionsprojekts und erste Ergebnisse zum Gebrauch von Schlüsselprozeduren. In T. Bachmann & H. Feilke (Hrsg.), *Werkzeuge des Schreibens. Beiträge zu einer Didaktik der Textprozeduren* (S. 129–155). Stuttgart: Fillibach bei Klett.

Bachmann, T. & Feilke, H. (Hrsg.). (2014). *Werkzeuge des Schreibens – Beiträge zu einer Didaktik der Textprozeduren. Stuttgart: Fillibach bei Klett.*

Béguin, P. & Rabardel, P. (2000). Designing for instrument-mediated activity. *Scandinavian Journal of Information Systems, 12*, 173–190.

Doughty, C. & Williams, J. (Eds.). (1998). *Focus on Form in classroom second language acquisition.* Cambridge: Cambridge University Press.

Ellis, R. (2004). The definition and measurement of L2 explicit knowledge. *Language Learning, 54* (2), 227–275.

Feilke, H. & Lehnen, K. (2011). Wissenschaftlich Referieren – Positionen wiedergeben und konstruieren. *Der Deutschunterricht, 5* (2011), 34–44.

Feilke, H. (2012). Was sind Textroutinen? Zur Theorie und Methodik des Forschungsfeldes. In H. Feilke & K. Lehnen (Hrsg.), *Schreib- und Textroutinen. Theorie, Erwerb und didaktisch-mediale Modellierung* (S. 1–31). Frankfurt am Main [u. a.]: Lang.

Feilke, H. (2014). Argumente für eine Didaktik der Textprozeduren. In T. Bachmann & H. Feilke (Hrsg.), *Werkzeuge des Schreibens. Beiträge zu einer Didaktik der Textprozeduren* (S. 11–34). Stuttgart: Fillibach bei Klett.

Gätje, O., Rezat, S. & Steinhoff, T. (2012). Positionierung. Zur Entwicklung des Gebrauchs modalisierender Prozeduren in argumentativen Texten von Schülern und Studenten. In Feilke, H. & Lehnen, K. (Hrsg.), *Schreib- und Textroutinen. Theorie, Erwerb und didaktisch-mediale Modellierung* (S. 125–153). Frankfurt am Main [u. a.]: Lang.

Knopp, M., Jost, J., Linnemann, M. & Becker-Mrotzek, M. (2014). Textprozeduren als Indikatoren von Schreibkompetenz – ein empirischer Zugriff. In T. Bachmann & H. Feilke (Hrsg.), *Werkzeuge des Schreibens. Beiträge zu einer Didaktik der Textprozeduren* (S. 111–128). Freiburg im Breisgau: Fillibach bei Klett.

Mayring, P. (2015). *Qualitative Inhaltsanalyse: Grundlagen und Techniken* (12. überarbeitete Aufl.). Weinheim: Beltz.

Neumann, A. (2012). Blick(e) auf das Schreiben. Erste Ergebnisse aus IMOSS. *Didaktik Deutsch, 32,* 63–85.

Pohl, T. (2007). *Studien zur Ontogenese des wissenschaftlichen Schreibens.* Tübingen: Niemeyer.

Pohl, T. (2011). Wissenschaftlich Schreiben. Begriff, Erwerb und Förderungsmaximen. *Der Deutschunterricht, 5* (2011), 2–11.

Pohl, T. (2014). Entwicklung der Schreibkompetenzen. In H. Feilke & T. Pohl (Hrsg.), *Schriftlicher Sprachgebrauch – Texte verfassen* (S. 101–140). Baltmannsweiler: Schneider Verlag.

Rabardel, P. (1999). Le langage comme instrument? Éléments pour une théorie instrumentale élargie. In Y. Clot, (Ed.), *Avec Vygotsky* (S. 241–265). Paris: La Dispute.

Rabardel, P. (2002). *People and technology: a cognitive approach to contemporary instruments.* Verfügbar unter: http://ergoserv.psy.univ-paris8.fr/Site/default.asp?Act_group=1 [11.11.2013].

Rezat, S. (2011). Schriftliches Argumentieren. Zur Ontogenese konzessiver Argumentationskompetenz. *Didaktik Deutsch, 31,* 50–67.

Rezat, S. (2014). Textprozeduren als Instrumente des Schreibens. In T. Bachmann & H. Feilke (Hrsg.), *Werkzeuge des Schreibens – Beiträge zu einer Didaktik der Textprozeduren* (S. 177–197). Stuttgart: Klett.

Rüßmann, L., Steinhoff, T., Marx, N. & Wenk, A. K. (2016). Schreibförderung durch Sprachförderung? Zur Wirksamkeit sprachlich profilierter Schreibarrangements in der mehrsprachigen Sekundarstufe I unterschiedlicher Schulformen. *Didaktik Deutsch, 40,* 41–59.

Schmölzer-Eibinger, S. & Rotter, D. (2016). Argumentieren lernen – Textprozeduren und Focus on Form als integrativer Ansatz für den Unterricht in sprachlich heterogenen Klassen. In R. Freudenberg-Findeisen (Hrsg.), *Auf dem Weg zu einer Textsortendidaktik. Linguistische Analysen und text(sorten)didaktische Bausteine nicht nur für den fremdsprachlichen Deutschunterricht* (S. 209–225). Hildesheim: Olms.

Schüler, L. (2017). *Materialgestütztes Schreiben argumentierender Texte. Untersuchungen zu einem neuen wissenschaftspropädeutischen Aufgabentyp in der Oberstufe.* Baltmannsweiler: Schneider.

Steinhoff, T. (2007). *Wissenschaftliche Textkompetenz. Sprachgebrauch und Schreibentwicklung in wissenschaftlichen Texten von Studenten und Experten.* Tübingen: Niemeyer.

Anhang

Arbeitsblatt aus dem Schulbuch „Wortstark Plus, Sprach-Lesebuch Deutsch", Differenzierende Ausgabe, Klasse 9, Werkstattheft, Braunschweig: Schroedel 2011, S. 14

Lisa Schüler

Wissenschaftlich argumentieren lernen durch Materialgestütztes Schreiben

1 Das Materialgestützte Schreiben als neue Aufgabenart in den Bildungsstandards für die Allgemeine Hochschulreife

In der Oberstufe, wo Lerngegenstände und Unterrichtsthemen im Verhältnis zur Sekundarstufe I anspruchsvoller werden und der Deutschunterricht insbesondere auch eine wissenschaftspropädeutische und berufsvorbereitende Funktion übernehmen soll, gewinnt der Zusammenhang von Lesen, Schreiben und Lernen zunehmend an Bedeutung und bekommt eine neue Qualität. Beim Erarbeiten unbekannter Sachverhalte stehen Textrezeption, -produktion und Wissenserwerb in einem engen Wechselverhältnis und sind auch didaktisch im Vergleich zu den unteren Schulstufen noch einmal anders zusammenzudenken: Während des Lesens und für das Lernen wird viel geschrieben. Andersherum wird auch beim Verfassen von Texten i. d. R. Eigenes wie Fremdes gelesen und dadurch Neues hinzugelernt. Gerade bei komplexen Themen ist den Schreibenden das Wissen, das sie für die Textproduktion benötigen, nicht schon verfügbar, sondern muss erst erarbeitet, d. h. aus verschiedenen Quellen erlesen und zusammengetragen werden. Ein *Spontanschreiben* (Ortner, 2006), bei dem das relevante Schreibwissen lediglich aus dem Gedächtnis abgerufen und verschriftet werden muss, ist in solchen Kontexten nicht mehr möglich.

Die Bildungsstandards für das Abitur in Deutschland greifen diese Verbindungen von Lesen, Schreiben und Wissenserwerb auf, indem sie mit dem *Materialgestützten Schreiben* eine neue Aufgabenart einführen, bei der rezeptive und produktive Prozesse auf spezifische Weise verknüpft sind. In materialgestützten Aufgaben sind die Schülerinnen und Schüler aufgefordert, einen Pool heterogener Dokumente (lineare Texte, Tabellen, Grafiken usw., vgl. KMK, 2012, S. 25) unter einer bestimmten Fragestellung auszuwerten und in einem neuen *informierenden* oder *argumentierenden* Text zusammenzuführen. Insbesondere für die Vermittlung wissenschaftspropädeutischer Schreib- und Textkompetenzen erhofft man sich von diesem Aufgabentyp einen besonderen Mehrwert: Schülertexte, die bisher beim Verfassen sogenannter freier (also textungebundener) Erörterungen entstanden sind, wurden häufig als „hohl" oder „inhaltsleer" empfunden, weil „den Schüler/innen oft die Wissensbasis fehlt, um die Fragestellung angemessen zu diskutieren" (Knapp, 2014, S. 405). Wenn Schreibende hingegen die Möglichkeit haben, sich zunächst über die zur Verfügung gestellten Aufgabenmaterialen in einen thematischen Diskurs einzuarbeiten, entstehen bessere Bedingungen dafür, dass ihre Argumentationen inhaltlich fundierter und elaborierter werden (vgl. Karg, 2007). Ein genauerer Blick in die bildungsadministrativen Vorgaben zeigt jedoch, dass die Standards dieses Potenzial für die Anbahnung wissenschaftlichen Argumentierens nur bedingt ausschöpfen: Obwohl das Materialgestützte Schreiben explizit als Aufgabenart für die Oberstufe eingeführt wurde, ist es als Aufgabentyp weder im Deutschunterricht noch in der Schule überhaupt gänzlich neu. Auch in den deutschen Standards für den mittleren Schulabschluss (KMK, 2003, S. 23 ff.) und den Primarbereich (vgl. KMK, 2004, S. 23 ff.) finden sich Aufgaben, die ein Zusammenführen verschiedener Materialien erfordern. Die aktuelle Beschreibung materialgestützter Aufgaben in den Abiturvorgaben läuft Gefahr, den Eindruck zu erwecken, dass allein die Anforderung zum Verarbeiten umfangreicherer Materialien schon ausreiche, um das Format als wissenschaftspropädeutisch zu qualifizieren. Da materialgestützte Aufgaben aber auch in anderen Fächern üblich sind (z. B. Geografie, vgl. Stengelin, 2011), wäre eine Abgrenzung des neuen Formats speziell für einen propädeutischen *Deutschunterricht der Oberstufe* nicht nur in einer jahrgangs-, sondern auch in einer fächerübergreifenden Perspektive sinnvoll und wichtig. Der vorliegende Beitrag zielt auf eine solche entwicklungs- und domänenspezifische Profilierung des Materialgestützten Schreibens ab. Im zweiten Abschnitt werden dazu zunächst verschiedene Anforderungsbereiche unterschieden, mithilfe derer *materialgestützte* als *wissenschaftspropädeutische* Aufgaben konkretisiert werden können. Im dritten Abschnitt werden dann die Konzeption und beispielhafte Analysen aus einer Dissertation zum Materialgestützten Schreiben vorgestellt, die aufzeigen, inwiefern Oberstufenschülerinnen und -schüler den zuvor beschriebenen Anforderungen entsprechen können. Ausgehend von den präsentierten Ergebnissen werden im vierten Abschnitt abschließend einige Vorschläge für die Gestaltung von Lernaufgaben gemacht.

2   Profilierung des Materialgestützten Schreibens als wissenschaftspropädeutisches Format

Die Formulierung angemessener Bildungsstandards für den Schreibunterricht in der Sekundarstufe II stellt eine besondere Herausforderung dar, weil systematische Untersuchungen zur Schreibentwicklung speziell älterer Schülerinnen und Schüler bisher noch weitgehend ausstehen. Solange zum Schreiben in der Oberstufe keine verlässliche empirische Basis vorliegt, können nach Pohl (2011, S. 9) aber Erkenntnisse zum Erwerb wissenschaftlichen Schreibens bei Studierenden als Orientierung dienen, um Kompetenzen auf Oberstufenniveau zu beschreiben und abzugrenzen. Unter Rückgriff auf verschiedene Studien zum wissenschaftlichen Schreiben und in Ergänzung zu den Ausführungen in den Standards lassen sich im Wesentlichen die folgenden Anforderungskomplexe unterscheiden, die für eine Vermittlung propädeutischer Schreib- und Textkompetenzen in der Sekundarstufe II sinnvoll zugrunde gelegt werden können.

2.1   Lesen, um zu Schreiben

Obwohl beim Materialgestützten Schreiben die Textproduktion im Vordergrund steht, soll hier zunächst der Prozess der Materialerschließung in den Fokus gerückt werden. Man muss mit Blick auf das Lesen beim Materialgestützten Schreiben von einem speziellen Rezeptionsmodus ausgehen. Eine Lektüre, die auf ein anschließendes Schreiben gerichtet ist, folgt spezifischen Relevanzkriterien bei der Inhaltsverarbeitung: Nicht alle Informationen, die für das Verstehen eines Textes (bzw. eines Materialverbundes) wichtig sind, sind gleichzeitig auch relevant für die aktuell zu bearbeitende (Schreib-)Aufgabe (vgl. McCrudden & Schraw, 2007). Die Schreibenden stehen vor der Herausforderung, *selektiv* auf die Aufgabenmaterialien zuzugreifen. In den Standards wird daher betont, dass materialgestützte Aufgaben i. d. R. keine *vollständige* Textanalyse erfordern (KMK, 2012, S. 24). Während andere Aufgabenarten wie die Interpretation auf die ausführliche schriftliche Ausarbeitung einer solchen Analyse abzielen, steht bei materialgestützten Aufgaben die adressatenorientierte Aufbereitung von Lektüreergebnissen im Vordergrund. Die im Rahmen der Aufgabe zur Verfügung gestellten Materialien sollen von den Schülerinnen und Schülern mit Blick auf ein eigenes Schreibziel einer „kritische[n] Sichtung" unterzogen werden (KMK, 2012, S. 24). Obwohl es begrüßenswert ist, dass die Standards hier den wichtigen Modus des selektiven Lesens hervorheben, verdeckt die Rede von einer kritischen Sichtung den hohen Anspruch an die Rezeptionsleistung bei der Materialerschließung im Vorfeld des Schreibens.[1] In der Perspektive der Kompetenzvermittlung müsste es im Bereich der Materialauswertung besonders darum gehen, den Lernenden Verfahrensweisen an die Hand zu geben, *wie* und mit *welchen* Kriterien sie gezielt auf den Materialverbund zugreifen können. Entscheidungen darüber, welche Inhalte für die eigene Textproduktion von Bedeutung sind, müssen die Schreibenden vor allem im Vergleich der verschiedenen Dokumente herausarbeiten (vgl. z. B. Britt & Rouet, 2012). Differenzierter als die Standards dies bspw. in den Erwartungshorizonten der beigefügten Beispielaufgaben tun, wären dabei z. B. die folgenden Kriterien für das Treffen von Auswahlentscheidungen zu unterscheiden:

- *Aufgabeninduzierte Relevanzkriterien*: Was in einem Dokument oder Dokumentenverbund ist im Hinblick auf die durch die Aufgabe vorgegebene Leserschaft, die Textsorte und das Schreibziel relevant?
- *Materialgeleitete Wichtigkeitskriterien*:[2] Welche Informationen werden innerhalb eines Dokuments oder in mehreren wiederholt und erlangen dadurch Bedeutsamkeit (*intra- und intertextuelle Wichtigkeit*, vgl. Spivey & King, 1989, S. 12)? Wo überscheiden sich Informationen bzw. wo unterscheiden oder ergänzen sie sich?

---

1   Vgl. hierzu ausführlich die Debatte um den Status des Lesens und der Texte beim Materialgestützten Schreiben in Didaktik Deutsch (2017, Nr. 42).
2   Zur Unterscheidung von Text*relevanz* und -*wichtigkeit* vgl. McCrudden & Schraw (2007).

Welche Informationen eines Dokuments sind im Materialverbund einzigartig und könnten deswegen eine zentrale Rolle spielen?

- *Schreiberspezifische Relevanzkriterien*: Welches Vorwissen hat der Schreiber oder die Schreiberin zur Thematik? Was erachtet er oder sie daher individuell für besonders relevant?

Neben dem Einfluss dieser einzelnen Kriterien wäre außerdem auch genauer nach ihrem Zusammenspiel zu fragen, (d. h. bspw. wie verhalten sich privilegierte Inhalte, die sich aus einer individuellen Schwerpunktsetzung ergeben, zu Inhalten, die gemäß der *intertextuellen Wichtigkeit* ermittelt wurden?).[3] Mit Blick auf diese unterschiedlichen Bereiche müssten die Lernenden zu einem souveränen und reflektierten Umgang mit den Dokumenten beim Materialgestützten Schreiben angeleitet werden, der sie dazu befähigt, jeweils dem Kontext angemessene Selektionsentscheidungen zu treffen.

2.2   Strukturbildung beim Schreiben zu mehreren Materialien

In Aufgaben, in denen eine größere Anzahl von Dokumenten verarbeitet werden muss, können sich die Schreibenden im Gegensatz zu Aufgaben mit nur einer Bezugsquelle – wie z. B. der Inhaltsangabe – nicht einfach am Aufbau *eines* Ausgangstextes orientieren. Sie müssen stattdessen eine eigene Struktur entwickeln, die es ermöglicht, die Inhalte der verschiedenen Quellen zu integrieren. Ortner (2006, S. 88) spricht in diesem Zusammenhang von einem „kompositorische[n] Mehraufwand" für die Schreibenden, aus dem sich – so kann man seine Ausführungen fortführen – ein *Rezeptionsmehrwert* für die Leserschaft ergeben kann: In einer Material*synthese* erfährt man als Leserin oder Leser idealerweise mehr, als wenn man die ihr zugrundeliegenden Dokumente selber lesen würde. Durch die materialübergreifende Synthese kann *beim* Schreiben und *durch* das Schreiben neues Wissen entstehen (vgl. Ortner, 2006). *Wissenschaffendes* Schreiben ist in diesem Sinne grundsätzlich als *strukturschaffendes* Schreiben zu verstehen. Die wenigen Arbeiten, die zum Materialgestützten Schreiben im deutschsprachigen Raum vorliegen (vgl. Überblick in Schüler, 2017) sowie die Studien zu entsprechenden Aufgabenformaten im englischsprachigen Diskurs (*Discourse Synthesis, Writing from Sources, Reading to Write,* vgl. z. B. Spivey & King, 1989; Segev-Miller, 2007; Solé, Miras, Castells, Espino & Minguela 2012) zeigen, dass sich mit Blick auf die Strukturbildung beim Schreiben zu multiplen Dokumenten zwei grundlegende Produktionstypen unterscheiden lassen:

---

3   Für Aufgabenkontexte, in denen die Schreibenden nicht mit vorausgewählten Dokumenten konfrontiert werden, sondern selbst Material recherchieren, kommen weitere Kriterien hinzu, z. B. die Bewertung von Materialien aufgrund von Quelleneigenschaften (z. B. Seriosität, Aktualität, Zugänglichkeit).

- In *aggregativen* Textproduktionen werden die über die Aufgabe zur Verfügung gestellten Materialien von den Schreibenden eher nacheinander und isoliert verarbeitet. Lernertexte, die dem Produktionsmodus der Aggregation folgen, kommen der Anforderung zur Restrukturierung und Verknüpfung von Inhalten nur sehr bedingt nach.
- In *synthetischen* Textproduktionen gelingt es den Schreibenden eher, die Aufgabenmaterialien zusammenzuführen und aufeinander zu beziehen. Der synthetische Produktionsmodus ist dadurch gekennzeichnet, dass zwischen den Inhalten und Aussagen verschiedener Dokumente z. B. durch die Bildung übergreifender Themenaspekte Bezüge hergestellt werden.

Die Unterscheidung dieser Produktionstypen setzt an der Frage an, wie die Schreibenden die zentrale Aufgabe der Materialintegration im eigenen Schreiben und im eigenen Text bewältigen (vgl. ausf. Schüler, 2017, Kap. 2.5). Die Unterteilung in *Aggregation* und *Synthese* ist dabei als idealtypisch zu verstehen – im Verlauf konkreter Textproduktionen ist immer auch von Mischformen auszugehen. Die Bildungsstandards heben die hier beschriebenen Anforderungen an die Strukturbildung bisher nicht als spezielle Eigenart des Materialgestützten Schreibens hervor. Die Bewertung der Schülertexte ist außerdem insgesamt stark produktorientiert. Die für den Aufgabentyp wesentlichen Leistungen der Materialerschließung (vgl. 2.1) werden als Zwischenergebnisse im Prozess nicht getrennt von der Darstellungsleistung (dem ausformulierten Text) erfasst.

2.3 Entfaltung komplexer Argumentationszüge beim Materialgestützten Schreiben

Wissenschaftlich schreiben zu lernen, bedeutet vor allem wissenschaftlich Argumentieren zu lernen (vgl. Pohl, 2007). Während das neue Aufgabenformat des Materialgestützten Schreibens ohnehin hohe Ansprüche an die Konzeption von Texten stellt (vgl. 2.2), muss man für das materialgestützte Verfassen *argumentierender* Texte noch von einer Steigerung der Anforderungen an die Strukturbildung ausgehen: Im Vergleich zu anderen Textsorten ist die Argumentation von „struktureller Offenheit" (Feilke, 2008, S. 156) geprägt. Eine besondere Schwierigkeit beim argumentativen Schreiben besteht zudem darin, den gesamten Text auf sein konklusives Ziel zulaufen zu lassen – er muss also gewissermaßen von seinem Ende her geplant werden. Im Gegensatz zum mündlichen Argumentieren, wo sich der Verlauf eines Gesprächs für alle Beteiligten diskursiv aus dem Wechsel von Rede und Gegenrede ergibt, ist für den Aufbau einer schriftlichen Argumentation *im Text* jeweils themen- und problemspezifisch eine neue und nachvollziehbare Struktur zu entwickeln: Die Schreibenden müssen zunächst einen Weg finden, die Leserinnen und Leser zum Thema hinzuführen und ihnen die strittige Frage oder das zu klärende Problem deutlich zu machen. Dann müssen sie entscheiden, in welcher Reihenfolge sie ihre

Argumente im Text aufbauen und mit welchen Begründungen und Beispielen sie diese untermauern, um die angezielte Leserschaft von ihrer Perspektive oder Position zu überzeugen. Um das Gelingen eines Argumentationsvorhabens gut abzusichern, ist es außerdem wichtig, die Erwartungen und Reaktionen der Leserschaft zu antizipieren und z. B. potenzielle Einwände im Text selbst vorwegzunehmen. Die Schreibenden stehen also insgesamt vor der Aufgabe, im Schriftlichen wie in einer „virtuelle[n] Interaktion" (Feilke, 2008, S. 157) zu verfahren. Hinsichtlich der Fähigkeit, diese anspruchsvollen Anforderungen in argumentativen Texten ganzheitlich zu bewältigen, ist der Übergang zur gymnasialen Oberstufe offenbar eine wichtige Entwicklungsphase (vgl. Pohl, 2014, S. 304). Für die Vermittlung wissenschaftspropädeutischer Schreib- und Textkompetenzen in der Oberstufe wäre es daher angebracht, die Entwicklung solcher *komplexeren Argumentationen* zu fokussieren, in denen argumentative Tiefe nicht allein über die Anzahl von Argumenten, sondern auch durch den Ausbau ihrer inneren Struktur erreicht wird. Die Abiturstandards verbleiben aber, was das schriftliche Argumentieren betrifft, bei relativ einfachen Strukturen. Insbesondere das strategische Einbeziehen von Gegenargumenten wird nicht als kritische Teilfähigkeit hervorgehoben. Da diese Aspekte des Materialgestützten Schreibens innerhalb der exemplarischen Analysen im dritten Abschnitt im Fokus stehen sollen, werden sie hier im Folgenden ausführlicher thematisiert.

Entwicklungsstudien zum Erwerb wissenschaftlicher Textkompetenz bei Studierenden zufolge sind *komplexe* Argumentationen fortgeschrittener Schreiberinnen und Schreiber durch „mehrzügige Argumentationsvorgänge" (Pohl, 2007, S. 384) gekennzeichnet, innerhalb derer „*verschiedene* Pro- und Kontraargumente" und „mehrere Aussagen zu einer Position" koordiniert werden (Steinhoff, 2007, S. 346, Herv.i.Ori.). Einen mehrzügigen Argumentationsvorgang *voll* zu entfalten, bedeutet nach Pohl sowohl eine Position (z. B. ein Konzept, eine Theorie etc.) als auch eine Gegenposition jeweils mit Abstützungen und entsprechenden Einwänden zu referieren. Die Analysen studentischer Hausarbeiten zeigen jedoch, dass Schreibende zu Beginn des Studiums bei der Darstellung von Argumenten häufig selektiv vorgehen, indem sie z. B. die Kritik zu der von ihnen selbst vertretenen Position aussparen oder die Argumente der Gegenseite ohne Abstützung referieren. Argumentationsvorgänge, die in dieser Weise verkürzt sind, bezeichnet Pohl (2007, S. 382) als *einzügig*. Im Kontext materialgestützter Aufgaben wird diese (mehr oder weniger bewusst) einseitige Wahrnehmung und Verarbeitung von Positionen und Argumenten zurzeit besonders in Verbindung mit den Wissensvoraussetzungen und epistemologischen Überzeugungen (*epistemic beliefs*) von Schülerinnen und Schülern und Studierenden diskutiert und untersucht (vgl. z. B. Bråten, Britt, Strømsø & Rouet, 2011; Maier & Richter, 2014; Mayer & Rosman, 2016). Entsprechende Forschungsüberblicke zeigen, dass Lernende, die von einem eher simplifizierenden und faktizistisch geprägtem Wissensverständnis ausgehen, beim Lesen multipler Dokumente auf Probleme stoßen, die die Integration und weiterführende Verarbeitung von uneinheitlichen oder widersprüchlichen Inhalten betreffen und Auswirkungen auf die Entwicklung von Argumenten aus verschiedenen Quellen haben können. Lernenden hingegen, die eine evaluistische Sichtweise auf Wissen haben und es als komplex und vorläufig konzeptualisieren, gelingt es besser, Inhalte aus heterogenen – auch konfligierenden – Dokumenten kohärent und angemessen zusammenzuführen. Sie verfolgen eher das Ziel, differierende Aussagen aus unterschiedlichen Quellen verstehen zu wollen und den Ursachen für diese Unterschiede nachzugehen. Die genannten, vornehmlich aus der pädagogisch-psychologisch orientierten Forschung stammenden Arbeiten lassen sich durch Ergebnisse textlinguistisch ausgerichteter Studien zur Schreibentwicklung bei Studierenden stützen und können so stärker auf den sprach- und schreibdidaktischen Diskurs bezogen werden. Pohl (2007) und Steinhoff (2008) finden in ihren Untersuchungen zur Entwicklung wissenschaftlicher Textkompetenz ebenfalls Hinweise darauf, dass sich Wissensüberzeugungen auf die argumentative Textproduktion auswirken und dass sich Vorstellungen von Wissen und Wissenschaftlichkeit bei Studierenden mit zunehmender Schreibexpertise ändern. Die von Pohl (2007, 493 ff.) analysierten Hausarbeiten lassen dabei drei Entwicklungsdimensionen erkennen: Zu Beginn des Studiums sind die studentischen Texte maßgeblich von einem *gegenstandsfokussierten Schreiben* geprägt, bei dem wissenschaftliche Gegenstände als *ontologisch ,naiv'*, d. h. als faktisch gegeben dargestellt werden. Erst in den Hausarbeiten der höheren Semester finden sich Formulierungen, die darauf schließen lassen, dass die Studierenden wissenschaftliche Gegenstände als durch den fachlichen Diskurs konstituiert verstehen (*diskursfokussiertes Schreiben*). Während in den ersten beiden Entwicklungsdimensionen zunächst der wissenschaftliche Gegenstand und dann der wissenschaftliche Diskurs die zentralen Bezugspunkte des studentischen Schreibens bilden, geraten in der dritten Entwicklungsdimension die Argumentationsverläufe in den Blickpunkt der Schreibenden. Das *argumentationsfokussierte Schreiben* ist dadurch gekennzeichnet, dass „wissenschaftliche Ansätze, Kategorien und Methoden als kritikwürdige, konkurrierende, ergänz- und verbesserbare Objekte rekonzeptualisiert" werden (Pohl, 2007, S. 497). Erst auf diesem Entwicklungsniveau zeigen sich in den Texten der Studierenden zunehmend auch die *mehrzügigen Argumentationsvorgänge*, in denen argumentative Abstützungen als Voraussetzungen für Positionen nicht nur thematisiert, sondern deren Thematisierung auch strategisch in die eigene Argumentation eingebunden wird. Gegenüber den psychologischen Studien, in denen mitunter nicht differenziert dargelegt wird, nach welchen Kriterien die Argumentationen der Probanden und Probandinnen als gelungen oder nicht gelungen eingestuft werden, besteht der besondere Mehrwert der linguistischen Arbeiten darin, dass sie genauer aufzeigen, wie sich eine angemessene argumentative Verarbeitung *im schriftlichen Text* in konkreten Strukturen und Formulierungen niederschlägt. Solche Systematisierungen sind notwendig, um sinnvolle schulische Schreibarrangements zu entwickeln und Schülertexte angemessen zu bewerten.

Ein wichtiger Aspekt, in dem die psychologisch wie textlinguistisch ausgerichteten Untersuchungen übereinstimmen, ist die Frage, wie epistemologische Überzeugungen als Teil oder Voraussetzung von Argumentationskompetenz gefördert werden können: In einem Überblick verschiedener Interventionsstudien zeigt Kienhues (2016), dass durch die Auseinandersetzung mit Textmaterialien, in denen wissenschaftliche Erkenntnisse als dynamisch, revidierbar oder widersprüchlich erscheinen, zu elaborierteren Wissensüberzeugungen hingeführt werden kann. Auch die Untersuchungen zum wissenschaftlichen Schreibenlernen haben freigelegt, dass zu Beginn des Studiums besonders die Konfrontation mit der *Diskursdimension*, d. h. die Vielstimmigkeit und Kontroversität fachlicher Diskurse als ein zentraler „*Antriebsmotor*" (Pohl, 2007, S. 455) für den Auf- und Ausbau von Kompetenzen im Argumentieren fungieren kann. Vor dem Hintergrund dieser Befunde wurden die Schülerinnen und Schüler in der in Abschnitt 3 vorgestellten Studie aufgefordert, ein sogenanntes *Kontroversenreferat* zu verfassen (vgl. Feilke & Lehnen, 2011; Schüler, 2017, Kap. 1.6.1). Als Kontroversenreferate werden Aufgaben (und dabei entstehende Textprodukte) bezeichnet, bei denen die Schreibenden auf der Grundlage von Texten, die zu einem Thema unterschiedliche Positionen vertreten, eine fachliche Debatte darstellen sollen. Im Sinne einer Lernform wird durch das Schreiben zu Kontroversen ein für viele wissenschaftliche Publikationen typischer Textteil – die Forschungs- oder Theoriediskussion – in einen kleineren und damit besser handhabbaren Schreibauftrag überführt. Die materialgestützte Darstellung von Kontroversen eröffnet Anlässe zur unterrichtlichen Reflexion von Wissensüberzeugungen und birgt ein besonderes Potenzial zur Ausdifferenzierung des argumentativen Repertoires der Lernenden: Während beim freien, nicht materialgestützten Erörtern häufig Fragestellungen thematisiert werden, die ein eher ‚moralisches‘ Argumentieren nahelegen, das zur Rechtfertigung und Begründung vornehmlich auf persönliche Meinungen oder auch Appelle an das Anstandsgefühl rekurriert (vgl. z. B. Koch, 2000), fordert das Materialgestützte Schreiben durch den nachprüfbaren Bezug auf Dokumente, empirische Daten und polytextuelle Absicherung eher zum Argumentieren mit Sachurteilen auf, wie es für fachliche Kontexte üblich ist. Ein wichtiges Lernziel besteht hier in der Erkenntnis, dass die eigene Position durch den Bezug z. B. auf gute Gewährspersonen (Experten, gesellschaftlich anerkannte Autoritäten) und intersubjektiv abgesichertes Wissen (Umfragen, Forschungsergebnisse) überzeugender gestaltet werden kann und dass solche Belege für das wissenschaftliche Schreiben unentbehrlich sind. Diese Verbindung des Argumentierens mit dem Referieren wird in den Bildungsstandards bisher ebenfalls noch zu wenig berücksichtigt (vgl. Abs. 2.4 und Steinseifer, 2014).

2.4   Schriftliches Referieren

Wenn in den Standards für das deutsche Abitur gefordert wird, dass die Schülerinnen und Schüler ihre eigene Argumentation „durch Bezug auf unterschiedliche Textquellen […] stützen" sollen (KMK, 2012, S. 173), dann stellen sie die Schreibenden vor die Herausforderung, die aus den Materialien übernommenen Inhalte und Aussagen im neuen Text *referierend* zusammenführen. Sollen entsprechende Aufgaben auf das wissenschaftliche Zitieren vorbereiten, müssen die Lernenden mit Formen der *expliziten* Intertextualität vertraut gemacht werden: Um dem wissenschaftlichen Wert der Intersubjektivität zu entsprechen, müssen fremde Äußerungen so im eigenen Text ausgewiesen werden, dass sie transparent und nachprüfbar sind (vgl. Steinhoff, 2007, S. 112 ff.). In den allgemeinen Ausführungen der Standards zum materialgestützten Schreiben, aber auch in den dazugehörigen Aufgabenbeispielen wird bisher noch nicht klar genug danach unterschieden, ob die Schreibenden die zur Verfügung gestellten Materialien implizit, sozusagen als 'Inhaltslieferanten' verwenden dürfen, oder ob die Notwendigkeit besteht, die Nutzung der Materialien durch entsprechende Belege explizit auszuweisen (vgl. Schüler, 2017, Kap. 1.5.1). Wenn doch einmal die Offenlegung von Quellen verlangt wird, dann werden dafür journalistische und keine wissenschaftssprachlichen Formen des Referierens vorgegeben (vgl. KMK, 2012, S. 118). Die Entwicklungsstudie von Steinhoff (2007, z. B. S. 140) hat gezeigt, dass Studierende sich bei ihren ersten wissenschaftlichen Schreibversuchen vor allem an Strukturen und Formulierungen orientieren, die ihnen aus dem Schulunterricht und journalistischen Formaten bekannt sind. Für sie ist es offensichtlich schwierig, zwischen den zwar ähnlichen, aber funktional verschiedenen Prozeduren des Referierens in Wissenschaft und Journalismus zu unterscheiden. Es wäre daher sinnvoll, bereits in der Schule für die Domänenspezifik des Referierens zu sensibilisieren. Ein geeigneter Ansatzpunkt für Vermittlungsbemühungen in diesem Bereich wird in der Thematisierung und Reflexion von Reformulierungsrahmen gesehen, mit denen Fremdäußerungen z. B. durch Redeverben (*X schreibt, fordert*) oder Redenomen (*die Erklärung, der Vorwurf*, vgl. z. B. Steinseifer, 2014) markiert und eingeleitet werden. Über einen Vergleich von eher neutralen (*sagen, darstellen*) oder stärker bewertenden Verben (*vermuten, behaupten*) lässt sich bspw. gut die *Konstruktionsleistung* des Referierens verdeutlichen: Dass sich durch die Wahl einer bestimmten Zitatrahmung für die Schreibenden Möglichkeiten ergeben, die referierten Äußerungen zu qualifizieren, kann bereits in der Oberstufe gelernt werden (vgl. Abs. 4). Während es beim Lesen multipler Dokumente u. a. um das Erkennen der Verlässlichkeit von Informationen geht, besteht eine zentrale Herausforderung beim Formulieren darin, die in der Lektüre ausgemachte Unsicherheit oder Skepsis gegenüber dem Status von Wissensbehauptungen im Text z. B. durch entsprechende Mittel der Modalisierung anzuzeigen (für Bsp. vgl. Feilke & Tophinke, 2017, Schmölzer-Eibinger i. d. B.). Da Aufgaben, in denen Materialien vornehmlich implizit zur Inhaltsgenerierung genutzt werden, für Fächer wie Geografie charakteristisch sind (s. o.), liegt es im Verantwortungsbereich des Deutschunterrichts, Schreibkontexte zu schaffen, in denen explizite Intertextualität notwendig ist und in denen die Reflexion verschiedener Referierpraktiken ermöglicht wird.

Aus der Beschreibung der Anforderungsbereiche in den Abschnitten 2.1–2.4 kann zusammengefasst werden, dass Lernende bei der Bearbeitung materialgestützter Aufgaben verschiedene Leistungen der *Synthese und Strukturbildung* erbringen und koordinieren müssen (vgl. Tab. 1). Diese Leistungen als prozessbezogene Formen der *Textkonzeption* sowie ihr Niederschlag in der strukturellen und formulativen *Komposition* der Textprodukte standen im Mittelpunkt der Untersuchung, aus der hier exemplarisch Analysen und Ergebnisse vorgestellt werden.

Tabelle 1:   Synthese und Strukturbildung beim materialgestützten Argumentieren

Anforderungsbereich		Leistungen der Synthese und Strukturbildung		Schreibprozess- und Textproduktdaten	
Textkonzeption	Lesen, um zu Schreiben	• Modulares, selektives und vergleichendes Lesen • Anwendung aufgaben-, material- und schreiberspezifischer Kriterien bei der Inhaltsverarbeitung und -selektion • materialübergreifende Synthese von Inhalten im Hinblick auf ein bestimmtes Schreibziel	**Schreibprozesse**	Anmerkungen zu den Bezugsmaterialien	
	Strukturbildung beim Schreiben zu mehreren Materialien	• Loslösung vom Aufbau der Einzelmaterialien • Bildung materialübergreifender Themenaspekte • Entwicklung einer eigenen materialintegrierenden Struktur		Schreibpläne, Planungsgespräche	
Textkomposition	Entfaltung komplexer Argumentationszüge	• Bewältigung erhöhter Strukturierungsanforderungen • Realisierung einer textübergreifend-konklusiven Struktur • Antizipation und Integration potentieller Gegenargumente im virtuellen Dialog mit einer abstrakten Leserschaft • Entwicklung und Synthese mehrzügiger Argumentationsstrukturen aus den zur Verfügung stehenden Bezugsmaterialien	**Textprodukte**	Textstrukturen	
	Schriftliches Referieren	• sprachlich zu realisierende Synthese von Inhalten aus den Aufgabenmaterialien untereinander sowie deren Integration in den eigenen Text • Kennzeichnung des Status von Wissensbehauptungen • explizite Intertextualität		Formulierungen	

Wie Tabelle 1 darstellt, fordert und fördert die Bearbeitung materialgestützter Aufgaben einerseits *Schreibkompetenzen*, die auf die Organisation und Steuerung verschiedener Prozeduren im Schreibprozess bezogen sind und andererseits *Textkompetenzen*, die im Sinne eines Verfügens über sprachlich-textuelle Prozeduren ein angemessenes schriftliches Kommunizieren in bestimmten Kontexten erlauben.

Um eine ganzheitliche Analyse materialgestützter Textproduktionen als komplexem Lese- *und* Schreibprozess zu ermöglichen, wurde ein Untersuchungsdesign entwickelt, das neben den Textprodukten auch verschiedene Prozessdaten berücksichtigt (vgl. ausf. Schüler, 2017, Kap. 3.2). Für den Bereich der *Textkonzeption* wurden Daten zum Bearbeiten der Bezugsmaterialien (Textanmerkungen) sowie zur Planung der Texte (Schreibpläne, Planungsgespräche) erhoben und ausgewertet. Für den Bereich der *Textkomposition* wurden auf globaler Ebene die Makrostrukturen der Kontroversenreferate sowie auf einer Mikroebene deren Formulierungsprofile erfasst und untersucht.

Anhand von zwei Beispielen – den Textproduktionen von Lena und David – soll im Folgenden exemplarisch der Frage nachgegangen werden, inwieweit es Schülerinnen und Schülern der Oberstufe bereits gelingt, die beschriebenen Leistungen der Synthese und Strukturbildung zu erbringen. Ein Fokus liegt auf dem Bereich des Argumentierens. Neben einer Analyse der Texte wird dabei außerdem auf die Planungsnotizen der Schreibenden und einen mündlichen Austausch über ihre Schreibpläne zurückgegriffen. Zunächst wird kurz das Studiendesign erläutert (vgl. ausf. Schüler, 2017, Kap. 3.2.4).

3   Wissenschaftlich Argumentieren lernen beim Schreiben zu Kontroversen: Exemplarische Analysen und Befunde

In der hier im Weiteren genauer vorgestellten Untersuchung waren insgesamt 32 Schülerinnen und Schüler aus zwei Oberstufenkursen einer niedersächsischen Gesamtschule aufgefordert, ein Kontroversenreferat zu drei Fachtexten zu schreiben, die hinsichtlich der Frage „Trägt der einzelne Wissenschaftler für die Folgen seiner Forschungsergebnisse Verantwortung?" unterschiedliche Positionen präsentieren.[4] Als Situierung der Aufgabe wurden die Lernenden gebeten, sich vorzustellen, dass sie sich an einer Universität einschreiben wollen und dass als Aufnahmeprüfung eine Schreibprobe von ihnen verlangt wird. Für das Verfassen des eigenen Textes sollten die Schreibenden Argumente von allen drei Autoren berücksichtigen. Die Erhebungssequenz umfasste inklusive Vor- und Nachbereitung sechs Schulstunden. Die reine Arbeitszeit von Lena betrug 212 Minuten, die von David 203 Minuten.

---

4   Mit der Wahl des Verantwortungsthemas wurde versucht, die Aufgabe an die Unterrichtsinhalte der teilnehmenden Deutschkurse anzuschließen. Das Thema ist auf das Prüfungsmodul des niedersächsischen Zentralabiturs 2012 *Drama und Kommunikation* bzw. *Wissen und Verantwortung* bezogen, in dessen Rahmen Dürrenmatts ,Die Physiker' behandelt werden sollte (vgl. NKM, 2010). Bei den zur Thematik ausgewählten Texten handelt es sich um folgende Publikationen: Schmidt, Helmuth: Gesellschaftliche Moral des Wissenschaftlers In: *Die Zeit*, 18.06.1982; Kleiner, Matthias: Die Verantwortung jedes einzelnen Wissenschaftlers (Interview). In: *Forschung & Lehre*, 05.05.2010; Kreibich, Rolf: Zur Organisation von Verantwortung im Dialog von Wissenschaft und Politik. *Arbeitsbericht des Instituts für Zukunftsstudien und Technologiebewertung*, Nr. 1/2004 (Auszüge).

Die Kontroversenreferate wurden in einer speziellen webbasierten Schreibumgebung verfasst, dem Schreibkontroversenlabor (kurz SKOLA, vgl. Feilke & Lehnen, 2011; Schüler, 2017, Kap. 3.2.1). Der Aufbau und die Funktionen des Webtools können hier nicht ausführlicher beschrieben werden – wichtig für die folgenden Ausführungen ist aber, dass es gleichermaßen als *Lernumgebung* und als *Forschungsinstrument* konzipiert ist: SKOLA ist eine Lernumgebung, weil der Schreibprozess darin über verschiedene Arbeitsbereiche (Auswerten der Bezugstexte, Erarbeiten eines Schreibplans, Formulieren) vormodelliert werden kann. SKOLA fungiert außerdem als Forschungsinstrument, weil die technische Realisierung des Tools es relativ einfach ermöglicht, die Arbeit der Schülerinnen und Schüler an den Texten (z. B. als Anmerkungen oder Unterstreichungen), ihre Planungsvorhaben (als Notizen oder Schreibpläne) sowie auch unterschiedliche Versionen der Texte zu speichern, um sie für eine anschließende Auswertung verfügbar zu machen.

Die Auswertung der Synthese- und Strukturbildungsleistung auf der Makroebene der Texte, die im Folgenden im Zentrum steht, wurde in zwei Schritten vorgenommen:[5] Zuerst wurden die Kontroversenreferate unabhängig von zwei speziell für diesen Zweck geschulten studentischen Hilfskräften in Textmodule untergliedert. Neben Einleitungen und Textschlüssen sind für das Kontroversenreferat insbesondere die Inhaltsreferate im Hauptteil zentral, in denen die Schreibenden auf unterschiedliche Weise die Bezugstexte verarbeiten. Im Schreibprodukt von Lena wurden drei solcher Inhaltsmodule identifiziert (vgl. linke Spalte, Abb. 1). Im Schreibprodukt von David sind es zwei Module (vgl. linke Spalte, Abb. 2). Die tabellarische Darstellung der Texte in den Abbildungen 1 und 2 macht bereits deutlich, dass für die Einteilung der Module neben der Absatzformatierung auch inhaltliche Sinneinheiten maßgeblich sind (vgl. Abb. 1 und 2, linke Spalte). In einem zweiten Schritt wurden die Inhaltsmodule einem der beiden oben beschriebenen Produktionstypen *Aggregation* oder *Synthese* zugeordnet: Wenn in einem Modul Inhalte *verschiedener* Aufgabentexte zusammengeführt werden, kann dieser Abschnitt als synthetisch kodiert werden. Wird hingegen nur auf einen Text Bezug genommen, ist der Abschnitt als aggregativ einzustufen.[6] Auf diese Weise lässt sich sowohl anteilig

---

5   Vgl. zu einer ausführlichen Auswertung der Formulierungen auf der Mikroebene Schüler, 2017, Kap. 3.5.3.2.

6   Die Zuordnung eines Inhaltsmoduls als aggregativ oder synthetisch setzte voraus, dass die Kodierenden gut mit den Inhalten der Bezugstexte vertraut waren. Kam es bei der Zuweisung von Produktionstypen oder Untergliederung der Textmodule zu Unstimmigkeiten, wurde eine Einigung über eine kriteriengeleitete Diskussion angestrebt. Es ist außerdem wichtig, darauf hinzuweisen, dass die Bestimmung der inhaltlichen Sinneinheiten (vgl. Abb. 1 und Abb. 2, linke Spalte) eine hochinterpretative Leseleistung ist. Nicht alle Texte im Korpus sind (wie die Kontroversenreferate von Lena und David) in dem Maße durchstrukturiert, dass man als Leser einen thematischen Aspekt erkennen und benennen kann. Während also die Zusammenführung von Aussagen unterschiedlicher Autoren eine notwendige Bedingung für die Zuweisung eines Textabschnittes zum synthetischen Modus ist, stellte die Erkennbarkeit eines übergeordneten inhaltlichen

als auch für das Textprodukt als Ganzes bestimmen, inwiefern es den Schreibenden gelingt, der Anforderung zur Integration von Textinhalten nachzukommen (vgl. ausf. Schüler, 2017, Kap. 3.5.3).

Alle Inhaltsmodule von Lena und David wurden als synthetisch eingestuft, weil sie darin u. a. mit Formulierungen wie „Kleiner spricht jedoch gegen diese Theorie" (Lena, Abb. 1, Inhaltsmodul I) oder „Diese Aussage steht allerdings sowohl im Widerspruch zu Schmidt, als auch indirekt im Widerspruch zu Kleiner" (David, Abb. 2, Inhaltsmodul I) Äußerungen verschiedener Autoren direkt in Bezug setzen. In dieser Hinsicht stellen die Texte im Gesamtkorpus Positivbeispiele dar: Insgesamt gelingt es nur neun der 32 Schülerinnen und Schüler vollständig synthetische Kontroversenreferate zu verfassen. Die integrierende Darstellungsweise der Texte steht in einem engen Zusammenhang mit dem argumentativen Vorgehen der Schreibenden. Im Folgenden soll entlang der oben (Abs. 2.3) beschriebenen Komponenten (Einführung in Thema und strittige Frage, Entfaltung und Strukturierung der Argumentationszüge, Konklusion) auch inhaltlich genauer rekonstruiert werden, wie Lena und David ihre Argumentationen aufbauen.

Einleitung	Verantwortung der Wissenschaft
	„[…] Reicht die Selbstkontrolle der Wissenschaft aus?[…]" (Kleiner 2010). Dies ist eine schwierige Frage, die unmittelbar auch zu der Frage „Trägt der Wissenschaftler Verantwortung für seine Werke?" führt. Ein Wissenschaftler erfindet etwas, was die Menschheit vernichten könnte, aber wer ist dafür verantwortlich, der Wissenschatler selbts, die Regierung, die es das erste mal einsetzt oder die Menschheit, die danach „verlagt" hat? Keiner möchte die Verantwortung für etwas wie die Atombombe übernehmen, trotzdem lässt sie sich aber auch nicht verdrängen, denn einer muss schließlich die Verantwortung tragen und sich mit den Konsequenzen auseinandersetzen.
Synthetisches Inhaltsmodul I Thema: Verantwortung des einzelnen Wissenschaftlers	Ein Text von Schmidt sagt aus, dass es ohne Wissenschaftler wie Otto Hahn und Lise Meintner gar nicht erst zu einer so mächtigen Waffe, wie die Atombombe kommen könnte. Insofern würden die Wissenschaftler, die zum Bau und Forschung der Atombombe beigetragen haben verantwortlich gemacht werden. Sie waren sich scheinbar den Ausmaßen der Forschungen bewusst und haben sie trotzdem fortgeführt. Jedoch ist Schmidt der Meinung, dass die Verantwortung nicht allein auf dei Wissenschaftler zurückfällt. Sie waren schlißlich nur für den Bau nicht aber für den Einsatz der Atombombe verantwortlich. Daruas ergibt sich für Schmidt eine untrennbare Verantwortung für die Wissenschaftler und die Regierung die den Einsatz getätigt hat. Kleiner spricht jedoch gegen diese Theorie. Mit dem Zitat „[…] Hier muss die Wissenschaft das ihre dazu tun, dass ihre Forschungen nicht missbraucht werden […]" (Kleiner 2010) gibt er der Wissenschaft die Verantwortung für ihre Werke. Ob er damit den Wissenschaftler selbst meint oder eine wisenschaftliche Prüfungskommission lässt er offen. Kleiner unterstütz seine These, indem er von der Einhaltung ethnischer Prinzipien reden. Damit sind natürlich auch wieder die Wissenschaftler gemeint, die betimmte Prinzipien einhalten sollen um das Wohl der Meschheit zu wahren. Hierbei spielt die Selbstkontrolle eine sehr bedeutsame Rolle. Auch Schmidt spricht in seinem Text über Kontrolle. Er bezieht ebenfalls auf die Forscher aber auch auf die Politik. Es sind Wissenschaftler und Politik zur Verantwortung aufgefordert.

Aspekts, unter dem diese Aussagen integriert werden, kein hartes Kriterium für dessen Zuweisung dar.

Synthetisches Inhaltsmodul II Thema: Moralische Last durch alleinige Verantwortung beim Wissenschaftler	Darausfolgend setzt sich Schmidt auch mit einer wichtigen Frage auseinander [...] Wie sollte es eigentlich ein einzelner Forscher moralisch ertragen können [...] (Schmidt 1982).Damit unterstüzt er seine These zur aufteilen der verantwortung auf Politik und Wissenschaft. Kleiner beantwortet diese Frage indirekt. Er bezieht sich dabei allerdings nicht auf die Politik sondern auf Aufsichtsbehörden. Seiner Meinung nach muss der Wissenschatler sich erst mal selbst kontrollieren und trägt somit die Verantwortung seiner Arbeit. Sollte dies aber aus irgendwelchen Gründen nicht gelingen prüfen die Aufsichtsbehörden. Sie bekommen damit einen Teil der Verantwortung übertragen. Würde die Verantwortungsübertragung auf die Aufsichtsbehörden (Kleiner) oder auf die Politik (Schmidt) nicht stattfinden, dann würde die Forschung aufgrund möglicher moralischer Vorwürfe stark eingeschränkt werden, meint Kleiner. Der Forscher sollte nach Schmidt nicht die komplettte Verantwortung tragen, da wir sonst keinen Fortschritt erreichen könnten.
Synthetisches Inhaltsmodul III Thema: Transparenz der Wissenschaft für gesellschaftliche Verantwortung	Kreibich ist der Überzeugung, dass Forschungsergebnisse öffenlich gemacht werden sollte. Seiner Meinung nach sollte es einen öffentlichen Dialog zur Forschung und ihren Folgen geben. In folgenden Zitat bezieht er sich auf die Verantwortungsübertragung. [...] Der öffentliche demokratische Dialog über die Ziele und Folgen von Wissenschaft bietet nach aller Erkenntnis die größte Gewähr dafür, dass Verantwortung in und für die Wissenschaft wahrgenommen werden kann und die Ergebnisse in einen humanitä-ren Fortschritt münden. [...] Wie das Zitat beweist, vertritt Kreibich die Meinung, dass die Verantwortung auf die Bevölkerung übertragen werden kann und sollte, indem Forschungen öffentlich gemacht werden. Jeder Bürger übernimmt Verantwortung, wenn er slebst etwas bestimmt. Aus allen Meinungen sollte dann ein sozialer Konzens gefunden weden, verlangt Kreibich. Kleiner setzt allerdings einen Gedankengang entgegen: [...] Jeder Wissenschaftler muss sich immer wieder mit den ethischen Dimensionen seines Tuns auseinandersetzen [...] Eine Veröfentlichung könnte in dem Sinne gegen
Schluss	Fazit: Allgemein lässt sich sagen, dass ein Wissenschaftler die Verantwortung nicht allein tragen kann und darf.Natürlich muss er sich ständig mit den Folgen auseinander setzten können und auch mit die Verantwortung tragen, aber nicht alleine.

Abb. 1:   Das Kontroversenreferat von Lena (sprachlich nicht bereinigter Text)

Einleitung	Die Verantwortung der Wissenschaft „[...] Nun wird der Besen zum Unheil, und niemand hatte es gewollt. [...]" (Schmidt 1982). Aber wer ist eigentlich Schuld an der Situation, dass der Besen im Zauberlehr-ling nicht mehr aufhört Wasser zu holen? War es der Meister der den Zauberlehrling alleine und lediglich mit halbwissen zurücklässt, oder der Lehrling der in seinem Übermut zum Zauberspruch greift, ohne sich Gedanken über mögliche Folgen des Spruches oder gar seiner Beendung Gedanken zu machen? Kann es aber auch sein das beide einen Teil der Verantwortung tragen? Einer ähnlichen Frage stellen sich viele schon seit längerem bei der Frage, ob der einzelne Wissenschaftler die Verantwortung für die Folgen seiner Forschung(sergebnisse) tragen soll. Mit dieser Thematik möchte ich mich im folgendem beschäftigen, wozu ich mich mit der Meinung von Schmidt, Kleiner und Kreibich auseinandersetze.
Synthetisches Inhaltsmodul I Thema: Transpa-renz trotz Spe-zialisierung für Dialog zwischen Wissenschaft und Öffentlichkeit	Kreibich ist sich sicher, dass man die Verantwortung nicht alleine den Wissenschaftlern überlassen kann, da die möglichen Folgen oft alle Menschen der Welt betreffen und diese so mit in den Entscheidungs- und Entwicklungsprozess eingeschlossen werden sollten. So seien bspw. Technologieentwicklungen „[...] angesichts ihrer ökonomi-schen, politischen, militärischen, sozialen, ökologischen und kulturellen Relevanz keine Privatangelegenheiten von Wissenschaftlern und Technikern, sondern gesell-schaftliche Güter und Prozesse, die alle Menschen betreffen. [...]" (Kreibich 2004). Um dies zu realisieren appeliert er auf mehr Transparenz und die Offenlegung der

	Forschungen um in einen Dialog zwischen Wissenschaft und Öffentlichkeit treten zu können. Über die Verständigung zwischen den zwei Gruppen macht er sich auch keine Sorgen, da man seiner Meinung nach auch komplexe wissenschaftliche Zusammenhänge so leicht darstellen könne, dass jeder Bürger sie versteht und sich eine eigene Meinung dazu bilden kann. Diese Aussage steht allerdings sowohl im Widerspruch zu Schmidt, als auch indirekt im Widerspruch zu Kleiner. So kommt Schmidt zu dem Punkt, dass ein Grund gegen die Verantwortung der Wissenschaftler, die immer größer werden Spezialisierung ist. Diese sorgt dafür, dass sich schon der einzelne Wissenschaftler nicht mehr einen Überblick über alle möglichen Folgen seiner Forschungen machen kann und wie sollte das dann einem Bürger gelingen der sich nicht mit der Thematik befasst hat. Der indirekte Widerspruch Kleiners besteht darin, dass sich die Wissenschaftler vor ihren Forschungen dazu verpflichten sich an Normen zu halten, die unter anderem dafür sorgen, dass die „[…] Wissenschaft zuerst der Wahrheit und dem Wohle des Menschen verpflichtet ist […]" (Kleiner 2010) und so das von Kreibich erwünschte einmischen der Bürger nicht von nöten ist.
Synthetisches Inhaltsmodul II Thema: Reichweite der Verantwortung des Forschers im Hinblick auf Dual Use und moralische Überlastung	Kreibich hat allerdings auch die Befürchtung, dass die Wissenschaftler oft zu unüberlegt und überhastet handeln und so ein zu großes Risiko eingehen, dem die Bevölkerung nicht so einfach zustimmen würde. Er ist dafür länger mit einigen Erforschungen zu warten, um die Wahlmöglichkeiten der Art der Erforschungen zu vergrössern, um das mögliche Risiko möglichst gering zu halten. Ähnlich sieht das in diesem Fall Schmidt, denn auch für ihn machen sich viele Forscher zu wenig Gedanken über die möglichen Folgen. Allerdings wird in diesem Zusammenhang das „dual use" Problem erwähnt. So konnten Forscher sich den Folgen und der Kraft einer Atombome zwar bewusst sein, letzendlich waren sie nicht die jenigen, die für deren Einsatz gesorgt haben. Hier entsteht die schwierigste und größte Kontroverse des Themas, da die Forscher die Bombe zwar nicht selber eingesetzt haben, die Politiker aber gar nicht die Möglichkeit gehabt hätten eine Atombombe zu nutzen, wenn die Forscher sie nicht entwickelt hätten. Auf die Anfangssituation übertragen wäre dass die Frage, ob der Meister schuld an dem überflutetem Haus hat, weil er dem Lehrling den benötigten Spruch beigebracht hat oder ob es doch der Lehrling war, der sein Handeln nicht zu ende gedacht hat. Während Kleiner die Frage nur am Rande mit „[…] Hier muss die Wissenschaft das ihre dazu tun, dass ihre Forschungen nicht missbraucht werden. […]" (Kleiner 2010) doch recht knapp und wenig zufriedenstellen beantwortet und Kreibich nicht darauf eingeht, bringt Schmidt das Problem auf den Punkt. Würde man dem Forscher einen großteil der Verantwortung zusprechen , fragt er sich, wie dieser […] es eigentlich moralisch ertragen könne, im Schatten derartiger Gefährdung und eines möglichen moralischen Vorwurfs noch Grundlagenforschung oder angewandte Forschung zu betreiben? […]. So könnte es also zum Erliegen der Forschungen kommen und das würde wohl im Interesse der wenigsten liegen, wenn man betrachtet wie wenig wir ohne die Wissenschafterreicht hätten.
Schluss	Zusammenfassend lässt sich also sagen, dass Kreibich die Verantwortung gerne auf alle Menschen aufteilen würde, in dem man sie demokratisch mit in den Entwicklungsprozess einbeziehen, was ich für schwer realisierbar und kaum produktiv erachte. Nach Kleiner müssen die Wissenschaftler immer einen Teil der Verantwortung tragen, auch wenn diese scheinbar bei Komessionen abgegeben wird. Soweit kann ich ihm zustimmen, wobei er aber die „dual use" Problematik und damit die Verantwortungen der Politiker nicht ernst genug nimmt. Schmidt hat meiner Meinung nach den besten Lösungsansatz und zwar, dass die Verantwortung unauflöslich zusammenhängt.

Abb. 2:   Das Kontroversenreferat von David (sprachlich nicht bereinigter Text)

Wichtige Einblicke in die Überlegungen der Schreibenden zum argumentativen Aufbau ihrer Texte liefert ein Planungsgespräch, in dem sich Lena und David über die gelesenen Texte und Optionen zur Textstrukturierung ausgetauscht haben, bevor sie zum Verfassen ihrer Kontroversenreferate übergegangen sind.[7] Für beide Schreibenden entsteht bereits zu einem relativ frühen Zeitpunkt in der Planung die Idee, ihre Kontroversenreferate mit einem Zitat zu eröffnen: Im gemeinsamen Austausch über die Textstruktur, ist es Lena, die den Einstieg über ein Zitat für die Einleitung vorschlägt und auch einen entsprechenden Vermerk in ihrer Planungsnotiz notiert:

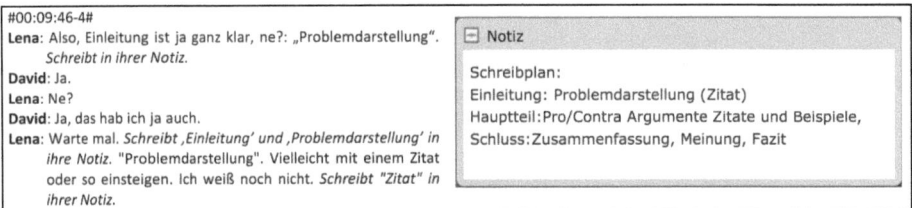

Abb. 3:   Texteinstieg mit Zitat (links: Ausschnitt Planungsgespräch von Lena und David, rechts: Lenas Planungsnotiz)[8]

In ihren Einleitungsmodulen gelingt es Lena und David, durch den Rückgriff auf die Aufgabenmaterialien, aber doch selbstständig, ihre Kontroversenreferate zu eröffnen: Über die Zitate werden zentrale Ideen und Aussagen aus den Bezugstexten genutzt, um relativ prägnant und direkt zur Thematik hinzuführen und anschließend insbesondere durch das Aufwerfen von Fragen das strittige Problem der Kontroverse für die Leserschaft deutlich zu machen (vgl. Abb. 1 und 2, Einleitungen).[9]

Ebenfalls zu Beginn des gemeinsamen Gesprächs haben Lena und David die Frage thematisiert, ob es sich bei der Aufgabe der Kontroversendarstellung um eine Form der textgebundenen Erörterung (mit mehreren Texten) handelt. Man erkennt diesen Bezug auf das den Schreibenden vertraute schulische Muster u. a. in der Planungsnotiz von Lena (vgl. Abb. 3, rechts: „Pro/Contra"). Ausgehend von der

---

7   Die Schülerinnen und Schüler haben den Prozess der Textproduktion eigentlich individuell durchlaufen. Die Durchführung eines kooperativen Planungsgesprächs ist an dieser Stelle vornehmlich forschungsmethodisch motiviert: Im gemeinsamen Austausch legen die Schreibenden einander ihre Vorgehensweisen dar und machen sie auf diese Weise auch einer forschungsseitigen Erfassung zugänglich.

8   Das Gespräch umfasst insgesamt rund 46 Minuten. Legende: *Kursivsetzungen* = begleitende (auch nonverbale) Handlungen, (…) = schwer Verständliches, / = Reparatur, . . . = Abgebrochene Äußerungen, " " = Uneigentliches Sprechen, d.h. Vorformulieren oder -lesen, Zitieren, […] = Anmerkungen oder Auslassungen durch LS

9   Man mag kritisieren, dass der von David über das Zitat hergestellte Bezug zum Zauberlehrling von Goethe (vgl. Abb. 3, Zeile 1) ohne weitere Kontextualisierung für die Leserschaft schwer verständlich ist. Ein weiterer Blick in das Planungsgespräch zeigt aber, dass die Schreibenden dieses Problem diskutieren und David schließlich entscheidet, dass er den Inhalt der Ballade als bekannt voraussetzen kann.

typischen Erörterungsstruktur, versuchen der Schüler und die Schülerin anschließend verschiedene Pro- und Kontraargumente zu der Frage nach der Verantwortungsverteilung aus den Bezugstexten zu sammeln. Die Zuordnung von Inhalten in das starre Schema erweist sich aber als schwierig, da die Bezugstexte, wie Lena und David im Austausch feststellen, diese Argumente nicht einfach anbieten, sondern ihrerseits von Kontroversität geprägt sind (vgl. Abb. 4).

#00:18:22-3#

Lena: Ich verstehe auch nicht, was dafür sprechen/ also, ich meine, sagt er/ also, ich meine/ ein Pro-Argument, was wäre denn ein Pro-Argument, also, jetzt mal nur mal so ausgedacht. Nicht eins, was in den Texten steht. Dafür, dass der Wissenschaftler die/ seine Verantwortung trägt. Da gibt es halt keine Argumente an sich, da gibt es doch einfach nur eine Meinung, oder? Da gibt es einfach nur: "Ja, er (ver) trägt die Verantwortung."

David: Ja, weil er zum Beispiel. . .

Lena: Weil er das erfindet.

David: Ja, genau. Weil er sich das ausgedacht hat.

Lena: Ja. *Lacht.* Und?

David: Oder, man könnte auch sagen, ja. . .

Lena: Aber, (was denn. . .)

David: Weil er sich den, weil er sich ja den Folgen bewusst sein muss, die, ähm. . .

Lena: Nö!

David: seine Forschung macht. [...]

David: Und das wäre dann ein Pro-Argument.

Lena: Ja. *Lacht.* Aber das sagt ja keiner der Texte, immer noch nicht. *Lacht.*

David: Doch, er sagt . . . : Ich hab das doch alle aufgeschrieben. Ähm. *Liest aus seinen Notizen vor.* "Sich einen besseren Überblick über die möglichen Folgen machen".

Lena: Ja, sie sollten sich mehr mit den Folgen auseinandersetzen. Aber er sagt ja nicht, trotzdem, sie haben die volle Verantwortung.

David: Ja, es ist halt so. Weil halt keiner genau klare Stellung bezieht. Dann musst du es dann halt so machen und sagen, dass die einerseits sagen, das und das, andererseits sagen das und das. Dann kannst du es halt nicht so genau sagen, musst du halt da so ein Zwischending draus machen.

Lena: Ja, dann kann man das auch nicht Pro und Kontra nennen, eigentlich.

Abb. 4:   Ausschnitt aus dem Planungsgespräch von Lena und David

---

Diese kritische Elaboration von Argumenten und Positionen ist charakteristisch für den Austausch von Lena und David und für das untersuchte Gesamtkorpus kein Einzelfall (vgl. Schüler, 2017, Kap. 3.5.2.2.2). Die Schreibenden kommen in dieser Gesprächssequenz zu dem Resultat, dass für die Frage nach der Verantwortung in den Texten keine eindeutige Antwort gegeben wird: Keiner der Autoren bezieht „klare Stellung" und das müsse man im selbst zu verfassenden Text (z. B. mit „einerseits [...] andererseits") auch entsprechend darstellen. Lena reagiert auf diese Feststellung, indem sie in ihrer Notiz die einfache Aufteilung nach Pro und Kontra auflöst und stattdessen dazu übergeht, ihre Argumente nummerisch zu gliedern. In Abbildung 5 sind Notizen von Lena und David gegenübergestellt.

Auf der Grundlage dieser Argumentsammlung sowie verschiedener Textanmerkungen, die Lena in ihrem Schreibplan zusammengestellt hat, entwickelt sie im Anschluss eine differenzierte Argumentation, in der sie Inhalte der unterschiedlichen Texte unter thematischen Gesichtspunkten integriert: Diese Themenaspekte konnten von den Kodierenden im Auswertungsprozess identifiziert werden und sind ein

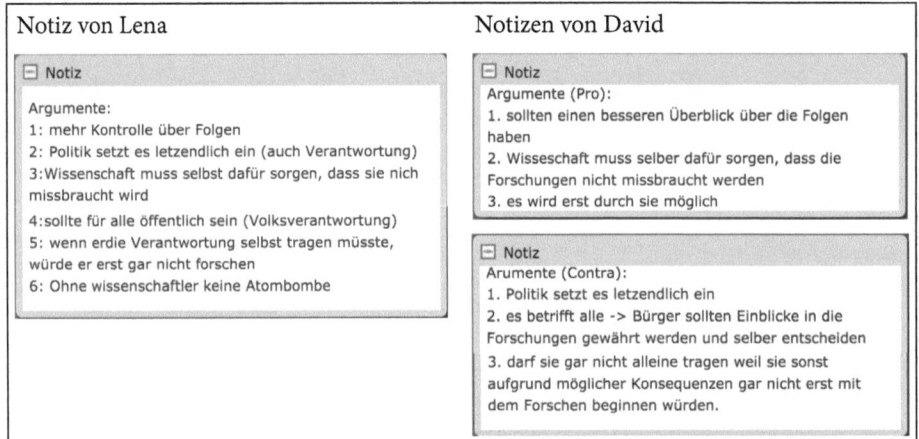

Abb. 5:   Planungsnotizen von Lena (links) und David (rechts)

Hinweis für eine kohärente Inhaltsgestaltung. Das erste von Lena verfasste Inhaltsmodul wurde von einer der Kodiererinnen mit der Überschrift „Verantwortung des
einzelnen Wissenschaftlers" versehen (vgl. Abb. 1, Inhaltsmodul I). Die Schülerin
führt in diesem Abschnitt Aussagen der Autoren Schmidt und Kleiner zusammen,
über die die Zuweisung der Verantwortung an den einzelnen Wissenschaftler pro-
blematisiert wird. Die Kritik an der moralischen Verpflichtung Einzelner wird im
zweiten Inhaltsmodul weiter ausgebaut. Eine Kodiererin hat diesem Modul den
Titel „Moralische Last durch alleinige Verantwortung beim Wissenschaftler" gegeben (vgl. Abb. 1, Inhaltsmodul II). Lena thematisiert hier zunächst mit Bezug auf
Schmidt, danach durch Rekurs auf Kleiner, dass der wissenschaftliche Fortschritt
zum Erliegen kommen könnte, wenn die Wissenschaftler sich aufgrund der Verant-
wortungslast das Forschen nicht mehr zutrauen. Argumentativ vollzieht die Schülerin dabei eine Annäherung der Positionen von Schmidt und Kleiner: Während
ersterer vorschlage, die Überlastungssituation durch eine Verantwortungsverteilung
zwischen Wissenschaft und Politik aufzulösen, sehe Kleiner eine Entlastung des
einzelnen Wissenschaftlers, indem dieser die Verantwortung an Aufsichtsbehörden
oder Ethikkommissionen abgäbe. Diese Zusammenführung der Positionen ist eine
eigenständige Leistung der Schreiberin und als Lesart der Bezugstexte nachvollziehbar. Im dritten Inhaltsmodul führt Lena unter dem (von der Kodiererin vergebenen)
Titel „Transparenz der Wissenschaft für gesellschaftliche Verantwortung" mit den
Ausführungen von Autor Kreibich eine weitere Position in den Diskurs ein (vgl.
Abb. 1, Inhaltsmodul III). Die Schülerin stellt hier Kreibichs Forderung dar, dass
wissenschaftliche Forschungen und deren mögliche Folgen konsequent öffentlich
gemacht werden sollten, damit die Bevölkerung sich darüber informieren und dann
mitentscheiden kann. Durch diese Transparenz kommt auch der Bevölkerung ein
Teil der Verantwortung zu. Dieser neuen Position setzt Lena wiederum Ausführungen von Kleiner entgegen („Kleiner setzt allerdings einen Gedankengang entgegen", Abb. 1, Inhaltsmodul III), bevor sie die weitere Darstellung der Kontroverse

aufgrund von Zeitmangel abbrechen muss.[10] Dennoch lässt sich im Text ein Positionierungsansatz erkennen: Lena kommt im Textschluss zu einem Ergebnis, das als eine vermittelnde Position der Aussagen von Kleiner und Schmidt und damit als Schlussfolgerung ihrer bisherigen Ausführungen betrachtet werden kann (vgl. Abb. 1, Schluss). Die Forderungen von Kreibich, die zu dieser vermittelnden Perspektive als Gegenentwurf gelten können, werden von Lena einbezogen und sollten offensichtlich im nicht abgeschlossenen Abschnitt entkräftet werden. Die Tatsache, dass Lena einen Schluss verfasst, ohne dass sie ihren Hauptteil fertig ausformuliert hat, kann als Hinweis für eine konklusive Textplanung betrachtet werden.

Auch für das Kontroversenreferat von David konnten im Auswertungsprozess inhaltliche Strukturierungsaspekte identifiziert werden. Sein erstes Inhaltsmodul wurde von einer der Kodiererinnen mit der Überschrift „Transparenz trotz Spezialisierung für Dialog zwischen Wissenschaft und Öffentlichkeit" versehen (vgl. Abb. 2, Inhaltsmodul I). David thematisiert in diesem Abschnitt die Forderung Kreibichs, dass die Bevölkerung in Entscheidungen über wissenschaftliche Forschung einbezogen werden soll. Interessant an dem Abschnitt ist, dass und wie David die Position Kreibichs einbringt und dieser dann Aussagen von Schmidt und Kleiner entgegenstellt: Kreibich mache sich über die Verständigung zwischen Laien und Wissenschaft „keine Sorgen", da sich auch komplexe wissenschaftliche Zusammenhänge so darstellen ließen, „dass jeder Bürger sie versteht und sich eine eigene Meinung dazu bilden kann" (vgl. Abb. 2, Inhaltsmodul I). David geht hier auf eine mögliche Kritik ein, die Kreibich seinerseits in seinem Text antizipiert und die sich auf die Umsetzbarkeit seiner Forderung zum Austausch zwischen Wissenschaft und Öffentlichkeit bezieht. Kreibich betont, dass dieser Austausch möglich sei und führt ein Beispiel an, bei dem dies bereits erfolgreich gelungen sei. An der Art und Weise wie David dies in seinem Text in eigenen Worten als Bekräftigung der Forderung von Kreibich reformuliert, wird deutlich, dass er die Vorwegnahme der Kritik verstanden hat – auch wenn er nicht zusätzlich auf das Beispiel eingeht. Schmidt zufolge, so führt der Schüler weiter aus, sei es aber aufgrund zunehmender Spezialisierung nicht einmal den Wissenschaftlern selbst möglich, einen Überblick über potenzielle Forschungskonsequenzen zu behalten – wie solle dies dann für Laien zu bewerkstelligen sein? Unter Bezug auf Ausführungen von Kleiner legt David außerdem dar, dass „das von Kreibich erwünschte einmischen der Bürger nicht von nöten ist", weil die Wissenschaftler sich *vor* der Durchführung von Forschungsprojekten u. a. zur Einhaltung verschiedener Normen verpflichten (vgl. Abb. 2, Inhaltsmodul I). Als Ergebnis dieses ersten Inhaltsmoduls könnte also formuliert werden, dass eine Übertragung der Verantwortung auf die Bevölkerung weder möglich noch notwendig ist. Davids zweites Inhaltsmodul wurde von einer Kodiererin betitelt als

---

10 Obwohl die hier dargestellte Aufgabe hinsichtlich des Umfangs der Bezugstext und der zur Verfügung stehenden Arbeitszeit in etwa den Vorgaben für das deutsche Abitur entspricht, konnten insg. 13 der 32 Schülerinnen und Schüler ihren Text nicht in der vorgesehenen Zeit fertigstellen.

„Reichweite der Verantwortung des Forschers im Hinblick auf *Dual Use* und moralische Überlastung" (vgl. Abb. 2, Inhaltsmodul II). Der Schüler beschreibt darin das Problem, dass von den Wissenschaftlern zwar eine Beschäftigung mit möglichen Folgen ihrer Forschung erwartet wird, diese Auseinandersetzung sie aber nicht vor einer Zweckentfremdung ihrer Forschungsergebnisse (*Dual use*) bewahrt. David benennt diese Verbindung zwischen Grundlegung und Anwendung von Forschung selbstständig als die „schwierigste und größte Kontroverse des Themas". Er ist der Ansicht, dass diesem Sachverhalt in den Texten von Kleiner und Kreibich nicht genug Beachtung geschenkt wird, während Schmidt, „das Problem auf den Punkt [bringt]" (vgl. Abb. 2, Inhaltsmodul II). Wenn den Wissenschaftlern auch für eine zweckentfremdete Nutzung ihrer Forschungsergebnisse die Verantwortung zugeschrieben werde, könne es aufgrund einer Überforderungssituation „zum Erliegen der Forschungen kommen". David befindet den Vorschlag von Schmidt zur Verteilung der Verantwortung zwischen Politik und Wissenschaft mit Blick auf *Dual-Use*-Problematik als am besten geeignet und verhilft ihm als plausibelster Position abschließend zur Durchsetzung.

Es zeigt sich, dass auch David in der Formulierung seines Textes nicht bei einer einfachen Differenzierung und Gegenüberstellung von Pro- und Kontraargumenten stehenbleibt, sondern diese souverän und konzessiv zu einer eigenen Darstellung der Kontroverse verbunden hat. Deutlicher als Lena, tritt David dabei in seinem Text als Verfasser hervor, der sich positioniert und kritisiert. Sein Vorwurf, dass Kleiner und Kreibich sich nicht ausführlich genug mit dem Thema *Dual use* auseinandersetzen, ist bei Kenntnis der Bezugstexte zwar nur bedingt nachvollziehbar. Dennoch ist die abschließende Bewertung, dass Kreibichs Vorschlag zur Verteilung der Verantwortung auf die Gesamtgesellschaft „schwer realisierbar und kaum produktiv" ist (vgl. Abb. 2, Schluss), durch die vorausgehende Argumentationsführung plausibel motiviert und nachvollziehbar.

4   Fazit und weiterführende Aufgabenbeispiele

Bedenkt man, dass die Texte von Lena und David ‚im ersten Wurf' entstanden sind und sie keine Gelegenheit zur Überarbeitung hatten, sind ihre Ergebnisse mit Blick auf die Möglichkeiten zur Vermittlung wissenschaftspropädeutischer Schreib- und Textkompetenzen in der Oberstufe vielversprechend: Beide Schreibenden beschränken sich nicht auf die Auflistung von Pro- und Kontrapunkten, sondern entwickeln inhaltlich ausgebaute Argumentationsstrukturen. Bemerkenswert ist auch, dass Lena und David ihren Texten nicht einfach eine persönliche Meinungsbekundung ‚anhängen', wie es für wissenschaftliche Novizen und Novizinnen oft typisch ist, sondern ihre Textschlüsse plausibel aus der sachlich geführten Argumentation im Hauptteil herleiten. Die Analysen der Planungsdaten und Beispieltexte zeigen insgesamt, dass Schülerinnen und Schüler der Oberstufe bereits in der Lage sind, Ansätze für mehrzügige Argumentationsvorgänge zu entwickeln, die sonst eher fortgeschrittenen Studierenden zugeschrieben werden. Man kann dieses Ergebnis wesentlich auf die Lernform des Kontroversenreferats zurückführen: Die in der Aufgabe systematisch angeregte Auseinandersetzung mit konfligierenden Textinhalten hat offensichtlich eine *katalysatorische* Wirkung für die Entfaltung differenzierter Argumentationen.

Die Analysen haben aber auch gezeigt, inwiefern die Argumentationen von Lena und David noch überarbeitungsbedürftig sind. Solche Optimierungsbedarfe können zu Ausgangspunkten für die Gestaltung von Lernszenarien werden. Abschließend seien einige Beispiele vorgestellt: Das offene Ende im Text von Lena kann als Anlass für einen Schreibauftrag fungieren, der darauf abzielt, die Argumentation textkohärent abzuschließen und dabei die Position der Schreiberin noch stärker herauszuarbeiten. Auch die Einbettung von Zitaten bietet in beiden Schreibprodukten eine sinnvolle Grundlage für Überarbeitungen: Die oben beschriebene Darstellung der Forderungen von Kreibich im Text von David kann dafür als Impuls genutzt werden. Im Unterricht könnte diskutiert werden, welche Auswirkungen die folgenden Variationen der Zitatrahmen mit Blick auf die Geltungsansprüche der Aussagen haben (vgl. Abb. 6).

Davids ursprünglicher Text:	Über die Verständigung zwischen den zwei Gruppen macht er [Kreibich] sich auch keine Sorgen, da man <u>seiner Meinung nach</u> auch komplexe wissenschaftliche Zusammenhänge so leicht darstellen könne, dass jeder Bürger sie versteht und sich eine eigene Meinung dazu bilden kann.
Überarbeitungsvariante 1:	Über die Verständigung zwischen den zwei Gruppen macht er [Kreibich] sich auch keine Sorgen. <u>Er behauptet, dass</u> auch komplexe wissenschaftliche Zusammenhänge so leicht verständlich dargestellt werden können, dass jeder Bürger sie versteht und sich eine eigene Meinung dazu bilden kann.
Überarbeitungsvariante 2:	Über die Verständigung zwischen den zwei Gruppen macht er [Kreibich] sich auch keine Sorgen. <u>Er behauptet, dass</u> auch komplexe wissenschaftliche Zusammenhänge so leicht verständlich dargestellt werden können, dass jeder Bürger sie versteht und sich eine eigene Meinung dazu bilden kann. <u>Als Beispiel für ein Thema, zu dem ein solcher Austausch zwischen Wissenschaft und Öffentlichkeit gelungen sei, führt er den Bereich der Atomenergie an.</u>

Abb. 6:   Variationen der Formulierungsrahmen

Aufgaben, die nicht beim Verfassen neuer Texte, sondern an der Überarbeitung bestehender, authentischer Schülertexte ansetzen, entlasten die Schreibenden von verschiedenen Leistungen der Synthese- und Strukturbildung und eröffnen so die Möglichkeit, ihre Aufmerksamkeit gezielt auf bestimmte Anforderungsbereiche zu fokussieren. Teilkompetenzen wie die Entfaltung komplexer Argumentationszüge oder das Referieren beim Argumentieren können im Rahmen solcher *restringierten*

Schreibkontexte (vgl. Feilke, 2008, 161) separat angesprochen und gezielt gefördert werden.

Literatur

Bråten, I., Britt, M. A., Strømsø, H. I. & Rouet, J.-F. (2011). The role of epistemic beliefs in the comprehension of multiple expository texts: Towards an integrated model. *Educational Psychologist, 46*, 48–70.

Britt, M. A. & Rouet, J.-F. (2012). Learning with Multiple Documents. Component Skills and Their Acquisition. In J. R. Kirby & M. J. Lawson (Hrsg.), *Enhancing the quality of learning: dispositions, instruction, and learning processes* (S. 276–314). New York: Cambridge University Press.

Feilke, H. (2008). Schriftlich argumentieren – Kompetenzen und Entwicklungsbedingungen. In E. Burwitz-Melzer, W. Halle, M. Legutke, F.-J. Meißner & J. Mukherjee (Hrsg.), *Sprachen lernen – Menschen bilden* (S. 153–164). Baltmannsweiler: Schneider.

Feilke, H. & Lehnen, K. (2011). Wie baut man eine Lernumgebung für wissenschaftliches Schreiben? Das Beispiel SKOLA. In N. Würffel & B. Schmenk (Hrsg.), *Drei Schritte vor und manchmal auch sechs zurück. Internationale Perspektiven auf Entwicklungslinien im Bereich Deutsch als Fremdsprache. Festschrift für Dietmar Rösler zum 60. Geburtstag* (S. 269–282). Tübingen: Gunter Narr.

Feilke, H. & Tophinke, D. (2017). Materialgestütztes Argumentieren. *Praxis Deutsch, 262*, 4–13.

Karg, I. (2007). *Diskursfähigkeit als Paradigma schulischen Schreibens. Ein Weg aus dem Dilemma zwischen Aufsatz und Schreiben.* Frankfurt am Main: Peter Lang [= Germanistik Didaktik Unterricht].

Kienhues, D. (2016). Heute hier, morgen dort: Die kurzfristige Beinflussbarkeit epistemischer Kognition In A.-K. Mayer & T. Rosman (Hrsg.), *Denken über Wissen und Wissenschaft – Epistemologische Überzeugungen* (S. 157–172). Lengerich: Pabst Science Publishers.

KMK Kultusministerkonferenz (2003). *Bildungsstandards im Fach Deutsch für den Mittleren Schulabschluss.* Verfügbar unter: www.kmk.org/fileadmin/veroeffentlichungen_beschluesse/2003/2003_12_04-BS-Deutsch-MS.pdf [22.04.2017].

KMK Kultusministerkonferenz (2004). *Bildungsstandards im Fach Deutsch für den Primarbereich.* Verfügbar unter: www.kmk.org/fileadmin/veroeffentlichungen_beschluesse/2004/2004_10_15-Bildungsstandards-Deutsch-Primar.pdf [22.04.2017].

KMK Kultusministerkonferenz (2012). *Bildungsstandards im Fach Deutsch für die Allgemeine Hochschulreife.* Verfügbar unter: www.kmk.org/fileadmin/veroeffentlichungen_beschluesse/2012/2012_10_18-Bildungsstandards-Deutsch-Abi.pdf [17.01.2017].

Knapp, W. (2014). Schreiben zu Texten. In H. Feilke & T. Pohl (Hrsg.), *Schriftlicher Sprachgebrauch – Texte verfassen* (S. 399–413). Baltmannsweiler: Schneider Verlag.

Koch (2000). Die Erörterung: Von der Gefährdung der Urteilskraft und dem Nutzen des Zweifels. In H. Müller-Michaelis (Hrsg.), *Schülerleistungen und Noten* (S. 60–68). Berlin: Pädagogischer Zeitschriftenverlag.

Maier, J. & Richter, T. (2014). Verstehen multipler Texte zu kontroversen wissenschaftlichen Themen: Die Rolle der epistemischen Validierung. *Unterrichtswissenschaft, 42* (1), 24–38.

Mayer, A.-K. & Rosman, T. (Hrsg.). (2016). *Denken über Wissen und Wissenschaft – Epistemologische Überzeugungen.* Lengerich: Pabst Science Publishers.

McCrudden, M. T. & Schraw, G. (2007). Relevance and goal-focusing in Text Processing. *Educational Psychology Review, 19* (2), 113–139.

NKM Niedersächsisches Kultusministerium (2010). Hinweise zur schriftlichen Abiturprüfung 2012 im Fach Deutsch. Verfügbar unter: www.nibis.de/nli1/gohrgs/zentralabitur/ze ntralabitur_2012/01DeutschHinweise2012_260111.pdf [22.04.2017].

Ortner, H. (2006). Spontanschreiben und elaboriertes Schreiben – wenn die ursprüngliche Lösung zu einem Teil des (neuen) Problems wird. In W. Kissling & G. Perko (Hrsg.), *Wissenschaftliches Schreiben in der Hochschullehre. Reflexionen, Desiderate, Konzepte* (S. 77–101). Innsbruck, Wien, Bozen: StudienVerlag.

Pohl, T. (2007). *Studien zur Ontogenese des wissenschaftlichen Schreibens.* Tübingen: Max Niemeyer [= Germanistische Linguistik 271].

Pohl, T. (2011). Wissenschaftliches Schreiben. Begriff, Erwerb und Förderungsmaximen. *Der Deutschunterricht, 5,* 2–11.

Pohl, T. (2014). Schriftliches Argumentieren. In H. Feilke & T. Pohl (Hrsg.), *Schriftlicher Sprachgebrauch – Texte verfassen* (S. 287–315). Baltmannsweiler: Schneider Verlag.

Schüler, L. (2017). Materialgestütztes Schreiben argumentierender Texte. Untersuchungen zu einem neuen wissenschaftspropädeutischen Aufgabentyp in der Oberstufe. Baltmannsweiler: Schneider.

Segev-Miller, R. (2007). Cognitive Processes in Discourse Synthesis: The Case of Intertextual Processing Strategies. In M. Torrance, L. van Waes & D. W. Galbraith (Hrsg.), *Writing and Cognition: Research and Application* (S. 231–250). Amsterdam: Elsevier.

Solé, I., Miras, M., Castells, N., Espino, S. & Minguela, M. (2012). Integrating Information: An Analysis of the Processes Involved and the Products Generated in a Written Synthesis Task. *Written Communication* 30/2013, 63–90.

Spivey, N. N. & King, J. R. (1989). Readers as writers composing from sources. *Reading Research Quarterly, 24* (1), 7–26.

Steinhoff, T. (2007). *Wissenschaftliche Textkompetenz. Sprachgebrauch und Schreibentwicklung in wissenschaftlichen Texten von Studenten und Experten.* Tübingen: Max Niemeyer.

Steinhoff, T. (2008). Kontroversen erkennen, darstellen, kommentieren. In I. Bons, D. Kaltwasser & T. Gloning (Hrsg.), *Fest-Platte für Gerd Fritz.* Verfügbar unter: www.festschrift-gerd-fritz.de/files/steinhoff_2008_kontroversen_erkennen_darstellen_und_kommentieren.pdf [28.06.2011].

Steinseifer, M. (2014). Vom Referieren zum Argumentieren – Didaktische Modellierung von Text- prozeduren der Redewiedergabe und Reformulierung. In H. Feilke & T. Bachmann (Hrsg.), *Werkzeuge des Schreibens. Beiträge zu einer Didaktik der Textprozeduren* (S. 199–221). Stuttgart: Fillibach bei Klett.

Stengelin, M. (2011). Materialgestützte Aufgaben stellen. Kompetenzen in vielfältigen Zusammenhängen fördern und überprüfen. *Praxis Geografie, 291/292,* 53–58.

III
Wissenschaftliches Schreiben im Studium

Paul R. Portmann

Textstruktur und Textkompetenz

Der Weg Studierender zum wissenschaftlichen Text

1   Einleitung

Schreibend müssen Studierende die Strukturen ihrer wissenschaftlichen Arbeit von Grund auf selber gestalten. Dass dies schwierig ist, zeigt sich daran, dass es normalerweise einige Jahre dauert, bis sie imstande sind, eine an Expertentexten geschulte Arbeit zu schreiben, wie dies zum Abschluss des Studiums verlangt wird. Allerdings erreichen auch Magister- und Doktorarbeiten bei weitem nicht immer das erhoffte Niveau. Interessanterweise zeigen sich meiner Erfahrung nach die zähesten und am längsten dauernden Probleme weniger in der Makro- bzw. Mikrostruktur der Texte als in der Art, wie die Aufgabe auf der Mesoebene angegangen wird, d. h. darin, wie die Basiselemente konzeptualisiert und miteinander zu größeren Einheiten verknüpft werden. Darum wird die Aufmerksamkeit hier auf diese Elemente gelegt. Die im Folgenden verwendeten Begriffe (Mesoelement, Stimme, Referat, Elaboration, auktoriale Setzung) werden in diesem Band im Beitrag „Die Stimmen der Schreibenden" besprochen.

Ziel der Analyse ist es, an exemplarischen Beispielen zu zeigen, wie die Schreibenden im Laufe der Zeit zusehends differenzierter strukturelle Aspekte ihrer Vorlagentexte aufgreifen und selber zu benutzen lernen. Zu diesem Zweck werden Beispieltexte aus studentischen Arbeiten analysiert. Die Auswahl orientiert sich an den Schnittstellen des Studiums und an den normalerweise erwarteten Leistungen.

Die Erfahrung mit hunderten studentischer Arbeiten zeigt, dass die hier herausgearbeitete prototypische Linie der Kompetenzentwicklung ziemlich stabil ist. Es gibt individuelle Abweichungen in der Geschwindigkeit, mit der sie stattfindet. Manche Studierende erreichen den Endpunkt im Laufe ihres Studiums nicht, andere liefern schon nach wenigen Semestern erstaunlich differenzierte Darstellungen. Es scheint also Umstände zu geben – individuelle Einstellungen und Kompetenzen, aber auch kontextuelle Faktoren –, die es den Einzelnen erleichtern oder erschweren, die Stimuli ihrer akademischen Umwelt wahrzunehmen und produktiv auf sie zu reagieren.

Mein Augenmerk gilt Passagen von Texten, in denen die begrifflichen und theoretischen Grundfragen geklärt werden, also nicht den Kapiteln, in denen z. B. empirisches Material gesammelt und ausgewertet wird. Damit werden die entscheidenden Textmerkmale besser besprechbar und vergleichbar gemacht. Das Spektrum der beobachtbaren Variationen innerhalb und zwischen den Texten Studierender kann im Rahmen dieses Beitrags natürlich nicht erfasst werden. Dies muss Studien vorbehalten bleiben, die die Entwicklung der Schreibkompetenz in größerem Detail nachzuvollziehen erlauben.

2   Wissenschaftliche Texte schreiben lernen

2.1   Der komplexe Sachtext als Ausgangspunkt

Das folgende Beispiel stammt aus einer gymnasialen Facharbeit. Solche Arbeiten werden mancherorts am Ende der Mittelschulzeit geschrieben und sind daher geeignet, einen Eindruck davon zu geben, welche Kompetenzen und Strategien den Studierenden am Beginn ihres Studiums zur Verfügung stehen.

Die Facharbeit konfrontiert die Schreibenden erstmals mit der Aufgabe, einen langen Sachtext zu schreiben (erwartet werden, je nachdem, 20 und mehr Seiten Text) – etwas, was sie unmöglich auf der Basis ihres Vorwissens und einiger zusätzlicher Informationen bewältigen können, wie dies in den Aufsätzen im Deutschunterricht oder in den Protokollen im Sachunterricht meist der Fall ist. Sie sind auf die Lektüre von Büchern und auf andere Quellen angewiesen. Die Autorinnen und Autoren wählen ihre Themen aufgrund ihrer Interessen selber aus. Vielfach handelt es sich dabei um Wissensbereiche, gesellschaftliche Probleme etc., die im Unterricht wenig oder gar nicht besprochen werden. Die Aufarbeitung der nötigen Grundlagen liegt so ganz in ihrer Hand. Die Erarbeitungszeit beträgt, auch dies im deutlichen Gegensatz zu den üblichen schulischen Texten, einige Monate, manchmal fast ein ganzes Schuljahr.

„In der Jäger- und Ackerbaukultur war der Mensch im körperlichen Bereich auf den ihm im wahrsten Sinne des Wortes ‚zugänglichen‘ Lebensraum beschränkt. Im sozialen Bereich auf die Bezüge innerhalb der Familie, der Sippe, des Stammes."[1] Durch die immer sprunghaftere Erweiterung des Informationsraumes und durch die schnelle technische Entwicklung ist unser Gehirn nicht mehr imstande, diese Informationen adäquat zu verwerten. Weil man nun mit vielen Geschehnissen in der Welt konfrontiert ist, ist es schwierig, zwischen unserer direkt erlebten Welt und der uns übermittelten Welt zu unterscheiden. Dies bringt einen Wirklichkeitsverlust mit sich.

Die Flut der Informationen ist für uns heutzutage einfach unüberschaubar geworden. „Durch diese Flut an Informationen kommt es zu einer psychischen und sozialen Desorientierung."[2] Die eigenen Erfahrungen können nicht mehr eingeordnet werden, weil diese von vielen Menschen als nicht so wichtig empfunden werden wie die Probleme der restlichen Welt.

Auch durch die Visualisierung, die durch das Fernsehen und das Internet auf uns wirkt, werden wir aus dem natürlichen Gleichgewicht gebracht. Die immer enger scheinende Welt ist auch eine Folge des Realitätsverlustes. Für uns erscheint die Welt immer kleiner, da wir alle Orte der Welt viel leichter erreichen können und mit Informationen aus der ganzen Welt überschüttet werden.

P. Winterhoff-Spurk[3] stellt fest, dass bei Menschen, die häufig fernsehen, eine starke Distanzminderung festzustellen ist. Diesen Menschen ist der Rote Platz in Moskau genauso vertraut wie das Weiße Haus in Washington.

Das Fernsehen setzt primär auf optische Reize, daher tritt die Sprache in den Hintergrund. Da „die Sprache als unser wichtigstes Instrument zur Deutung, zum Begreifen und Prüfen der Realität"[4] gilt und diese im Fernsehen eine eher untergeordnete Rolle spielt, fällt es uns schwerer, die Realität im Fernsehen zu prüfen.

Was wir als wahr empfinden oder nicht, hängt davon ab, wie etwas präsentiert wird und vor allem, wer die Information übermittelt. Bei den Nachrichten zum Beispiel wird die Akzeptanz davon beeinflusst, ob wir den Nachrichtensprecher als sympathisch und kompetent empfinden. Das Fernsehen bringt eine neue Definition der Wahrheitsempfindung hervor: „Letztes Kriterium für die Wahrheit eines Satzes ist die Glaubwürdigkeit des Sprechers."[5] Glaubwürdigkeit bezieht sich auf den Eindruck von Aufrichtigkeit, den die Person uns vermittelt. …

1   Reginald Földy und Erwin Ringel, Machen uns die Medien krank? (Depression durch Überinformation), München: Universitas (1993) S. 147; künftig zitiert als Földy/Ringel

2   Ebd., S. 147

3   Ebd. S. 150

4   Postman, S. 95

5   Ebda. S. 126

Quelle: N.L., *Fernsehen und Internet. Die Präsenz der neuen Medien in der Gesellschaft und ihre Auswirkungen*, S. 6 f. (aus Kap. 3.1 *Das Problem der Unterscheidung von Realität und Phantasie*)

An diesem Text – er spiegelt die Machart des ganzen Textes deutlich wider – fallen rasch einige Dinge auf:

- Es werden unterschiedliche Themen angesprochen: Informationsflut, Visualisierung, Rolle der Sprache. Diese sind untereinander kaum verbunden – sie werden gereiht. Was sie eint, sind primär die katastrophalen Konsequenzen, die mit ihnen verbunden sind. Das *Auch* zu Beginn des dritten Abschnitts ist das einzige explizite Verbindungselement, es greift genau an diesem Aspekt der unerwünschten Wirkung an: Nicht nur die Informationsflut, auch die Visualisierung bringt uns aus dem natürlichen Gleichgewicht.
- Innerhalb dieser Themenbereiche werden die starken Schlüsse auf der Basis sehr allgemeiner Feststellungen gezogen. Selbst wenn man geneigt wäre, allen Aussagen zuzustimmen, müsste man dennoch zugestehen, dass diese Zustimmung nicht auf der Stringenz der hier vorgebrachten Begründungen beruht, sondern auf bereits bestehenden Überzeugungen. Fast jede Feststellung und jeder Schluss in diesem Text könnte schon auf der Basis des allgemeinen Common Sense zumindest relativiert werden.[1]

---

1   Man könnte sich z. B. fragen, ob die Menschen in Stammesgesellschaften kognitiv nicht unterfordert waren, ob die Informationsflut nicht einfach dazu führt, dass man abschaltet, bevor man *aus dem natürlichen Gleichgewicht* gerät, ob die Nachrichten aus aller Welt nicht gerade dazu führen, dass das Eigene umso deutlicher als eigenständiger Bereich wahrgenommen wird, ob Visualisierung Sprachliches nicht auch komplementieren und unterstützen kann etc.

- Insgesamt macht der Text den Eindruck eines Puzzles, in dem relevante Gesichtspunkte zur Sprache kommen, allerdings in äußerst verkürzter Form. Dass dabei eine sehr ‚kritische‘ Sicht auf das Fernsehen dominiert, ist vielleicht der Einstellung des Schreibenden, sicherlich aber auch der Tendenz seiner Quellen zu verdanken.

Diesen Text lesend beginnt man geradezu nach mehr Detail, mehr Argumenten, mehr Kohärenz zu dürsten. Man fragt sich, wie so ein Text zustande kommt. Betrachtet man das Beispiel unter sprachlicher Perspektive, lässt sich Folgendes beobachten:

- Der Text gewinnt eine gewisse Flüssigkeit aufgrund der Zitate, die ihn strukturieren, oft auch (wie hier zu Beginn) den Impuls zum Schreiben geben. Zu vermuten ist, dass auch viele der Aussagen ohne Quellenverweis mehr oder weniger eng an Formulierungen in den gelesenen Texten angelehnt sind. Dafür spricht, dass sie sich in ihrem Duktus – in ihrer sprachlichen und inhaltlichen Komplexität – kaum von den Zitaten unterscheiden.
- Diese Interpretation wird gestützt dadurch, dass dort, wo der Schreibende anscheinend einen Gedanken selber formuliert, etwas ungelenke Sätze entstehen wie *„Die Flut der Informationen ist für uns heutzutage einfach unüberschaubar geworden"* oder *„Auch durch die Visualisierung ... werden wir aus dem natürlichen Gleichgewicht gebracht"*. Solche Bildungen stechen im Kontext durch ihren anderen ‚Ton‘ heraus. Das sprachliche Material, dessen sie sich bedienen, wie auch die Konzepte, die sie ausdrücken, sind nicht derart professionell vorgeprägt wie in den Zitaten und den anderen, weniger auffälligen Sätzen, die deutlicher dem sachtextuellen Diskurs verpflichtet sind. Sie sind in dieser Hinsicht unterspezifiziert.

Diese Charakteristika des Textes lassen die Hypothese zu, dass der Autor einer bestimmten Strategie folgt, die ihm das Schreiben seines Textes erleichtert, wahrscheinlich sogar erst ermöglicht. Sie lässt sich wie folgt rekonstruieren:

- Der Schreibende macht es sich zur Aufgabe, in seiner Arbeit darzustellen, was er in Bezug auf Fernsehen und Internet in Erfahrung gebracht hat und was ihm selbst und den Lesenden zeigt, was in Bezug darauf ‚wirklich der Fall ist‘. Der apokalyptische Tenor seiner Ausführungen macht deutlich, dass er hier auf zugleich einleuchtende und erschreckende Einsichten gestoßen ist.
- Sein Weg zur Lösung seiner Darstellungsaufgabe ist, die ihm wesentlich scheinenden Informationen aus den Quellen zu selegieren. Diese werden im eigenen Text unter einigen allgemeinen Gesichtspunkten (s. Kapitelüberschriften) dargestellt, die einzelnen Elemente nach dem Prinzip der thematischen Nähe gereiht. Angesichts der Differenzen zwischen seinem eigenen Schreibstil und dem der

professionellen Autoren seiner Quellen versucht er, durch Zitat und Paraphrase stilistisch so nahe wie möglich am Original zu bleiben.

- Bei der notwendigen Kürzung und Verdichtung geht ein wesentlicher Teil des Unterbaus an Überlegungen und Argumenten verloren, der in den Quellen (für kritische Leser vielleicht auch nicht in genügendem Maße) vorhanden ist.
- Im entstehenden Text werden die Informationen neu konfiguriert, ohne dass der Autor zu merken scheint, dass er sich damit eine zweite Aufgabe einhandelt – nämlich die, in seinem eigenen Text eine Ordnung und eine Stringenz zu schaffen, die den Quellen einigermaßen gerecht wird. Für die Lösung dieser Aufgabe ist der Autor allein zuständig, sie lässt sich, anders als die Einzelinformationen, nicht aus den Quellen importieren. Der Autor scheint sich im Rahmen seines eigenen Beitrags jedoch nicht um die Klärung der Zusammenhänge, also um Kohärenz, oder um Begründungen für die vorgebrachten Urteile, also um Transparenz, zu kümmern – zumindest nicht über das Maß hinaus, das aufgrund der sozusagen stenographischen Verkürzungen zustande gekommen ist. Vielleicht spielt hier auch eine Rolle, dass der Aufbau einer solchen eigenen Textstruktur den Autor sowohl sprachlich wie konzeptuell überfordern würde. Das Resultat macht so den Eindruck, als ob für den Autor wesentliche Aspekte des eigenen Textes im blinden Fleck seines Sichtfeldes liegen würden.

Zusammenfassend lässt sich sagen: Der Autor macht sich ganz von den Quellen abhängig. Im Beispiel (und im übrigen Beitrag) fehlt jeder Hinweis darauf, dass er deren Aussagen in Frage stellen würde. Sie werden diskussionslos als gerechtfertigt und wahr behandelt. Diese Vermeidung von Distanzierung (bzw. die bedingungslose Gefolgschaft) drückt sich deutlich im Text aus. Obwohl jedes Wort, das hier steht, vom Autor zumindest ausgewählt ist, ist er selbst darin nur in den stilistischen und textuellen Holprigkeiten fassbar. Es sind keine Wechsel von Perspektiven, keine Abwägungen, keine Hervorhebungen beobachtbar, die es erlauben würden, ihm als Autor eine von den Quellen unterscheidbare Auffassung zuzuschreiben. Zitate, Paraphrasen und eigene Formulierungen verschmelzen miteinander. Der Text ist in dieser Hinsicht ‚flach‘ – er ist einstimmig. Dabei ist nicht klar, was für eine Stimme hier spricht: Es spricht die Realität selbst, es sprechen die beigezogenen Texte, aber es spricht gleichzeitig auch der Autor, der sich ganz hinter die geborgten Aussagen stellt. Es wäre demnach nicht richtig, hier von einem Referat zu sprechen, noch weniger kann von Elaborationen oder auktorialen Festlegungen die Rede sein.[2] Solche Differenzierungen lassen sich angesichts der vorhandenen sprachlich-textuellen Merkmale gar nicht treffen.

---

2 Zu diesen Begriffen s. meinen Beitrag „Die Stimmen der Schreibenden" in diesem Band.

2.2   Maß nehmen an wissenschaftlichen Texten

Das folgende Beispiel stammt aus einer Bachelorarbeit. Die Autorin befindet sich in einem akademischen Umfeld. Das Thema hat sie im Rahmen eines Seminars zur linguistischen Analyse wissenschaftlicher Texte selber gewählt. Dieses diente der inhaltlichen Vorbereitung der Arbeit, die erst im Anschluss an das Seminar geschrieben wurde.

2.1 Wissenschaftssprache

In diesem Kapitel sollen zunächst die Verortung der Wissenschaftssprache innerhalb der Fachsprachen vorgenommen werden und deren Bestimmung über die von ihr zu erfüllenden Kriterien, Werte und Funktionsbereiche nach Steinhoff (2007) stattfinden.

Im Zuge der varietätenlinguistischen Sprachuntersuchung wurden Fachsprachen als Varietäten einer Einzelsprache definiert, welche sich wiederum von anderen Varietäten dieser Einzelsprache abgrenzen und durch inner- und außersprachliche Merkmale gekennzeichnet sind (vgl. Roelcke 1999, 18 f.). Da fachliche Kommunikation im Vergleich zu anderen Varietäten primär auf der schriftlichen Ebene vollzogen wird, besteht ein viel höherer Bedarf an einer sprachinternen Präzision (vgl. Bungarten 1981, 44). Diese Struktur wird zum „symptomatischen, leicht erkennbaren Indikator für den Handlungsbereich, sowohl für die Gruppenmitglieder als auch für Außenstehende" (Bungarten 1981, 44).

Steinhoff (vgl. 2007, 10) zufolge sind für den *Nachweis der Fachlichkeit* von einzelnen Texten in der traditionellen Fachsprachenforschung die vier Kriterien *Gegenstandsbindung, Eindeutigkeit,* Ökonomie und *Anonymität* von zentraler Bedeutung. Bezüglich dieser Eigenschaften von Texten wird die Wissenschaftssprache „als eine ,Extremform' von Fachsprache eingeschätzt: Sie sei extrem gegenstandsgebunden, eindeutig, ökonomisch und anonym" (Steinhoff 2007, 10).

Neben diesen vier Anforderungen *haben wissenschaftliche Texte die Erwartungen der scientific community im Hinblick auf die Werte Originalität und Intersubjektivität* zu erfüllen (vgl. Steinhoff 2007, 111): Die Wissenschaft dient der Erzeugung von neuem Wissen, eine typische moderne Anforderung an wissenschaftliches Handeln, deren Erfüllung die Kritik an bestehendem Wissen voraussetzt (vgl. Steinhoff 2007, 116 f.). Um das Intersubjektivitätspostulat, also die Lieferung von „überindividuell gültigem Wissen" (Steinhoff 2007, 111), das mit dem Ideal der Sachlichkeit und tentativen Objektivität in Verbindung steht, zu erfüllen, muss das Geschriebene auch nachprüfbar sein.

Die angestrebte Anspruchserhebung auf Intersubjektivität und Originalität wird erst durch wissenschaftliche Handlungsroutinen oder ,Textprozeduren', also textsortentypische Verfahren, die konkrete Funktionen erfüllen, ermöglicht (vgl. Steinhoff 2007, 118).

Quelle: K.H., *Wissenschaftssprache*, S. 5 (aus Kap. 2.1 *Wissenschaftssprache*)

Auffallend an diesem Text – auch er ein getreuer Spiegel der ganzen Arbeit – ist zunächst Folgendes:

- Die Autorin beginnt den Abschnitt mit einer Bemerkung über das Ziel der Darstellung in diesem Subkapitel. Man kann hier noch kaum von Thematisierung sprechen, denn die Autorin beschränkt ihre Rolle darauf, vorausweisend und ordnend die abzuhandelnden Themen bekannt zu geben. Sie reizt also das Potenzial von Thematisierungen nicht aus – sie stellt keine Frage, geht keinem Problem nach, bezweckt keine fachliche Auseinandersetzung.

- Die weiteren Ausführungen betreffen drei Gesichtspunkte: die varietätenlinguistische Einordnung der Fach- bzw. Wissenschaftssprache, die Frage, wie sich Fachlichkeit von Texten linguistisch charakterisieren lässt, sowie die Erwartungen, die wissenschaftliche Texte zu erfüllen haben. Schon diese Begriffe machen klar, dass es hier um spezifische Fragen in einem spezifischen Fachgebiet geht.

Der Text liest sich flüssig. Sprachlich und strukturell lässt sich Folgendes beobachten:

- Die einleitende Passage ist angemessen formuliert, im zweiten Teil schon fast überkomplex geraten. Dies deutet darauf hin, dass die Autorin gelernt hat, sich fachsprachlich auszudrücken, auch wenn dies noch nicht immer ganz stilgerecht gelingt. Dies zeigt auch eine Stelle aus dem letzten Satz. *Die angestrebte Anspruchserhebung* ist ein Ausdruck, der allzu kunstvoll gebildet ist. Man könnte hier von einer Überspezifikation sprechen – die fachsprachliche Tendenz zur Verdichtung ist im Übermaß am Werk. In den übrigen Passagen ist, dank der fachsprachlichen Kompetenz der Autorin, kaum mehr auszumachen, wo Paraphrasen von Aussagen aus den Quellen vorliegen und wo die Autorin im Anschluss an sie frei formuliert.

- Auch in diesem Text bilden Zitate und Verweise das Rückgrat der Darstellung. Sie verraten eine enge Bindung an die Quellen. Im ersten Teil wird auf zwei Autoren verwiesen, der zweite, längere Teil ist ganz an Steinhoffs Darstellung angelehnt. Wir haben es hier mit deutlich herausgearbeiteten, einigermaßen bruchlos gereihten Referaten zu tun.

- Dass es sich hier um Referate handelt, wird durch Ausdrücke verdeutlicht wie *wurden Fachsprachen als Varietäten definiert, Steinhoff zufolge*. Die Verantwortung für die entsprechenden Aussagen wird damit den Quellen zugewiesen. Die Schreibende widerspricht zwar an keiner Stelle, sie stellt sich aber auch nicht vorbehaltlos hinter die wiedergegebenen Festlegungen, sondern fungiert als Vermittlerin.

- Es gelingt ihr, die Quellentexte auch in der Verkürzung nachvollziehbar zu repräsentieren, trotz einigen Mängeln. Im dritten Abschnitt etwa fällt die doppelte Nennung von vier Kriterien der Fachsprachlichkeit (einmal im Zitat, einmal im Begleittext) auf. Auch wird nicht deutlich, dass Steinhoff sich im Rahmen seiner Arbeit ausführlich auf diese vier Kriterien bezieht und ziemlich Kritisches zu ihnen zu sagen hat.

- Im Übrigen gelingt es auch dieser Schreiberin nicht ganz, Kohärenz herzustellen. Etwas unklar sind die Übergänge von der Fachsprache über die Fachlichkeit von Texten zu den Ansprüchen an wissenschaftliche Texte. Diese Vagheit mag allerdings den Quellen geschuldet sein. Ebenso ist der Zusammenhang des letzten Abschnitts mit dem Vorhergehenden deutungsbedürftig. Diese Dinge entstellen aber nicht die grundsätzliche Gestalt des Textes, sie mindern jedoch merkbar seine Qualität.

Zusammenfassend lässt sich feststellen, dass die Autorin den Anschluss an den wissenschaftlichen Diskurs sucht. In Bezug auf die Sprache ist dies offenkundig. Ihre textuelle Strategie beruht darauf, ihre Quellen als die Sache zu nehmen, um die es geht. Diese sind ihr Thema, diese stellt sie dar. Auch hier steht, wie im vorangehenden Beispiel, die Selektion relevanter Information im Vordergrund. Im Unterschied zu diesem aber hat die Autorin hier auch ein Auge für ihren eigenen Text, wie der erste Satz zeigt. Im Übrigen erleichtert ihr die enge begriffliche und theoretische Rahmung aller Aussagen in den Quellen die Aufgabe, im eigenen Text einen gewissen Überblick zu schaffen. Dass sie diesen Aspekt an ihren Vorlagentexten wahrnimmt und auch in ihrem eigenen Text zu realisieren versucht, ist ihre Leistung.[3]

Dieser Text ist nicht ganz einstimmig. Die Autorin markiert zu Beginn explizit ihre Rolle als Ordnerin ihres Textes. Der Rest ist einstimmig, und diese Stimme ist identifizierbar: Was hier vorliegt, ist ein Referat. Dieses entspricht einem grundlegenden Modus wissenschaftlichen Arbeitens, der sich in dem Bestreben manifestiert, Vorhandenes aufzunehmen, Gesichtspunkte und Argumente deutlich zu machen und darzustellen. Das vorliegende Beispiel ist deshalb nicht allzu weit entfernt von Ausführungen, wie sie in Einführungen, Übersichtsdarstellungen oder Literaturreferaten zu finden sind, in denen über einzelne Quellen Bericht erstattet wird. Es sind wohl auch Texte dieser Art, die den größten Anteil an der studentischen Lektüre in den ersten Studienjahren haben. In diesem Sinne hat die Autorin einen ersten Schritt in Richtung Wissenschaft getan. Was hier noch nicht beherrscht wird, ist die Kontrolle der Textkohärenz im Detail, noch gar nicht absehbar ist die Arbeit an Dissonanzen, sei dies durch den Aufweis von Disparitäten in den Quellen oder durch einen Widerspruch der Autorin selber. In diesem Falle müsste sie eine eigene, vom Hintergrund abweichende Stimme geltend machen können.

2.3   An der Schwelle zum Diskurs

Das folgende Beispiel stammt aus einer Masterarbeit. Die Studierenden stehen, am Ende ihres Studiums, vor einer ähnlichen Aufgabe wie die Schülerinnen und Schüler in 2.1 beim Schreiben ihrer Fachbereichsarbeit. Sie schreiben einen Text von einem

---

3   Das Gewicht von Nomenklaturen, Begriffskatalogen etc. in Bachelorarbeiten (auch noch in vielen Seminararbeiten) ist unübersehbar. Sie prägen die Texte nicht nur inhaltlich, sondern auch strukturell. Gegenüber dem Beispiel 2.1 ist eine deutliche Reduktion inhaltlicher Vielfalt zu konstatieren. Die Konzentration wissenschaftlichen Redens auf Begriffs- und Modellbildung diszipliniert den Blick, reduziert aber auch die Spannbreite der thematisierbaren Phänomene.

Umfang, der im Normalfall alles Bisherige übersteigt, sie sehen sich vor die Aufgabe gestellt, Quellen in großer Zahl aufzuarbeiten, von denen viele nicht unbedingt leicht zu verstehen sind, und sie sind nicht wie in einem Seminar in einem Kontext eingebettet, der die Auseinandersetzung vorstrukturiert und die Resultate vergleichbar und kontrollierbar macht. Im Gegensatz zu den Schülerinnen und Schülern der Mittelschule haben die Schreibenden hier aber Jahre des Studiums und die damit verbundenen Erfahrungen im Umgang mit wissenschaftlichen Texten und Konzepten hinter sich.

> Beim „Gesamtereignis Fußballspiel" ist eine Rahmung vorgegeben, die Ort und Zeit festlegt. Das Stadion kann als Kultort angesehen werden, dessen Erbauung hauptsächlich der Ausübung des Rituals dient. Der Besuch des Stadions ist Grundvoraussetzung für die Teilnahme und trägt dazu bei, das Ritual vom Alltag abzuheben. Zudem steht dieser Ort für die spezielle Atmosphäre, die während des Spiels in einem gut gefüllten bzw. ausverkauften Stadion erzeugt wird, jedoch verloren geht, sobald es wieder leer steht. Diese Stimmung lebt vom Wettkampf, der nicht nur zwischen den zwei Mannschaften am Spielfeld ausgetragen wird, sondern auch – z. B. mit Gesangsduellen – zwischen den Fans der jeweiligen Vereine. Das bedeutet, dass das Publikum in mindestens zwei rivalisierende Gruppen unterschieden werden kann, nämlich die Anhänger der Mannschaft A und deren Gegner, also die Fans der Mannschaft B. Eine dritte Partei kann aus eher neutral gestimmten Sitzplatzzuschauern bestehen, jedoch bekennen sich auch diese meist einem der konkurrierenden Vereine zugehörig. Die Tatsache, dass die im Stadion anwesenden Anhänger eines Fußballklubs durch denselben universalen Wunsch, nämlich die eigene Mannschaft siegen zu sehen, vereint sind, führt zur metaphorischen Verschmelzung der Individuen zu einer Masse, die dieselben Gefühlszustände teilt. Im Stadion sind dementsprechend in der Regel zwei durch Gegnerschaft getrennte Kollektiv-Körper anzutreffen (vgl. Alkemeyer 2008, 106). Das von Elias Canetti detailliert beschriebene Phänomen der Kollektivierung lässt sich zwar auch bei Demonstrationen oder Konzerten beobachten, doch an kaum einem anderen Ort in derartig ausgeprägter Weise. Im Stadion begegnen sich Menschen unterschiedlichen Geschlechts, Alters und sozialer Stellung, die außerhalb dieses Ortes meist keinen Bezug zueinander haben. Das Stadion aber wirkt wie eine Kapsel, die sie von der Außenwelt trennt, was zur Folge hat, dass sich Blicke und Aufmerksamkeit nach innen richten, sodass ein durch gemeinsame Erfahrungen geprägter Raum entsteht (vgl. Alkemeyer 2008, 91).
>
> Quelle: A.R., *Fußballfangesänge als Element der Kommunikation im Fußballstadion. Eine text-linguistische Analyse*, S. 17 (aus Kap. 2.1 *Zum Ritualcharakter der Kommunikationssituation*)

Bei der Lektüre dieses Beispiels fallen, gerade im Kontrast zu Beispiel 2.2, sofort einige wesentliche Veränderungen auf:

* Die Autorin schreibt einen zusammenhängenden Text mit einem eigenen Ziel: Es geht darum, das ‚Gesamtereignis Fußballspiel' als soziales und kommunikatives Phänomen zu beschreiben, um Fangesänge in ihrer kontextuellen Einpassung erfassen zu können.

- Zu diesem Zweck bezieht sie sich auf Quellen. Entsprechende Verweise sind in den Lauftext eingebaut. Die Substanz des Textes wird aber nicht von direkt aus den Quellen bezogene Feststellungen (Zitaten und Paraphrasen) gebildet wie in Beispiel 2. Wir haben es hier auch nicht mit einer deutlich wahrnehmbaren Reihung von übernommenen Gesichtspunkten zu tun. Die Quellen sind nicht mehr ‚die Sache‘, um die es geht. Vielmehr richtet sich der Blick deutlich dem Phänomen zu. Dieses wird aber nicht in alltäglicher Erfahrungsperspektive, sondern – vermittelt über die Literatur – unter begrifflichen und theoretischen Vorzeichen als Thema der Wissenschaft konstruiert.
- Der Text ist deshalb nicht mehr das Produkt eines erweiterten Copy-and-Paste-Verfahrens, sondern Ergebnis einer intensiven Verarbeitung, in der Fremdes und Eigenes (inhaltlich wie sprachlich) nicht mehr in jedem Detail auseinander zu halten sind. Es ist für Lesende ohne akribische Quellenkenntnis nicht möglich, die hier zu lesenden Ideen zu unterscheiden in solche, die auf einzelne Quellen zurückgeführt werden können, und in solche, die von der Autorin selber stammen.
- Was diese in ihrem Text tut, ist der Versuch, basierend auf ihrem Vorwissen eine kompakte Darstellung dessen zu geben, was ‚man‘ als Kennerin des Diskurses in aller Kürze als vertretbare Charakterisierung des Phänomens vorbringen kann. Es ist deutlich, dass hier eine Expertin spricht. Dies zeigt sich exemplarisch auch in dem beiläufig eingestreuten Verweis auf Canetti.
- Sprachlich drückt sich all dies aus in einer bruchlosen, viele Facetten gekonnt miteinander verknüpfenden Prosa, die ganz im fachlichen Duktus gehalten ist. Strukturell geben sachliche Gesichtspunkte, nicht die konsultierten Texte den Gang der Darstellung vor.

Die Strategie, der die Autorin hier folgt, lässt sich so charakterisieren: Sie re-kon-struiert den für ihr Thema einschlägigen wissenschaftlichen Diskurs und macht sich zu seinem Sprachrohr. Damit sie dies tun kann, muss sie das Grundverfahren der Textherstellung gegenüber Beispiel 2 verändern. Die Autorin agiert nicht mehr im Modus der Selektion von vorgegebenem Material. Vielmehr kann man sagen, dass hier eine integrierte und integrierende Perspektive auf den Gegenstand erzeugt wird. Dafür holt sie, metaphorisch gesprochen, alles an Bord, was greifbar ist, und synthetisiert daraus eine von einem einheitlichen Standpunkt aus verfasste, kohä-rente Sicht auf die Sache. Damit eignet sie sich eine Weise des Schreibens an, die in Einführungen, Überblicksvorlesungen und natürlich in fast jeder wissenschaft-lichen Arbeit unverzichtbar ist, wenn es darum geht, eine Art Robotbild davon zu geben, wie ein Sachverhalt im wissenschaftlichen Diskurs konturiert wird.

Das Beispiel bleibt, und dies ist in unserem Zusammenhang entscheidend, in sei-nem textuellen Verfahren einstimmig. Es gibt hier keinen Wechsel von Standpunk-ten und Positionen, keinen Bruch der Kontinuität der einen Perspektive. Die Stim-me, mit der die Autorin hier spricht, ist allerdings nicht einfach zu charakterisieren. Es ist unbezweifelbar sie als Expertin, die hier Auskunft gibt. Aber ihre Stimme hebt sich nicht gegen den Diskurs ab – sie spricht ja nicht über ihn, sie vertritt ihn. Daher gilt ebenso, dass hier der Diskurs selber zu Wort kommt. Ihr Text ist Referat und Elaboration in einem, Bericht über vorliegendes Wissen und erklärende, vereinheitlichende Ausarbeitung dieses Wissens. In der Selbstverständlichkeit, mit der sich diese Darstellung präsentiert, schwingt zusätzlich ein auktoriales Moment mit: „Ja, so kann man, so muss man sogar diese Dinge sehen."[4]

2.4 In den Diskurs eintreten

Das folgende Beispiel stammt aus der gleichen Masterarbeit wie das letzte, sogar aus dem gleichen Unterkapitel. An dessen Schluss wirft die Autorin eine Frage auf, die ihr offensichtlich wichtig ist. Sie kennzeichnet die Abarbeitung dieser Frage als Exkurs. Offenbar hält sie an dieser Stelle ihre Hauptaufgabe für erledigt: Der Kontext, innerhalb dessen Fangesänge im Fußballstadion als Botschaften funktionieren, ist kommunikationstheoretisch und begrifflich so weit geklärt, dass eine textlinguistische Untersuchung darauf aufbauen kann. Was noch folgt, ist die Kür, nämlich der Versuch, im Kontext der Forschung – hier repräsentiert durch eine einzelne Quelle – die Charakterisierung des ‚Gesamtereignisses Fußballspiel' als vollgültiges Ritual begrifflich zu sichern.

Die Darstellung des Textes mit Einzügen in verschiedener Tiefe folgt dem Modell, das im Beitrag „Die Stimmen der Schreibenden" (in diesem Band) eingeführt und besprochen wird.

> Die Ausführungen zum Ritualcharakter der Kommunikationssituation soll nun ein kurzer Exkurs abschließen, der die Parallelen, welche zwischen sakralen Ritualen und dem Ritual des „Gesamtereignisses Fußballspiel" des Öfteren angenommen werden, thematisiert.
>
>> Matías Martínez (vgl. 2002, 19 f.) ist der Ansicht, dass das Fußballspiel durch Rahmung und formalisierte Handlungen des Spielgeschehens Strukturen aufweist, die jenen religiöser Rituale gleichen. Im Fanverhalten, z. B. bei den Gesängen oder der Vorstellung der Mannschaften, die als Wechselrede zwischen Stadionsprecher und Publikum vonstattengeht, sieht er Ähnlichkeit zu kultisch liturgischen Responsorien. Zudem verweist er auf die festgelegte Handlungsmacht, die in der

---

4 Im Rahmen dieses Textes gibt es keine Möglichkeit zu streiten. Damit steht aber eines der grundlegenden Charakteristika der Wissenschaft und des wissenschaftlichen Handelns (ich erlaube mir, hier nochmals Steinhoff zu zitieren) *im Abseits* dieses Modus der Vertextung. Das Äußerste, was diese Art der Darstellung zu leisten imstande wäre, ist die Protokollierung von Differenzen und Widersprüchen. Damit wären immerhin Anlässe für Diskussionen und somit Ausgangspunkte für eine weitergehende Beschäftigung bezeichnet. Auf eine solche Protokollierung verzichten Studierende allerdings häufig, vielleicht aus Angst vor den Konsequenzen. Sie müssten dann ja Wege finden, eine solche vertiefte Auseinandersetzung tatsächlich zu führen.

klaren, auch räumlich vollzogenen Trennung zwischen Spielern und Publikum zum Ausdruck kommt.

An dieser Stelle soll jedoch darauf hingewiesen werden, dass diese Unterscheidung ein wenig zu grob ausfällt, weil auch die beiden involvierten Fangemeinschaften, die im Stadion die Stehplatzkurven besetzen, von den Spielern und dem Sitzplatzpublikum örtlich getrennt sind.

Martínez nennt zwei Gründe, die für ihn ausschlaggebend sind, um das Fußballspiel nicht als vollwertiges religiöses Ritual anzuerkennen.

> Zum einen ist beim Fußballspiel das Kriterium der genauen Vorhersagbarkeit des Ritualablaufes nicht gegeben. Jedes Spiel ist einzigartig, weshalb alle Beteiligten den Endstand erst dann kennen, wenn der Schiedsrichter das Match mit dem Schlusspfiff beendet hat. Bei Gottesdiensten hingegen ist das liturgische Handlungsmuster vorgegeben. Der Gläubige weiß genau, was ihn erwartet.

> Zum anderen nennt Martínez das Fehlen eines Glaubens an eine transzendente Instanz, die er,

ohne es explizit zu sagen, mit Gott gleichsetzt,

> als einen weiteren Unterschied zu vollwertigen sakralen Ritualen.

Dass beim „Gesamtritual Fußballspiel" keinem transzendenten göttlichen Wesen gehuldigt wird, kann als zutreffende Aussage angesehen werden. Deutlich zurückweisen muss man jedoch die Behauptung, dass der Glaube an eine transzendente Instanz nicht vorhanden sei. Denn wie bereits darlegt wurde, existiert der Glaube an die *Idee der Mannschaft*. Dieser wird z. B. mit Hilfe huldigender Fangesänge zum Ausdruck gebracht.

Demnach ist es legitim zu sagen, dass das „Gesamtereignis Fußballspiel" kein sakrales, sehr wohl aber ein vollwertiges Ritual darstellt.

> Neben den hier genannten Erläuterungen sind weitere Belege dafür die bereits zitierten Ausführungen Gregers (vgl. 2012, 182) sowie dessen Ansicht, dass das Publikum sowohl den Helden als auch das Opfer des Rituals selbst wählt.[1]

> 1 Der Held des Rituals „Gesamtereignis Fußballspiel" ist oft ein erfolgreicher Torschütze, das Opfer nicht selten der Schiedsrichter

Quelle: A.R., *Fußballfangesänge als Element der Kommunikation im Fußballstadion. Eine text-linguistische Analyse*, S. 20 f. (aus Kap. 2.1 *Zum Ritualcharakter der Kommunikationssituation*)

Nach allem, was in diesem Beitrag bis hierher gesagt worden ist, kann der Kommentar zu diesem Beispiel kurz ausfallen.

• Die Autorin sieht sich vor die Situation gestellt, dass ihre Einschätzung des ‚Gesamtereignisses Fußballspiel' als Ritual nicht ohne Probleme ist, da eine ihrer Quellen ihrer Auffassung widerspricht oder zumindest zu widersprechen scheint.

- In dieser Situation bleibt ihr nichts anderes übrig, als die Sache stillschweigend bzw. mit einem ausweichenden Satz zu übergehen oder tatsächlich in die Auseinandersetzung einzusteigen. Sie wählt die Auseinandersetzung. Diese kann sie nicht anders führen als durch die Inszenierung eines Duells, in dem unterschiedliche Positionen gegeneinander antreten und ein Resultat erzielt werden muss. In der textuellen Durchführung dieses Streits zerfällt der Text wie von selbst in Referat, Elaboration und auktoriale Setzungen.
- Hier geht der Kampf über zwei Runden. In der ersten berichtigt die Autorin eine Aussage ihrer Quelle mit Hinweis auf eine frühere Stelle in ihrem eigenen Text. Dieser Punkt berührt allerdings die eingangs gestellte Frage nur am Rande, der Disput ist damit nicht beendet. Fast könnte man meinen, dass die Schreibende hier ein Vorgeplänkel inszeniert mit der Absicht, den Kontrahenten abzutasten und den eigenen Mut zu erproben. Erst im zweiten Durchgang geht es dann um den strittigen Punkt.
- Die inhaltliche Ausarbeitung dieser Auseinandersetzung ist nicht ohne Mängel. Der wichtigste besteht in einer Auslassung. Im zweiten Referat führt die Schreiberin zwei Gründe von Martínez an, die ihn dazu bewegen, das Ritual des Fußballspiels nicht als sakrales bzw. vollwertiges Ritual anzuerkennen. In ihrer Antwort darauf nimmt sie nur den zweiten auf. Im Prinzip müsste sie den Kampf um eine weitere Runde ausweiten, um wirklich punkten zu können.
- Auch so wird deutlich, dass textuell etwas völlig anderes geschieht als in den vorangehenden Beispielen. Die Darstellung gewinnt merkbar an Farbe und Dynamik, und die Art, wie die Autorin wissenschaftlich handelt, verändert sich gegenüber Beispiel 2.2 grundlegend. Die Schreibende macht klar, dass sie – nicht weniger als Martínez – Autorität ist und sich mit anderen Autoritäten anzulegen getraut. Sachlich geschieht dies hier als Arbeit am Begriff. Sie setzt den Begriff des Rituals nicht unbefragt ein, sondern kämpft darum, ihren Gegenstand legitimer- und richtigerweise als vollgültiges Ritual kennzeichnen zu können. Dazu muss sie die von Martínez vorgegebene Definition in einem nicht unwichtigen Punkt adaptieren – es muss ihrer Meinung nach vollgültige Rituale geben, die nicht unbedingt mit Gott zu tun haben. Bei dieser Auseinandersetzung entdeckt sie, dass ein von ihr selbst ins Spiel gebrachter Aspekt an ihrem Gegenstand (*die Idee der Mannschaft* weist darauf hin, dass eine Mannschaft in der Vorstellung ihrer Fans trotz aller Wechsel von Spielern, Trainern, Spielorten und (Miss-)Erfolgen über die Zeit hinweg die gleiche bleibt) nicht nur ein hilfreicher Einfall ist, sondern als konstitutives Merkmal verstanden werden kann, das die Möglichkeit dafür schafft, die Spezifika der von ihr beschriebenen Kommunikationssituation im Stadion stringent mit dem Begriff des Rituals zu belegen. Damit gewinnt sowohl dieser Begriff in der Anwendung auf das Fußballspiel eine befriedigendere Kontur wie auch die *Idee der Mannschaft* einen tieferen Sinn und größere Legitimität.
- In textstruktureller Hinsicht ist das Beispiel perfekt durchgeführt. An jeder der Stellen, an denen sich der typographische Einzug verändert, sind sprachliche

Signale zu erkennen, die den Übergang kenntlich machen. So wird die Thematisierung explizit gekennzeichnet: Die Autorin will *Parallelen ... thematisieren*. Der Übergang zum ersten Referat ist mit *Matías Martínez ist der Ansicht* eindeutig markiert, ebenso der dritte Schritt, der Übergang zur Elaboration, mit „*An dieser Stelle soll jedoch ...*" Hier fängt die Autorin an, selber zu sprechen und die referierten Aussagen zu diskutieren. – Ich verzichte darauf, auch die weiteren Hinweise dieser Art zu benennen, dank denen die Leserinnen und Leser stets über den Stellenwert der jeweiligen Elemente informiert und nie in Gefahr sind, ihre Orientierung zu verlieren.

Die Strategie der Autorin ist es, einen begrifflichen Zwiespalt, der ihr begegnet, aufzunehmen und explizit zu bearbeiten. An dieser für sie entscheidenden Stelle bricht die harmonisierende Weise der Darstellung auf, die sie im letzten Beispiel (und in ihrer Arbeit durchwegs) präferiert. Sie stellt sich selbst in den Ring, und sie nimmt autoritativ für eine bestimmte Position Partei. An dieser Stelle ist sie nicht mehr Sprachrohr des Diskurses – sie führt ihn selbst. Damit wird die Beschränkung aufgehoben, die auch noch dem gut gemachten Beispiel 2.3 anhaftet. Im vorliegenden, nun mehrstimmigen Text honoriert die Schreibende die Polyperspektivik des Diskurses, holt sie in den eigenen Beitrag herein und benützt sie im Zuge der Gestaltung ihrer Arbeit als Medium des fachlichen Handelns.

3   Der Weg zum mehrstimmigen Text

Ich begreife die oben analysierten Beispiele als ausgeprägte Gestalten, die sich als Stufen der Entwicklung akademischer Schreibkompetenz deuten lassen. Dass sie sich häufig an den Schnittstellen des Studienwegs besonders deutlich manifestieren, lässt sich zumindest zum Teil auf die spezifischen Anforderungen und die typischen Umstände zurückführen, unter denen die Studierenden ihre Arbeiten schreiben. Im Folgenden soll auf einige Aspekte hingewiesen werden, die die im letzten Kapitel gemachten Beobachtungen vertiefend auf den Punkt bringen.

3.1   Differenzierung und Spezialisierung

Der hier herausgearbeitete Entwicklungsgang ist, von seinem Ende her gesehen, interpretierbar als Prozess der Differenzierung von Textschemata. In der Entwicklung der Kompetenz wird nur die erste Stufe überwunden in dem Sinne, dass sie jede Aktualität verliert. Erfahrene Autorinnen und Autoren können nicht mehr so schreiben wie der Schüler in Beispiel 2.1. Die Beispiele 2.2 und 2.3 und natürlich Beispiel 2.4 stehen für Modelle der Vertextung von Mesoelementen, die in der Wissenschaft einen festen Stellenwert haben. Wie die Beispiele und die Kommentare dazu zeigen, sind sie Produkte unterschiedlicher Aufgabenstellungen und entsprechend unterschiedlicher Strategien zu ihrer Bewältigung. Das Referat von Einzeltexten wie der synthetisierende Forschungsüberblick haben die Aufgabe, Informationen über Details der Diskussion bzw. über den Stand der Forschung zu geben. Das mehrstimmige Mesoelement bietet die textuelle Flexibilität, die nötig ist, um differierende Sichtweisen darzustellen und gegeneinander abzugleichen.

Dass diese Modelle nicht miteinander, sondern fast immer nacheinander verfügbar werden, hängt damit zusammen, dass die Voraussetzungen für die Schreibenden zusehends komplexer werden und entsprechend schwieriger zu erfüllen sind. Die Achse der Entwicklung lässt sich so als Achse der Spezialisierung verstehen. Ein Referat wie in Beispiel 2.2 setzt voraus, dass ein Einzeltext genau verstanden ist und dass die oder der Schreibende den eigenen Text (also das Referat) auf Richtigkeit und Kohärenz hin zu kontrollieren imstande ist. Ein Überblick wie in Beispiel 2.3 setzt die Kenntnis einer ganzen Anzahl einzelner Quellen voraus, zusätzlich auch die Fähigkeit, darin die gemeinsamen bzw. wesentlich scheinenden Aussagen zu erkennen und sie im eigenen Text koordiniert zur Darstellung zu bringen. Ein Text wie in Beispiel 2.4 baut auf solchen Voraussetzungen auf, erfordert aber zusätzlich, dass Schreibende im Feld ihrer Forschung eigene Zielsetzungen entwickeln und fachlich begründete Einsichten in ihren Text integrieren, die sich vom Vorgefundenen abheben.

3.2   Internalisierung

Differenzierung und Spezialisierung lassen sich textlinguistisch auf der Grundlage einer Schreibstrategie beschreiben, die man als Internalisierung bezeichnen kann. Ich weise hier auf einige besonders sichtbare Aspekte dieser Internalisierung hin.

3.2.1 Argumente

In Referaten wird häufig auf Argumente bzw. Begründungen hingewiesen, die in den verwendeten Quellentexten für oder gegen eine bestimmte Positionierung gegeben werden. Solche Argumente sind zitiert oder erwähnt – sie sind Teil des Materials, über das berichtet wird. Sie haben den gleichen Status wie alle anderen Informationen aus den Quellen, die in das Referat eingehen. Sie erfordern keine Stellungnahme der referierenden Autorin bzw. des referierenden Autors, keine Gewichtung oder Bewertung.

Wird, wie in Beispiel 2.3, eine Übersichtsdarstellung gegeben, so werden die darin vorkommenden Argumente verwendet. Meist werden sie aus Quellen übernommen, vielleicht sind sie auch das Werk der jeweiligen Autorin bzw. des jeweiligen Autors. Sie sind integrierender Teil des Gedankengangs, sie werden von den Schreibenden also offensichtlich als gültig unterstellt. Meist bleibt diese Unterstellung implizit. Im Unterschied zu einem Referat macht sich eine Autorin bzw. ein Autor damit angreif-

bar – das Argument ist auch ihr Argument, und sie trägt dafür (Mit-)Verantwor-
tung, auch wenn mit dieser Art der Vertextung die Erwartung einhergeht, dass das
Argument als Teil des wissenschaftlichen Common Sense akzeptiert werden wird.

In Texten wie dem Beispiel 2.4 werden Positionen durch Problematisierung
thematisiert, reflektiert und Argumente für die Legitimation alternativer Positionierungen konstruiert. Dadurch werden sie vollständig internalisiert – sie gehören
zum exklusiven Beitrag einer Autorin oder eines Autors zur wissenschaftlichen
Diskussion.

3.2.2 Kritik

Kritik taucht in den analysierten Texten erst in Beispiel 2.4 auf. Von den Autorinnen und Autoren initiierte Kritik fehlt in den ersten drei Beispielen wie auch in
den jeweiligen Volltexten. Dies bedeutet nicht, dass die Studierenden solcher Texte
auf Kritik immer verzichten würden. Fast stets handelt es sich dabei aber um das,
was ich ‚externe Kritik‘ nenne: Die entsprechenden Äußerungen stehen meist am
Ende eines Abschnitts oder Kapitels als eine Art Kommentar oder abschließendes
Urteil, sind also extern in dem Sinne, dass sie nicht in das Gefüge der Darstellung
eingearbeitet sind. Kritik nimmt in diesen Kontexten häufig den Charakter eines
macht- und folgenlosen Wunsches an: Es wäre nötig oder empfehlenswert, dies oder
jenes auf andere Weise zu erforschen, mehr Aspekte zu berücksichtigen usw.[5]

Solange Schreibende kritische Aussagen ihrer Quellen erwähnen oder gebrau-
chen, sind diese Teil des Referats oder der Elaboration. Die Verhältnisse sind hier
analog zu den oben in Bezug auf Argumente Gesagten.

Ich interpretiere diesen Sachverhalt so, dass die Schreibenden zwar durchaus aktiv
Stellung nehmen, aber keinen Weg finden, ihre Kritik bzw. ihre eigenen Einsichten
‚intern‘ zu machen, sie also in die fachliche Auseinandersetzung hineinzunehmen
und mit ihr zu arbeiten.[6] Ein solches Ergebnis ist erwartbar, sogar unabwendbar,
solange sie ihren Text nach dem Modus von Beispiel 2.2 oder 2.3 schreiben – in
diesen Textmodellen ist Kritik nur schwer oder gar nicht stimmig unterzubringen.
Erst in Texten von der Art von Beispiel 2.4 ist Kritik voll internalisiert, also von den

---

5 In Seminarvorträgen beeilen sich Studierende manchmal schon vor Beginn ihrer Ausführungen, kritisch ihre Distanzierung von dem anzukünden, was sie in ihrem Vortrag
   referieren werden. Dies ist ein besonders krasser Fall externer Kritik, weil noch gar nicht
   bekannt ist, gegen was sich die Vortragenden wenden.
6 Gätje, Rezat & Steinhoff (2012) beschreiben die Entwicklung des Gebrauchs von Modal-
   ausdrücken in argumentativen Texten von Schülerinnen und Schülern sowie Studierenden. Dies ist natürlich ein wichtiger Aspekt im Rahmen der Entwicklung von Schreibkompetenzen. Hier geht es um die grundlegende textlinguistische Frage, auf welche
   Weise Studierende ihre Argumente (z. B. Kritik) in wissenschaftlichen Texten überhaupt
   auf weiterführende Art geltend machen können.

jeweiligen Schreibenden unternommen und unzweideutig ihnen als Leistung bei der Erarbeitung und Legitimation neuer Sichtweisen zuschreibbar.

3.2.3 Autorschaft

Letztlich stehen jedes Wort und jeder Satz eines Textes da, weil eine Autorin oder ein Autor sie dort hingesetzt hat. Trotzdem lässt sich ohne Selbstwiderspruch behaupten, dass es Texte gibt, in denen Schreibende in ihrem eigenen Text als Autorinnen bzw. Autoren abwesend sind. Im ersten Fall sprechen wir über die reale Person, die einen Text schreibt, im zweiten über die Autorin/den Autor-im-Text, über eine textuelle Strategie, sich im eigenen Text deutlich als handelnde Instanz bemerkbar zu machen.

Anders als in ‚neutralen' Zeitungsberichten, in denen die Abwesenheit der Autorin/des Autors-im-Text zum Programm gehört, sind die Schreibenden in wissenschaftlichen Texten gezwungen, sich zumindest in den bestimmenden Momenten ihrer Arbeit unmissverständlich als AutorInnen-im-Text zu artikulieren, wenn sie einen eigenständigen fachlichen Beitrag leisten wollen. In Texten wie in Beispiel 2.4 ist die Autorin bzw. der Autor im Text präsent als ordnende, abwägende, festlegende Instanz im Gegensatz zu anderen Instanzen (anderen Autorinnen und Autoren bzw. deren Aussagen, Urteilen, Begründungen etc.). Diese Präsenz wird deutlich artikuliert in der Mehrstimmigkeit der Vertextung, vorab in der Prominenz auktorialer Setzungen. In Beispiel 2.3 ist klar, dass es die Autorin ist, die spricht, und es ist auch deutlich, dass der Text ihre Leistung ist. Aber wie der Kommentar zu diesem Text festhält, ist nicht bestimmbar, welche der Aussagen sie sich selbst zuschreibt und wo sie als Sprachrohr des Diskurses, also als Vermittlerin, agiert. In Beispiel 2.2 wird noch auffälliger sichtbar, dass die Schreibende sich klar aus dem, was sie schreibt, heraushält – sie definiert ihre Rolle als die einer neutralen Berichterstatterin.

Ob Schreibende in wissenschaftlichen Texten das Wort *Ich* benützen oder dies vermeiden, wie es Tradition ist, ist eine vergleichsweise nebensächliche Frage. Gerade dort, wo Autorinnen und Autoren im Text sich am deutlichsten bemerkbar machen, in den auktorialen Setzungen, wird meiner Einschätzung nach ‚Ich' nicht häufiger verwendet als anderswo in wissenschaftlichen Texten. Das ‚Ich' in wissenschaftlichen Texten ist primär ein Schreiber-Ich, ein Reflex der Tatsache, dass jeder Text von jemandem mit einer bestimmten Absicht geschrieben wird und entsprechend geordnet werden muss. Als solches tritt es etwa in Beispiel 2.2 auf.

Diese Verwendung von ‚Ich' stellt nur einen minimalen Schritt in der Internalisierung, also der Sichtbarmachung von Autorschaft im Text dar. Er ist in wissenschaftlichen Texten völlig fakultativ, für ihr Funktionieren ohne Belang. Wie sich Autorschaft in wissenschaftlichen Texten manifestiert, lässt sich mit dem hier verwendeten Konzept der Stimme besser beschreiben als mit der Frage nach den Verwendungsweisen von ‚Ich'. Die entsprechenden textuellen Verfahren sind völlig unabhängig von expliziten Autornennungen beschreibbar. Eine volle Integration von Autorinnen und Autoren in ihre Texte erfolgt erst im mehrstimmigen Text durch ihre auktorialen Handlungen.

Die Tatsache, dass die Verwendung expliziter Autornennung in wissenschaftlichen Texten umgangen werden kann (und traditionellerweise auch umgangen wird) ist immer wieder Anlass für Missverständnisse. So wird hie und da behauptet, wissenschaftliche Texte stünden unter der Pflicht zur Anonymität. Damit kann (was immer sonst damit gemeint sein mag) jedenfalls nicht dies gemeint sein, dass Autorinnen und Autoren sich in ihrem Text nicht als solche erkennbar machen dürften. Dies wäre eine geradezu groteske Verkennung des Ethos wissenschaftlichen Schreibens, zu dem es gehört, Vergleiche anzustellen, Schlüsse zu ziehen, Urteile abzugeben, Festlegungen zu treffen und dafür auch einzustehen.

Autorinnen und Autoren setzen alles daran, ihre Schlüsse, Urteile etc. zu begründen und im Rahmen des wissenschaftlichen Diskurses so unbestreitbar wie möglich zu machen. Dafür braucht es Erfahrung und Sachkompetenz. Aber die so zustande gebrachte Einbettung ihrer Aussagen in den wissenschaftlichen Diskurs verändert nicht deren fundamentalen Charakter: Sie bleiben auktoriale Handlungen von Schreibenden. Mit etwas Glück gehen sie in den Bestand dessen ein, was in einer Disziplin zu den grundlegenden Positionen zählt. Wenn sie dann fürderhin mit Autornennung zitiert werden, ist dies ein Hinweis dafür, dass sie immer noch als das wahrgenommen werden, was sie von Anfang an waren: durchaus persönliche und gerade nicht anonyme Leistungen von Autorinnen oder Autoren. Wissenschaftliche Erkenntnisse werden nicht vorgefunden, sie werden erarbeitet. Die in diesem Beitrag thematisierte Rhetorik des wissenschaftlichen Schreibens ist der sprachliche und textuelle Ausdruck dieses Sachverhalts.

4   Ausblick: Auktoriales Handeln als unabdingbare Verfahrensweise

Das Beispiel 2.4 ist der einzige mehrstimmige Abschnitt in der Masterarbeit der Autorin. Diese stößt beim Schreiben, so scheint es, fast zufällig auf das Modell der mehrstimmigen Vertextung. Es ist möglich, dass sie selber kaum wahrgenommen hat, was ihr hier zugestoßen ist. Zumindest zeigt nichts in ihrer Arbeit, dass sie darauf aufmerksam geworden wäre, dass ihr hier ein Miniaturmodell der wissenschaftlichen Verfahrensweise schlechthin gelungen ist. Die Gunst der Umstände, so ist zu vermuten, hat hier der Autorin erlaubt, sie geradewegs dazu gedrängt, einen Text herzustellen, der ihre sonst gezeigte Schreibfähigkeit übertrifft: Die so zustande gebrachte Textstruktur geht in diesem Falle der Textkompetenz der Autorin voraus.

Falls sie weitergehen und eine Dissertation schreiben möchte, steht sie vor der Aufgabe, sich das, was ihr hier zugefallen ist, tatsächlich auch anzueignen, um es als Instrument des Arbeitens und Schreibens aktiv verfügbar zu haben.

Die klassische Anforderung an eine Masterarbeit ist, dass in ihr fachliche Themen übersichtlich dargestellt, besser erschlossen oder bekannte Methoden auf noch wenig untersuchte Gegenstände angewendet werden. Diese Aufgabe ist mit einer harmonisierenden Darstellung noch einigermaßen zu bewältigen. Eine Dissertation dagegen sollte die bekannten Instrumente der Wissenschaft nicht nur anwenden, sondern sie im Gebrauch schärfen. Das heißt, sie muss einschlägige Begriffe, Modelle, Theorien selber zum Thema machen und sie wo nötig weiterbringen. Eine Dissertation, die sich diesen Anforderungen stellt, kommt ohne den streitbaren Modus des Denkens und Schreibens nicht aus. Wer eine Dissertation schreibt, muss Unstimmigkeiten, Lücken und Widersprüche in den Quellen wie auch in den eigenen Konzepten aufdecken, ja geradezu aufsuchen, um daraus adäquate Ausgangspunkte für die eigene Arbeit zu destillieren.

Nun gibt es nicht wenige Dissertationen, in denen die Autorinnen und Autoren versuchen, die sogenannten theoretischen Kapitel ausschließlich auf der Basis von Literaturreferaten und Übersichtsdarstellungen zu verfassen. Oft sind diese gut und ausführlich gemacht. Das Problem damit ist, dass aus einer Menge von Darstellungen dessen, was im Fach vorliegt, letztlich nichts hervorgeht, was es den Schreibenden erlaubt, weiterführende Ziele zu setzen und diese auch zu erreichen. In besonders enttäuschenden Fällen finden sich in diesen Arbeiten zwei unzusammenhängende Teile, ein ‚theoretischer‘ und ein ‚praktischer‘, in dem ein ganz anderer Diskurs bemüht wird als im ersten. In solchen Texten wird geradezu demonstrativ deutlich, dass das theoretische und begriffliche Instrumentarium nur angelesen, aber nicht angeeignet und schon gar nicht umgearbeitet wurde.

Entscheidendes Merkmal all dieser Texte ist das Fehlen eines kompetenten auktorialen Managements der Darstellung auf der Mesoebene. Die Frage ist, was es für diese Schreibenden – trotz intensiver Beschäftigung mit der Fachliteratur – so schwierig macht, nicht nur Referate und Überblicksdarstellungen zu erstellen, sondern den Übergang zu einer offeneren Form der Vertextung zu finden. Bei einigen drängt sich der Eindruck auf, dass sie lieber weitere fünfzig Seiten referierender Art schreiben würden als sich, wie sie es sehen, selbst unbescheiden in Szene zu setzen und damit zu exponieren. Was immer der Grund dafür sein mag, dass hier die eigenständige Arbeit an Begriffen und theoretischen Zusammenhängen ausgelassen wird – eine solche Einstellung ist nicht zu vereinbaren mit der Intention, eine Forschungsarbeit zu schreiben. Es hilft auch nichts, wenn manche möglichst rasch ihre Aufmerksamkeit den ihrer Ansicht nach praktischeren Dingen wie der Interpretation von Daten etc. zuwenden. Denn dort bestehen (in etwas veränderter Einkleidung) die gleichen Verhältnisse und es wiederholen sich die gleichen Probleme.

Die mit diesen Bemerkungen angesprochenen Hintergründe und Zusammenhänge verdienen Beachtung und weitere Untersuchung. Ich möchte auf nur einen Aspekt kurz eingehen, der mir bedenkenswert erscheint. In jeder Anleitung zum wissenschaftlichen Schreiben wird die Wichtigkeit der Forschungsfrage betont, und spätestens im Privatissimum bzw. Dissertandenseminar muss sie explizit gestellt werden. Nur: Wenn sie, wie meist der Fall, neutral als Sachfrage formuliert wird, ist es an den Schreibenden selbst, die Brüche, Lücken und Unvereinbarkeiten im Diskurs als Chance für das Verständnis der Sache und die Entwicklung der eigenen Arbeit zu sehen statt sie als hinderliche Komplikationen wahrzunehmen. Mit zum Auftrag, mit dem sie sich an die Arbeit machen, und mit zu jeder Beratung oder Präsentation des Projekts gehört eigentlich eine explizit antagonistische oder, mit Ehlich (1992; 1999) zu sprechen, eristische Komponente, welche die Studierenden von Anfang an dazu ermuntert oder sogar nötigt, auf Inkohärenzen im Diskurs zu achten.

Meiner Erfahrung nach sorgen einige Studierende ganz ohne Anleitung für eine solche Zuspitzung ihrer Forschungsfrage. Sie fertigen von Anfang an nicht einfach nur Quelle für Quelle Exzerpte an, sondern skizzieren Vergleiche, schreiben Kommentare und Kritiken und erkunden so alternative Positionen. Die dabei gewonnenen Einsichten und Ideen gehen bei weitem nicht immer in den endgültigen Text ein. Sie sind trotzdem alles andere als überflüssig, denn sie verändern das Verständnis der Aufgabe wie auch den Fokus und die Tiefe der Arbeit entscheidend. Von anderen Studierenden hört man oft, sie seien noch am Lesen und würden dann in einer späteren Phase zu schreiben beginnen. Vielleicht ist dies ihnen sogar von berufener Seite nahegelegt worden. Für die weniger Wagemutigen unter ihnen kann so ein Ratschlag schon fast als Rezept für eine Schreibweise gelten, mit der – in mimetischer Spiegelung des Leseprozesses – schreibend ein vielleicht neu geordneter Berg von Exzerpten geduldig, aber auch eher uninspiriert Stück für Stück abgetragen wird.

Weitergehend stellt sich die Frage, ob es unabwendbare Gründe dafür gibt, dass sich professionelle Schreibkompetenzen im Studium so spät entwickeln. Immerhin wären die damit verbundenen Fähigkeiten auch potente Lese-, Lern- und Denkinstrumente für das Studieren selber. Entsprechend richten sich die Ansätze der universitären, sogar schon der mittelschulischen Schreibdidaktik darauf, entsprechende Strategien möglichst frühzeitig zu thematisieren und beherrschbar zu machen.

Literatur

Alkemeyer, T. (2008). Fußball als Figurationsgeschehen. Über performative Gemeinschaften in modernen Gesellschaften (unter Mitarbeit von Roman Eichler und Jens Wonke-Stehle). In G. Klein & M. Meuser (Hrsg.), *Ernste Spiele. Zur politischen Soziologie des Fußballs* (S. 87–112). Bielefeld: transcript.

Ehlich, K. (1992). Scientific Texts and Deictic Structures. In D. Stein (Ed.), *Cooperating with Written Texts. The Pragmatics and Comprehension of Written Texts* (S. 201–230). Berlin: de Gruyter.

Ehlich, K. (1999). Alltägliche Wissenschaftssprache. In *Info DaF* 26, 1, 3–24.

Gätje, O., Rezat, S. & Steinhoff, T. (2012). Positionierung. Zur Entwicklung des Gebrauchs modalisierender Prozeduren in argumentativen Texten von Schülern und Studenten. In H. Feilke & K. Lehnen (Hrsg.), *Schreib- und Textroutinen. Theorie, Erwerb und didaktischmediale Modellierung* (S. 125–153). Frankfurt a. M.: Lang.

Portmann-Tselikas, Paul R.: Die Stimmen der Schreibenden. Ein mesostruktureller Zugang zu wissenschaftlichen Texten. (i. d. B.)

Steinhoff, T. (2007). *Wissenschaftliche Textkompetenz. Sprachgebrauch und Schreibentwicklung in wissenschaftlichen Texten von Studenten und Experten.* Tübingen: Niemeyer.

Lena Decker und Gesa Siebert-Ott

Wissenschaft als diskursive Praxis

Schreibend an fachlichen Diskursen partizipieren

1   Einführung: Wissenschaft als diskursive Praxis

> Ehrlich gesagt, konnte ich mich nicht daran erinnern, während meines Abiturs explizit
> auf wissenschaftliches Schreiben vorbereitet worden zu sein. Somit fühlte ich mich zu-
> nächst überfordert und auch der Gedanke an das Verfassen meiner ersten Hausarbeit
> verursachte Bauchschmerzen. Obwohl ich nun im Studium zahlreiche wissenschaftliche
> Texte las, war ich mir nicht sicher, welche Anforderungen ein wissenschaftlicher Text an
> den Schreiber stellt und ob ich diese erfüllen könnte (Aussage einer Studierenden aus
> Decker, 2016b).

Die Annahme, dass die Schule für die Schreibanforderungen der Hochschule hinreichend qualifiziert, ist in den letzten Jahren durch zahlreiche Arbeiten – insbesondere durch die Arbeiten von Pohl (2007) und Steinhoff (2007) – widerlegt worden:
Studierende, v. a. Studienanfängerinnen und Studienanfänger, haben häufig große
Schwierigkeiten mit der Rezeption und der Produktion wissenschaftlicher Texte. Ein
besonderes Problem des wissenschaftlichen Schreibens liegt nach Steinhoff (2008,
S. 3) „in der Vielstimmigkeit und kontroversen Konstitution der Wissenschaftskommunikation": Zu einem bestimmten wissenschaftlichen Gegenstand existieren in
der Regel unterschiedliche Positionen, Theorien, Modelle etc. (vgl. Weitze & Liebert,
2006). Dies ist jedoch nicht als negativ einzuschätzen, im Gegenteil. Karl Raimund
Popper charakterisiert Widerspruch und Kritik sogar als Motor des geistigen Fort-
schritts: „Ohne Widerspruch, ohne Kritik, gäbe es kein vernünftiges Motiv für die
Änderung unserer Theorien: es gäbe keinen geistigen Fortschritt" (Popper, 2009,
S. 484). Studierende empfinden dieses Nebeneinander unterschiedlicher Positionen
jedoch häufig als störend oder überflüssig. Dies zeigt sich auch in ihren Texten, wie
der folgende Auszug aus einer studentischen Arbeit aus Siebert-Ott & Decker (2013,
S. 167) verdeutlicht:

> Die Wissenschaftler sind sich im Diskurs nicht immer einig, welches Rechtschreibgebiet
> welchem Prinzip zuzuordnen ist. […] Der DUDEN distanziert sich schon mehr von die-
> ser Ansicht der Gliederung. Er fügt ein weiteres Prinzip hinzu: das syllabische Prinzip.
> Dieses wird bei den o. g. Wissenschaftlern nicht als eigenständige Kategorie gesehen,
> auch wenn es hier und da innerhalb der anderen Prinzipien auftaucht.

Dieser Textauszug mit seinen Formulierungen wie „die Wissenschaftler" oder „hier
und da […] auftaucht" erweckt zudem den Anschein, als ob der Studierende einen
Diskurs zum Thema „orthographische Prinzipien" als außenstehender Beobachter
wiedergibt, sich aber selbst nicht als Teil dieser Diskursgemeinschaft versteht (vgl.

Siebert-Ott & Decker, 2013, S. 166 f.). Auch Steinhoff (2008, S. 5) stellt fest, dass Studierende in ihren Texten häufig nicht als Forschende auftreten, die an wissenschaftlichen Diskursen mitwirken, sondern eher als außenstehende Beobachtende, welche zum Diskurs keine eigene, fachlich begründete Position entwickeln.

Im Zentrum dieses Beitrages steht daher die Frage, wie Studierende dazu befähigt werden können, schreibend erfolgreich an wissenschaftlichen Diskursen zu partizipieren. Dazu wird ein Konzept zur Förderung dieser Fähigkeit vorgestellt, welches „wissenschaftliche Textprozeduren" (Feilke, 2012) fokussiert und dessen Wirksamkeit im Rahmen einer Interventionsstudie überprüft wurde (Decker, 2016a).

Im Folgenden soll zunächst die im Eingangszitat thematisierte Passung zwischen den an der Schule und den an der Hochschule geforderten Lese- und Schreibanforderungen näher beleuchtet werden (Kap. 2), bevor anschließend genauer auf das Förderkonzept (Kap. 3) und seine Wirksamkeit eingegangen wird (Kap. 4).

2   Schreiben und Lesen in der gymnasialen Oberstufe und an der Hochschule – die Frage der Passung

In diesem Kapitel wird auf der Grundlage von Literaturstudien, Dokumentenanalysen und einer im Rahmen des Projektes „AkaTex"[1] durchgeführten Experteninterviewstudie (vgl. Decker & Kaplan, 2014) dargestellt, mit welchen Textsorten sich Schülerinnen und Schüler (Schwerpunkt Deutschunterricht der gymnasialen Oberstufe[2]) und Studierende an Schule und Hochschule rezeptiv (Kap. 2.1) und v. a. produktiv (Kap. 2.2) auseinandersetzen müssen und welche Unterschiede sich hierbei feststellen lassen.

2.1   An Schule und Hochschule zu rezipierende Textsorten

Schülerinnen und Schüler werden im Deutschunterricht der gymnasialen Oberstufe überwiegend mit literarischen Texten konfrontiert (vgl. Hoppe, 2003, S. 168; Becker-

---

1   Das Akronym „AkaTex" steht für „Akademische Textkompetenzen bei Studienanfängern und fortgeschrittenen Studierenden des Lehramtes unter besonderer Berücksichtigung ihrer Startvoraussetzungen". Es handelt sich dabei um ein vom Bundesministerium für Bildung und Forschung (BMBF) im Rahmen der Förderinitiative „Kompetenzmodellierung und Kompetenzerfassung im Hochschulsektor" gefördertes Verbundprojekt (Projektlaufzeit: 2012–2015), welches an den Hochschulstandorten Köln und Siegen angesiedelt war und von Prof. Dr. Gesa Siebert-Ott (Universität Siegen, Fakultät I, Germanistisches Seminar) und PD Dr. Kirsten Schindler (Universität zu Köln, Philosophische Fakultät, Institut für Deutsche Sprache und Literatur II) geleitet wurde. Für nähere Informationen zum Projekt siehe Siebert-Ott, Decker, Kaplan & Macha (2015), Decker & Siebert-Ott (2016) und die Projekthomepage: http://www.uni-siegen.de/phil/akatex/.

2   In einem Anschlussprojekt werden gegenwärtig zusätzlich die Fächer Biologie, Sozialwissenschaften, Geschichte und Religion untersucht.

Mrotzek & Kepser, 2010, S. 16; Steinhoff, 2011, S. 27). Sachtexte – darunter v. a. wissenschaftliche Texte – spielen dagegen meist nur eine untergeordnete Rolle. Wenn solche Texte im Unterricht Verwendung finden, so ist es in der Regel entweder bei den ein bis zwei vorgesehenen sprachbezogenen Themen (z. B. Sprachwandel, Sprachkritik, Sprachphilosophie) oder aber in Form von kurzen Informationstexten bzw. „Inputs" zu literarischen Texten (z. B. Informationen zur Entstehungsgeschichte des Werkes) (vgl. Decker & Kaplan, 2014, S. 19). Auch die von der Kultusministerkonferenz herausgegebenen Einheitlichen Prüfungsanforderungen in der Abiturprüfung Deutsch (EPA) betonen die Schlüsselstellung, die literarische Texte im Deutschunterricht einnehmen. Hier heißt es: „Dem Erschließen von literarischen Texten kommt in der gymnasialen Oberstufe vorrangige Bedeutung zu, denn das Verstehen literarischer Texte eignet sich als Muster des Verstehens überhaupt" (KMK, 2002, S. 13).

Durch die neuen Bildungsstandards für die Allgemeine Hochschulreife im Fach Deutsch, welche die EPA vollständig ablösen und ab dem Schuljahr 2016/2017 Grundlage für die Abiturprüfungen sein werden, sind jedoch Änderungen hinsichtlich des Stellenwerts von literarischen Texten erwartbar: In den vorgestellten Grundmustern von sechs Aufgabenarten sind nur zwei enthalten, welche literarische Texte als Grundlage haben:

Aufgabenart	Textbezogenes Schreiben				Materialgestütztes Schreiben	
	Interpretation literarischer Texte	Analyse pragmatischer Texte	Erörterung literarischer Texte	Erörterung pragmatischer Texte	Materialgestütztes Verfassen informierender Texte	Materialgestütztes Verfassen argumentierender Texte

Abb. 1:   Aufgabenarten der Bildungsstandards für die Allgemeine Hochschulreife (KMK, 2012, S. 31)

Die tatsächlichen Auswirkungen der Bildungsstandards auf die an der Schule zu rezipierenden Textsorten werden sich jedoch erst in Zukunft zeigen.

Dass Sachtexte im Deutschunterricht der gymnasialen Oberstufe nur einen vergleichsweise geringen Stellenwert einnehmen, zeigt sich auch daran, dass in ihnen – im Gegensatz zu literarischen Texten – Kürzungen vorgenommen werden dürfen (vgl. KMK, 2002, S. 34 f.). Schaut man sich die gängigen Lehrwerke für den Deutschunterricht in der gymnasialen Oberstufe genauer an, so stellt man fest, dass genau dies auch gemacht wird: Die dort abgedruckten Sachtexte wurden in der Regel auf durchschnittlich eineinhalb bis zwei Seiten komprimiert. Auch die Texte, die bei der neuen Aufgabenart „materialgestütztes Schreiben" (vgl. KMK, 2012; Feilke, Lehnen, Rezat & Steinmetz, 2016) gelesen und ausgewertet werden müssen, sind häufig stark gekürzt. Die Folge ist, dass die Schülerinnen und Schüler kaum die Chance bekommen, den vollständigen Argumentations- und Gedankengang einer Autorin bzw. eines Autors nachzuvollziehen und diesen in ihr eigenes Schreiben einzubeziehen (vgl. Mielke, 2012, S. 3 f.). Neben der Kürzung werden die wenigen im Deutschunterricht der gymnasialen Oberstufe zu rezipierenden Sachtexte den Schülerinnen und

Schülern häufig folgendermaßen bearbeitet bzw. didaktisch aufbereitet präsentiert (vgl. Mielke, 2012, S. 4):

- Eliminierung des „wissenschaftlichen Apparates" (Fußnoten, Literaturverzeichnis etc.)
- Hinzufügen von eigenen Fußnoten, in denen u. a. Fachtermini erläutert werden
- Hinzufügen von Aufgaben, die das Textverständnis unterstützen

An der Hochschule dominieren hingegen keine literarischen Texte, sondern wissenschaftliche Texte, welche die Studierenden zu verschiedenen Anlässen – beispielsweise zur Vor- und/oder Nachbereitung einer Lehrveranstaltung oder zur Anfertigung einer Seminararbeit (vgl. Stary & Kretschmer, 1994, S. 39) – rezipieren müssen. Zu nennen sind hier v. a. Monographien, Aufsätze in Fachzeitschriften, Artikel in Sammelwerken bzw. Sammelbänden und die Einführungen in wissenschaftliche Fachgebiete und Lehrbücher (vgl. Sommer, 2009, S. 84). Die Rezeption dieser Texte unterscheidet sich Luhmann (2002, S. 150 ff.) zufolge von der Rezeption literarischer Texte – wie Gedichte oder Romane – darin, dass hier besondere Gedächtnis- und Selektionsleistungen erbracht werden müssen, wie z. B. das Identifizieren der Kernaussagen eines Textes. Hinzu kommt, dass wissenschaftliche Texte im Vergleich zu den in der gymnasialen Oberstufe zu rezipierenden Sachtexten in der Regel ungekürzt und daher deutlich länger sind, über einen wissenschaftlichen Apparat verfügen und viele Fachtermini enthalten, die als selbstverständlich vorausgesetzt und demnach nicht erläutert werden. Zudem sind sie nicht mit als „Stützräder" (Mielke, 2012, S. 4) dienenden Aufgabenstellungen verbunden, sodass Studierende darauf angewiesen sind, „sich selbst solche Aufgaben zu stellen, selbst Ideen zu entwickeln, was man mit dem jeweiligen Text anstellen kann, wie man ihn verwenden will" (Mielke, 2012, S. 4).

2.2   An Schule und Hochschule zu produzierende Textsorten

„Das Schreiben im Deutschunterricht der Oberstufe wird v. a. von den verbindlichen Aufsatzarten bestimmt" (Ehlich & Steets, 2003, S. 214). Ähnliche Ergebnisse liefern auch Befragungen unter Lehramtsstudierenden, wie sie beispielsweise von Siebert-Ott, Decker & Kaplan (2014) und Mielke (2007) durchgeführt wurden: Interpretationen, Analysen und Erörterungen bilden die zentralen Schreibaufgaben. Bei den Aufgaben, die als Gegenstand einen Sachtext haben, dominieren solche, die sich lediglich auf *einen* Text beziehen (vgl. Mielke, 2012, S. 3; Beste, 2003, S. 279). Schülerinnen und Schüler haben also kaum die Gelegenheit, Erfahrungen mit dem Schreiben zu *mehreren* komplexen Texten zu sammeln. Genau dieses Schreiben wird aber – wie noch gezeigt wird – an der Hochschule gefordert.

Neben den Aufsatzarten wird von den Schülerinnen und Schülern im Deutschunterricht der gymnasialen Oberstufe das Anfertigen von Mitschriften, Protokollen und Referaten gefordert. Diese Textsorten, die der Verarbeitung des Unterrichtsstoffes dienen, zeichnen sich dadurch aus, dass sie im Gegensatz zu den Aufsatzarten zum einen wesentlich seltener gestellt und zum anderen stärker der selbstständigen Arbeit der Schülerinnen und Schüler überlassen werden (vgl. Ehlich & Steets, 2003, S. 217; Mielke, 2012, S. 3). Auch die in den Lehrwerken bereitgestellten Hilfen zum Bewältigen dieser Schreibaufgaben sind deutlich geringer. So werden dem Anfertigen von Mitschriften und Protokollen in „Texte, Themen und Strukturen" lediglich zwei Seiten gewidmet (vgl. Decker, 2016a, S. 84).

Eine Schreibaufgabe mit einer besonderen wissenschaftspropädeutischen Funktion stellt in der gymnasialen Oberstufe die Facharbeit dar. Sie soll die Schülerinnen und Schüler mit den Anforderungen des wissenschaftlichen Schreibens vertraut machen und somit zur Erhöhung der Studienqualifizierung beitragen (vgl. Ehlich & Steets, 2003, S. 218). Durch sie soll beispielhaft gelernt werden, „was eine wissenschaftliche Arbeit ist und wie man sie schreibt" (MSW, 2009, S. 5). Somit ist die Facharbeit die komplexeste und anspruchsvollste Schreibaufgabe, die Schülerinnen und Schüler in ihrer Schulzeit bewältigen müssen (vgl. auch Decker, 2015).

Kommen wir nun zu den an der Hochschule zu produzierenden Textsorten, die „sich in einer langen Tradition für die spezifischen Zwecke des kollektiven Lehrens und Lernens herausgebildet [haben]" (Ehlich & Steets, 2003, S. 220). Moll (2003, S. 236) unterteilt diese Textsorten hinsichtlich ihrer Funktion in „sekundär" und „primär": Sekundäre Textsorten sind solche, die sich auf einen Primärtext bzw. einen Primärdiskurs beziehen, der in verkürzter Form wiedergegeben werden soll. Studienrelevante sekundäre Textsorten sind v. a. die Mitschrift, das Protokoll und das Exzerpt (vgl. Ehlich & Steets, 2003). Wie bereits dargelegt, spielen diese Schreibaufgaben in der gymnasialen Oberstufe nur eine untergeordnete Rolle.

Primäre Textsorten beziehen sich zwar ebenso wie die sekundären Textformen auf Primärtexte, zeichnen sich aber dadurch aus, dass der Anteil an eigenständiger Textproduktion deutlich höher ist. Als studienrelevante primäre Textsorten sind v. a. das Referat mit seinen Formen des Schreibens, die Seminararbeit und die akademische Abschlussarbeit – wie z. B. die Bachelor- oder die Masterarbeit – zu nennen (vgl. Moll, 2003, S. 236 f.). Diese Textsorten fordern die Fähigkeit, auf der Grundlage der Lektüre *mehrerer wissenschaftlicher* Texte einen neuen, eigenen Text zu verfassen. Damit unterscheiden sie sich in einem erheblichen Maße von den in der gymnasialen Oberstufe geforderten Aufsatzarten, die sich – wie bereits dargelegt – in der Regel nur auf *einen* Text beziehen und dadurch den diskursiven Charakter von Wissenschaft weitestgehend ausblenden (vgl. Decker, 2016a; Steinhoff, 2008). Die bereits thematisierte neue Schreibform „materialgestütztes Schreiben" gibt jedoch Grund zur Hoffnung: Hier müssen die Schülerinnen und Schüler mehrere Materialien (kontinuierliche und diskontinuierliche Texte) zu einem bestimmten Thema lesen, auswerten und mit dem eigenen Text verknüpfen. Inwieweit diese Schreibform „eine hohe propädeutische Relevanz für Studium und Beruf" (KMK, 2012, S. 155) besitzt, wird sich jedoch erst in Zukunft zeigen.

Tabelle 1:   Vergleich von zu rezipierenden und zu produzierenden Textsorten in der gymnasialen Oberstufe und an der Hochschule (vgl. Decker, 2016a)

	Gymnasiale Oberstufe	**Hochschule**
zu rezipierende Textsorten	• Dominanz literarischer Texte • Sachtexte werden bearbeitet bzw. didaktisch aufbereitet	• Dominanz wissenschaftlicher Texte • Wissenschaftliche Texte werden nicht bearbeitet bzw. didaktisch aufbereitet
zu produzierende Textsorten	• Schreiben durch Aufsatzarten bestimmt, welche sich bei Sachtexten in der Regel auf *einen* Text beziehen • selten werden Textsorten „Mitschrift", „Protokoll" und „Exzerpt" gefordert • Facharbeit als einmalige wissenschaftspropädeutische Schreibaufgabe, die in ihren Grundzügen zwar der Seminararbeit ähnelt, sich aber von dieser hinsichtlich der institutionellen Einbindung unterscheidet	• Schreiben u.a. durch primäre Textsorten bestimmt, welche sich auf *mehrere* wissenschaftliche Texte beziehen, die mit dem eigenen Text verknüpft werden müssen • sehr häufig werden die Textsorten „Mitschrift", „Protokoll" und „Exzerpt" gefordert

Zusammenfassend lässt sich also festhalten, dass zwischen dem schulischen Lesen und Schreiben und dem universitären Lesen und Schreiben markante Unterschiede bestehen (vgl. Tab. 1), die zu Übergangsproblemen führen (können). Dass Studierende insbesondere zu Beginn ihres Studiums häufig nicht bzw. nur unzureichend über die Fähigkeit verfügen, wissenschaftliche Texte zu rezipieren und zu produzieren, ist also nicht auf die angeblich abnehmenden schriftsprachlichen Fähigkeiten der jüngeren Generation zurückzuführen,[3] sondern auf die mangelnde Passung zwischen den an der Schule und den an der Hochschule zu rezipierenden und zu produzierenden Textsorten. Diese Erkenntnis hat sich in den letzten Jahren auch in der Forschung durchgesetzt, wie die folgenden Zitate renommierter Schreibforscher belegen:

> Wenn man aber AbiturientInnen unterstellt, daß [sic!] sie […] ohne weiteres auch in der Lage sein sollten, wissenschaftlich zu schreiben, dann programmiert man Probleme vor. Für wissenschaftliche Texte gelten im wesentlichen [sic!] die allgemein für eine Sprache gültigen orthographischen und grammatikalischen Festlegungen und Regeln. Darüber hinaus verlangt ihre Produktion jedoch eine Reihe spezifischer Fähigkeiten, die Studie-

---

3   Klagen über studentische Schreibprodukte lassen sich bis ins vorletzte Jahrhundert zurückverfolgen (vgl. Pohl, 2007, S. 25 f.).

rende nicht intuitiv erfassen, sondern die gelernt werden müssen […] (Kruse & Jakobs, 1999, S. 23).

Zu bedenken ist ja, dass mit dem wissenschaftlichen Schreiben auch neue Prozessaktivitäten auf die Studierenden zukommen, die so in der Schule nicht gefordert waren […] etwa verschiedene Strategien des wissenschaftlichen Rezipierens […], ein gezieltes Exzerpieren wissenschaftlicher Literatur […] und dergleichen mehr (Pohl, 2007, S. 16).

Im Folgenden soll nun der Frage nachgegangen werden, wie der Übergang von der Schule in die Hochschule in Bezug auf das Schreiben von wissenschaftlichen Texten sinnvoll unterstützt werden kann.

3 Übergangsprobleme verringern – ein Förderkonzept für die Hochschule und seine Wirksamkeit

In diesem Kapitel wird zunächst ein auf Basis aktuellerer schreibdidaktischer Konzeptionen entwickeltes Förderkonzept vorgestellt (Kap. 3.1). Im Zentrum dieses Konzeptes stehen die wissenschaftlichen Textprozeduren als „textkonstituierende sprachlich konfundierte literale Prozeduren, die jeweils ein textliches Handlungsschema (*Gebrauchsschema*) und eine saliente Ausdrucksform (*Routineausdruck*) semiotisch koppeln" (Feilke, 2012, S. 11). Fokussiert werden v. a. die sogenannten „diskursstrukturierenden Prozeduren" (vgl. Decker, 2016a). Darunter verstehen wir diejenigen wissenschaftlichen Textprozeduren, die man in besonderem Maße benötigt, um an einem wissenschaftlichen Diskurs schreibend erfolgreich partizipieren zu können, nämlich beispielsweise

- Intertextuelle Prozeduren wie „*X stellt die These auf, dass …*" oder „*Im Gegensatz zu X ist Y der Ansicht, dass …*" und
- Positionierungsprozeduren wie „*Meines Erachtens*" oder „*Ich vertrete die Auffassung, dass …*" (vgl. auch Feilke, 2002).

Anschließend wird dargestellt, wie die Wirksamkeit des Konzeptes im Rahmen einer quasiexperimentellen Interventionsstudie überprüft und welche Resultate dabei erzielt wurden (Kap. 3.2).

3.1 Das Förderkonzept

Das didaktische, textprozedurenbezogene Förderkonzept umfasst eine Seminarsitzung – also neunzig Minuten – und basiert auf den Konzeptionen von Kruse & Ruhmann,1999, Feilke, 2002, Ruhmann, 2003 und Steinhoff, 2008. Es stellt eine Kombination aus Modelllernen und Handlungslernen dar (vgl. Pohl, 2014, S. 309) und umfasst die folgenden sechs Schritte:

1. Vermittlung von Einsichten in den diskursiven Charakter von Wissenschaft
   (ca. 10 Min.)

In diesem ersten Schritt werden den Studierenden mit Hilfe einer Präsentation „Einsichten in den diskursiven Charakter von Wissenschaft" (Siebert-Ott et al., 2014, S. 212) vermittelt. Sie sollen lernen, dass der wissenschaftliche Diskurs nicht eindeutig und geradlinig, sondern vielstimmig und diskursiv ist und dass ein Nebeneinander unterschiedlicher Positionen zu einem bestimmten wissenschaftlichen Thema nicht als negativ aufzufassen ist, sondern den wissenschaftlichen Diskurs entscheidend vorantreiben kann.

2. Vorstellen des Konzeptes der „Alltäglichen Wissenschaftssprache" nach Ehlich
   (1999) (ca. 5 Min.)

In einem zweiten Schritt wird das Konzept der „Alltäglichen Wissenschaftssprache" nach Ehlich (1999) thematisiert: Die Studierenden erfahren, dass bestimmte sprachliche Mittel existieren, „derer sich die meisten Wissenschaftler gleich oder ähnlich bedienen" (Ehlich, 1999, S. 33), beispielsweise um in eine wissenschaftliche Arbeit einzuleiten, eine Forschungslücke aufzuzeigen oder Forschungspositionen darzustellen und vergleichend aufeinander zu beziehen.

3. Herausarbeiten diskursstrukturierender Prozeduren an einem
   wissenschaftlichen Beispieltext (ca. 30 Minuten)

Im Zentrum des dritten Schrittes steht die Frage, mit welchen sprachlichen Mitteln sich Forschungspositionen darstellen und vergleichend aufeinander beziehen lassen: Die Studierenden sollen in einem wissenschaftlichen Beispieltext – in Abb. 2 ausschnitthaft dargestellt[4] – intertextuelle Prozeduren markieren, also zum einen diejenigen Prozeduren, mit denen über die Positionen anderer Autoren berichtet wird (intertextuelle Prozeduren I) und zum anderen diejenigen, mit denen die Positionen verschiedener Autoren vergleichend aufeinander bezogen werden (intertextuelle Prozeduren II) (vgl. auch Feilke, 2002, S. 64):

---

4   Es handelt sich bei dem Beispieltext um die Einführung des Textes „Deutsch als Zweitsprache in der Lehrerbildung – die Perspektive der Sprachwissenschaft (Linguistik)" (Siebert-Ott, 2010).

Textausschnitt	Diskursstrukturierende Prozeduren
Das Verhältnis von Sprachwissenschaft, Sprachdidaktik und Sprachunterricht wird seit geraumer Zeit intensiv reflektiert und engagiert und zum Teil auch durchaus kontrovers diskutiert. Neuerdings **hat sich Berthele** in einer Fachzeitschrift mit Beiträgen zum Thema „Worauf kann sich der Sprachunterricht stützen?" (In: Klein/Dimroth (Hrsg.) 2009) aus der Perspektive der Mehrsprachigkeitsforschung zu diesem Thema mit dem provokativen Titel „Überlegungen zur quasi totalen aber vollkommen normalen Nutzlosigkeit sprachwissenschaftlicher Forschung für die Unterrichtspraxis" **geäußert.** Tatsächlich **legt Berthele** in seinem Beitrag aber **dar,** dass die aktuellen Arbeitsfelder von Sprachwissenschaft und Sprachunterricht vielfältige Berührungspunkte und Überlappungen aufweisen und dass die Resultate sprachwissenschaftlicher Forschung für die Unterrichtspraxis durchaus systematisch nutzbar gemacht werden können. **Diese Auffassung wird auch in** der aktuellen fachdidaktischen Diskussion zum Verhältnis von Sprachwissenschaft, Sprachdidaktik und Sprachunterricht **vertreten** (vgl. dazu schon Becker-Mrotzek 1997 und Günther 1998). Die Rolle der Sprachdidaktik in diesem Theorie- Praxis-Verhältnis **berührt** Berthele in seinem Beitrag allerdings **nur am Rande.** Das Verhältnis von Sprachwissenschaft, Sprachdidaktik und Sprachunterricht **wird dagegen von Hartmut Günther** in seiner Antrittsvorlesung im Jahr 1996 auf eine Professur für „Deutsche Sprache und Literatur und ihre Didaktik mit dem Schwerpunkt Sprachwissenschaft/Sprachdidaktik" **systematisch reflektiert.** Ausgehend von der Position, dass die wissenschaftliche Sprachdidaktik ebenso Teil der Sprachwissenschaft ist, wie etwa die Psycholinguistik und die Soziolinguistik, die Namenkunde und die Lexikographie oder eben auch die theoretische Linguistik, ist es **nach Günther** eine zentrale Aufgabe der wissenschaftlichen Sprachdidaktik, die didaktisch relevanten sprachwissenschaftlichen Teilbereiche genau zu bestimmen und deren Berücksichtigung im universitären Teil des Lehramtsstudiums durchzusetzen. Dazu muss die Sprachdidaktik zunächst gegebenenfalls auch die Bearbeitung notwendiger fachlicher Grundlagen für die Lehrerausbildung von den anderen sprachwissenschaftlichen Teildisziplinen systematisch einfordern. **Günther** (1998, 27) **vertritt** außerdem **die Auffassung,** dass „ein relevanter Ausschnitt aus der Fachwissenschaft selbst gelehrt werden" muss und „nicht eine reduzierte Mickymausversion". [...]	- *X hat sich zu Y geäußert* - *X legt dar* - *Diese Auffassung wird auch in/ von X vertreten* - *X berührt Y nur am Rande* - *Y wird dagegen von X systematisch reflektiert* - *Nach X* - *X vertritt die Auffassung*

Abb. 2:   Wissenschaftlicher Beispieltext

Die markierten Prozeduren werden von den Studierenden dann in eine zuvor ausgeteilte Liste (vgl. Steinhoff, 2008, S. 11) eingetragen (vgl. Tab. 2) und es wird sich in Partnerarbeit über die Ergebnisse ausgetauscht. Anschließend werden die herausgearbeiteten intertextuellen Prozeduren im Plenum zusammengetragen, im Hinblick auf ihre kommunikative Funktion analysiert und für alle sichtbar auf einer Overheadfolie schriftlich fixiert (vgl. auch Ruhmann, 2003, S. 215).

4. Gemeinsames Sammeln weiterer diskursstrukturierender Prozeduren (ca. 20 Min.)

Der vierte Schritt besteht darin, dass weitere diskursstrukturierende Prozeduren gesammelt, kritisch geprüft und in die Liste eingetragen werden. Besondere Aufmerksamkeit erfahren hier Positionierungsprozeduren wie „Meines Erachtens" oder „Ich vertrete die Auffassung, dass …".

Das Ergebnis des dritten und vierten Schrittes ist die folgende Liste mit domänentypischen diskursstrukturierenden Prozeduren[5]:

Tabelle 2:   Liste mit diskursstrukturierenden Prozeduren in Anlehnung an Steinhoff (2008, S. 11)

Gebrauchsschema	*Routineausdruck*
Ausformulierung der Verfasserhandlungen (Intertextuelle Prozeduren I)	**X hat sich geäußert**; **X legt dar**; **X betont/wie X betont**; **X vertritt die Auffassung**/ die These etc.; **nach X**; **X stellt (kritisch) fest**; **X formuliert**; **nach Einschätzung von X**; **X zeigt**; **X berührt Y nur am Rande**; X reflektiert; laut X; X beschreibt; X nennt; X weist darauf hin; X diskutiert; X geht davon aus...
Ausformulierung der Verfasserhandlungen im Vergleich (Intertextuelle Prozeduren II)	**X weist ebenso wie Y darauf hin**; **nicht nur X, sondern auch Y**; **diese Auffassung wird auch von X vertreten**; **Y wird dagegen von X systematisch reflektiert**; im Gegensatz zu X ist Y der Ansicht; beide Autoren sind der Auffassung; X widerspricht Y; sowohl X als auch Y betonen; X teilt die Auffassung von Y; Während X die These vertritt... betont Y; X stimmt mit Y überein; im Vergleich zu X formuliert Y;
Kritischer Kommentar (Positionierungsprozeduren)	ich bin der Auffassung; ich vertrete die Position/ Ansicht; meines Erachtens (m.E.); ich widerspreche X darin; ich teile die Ansicht von X nicht; ich stimme der These von X zu; ich schließe mich der These/den Ausführungen/dem Argument von X an; ohne Belege stellt X die These auf, dass; in dem Text von X wird nicht berücksichtigt, dass...

5. Einbau diskursstrukturierender Prozeduren in einen konstruierten Text (ca. 20 Min.)

Nachdem die Studierenden einen wissenschaftlichen Text hinsichtlich domänentypischer diskursstrukturierender Prozeduren analysiert (Schritt 3) und weitere im Plenum zusammengetragen haben (Schritt 4), wird ihnen der folgende konstruierte Text[6], welchem jegliche diskursstrukturierende Prozeduren fehlen, vorgelegt:

---

5   Die fettgedruckten diskursstrukturierenden Prozeduren sind diejenigen, die im wissenschaftlichen Beispieltext von den Studierenden markiert werden, die restlichen stellen im Plenum gesammelte Prozeduren dar.

6   Basis des konstruierten Textes stellten die Texte dar, die im Rahmen des Prätestes verfasst wurden (vgl. Kap. 3.2).

In dem Text „Auf dem Schulhof nur Deutsch?" findet sich folgende These: „Mehrsprachigkeit ist ein kostbares Gut und jeder Förderung würdig". Diese These soll vor dem Hintergrund der „Deutsch auf dem Schulhof – Debatte" diskutiert werden.

Die „Deutsch auf dem Schulhof – Debatte" entbrannte im Jahr 2005. An einer Berliner Realschule wurde beschlossen, dass auf dem Schulgelände nur noch Deutsch gesprochen werden darf, um die Deutschkenntnisse von Schülerinnen und Schülern mit Migrationshintergrund zu fördern. Hintergrund dieser Regelung ist, dass Schülerinnen und Schüler mit schlechten Deutschkenntnissen in der Schule und später auch auf dem Arbeitsmarkt größere Probleme haben als Schülerinnen und Schüler mit guten Deutschkenntnissen. Eine Deutschpflicht an Schulen empfiehlt sich auch, um Ausgrenzungen vorzubeugen.

Eine solche Regelung schränkt allerdings auch die Persönlichkeitsentwicklung ein. Daher sollte jeder Mensch das Recht haben, seine eigene Sprache zu sprechen. Die Deutschpflicht fördert die Einheitskultur und schränkt die multikulturelle Vielfalt der deutschen Gesellschaft ein. Des Weiteren wird die Zweitsprache auf der Basis einer entwickelten Muttersprache am besten gelernt, da die Muttersprache für Kinder der erste Zugang zur Welt ist und somit die Basis für das Erlernen von weiteren Sprachen darstellt. Wenn die Muttersprache entsprechend in der Schule gefördert wird, trägt dies zur Stärkung des Selbstbewusstseins des Kindes bei, was wiederrum eine wichtige Voraussetzung für den Lernerfolg darstellt.

Es ist richtig, dass gute Deutschkenntnisse sehr wichtig für den Schulerfolg und für das spätere (Arbeits-) Leben sind. Schülerinnen und Schüler sollen jedoch nicht gezwungen werden, Deutsch zu sprechen. Dieser Zwang kann dazu führen, dass die Schülerinnen und Schüler mit Migrationshintergrund gar keine Motivationen mehr besitzen, die deutsche Sprache zu lernen. Auch sind die Pausen viel zu kurz, um nachhaltig Kompetenzen in der Zweitsprache Deutsch aufzubauen. Sie sollen vielmehr dazu dienen, sich kurz vom Schulalltag zu erholen und mit anderen Kindern Spaß zu haben und zu spielen. Zudem soll Mehrsprachigkeit nicht als ein Problem, sondern als eine Chance angesehen werden. Zweisprachige Kinder haben ein sehr gutes Gefühl für Sprachen und ein gutes Gespür für kulturelle Unterschiede und Besonderheiten. Auch haben sie Vorteile beim Erlernen weiterer Sprachen zu einem späteren Zeitpunkt. Mehrsprachigkeit ist also ein kostbares Gut und jeder Förderung würdig.

Abb. 3:   Konstruierter Text ohne diskursstrukturierende Prozeduren

Sie erhalten die Aufgabe, diesen Text durch Einbau der zuvor gesammelten und diskutierten diskursstrukturierenden Prozeduren zu überarbeiten (vgl. auch Kruse & Ruhmann, 1999, S. 115). Ziel des fünften Schrittes ist es, dass die Studierenden verschiedene diskurstrukturierende Prozeduren ausprobieren und erproben. Einige überarbeitete Texte werden anschließend im Plenum vorgetragen und es wird über die individuelle Variationsbreite diskutiert. Eine mögliche Lösung dieser Aufgabe stellt der folgende Text dar:

In dem Text „Auf dem Schulhof nur Deutsch?" wird von Hoffmann die folgende These vertreten: „Mehrsprachigkeit ist ein kostbares Gut und jeder Förderung würdig". Diese These soll vor dem Hintergrund der „Deutsch auf dem Schulhof – Debatte" diskutiert werden.

Die „Deutsch auf dem Schulhof – Debatte" entbrannte im Jahr 2005. An einer Berliner Realschule wurde beschlossen, dass auf dem Schulgelände nur noch Deutsch gesprochen werden darf, um die Deutschkenntnisse von Schülerinnen und Schülern mit Migrationshintergrund zu fördern. Hintergrund dieser Regelung ist die von den Deutschpflicht-Befürwortern vertretene Auffassung, dass Schülerinnen und Schüler mit schlechten Deutschkenntnissen in der Schule und später auch auf dem Arbeitsmarkt größere Probleme haben als Schülerinnen und Schüler mit guten Deutschkenntnissen. Eine Deutschpflicht an Schulen empfiehlt sich nach Böhmer auch, um Ausgrenzungen vorzubeugen.

Von Dömming ist demgegenüber der Ansicht, dass eine solche Regelung die Persönlichkeitsentwicklung einschränkt. Daher sollte ihm zufolge jeder Mensch das Recht haben, seine eigene Sprache zu sprechen. Zudem betont von Dömming, dass die Deutschpflicht die Einheitskultur fördert und die multikulturelle Vielfalt der deutschen Gesellschaft einschränkt. Auch Meisel steht einer Deutschplicht auf deutschen Schulhöfen kritisch gegenüber. Er weist daraufhin, dass die Zweitsprache auf der Basis einer entwickelten Muttersprache am besten gelernt wird, da die Muttersprache für Kinder der erste Zugang zur Welt ist und somit die Basis für das Erlenen von weiteren Sprachen darstellt. Wenn die Muttersprache entsprechend in der Schule gefördert wird, trägt dies laut Meisel zudem zur Stärkung des Selbstbewusstseins des Kindes bei, was wiederrum eine wichtige Voraussetzung für den Lernerfolg darstellt.

Ich stimme der Position der Deutschpflicht-Befürworter zu, dass gute Deutschkenntnisse sehr wichtig für den Schulerfolg und für das spätere (Arbeits-) Leben sind. Schülerinnen und Schüler sollen meines Erachtens jedoch nicht gezwungen werden, Deutsch zu sprechen. Dieser Zwang kann dazu führen, dass die Schülerinnen und Schüler mit Migrationshintergrund gar keine Motivationen mehr besitzen, die deutsche Sprache zu lernen. Auch vertrete ich die Position, dass die Pausen viel zu kurz sind, um nachhaltig Kompetenzen in der Zweitsprache Deutsch aufzubauen. Sie sollen vielmehr dazu dienen, sich kurz vom Schulalltag zu erholen und mit anderen Kindern Spaß zu haben und zu spielen. Zudem soll Mehrsprachigkeit nach meiner Auffassung nicht als ein Problem, sondern als eine Chance angesehen werden. Zweisprachige Kinder haben ein sehr gutes Gefühl für Sprachen und ein gutes Gespür für kulturelle Unterschiede und Besonderheiten. Auch haben sie Vorteile beim Erlernen weiterer Sprachen zu einem späteren Zeitpunkt. Ich stimme also der These Hoffmanns, dass Mehrsprachigkeit ein kostbares Gut und jeder Förderung würdig ist, zu.

Abb. 4:   Konstruierter Text nach Einbau der diskursstrukturierenden Prozeduren

6. Reflexion: Die Funktion diskursstrukturierender Prozeduren für die Textproduktion (ca. 5 Minuten)

In diesem letzten Schritt wird die Frage diskutiert, welche Funktion die diskursstrukturierenden Prozeduren für die Textproduktion übernehmen. Die Studierenden äußern in der Regel, dass sie vor Einbau dieser Prozeduren in den konstruierten Text nicht wussten, „wer gerade spricht": Handelt es sich um die Position eines Autors/einer Autorin – und wenn ja, um wessen Position – oder um die Position des Verfassers/der Verfasserin des Textes? Aus diesem Grund fehlt dem Text nach Auffassung der Studierenden auch eine eindeutige Struktur. Durch den Einbau der diskursstrukturierenden Prozeduren hat sich dies geändert: Die Studierenden haben „mehrere Stimmen sprechen lassen" und so dem Text eine Struktur gegeben.

3.2   Die Überprüfung der Wirksamkeit des Konzeptes

Inwieweit das gerade vorgestellte Konzept zur Förderung der Fähigkeit, diskursstrukturierende Prozeduren kontextuell passend – im Sinne von Steinhoff (2007) – zu verwenden, beigetragen hat, wurde im Rahmen einer quasiexperimentellen Interventionsstudie mit Prätest-Posttest-Follow-up-Kontrollgruppen-Design überprüft. Diese Studie soll im Folgenden kurz skizziert werden (für detaillierte Informationen zur Studie vgl. Decker, 2016a).

Die Interventionsgruppe – also die Gruppe, in der das didaktische Konzept durchgeführt wurde – stellten vierzig Studierende der neuen Lehramtsstudiengänge (Bachelor/Master) dar, vierzig Studierende der alten Lehramtsstudiengänge (Staatsexamen) bildeten die Kontrollgruppe. Für die Erfassung der interessierenden Fähigkeit wurde das spezielle Aufgabenformat „Diskursreferat"[7] entwickelt (vgl. auch Decker, 2015). Hierbei handelt es sich „um einen schriftlichen Vergleich mindestens zweier, zu einem bestimmten wissenschaftlichen Diskurs differierende Positionen beziehender Texte im Kontext einer vorgegebenen Aufgabenstellung mit eigener Stellungnahme" (Decker, 2016a, S. 175 f.). An die Studierenden stellt diese Textsorte somit die folgenden Anforderungen: Auswählen und sachgerechtes Darstellen von Forschungspositionen, Zueinander-in-Beziehung-Setzen dieser Positionen und Entwickeln einer eigenen, fachlich begründeten Position.

Wie Abb. 5 verdeutlicht, spielen die diskursstrukturierenden Prozeduren als Teil der wissenschaftlichen Textprozeduren beim Verfassen eines Diskursreferates eine zentrale Rolle. Aus diesem Grund ist es gut geeignet, um zu überprüfen, in welchem Maße die Studierenden über die Fähigkeit verfügen, diese Prozeduren kontextuell passend zu verwenden. Darüber hinaus kann die Textsorte „Diskursreferat" die Entwicklung der akademischen Textkompetenzen fördern, da Studierende durch diese Textsorte bausteinartig auf das Anfertigen von Seminar-, Bachelor- und Masterarbeiten vorbereitet werden (s. Abb. 6).

---

7   Steinseifer (2012) verwendet anstelle von „Diskursreferat" den Terminus „Kontroversenreferat" und versteht darunter „einen kurzen Text, der auf 2 bis 3 Druckseiten eine wissenschaftlich relevante Kontroverse darstellt, die […] in Gestalt mehrerer, ebenfalls kurzer Bezugstexte zur Verfügung gestellt und durch Hintergrundinformationen ergänzt wird" (Steinseifer, 2012, 66 f.). Wir geben dem Terminus „Diskursreferat" den Vorzug, da wissenschaftliche Diskurse zwar häufig kontrovers geführt werden, es aber auch durchaus vorkommt, dass Wissenschaftlerinnen und Wissenschaftler bezüglich einer bestimmten Fragestellung, Theorie etc. ähnliche Positionen vertreten. Inhaltlich unterscheidet sich das Diskursreferat vom Kontroversenreferat nach Steinseifer (2012) durch die Formulierung einer eigenen Position zum Thema des Diskurses.

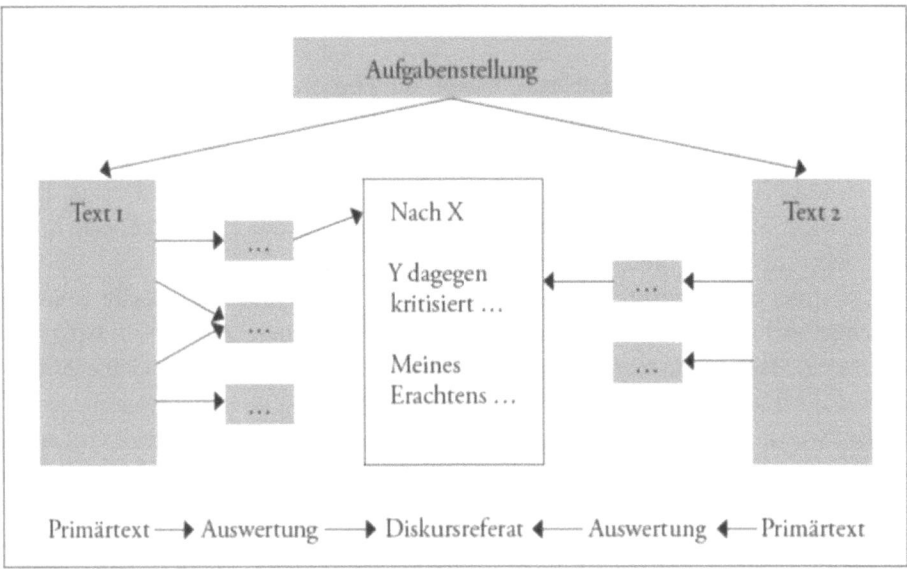

Abb. 5:   Anforderungen an ein Diskursreferat in Anlehnung an Feilke (2009)

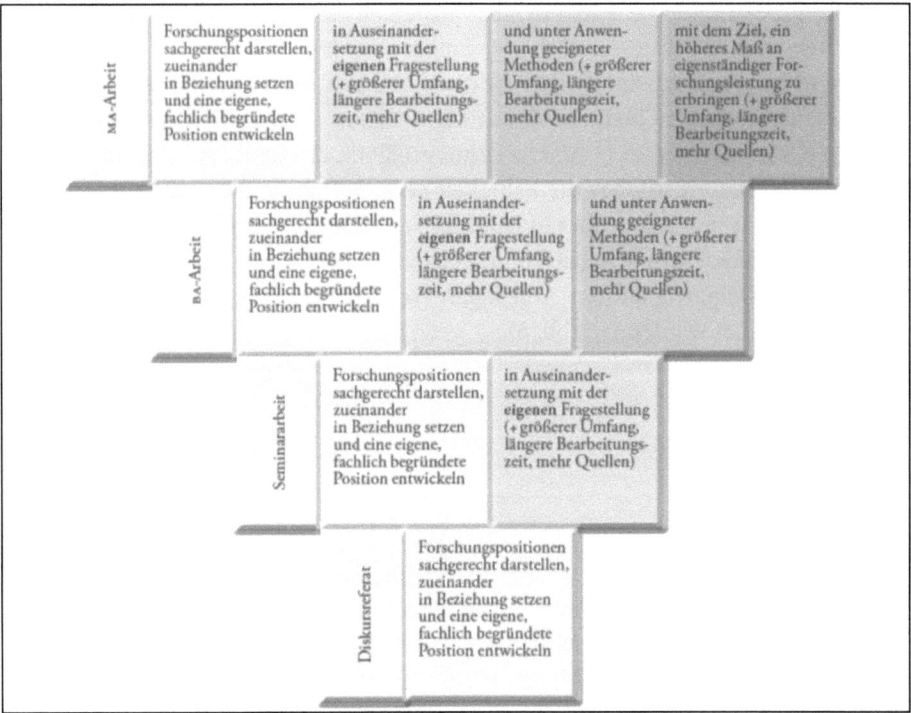

Abb. 6:   Das Diskursreferat als Baustein für die Anfertigung der wichtigsten Prüfungsar-
           beiten (Decker, 2016a)

Kommen wir nun zum Ablauf der Studie: Zu Beginn des WiSe 2011/12 wurde zur Testung der Eingangsvoraussetzungen von den Studierenden beider Gruppen das erste Diskursreferat (Prätest) zum Thema „Mehrsprachige Erziehung" geschrieben.[8] Anschließend wurde in der Interventionsgruppe das didaktische Konzept (Intervention) durchgeführt, während die Kontrollgruppe das normale Seminar durchlief. Zwei Monate nach Abschluss der Interventionsmaßnahme verfassten die Studierenden beider Gruppen ein weiteres Diskursreferat (Posttest). Thema waren die „Anforderungen an den Deutschunterricht, vor und nach PISA 2000". Um die Nachhaltigkeit der Intervention zu überprüfen, wurde im WiSe 2012/2013 – vierzehn Monate nach Beendigung der Interventionsmaßnahme[9] – das dritte Diskursreferat (Follow-up) erstellt, allerdings nur von den Studierenden der Interventionsgruppe. Das hatte den folgenden Grund: Die neuen Bachelorlehramtsstudiengänge sind modularisiert, d. h. die Studierenden müssen eine bestimmte, fest definierte Anzahl an Modulen absolvieren. Diese Module bestehen aus zeitlich (und natürlich thematisch) aufeinander abgestimmten Lehrveranstaltungen. Dadurch war es möglich, von denjenigen Studierenden, von denen im WiSe 2011/2012 ein Prä- und ein Posttest erhoben wurde, im WiSe 2012/2013 zusätzlich einen Follow-up zu erheben. Bei den Studierenden der „alten" Lehramtsstudiengänge konnte hingegen ein weiterer Erhebungszeitpunkt nicht realisiert werden, da diese im WiSe 2012/2013 unterschiedliche Lehrveranstaltungen besuchten und somit als Kontrollgruppe nicht mehr zur Verfügung standen.

Tabelle 3:   Überblick Forschungsdesign

	Interventionsgruppe (40 Studierende des neuen Bachelorstudiums Lehramt Deutsch)	Kontrollgruppe (40 Studierende des „alten" Lehramtsstudiums Deutsch)
Oktober 2011	**Prätest** Diskursreferat	
November 2011	Normaler Seminarverlauf + **Intervention**	Normaler Seminarverlauf
Januar 2012	**Posttest** Diskursreferat	
Januar 2013	**Follow-up** Diskursreferat	---

---

8   Für Prä- und Posttest wurden jeweils drei, für den Follow-up fünf Ausgangstexte verwendet. Für nähere Informationen zu diesen Texten und zu den einzelnen Aufgabenstellungen vgl. Decker (2016a).

9   Damit wurde sich an die zeitliche Einteilung gehalten, wie sie beispielsweise von Gollwitzer & Jäger (2007) empfohlen wird: Der Prätest sollte zeitnah vor Beginn der Interventionsmaßnahme und der Posttest zeitnah nach Beendigung dieser angesiedelt sein, damit die kurzfristige Wirksamkeit abgeschätzt werden kann. Die Follow-up-Erhebung sollte hingehen einige Zeit nach Beendigung der Interventionsmaßnahme stattfinden, um die Nachhaltigkeit überprüfen zu können.

VERBUNDPARTNER: UNIVERSITÄT SIEGEN · Universität zu Köln

KOORDINIERUNG: KoKoHs

GEFÖRDERT VOM: Bundesministerium für Bildung und Forschung

akatex

Rating der Kategorie *Wissenschaftliches Formulieren*

Code des Diskursreferats: N.J1.M1.1.A2.0.P2
Rater: A

	1	2	3	4
1 a) Werden die wiedergegebenen Positionen und Argumente durch angemessene wissenschaftssprachliche Mittel gekennzeichnet?				
1 b) Variieren die sprachlichen Mittel, die zur Kennzeichnung der wiedergegebenen Positionen und Argumente verwendet werden?	1	2	3	4
2 a) Werden die wiedergegeben Positionen und Argumente durch angemessene wissenschaftssprachliche Mittel vergleichend aufeinander bezogen?	1	2	3	4
2 b) Variieren die sprachlichen Mittel, die zum vergleichenden Aufeinanderbeziehen der Positionen und Argumente verwendet werden?	1	2	3	4
3 a) Wird die eigene Position durch angemessene wissenschaftssprachliche Mittel gekennzeichnet?	1	2	3	4
3 b) Variieren die sprachlichen Mittel, die zur Kennzeichnung der eigenen Positionen verwendet werden?	1	2	3	4
4 Wird eine „Alltägliche Wissenschaftssprache" im Sinne von Ehlich verwendet?	1	2	3	4

Kommentar:

1

Abb. 7: Der Ratingbogen

Die erhobenen Diskursreferate (Prätest, Posttest und Follow-up) wurden mit Hilfe eines Ratingverfahrens im Hinblick auf das wissenschaftliche Formulieren mit Schwerpunkt auf den diskursstrukturierenden Prozeduren beurteilt, um überprüfen zu können, inwieweit das didaktische Konzept wirksam ist. Für diese Beurteilung der Diskursreferate standen zwei Rater zur Verfügung, welche zuvor im Rahmen einer Raterschulung angeleitet wurden. Grundlage für alle Textbeurteilungen bildete zum einen ein Ratingbogen mit den einzelnen Bewertungskriterien (vgl. Abb. 7) und zum anderen ein Kodierhandbuch („Manual"), welches diese Bewertungskriterien sowie die einzelnen Werte genau definiert und damit eine zuverlässige Grundlage für das Rating bietet.

Der Ratingbogen setzt sich zum einen aus Kriterien zusammen, welche die „Domänentypik" der diskursstrukturierenden Prozeduren fokussieren (vgl. die Kriterien 1a, 2a und 3a) und zum anderen aus Kriterien, welche sich auf die Varianz der diskursstrukturierenden Prozeduren beziehen (vgl. die Kriterien 1b, 2b, 3b). Kriterium 4 bildet ein „Globalurteil" des gesamten Diskursreferates hinsichtlich des „Wissenschaftlichen Formulierens" und bezieht sich auf die Frage, ob eine „Alltägliche Wissenschaftssprache" im Sinne von Ehlich (1999) verwendet wird.[10]

Diese sieben Kriterien sollten von den Ratern anhand einer vierstufigen Ratingskala mit aufsteigenden Werten von eins bis vier bearbeitet werden. Die Wahl einer geraden vierstufigen Ratingskala lag zum einen darin begründet, dass den Ratern ein „Skalenmittelpunkt" vorenthalten werden sollte (vgl. auch Porst, 2008, S. 81), zum anderen haben wir uns für eine vierstufige Ratingskala entschieden, da es bei einer fünf- oder sechsstufigen Skala erheblich schwieriger ist, die einzelnen Werte hinreichend voneinander abzugrenzen.

Neben dem Ratingbogen und dem Manual mit Ankerbeispielen erhielten die Rater eine in Anlehnung an Jakobs (1999, S. 94) erstellte Liste mit domänentypischen, domänenuntypischen und falsch verwendeten diskursstrukturierenden Prozeduren. So wurde die Chance erhöht, dass die Rater bezüglich der „Domänentypik" einer diskursstrukturierenden Prozedur zu einer übereinstimmenden Einschätzung gelangen. Welche Übereinstimmungsrate im Ratingverfahren erreicht wurde, wird im Folgenden dargelegt (Kap. 4.1). Anschließend folgen die Ergebnisse des Ratings (Kap. 4.2).

---

10 Die Frage, ob diese Kriterien die interessierende Fähigkeit angemessen operationalisieren, wurde im Dialog mit Experten aus der Schreibforschung validiert (Expertenvalidierung). Im Ergebnis wurde die Operationalisierung als schlüssig und vollständig bewertet.

4   Zentrale Ergebnisse

4.1   Interraterreliabilität

Die Interraterreliabilität erreicht Werte für Cronbachs Alpha[11] zwischen .703 (Kriterium 1a) und .902 (Kriterium 2a) (vgl. Tab. 4). Die durchschnittliche Übereinstimmung der beiden Rater ist bei einem theoretischen Maximum von 1 demnach hoch bis sehr hoch. Das Hauptproblem von Ratingverfahren – nämlich die unzureichende Übereinstimmung zwischen den Ratern (vgl. Eckes, 2004) – war hier also nicht vorhanden. Dies liegt unseres Erachtens sowohl an der Auswahl der Rater[12] als auch an der umfangreichen Schulung, durch die sie auf das Beurteilen der Diskursreferate hinsichtlich des wissenschaftlichen Formulierens vorbereitet wurden.

Tabelle 4:   Interraterreliabilität

Kriterium	Cronbach's Alpha
1a	.703
1b	.850
2a	.902
2b	.821
3a	.722
3b	.893
4	.885

4.2   Ergebnisse des Ratings

Wie Abb. 8 verdeutlicht, nimmt die Fähigkeit, diskursstrukturierende Prozeduren in einer kontextuell passenden Weise zu verwenden, bei den Studierenden beider Gruppen zwischen dem Prä- und dem Posttest zu. Der Lernzuwachs bei den Studierenden der Interventionsgruppe ist aber deutlich höher (6,5 Punkte) als der Lernzuwachs bei den Studierenden der Kontrollgruppe (4,125 Punkte). Dies deutet auf einen Interventionseffekt hin, der sich allerdings statistisch – wenn auch nur

---

11   Wirtz & Casper (2002, S. 157) weisen in ihrem Lehrbuch darauf hin, dass für Ratingwerte, welche als intervallskaliert anzusehen sind, die Intraklassenkorrelation (ICC) die angemessene Methode zur Bestimmung der Interraterreliabilität darstellt. Werden alle Objekte von allen Ratern beurteilt – wie dies in dem Ratingverfahren des Projektes AkaTex der Fall ist –, so sollte nach Wirtz & Casper (2002, S. 190) der *justierte* Intraklassenkorrelationskoeffizient (intra class correlation coefficient) verwendet werden. Da die Autoren zeigen, dass dieses Maß im Falle von zwei Ratern identisch zum Reliabilitätsmaß Cronbachs Alpha ist, wird dieses Maß als das wohl gebräuchlichere verwendet (vgl. Wirtz & Casper, 2002, S. 208 f.).

12   Diese wurden nach den folgenden Kriterien ausgewählt: einschlägiges (philologisches) Studium, universitäre Lehrerfahrung und Erfahrung mit der Beurteilung von studentischen Texten im Kontext dieser Lehrerfahrung.

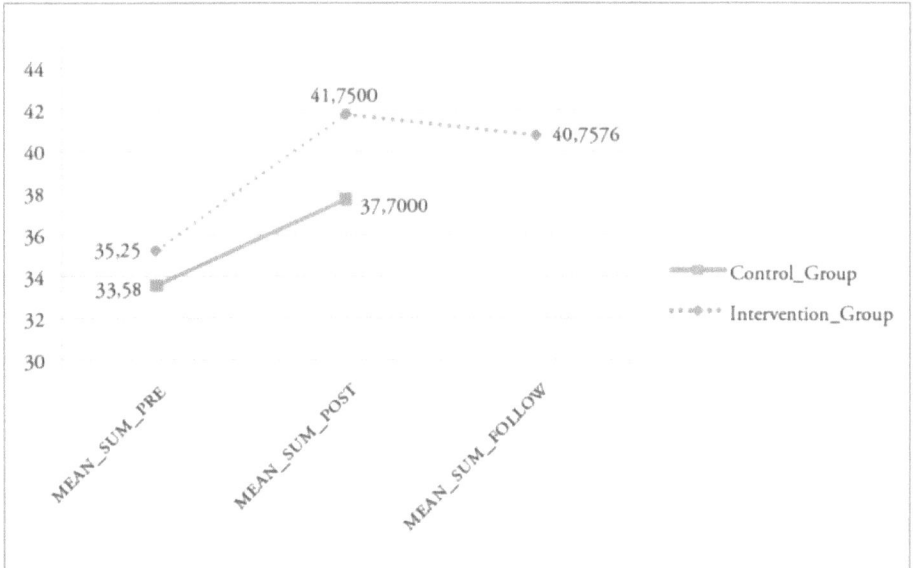

Abb. 8:   Interventionseffekt

knapp – nicht bestätigt (p=0.181). Dass der Effekt nicht signifikant ist, kann jedoch mit der geringen Anzahl an gerateten Diskursreferaten zusammenhängen: Unterschiede müssen bei kleinen Fallzahlen sehr deutlich ausfallen, um statistisch signifikant zu werden, bei hohen Fallzahlen können hingegen auch kleine Unterschiede signifikant werden (vgl. beispielsweise Paier, 2010, S. 147).

Der Effekt des Konzeptes ist auch in den Texten deutlich zu erkennen. Dies soll im Folgenden beispielhaft an den Positionierungsprozeduren gezeigt werden. Im Prätest ist bei den Studierenden beider Gruppen ein besonderer Unterstützungsbedarf bezüglich der Domänentypik der Positionierungsprozeduren erkennbar. So bevorzugen sie für die Wiedergabe ihrer eigenen Position den Prozedurenausdruck „ich & Kognitionsverb" (z. B. ich denke, ich finde, ich glaube):

> „*Ich finde*, man muss ausländischen Schülern nur verständlich machen, dass es für ihren späteren beruflichen Werdegang wichtig ist, der deutschen Sprache mächtig zu sein." (A.11–12.M5.2.A1.P15)

Kognitionsverben wie „denken", „finden" und „glauben" sind für die wissenschaftliche Kommunikation unüblich. Sie haben ihren angestammten Platz vielmehr in der alltäglichen, konzeptionell mündlichen Kommunikation und stellen im Normalfall kein wissenschaftliches Wissen, sondern Alltagswissen dar (vgl. Steinhoff, 2007, S. 194). Steinhoff (2007, S. 196) vertritt die These, dass den Studierenden die Positionierungsprozedur „ich & Kognitionsverb" aus dem schulischen Aufsatzunterricht bekannt ist, da hier „die Herausarbeitung einer dezidiert persönlichen Position gefordert und gefördert wird."

Eine weitere, ebenfalls sehr häufig von den Studierenden verwendete domänen-
untypische Positionierungsprozedur stellt die Prozedur „meiner Meinung nach" dar:

> *„Meiner Meinung nach* ist der Aspekt, dass viele Migrantenkinder zu Hause kein Deutsch
> sprechen, einer der wichtigsten in dieser Debatte und zeigt uns, dass schon viel früher
> mit der Förderung der deutschen Sprache begonnen werden muss." (N.J1.M1.1.A1.0.P84)

Auch diese Prozedur ist ein „Relikt" aus dem schulischen Aufsatzunterricht und den
Studierenden somit geläufig (vgl. auch Augst & Faigel, 1986). Zudem findet sie sich
auch in der Alltags- und Mediensprache.

Neben der Domänentypik bereitet auch die Varianz der Positionierungsprozeduren den Studierenden beider Gruppen im Prätest zum Teil große Schwierigkeiten.
So werden bestimmte Prozeduren rekurrent verwendet, wie der folgende Textausschnitt aus einem Diskursreferat beispielhaft zeigt:

> „Eine Deutsch-Pflicht einzuführen *halte ich für falsch.*
> […] Neben Englisch noch eine weitere Pflichtsprache wie zum Beispiel türkisch einzu-
> führen *halte ich auch für falsch,* denn wir befinden uns in Deutschland und das wissen
> auch die ausländischen Mitbürger.
> […], aber ihnen zu verbieten, in deren Muttersprache zu kommunizieren *halte ich per-
> sönlich für kontraproduktiv.*
> […] Dass in deutschen Schulen jedoch deutsch gesprochen werden sollte, sobald mehre-
> re Kulturen zusammen kommen, *halte ich wiederum für richtig.*
> […] Desweiteren *halte ich es für sinnlos,* deutsch als Pflichtsprache einzuführen, da oh-
> nehin zu Hause wieder in der Muttersprache gesprochen wird." (A.11–12.M5.2.A1.P15)

Im Posttest kann bei den Studierenden der Interventionsgruppe sowohl bezüglich
der Domänentypik als auch bezüglich der Varianz eine deutliche Verbesserung kon-
statiert werden: Die noch im Prätest dominierenden domänenuntypischen Positionierungsprozeduren „ich & Kognitionsverb" und „meiner Meinung nach" nehmen
im Posttest stark ab. Stattdessen greifen die Studierenden vermehrt auf domänentypische Positionierungsprozeduren wie „meiner Auffassung nach" zurück.

Die Studierenden der Kontrollgruppe können sich hinsichtlich der Domänentypik nicht in dem Maße steigern wie die Studierenden der Interventionsgruppe. Dies
hängt hauptsächlich damit zusammen, dass sie zur Darlegung der eigenen Position
wesentlich häufiger auf die Prozeduren „ich & Kognitionsverb" und „meiner Meinung nach" zurückgreifen. Zum Teil werden diese sogar kombiniert:

> *„Meiner Meinung nach finde ich* die Kritik von Spinner angebracht in Bezug auf dieses
> heikle und sinnvolle Thema der Neuorientierung nach PISA." (A.11–12.M5.2.A2.P56)

Bei der Varianz der Positionierungsprozeduren liegt bei den Studierenden der Kontrollgruppe zwischen Prä- und Posttest sogar eine leichte Verschlechterung vor. Wie
schwierig es vielen Studierenden der Kontrollgruppe im Posttest fällt, die Positionierungsprozeduren zu variieren, verdeutlicht der folgende Textausschnitt:

„Meiner Ansicht nach kann ich allen drei Beiträgen zu diesem Diskurs der Qualitätssicherung durch Bildungsstandards etwas abgewinnen. […]. *Meiner Meinung nach* ist
das Bildungssystem nicht von klar strukturierten oder manipulierenden Institutionen,
wie in der Volkswirtschaft an Standards gebunden und international reguliert. Natürlich
ist PISA *meiner Ansicht nach* ein guter Indikator, wenn es um gewisse Evaluationen im
Bereich der Propädeutik geht, die vollständige Wiedergabe eines Bildungsstandards einer
Nation, kann die Studie *meiner Ansicht nach* aber nicht wiederspiegeln. […]. Diese Notwendigkeit, aber mit einer gewissen Wettbewerbsfähigkeit und Begriffe aus Ökonomie zu
vergleichen ist *meiner Meinung nach* eine übertriebene Darstellung auch wenn es nur ein
Stilmittel zur Verdeutlichung sei. […]. Trotzdem ist es *meiner Ansicht nach* unerlässlich
für den Schüler Kernkompetenzen zu erlangen." (A.11–12.M5.2.A2.P39)

5   Fazit und Ausblick

Zusammenfassend gibt es also Hinweise darauf, dass das entwickelte didaktische,
prozedurenbezogene Förderkonzept Studierende dabei unterstützen kann, schreibend erfolgreich an wissenschaftlichen Diskursen zu partizipieren, also Autorenpositionen, Autorenpositionen im Vergleich sowie die eigene Position mit Hilfe
domänentypischer diskursstrukturierender Prozeduren darzulegen und so den
Lesenden vor Augen zu führen, „wer gerade spricht" (vgl. auch Feilke, 2002). Dies
belegt auch die folgende Aussage einer Studierenden der Interventionsgruppe, die
nach Beendigung ihres Masterstudiums nach dem Nutzen des Konzeptes – auch im
Hinblick auf die im Studium zu verfassenden primären Textsorten – befragt wurde
(Decker, 2016b):

Als wir anhand eines wissenschaftlichen Textes eine Liste mit relevanten Textprozeduren
erarbeiteten, wurden mir die Anforderungen und auch die Schreibabsichten eines wissenschaftlichen Textes deutlicher. Mir wurde klar, wie ich anhand einfacher, sprachlicher
Mittel (Prozeduren) die Position eines Autors deutlich machen, diese der kontroversen
Auffassung eines anderen Autors gegenüberstellen, beziehungsweise wie ich mich selbst
in einem wissenschaftlichen Diskurs positionieren konnte. Auch zum Gliedern und Planen der Texte war die Liste eine nützliche Hilfe. Das Verfassen wissenschaftlicher Texte
fiel mir zunehmend leichter und wurde bald schon zur Routine. Die Liste mit den Textprozeduren habe ich trotzdem über die gesamte Zeit meines Studiums, noch bis zum
Schreiben meiner Masterarbeit, genutzt.

Die Studierenden scheinen durch das Konzept erkannt zu haben, dass die diskur-
strukturierenden Prozeduren „nützliche Textproduktionswerkzeuge sind, von
denen sie bei ihren weiteren wissenschaftlichen Schreibvorhaben immer wieder
Gebrauch machen können" (Steinhoff, 2008, S. 11).

Über die Beschäftigung mit den in wissenschaftlichen Texten verwendeten diskursstrukturierenden Prozeduren lässt sich zudem ein Zugang zu wissenschaftlichen Diskursen und ihrem diskursiven Charakter erschließen (vgl. auch Decker,
Kaplan & Siebert-Ott, 2015, S. 9): Die Studierenden erfahren, dass sie in Seminar-,

Bachelor-, und Masterarbeiten nicht nur über einen bestimmten wissenschaftlichen Gegenstand schreiben sollen, sondern vor allem darüber, welche Positionen von Wissenschaftlerinnen und Wissenschaftlern zu diesem Gegenstand vertreten werden. Sie lernen zudem, dass sich diese Positionen zum Teil erheblich voneinander unterscheiden können und sich Wissenschaftlerinnen und Wissenschaftler häufig uneinig sind, sogar über grundlegende Termini wie beispielsweise „Text". Des Weiteren erkennen sie, dass sie in Seminar-, Bachelor- und Masterarbeiten nicht nur einen wissenschaftlichen Diskurs darstellen, sondern auch eine eigene, fachlich begründete Position zu diesem Diskurs entwickeln und diese als individuellen Beitrag kennzeichnen sollen.

Die Textsorte „Diskursreferat" unterstützt dieses Verständnis von „Wissenschaft als diskursiver Praxis": Durch das vergleichende Referieren und Kommentieren von einer Mehrzahl von Bezugstexten hat das Diskursreferat gegenüber den traditionellen Aufsatzarten, welche sich in der Regel nur auf einen Text beziehen, den entscheidenden Vorteil, dass es den diskursiven Charakter von Wissenschaft nicht ausblendet, sondern explizit darauf Bezug nimmt (vgl. Steinhoff, 2008, S. 10). Auf diese Weise werden

> „Denk- und Schreibverfahren herausgefordert, die für das wissenschaftliche Schreiben besonders wichtig sind, z. B. die Trennung relevanter von weniger relevanten Inhalten, die Ermittlung von Argumentationsstrukturen, die Suche nach Unterschieden und Gemeinsamkeiten verschiedener Positionen, die Herstellung von Querbezügen zwischen den Quellen im eigenen Text sowie die Bewertung der Positionen" (Steinhoff, 2008, S. 10).

Das Diskursreferat stellt daher eine Textsorte dar, welche auch in der gymnasialen Oberstufe eingesetzt werden kann, um den Übergang zwischen Schule und Hochschule zu erleichtern. Gegenüber dem „materialgestützten Schreiben" zeichnet sich diese Textsorte hinsichtlich der propädeutischen Funktion zudem dadurch aus, dass die auszuwertenden Texte wissenschaftliche Texte sind, welche weder gekürzt noch aufbereitet sind.

Zusammenfassend lässt sich festhalten, dass die Implementierung des entwickelten Konzeptes in die hochschulische Fachlehre unseres Erachtens wünschenswert ist: Wir plädieren für eine „prozedurenorientierte Fachlehre" (vgl. auch Feilke, 2014, S. 30; Schmölzer-Eibinger, Dorner, Langer & Helten-Pacher, 2013, S. 53 ff.) in der Hochschule, in der wissenschaftliche Textprozeduren zum Gegenstand der Fachlehre gemacht werden, also zunächst ermittelt, bewusst gemacht, geordnet und anschließend beim Schreiben und Überarbeiten von Texten – als Scaffolds (Stützen) (vgl. Gibbons, 2002) – von den Studierenden angewandt werden. Aus den dargelegten Gründen erscheint uns die Textform „Diskursreferat" für diese prozedurenorientierte Fachlehre als besonders geeignet.

Literatur

Augst, G. & Faigel, P. (1986). *Von der Reihung zur Gestaltung. Untersuchungen zur Ontogenese der schriftsprachlichen Fähigkeiten von 13–23 Jahren.* Frankfurt am Main: Peter Lang.

Becker-Mrotzek, M. & Kepser, M. (2010). Sprach-, kultur- und medienwissenschaftliche Themen im Zentralabitur. *Der Deutschunterricht, 1,* 14–18.

Beste, G. (2003). Schreibaufgaben im Deutschunterricht der Oberstufe – Vorbereitung auf die Hochschule? In K. Ehlich, & A. Steets (Hrsg.), *Wissenschaftlich schreiben – lehren und lernen* (S. 273–285). Berlin & New York: Walter de Gruyter.

Decker, L. (2015). Die Textformen Fach- bzw. Seminararbeit und Diskursreferat als didaktische Brücke zwischen Schule und Hochschule. *Die Facharbeit – ein Kontroversendossier* (zeitschrift-schreiben), 83–86. Verfügbar unter: http://zeitschrift-schreiben.eu/globalassets/zeitschrift-schreiben.eu/2015/schindler_fischbach_kontroversendossier.pdf [14.08.2017].

Decker, L. (2016a). *Wissenschaft als diskursive Praxis. Schreibend an fachlichen Diskursen partizipieren.* Duisburg: Gilles & Francke [= Kölner Beiträge zur Sprachdidaktik (KöBeS) Bd. 10].

Decker, L. (2016b). *Befragung unter Lehramtsstudierenden im Master zum Förderkonzept und seinen Nutzen für die Produktion der primären Textsorten.* Unveröffentlichtes Manuskript, Universität Siegen.

Decker, L. & Kaplan, I. (2014). *Textkompetenzen von Schülerinnen und Schülern am Ende der Sekundarstufe II. Eine empirische Untersuchung zur Erhebung der Startvoraussetzungen von Studienanfängern.* AkaTex Working Papers, 1 (2., korrigierte Aufl.). Siegen & Köln: Universität Siegen und Universität zu Köln. Verfügbar unter: http://www.uni-siegen.de/phil/akatex/publikationen_und_vortraege/publikationen_vortraege/akatex_working_paper_1_2_auflage.pdf [14.08.2017]

Decker, L., Kaplan, I. & Siebert-Ott, Gesa (2015). *Modellierung und Erfassung akademischer Textkompetenzen.* AkaTex Working Papers, 3 (2., korrigierte Aufl.). Siegen & Köln: Universität Siegen und Universität zu Köln. Verfügbar unter: http://www.uni-siegen.de/phil/akatex/publikationen_und_vortraege/publikationen_vortraege/akatex-workingpaper-3-2.auflage-2014–02–20–2.pdf [14.08.2017]

Decker, L. & Siebert-Ott, G. (2016). Schreibend an fachlichen Diskursen partizipieren – Ergebnisse einer Interventionsstudie zur Förderung der Textkompetenzen von Lehramtsstudierenden. Erscheint in H. Feilke, K. Lehnen & M. Steinseifer (Hrsg.), *Eristische Literalität. Wissenschaftlich streiten – Wissenschaftlich schreiben.*

Eckes, T. (2004). Facetten des Sprachtestens: Strenge und Konsistenz in der Beurteilung sprachlicher Leistungen. In A. Wolff, T. Ostermann & C. Chloster (Hrsg.), *Integration durch Sprache* (S. 485–518). Regensburg: FaDaF.

Ehlich, K. (1999). Alltägliche Wissenschaftssprache. In H. Barkowski & A. Wolff (Hrsg.), *Alternative Vermittlungsmethoden und Lernformen auf dem Prüfstand. Wissenschaftssprache – Fachsprache. Landeskunde aktuell. Interkulturelle Begegnungen – Interkulturelles Lernen* (S. 1–30). Regensburg: FaDaF.

Ehlich, K. & Steets, A. (2003). Schulische Textarten, universitäre Textarten und das Problem ihrer Passung. In K. Ehlich & A. Hoppe (Hrsg.), *Propädeutikum wissenschaftlichen Schreibens* (S. 212–230). Bielefeld: Aisthesis.

Feilke, H. (2002). Lesen durch Schreiben. Fachlich argumentierende Texte verstehen und verwerten. *Praxis Deutsch, 176,* 58–66.

Feilke, H. (2009). *Textroutinen & Literale Prozeduren*. Vortrag im Rahmen des sprachdidaktischen Kolloquiums der Universität zu Köln am 26.05.2009.

Feilke, H. (2012). Was sind Textroutinen? Zur Theorie und Methodik des Forschungsfeldes. In H. Feilke & K. Lehnen (Hrsg.), *Scheib- und Textroutinen. Theorie, Erwerb und didaktisch-mediale Modellierung* (S. 1–31). Frankfurt am Main [u. a.]: Peter Lang.

Feilke, H. (2014). Argumente für eine Didaktik der Textprozeduren. In T. Bachmann & H. Feilke (Hrsg.), *Werkzeuge des Schreibens. Beiträge zu einer Didaktik der Textprozeduren* (S. 11–34). Stuttgart: Fillibach bei Klett.

Feilke, H., Lehnen, K., Rezat, S. & Steinmetz, M. (2016). *Materialgestütztes Schreiben lernen*. Braunschweig: Schroedel.

Gibbons, P. (2002). *Scaffolding Language, Scaffolding Learning. Teaching Second Language Learners in the Mainstream Classroom*. Portsmouth, NH: Heinemann.

Gollwitzer, M. & Jäger, R. (2007). *Evaluation. Workbook*. Weinheim & Basel: Beltz.

Hoppe, A. (2003). Grundlinien in der Entwicklung des Schreibunterrichts der letzten 40 Jahre: didaktische Theoriebildung und Schulpraxis. *Mitteilungen des Deutschen Germanistikverbandes*, 2/3, 160–171.

Jakobs, E.-M. (1999). *Textvernetzung in den Wissenschaften. Zitat und Verweis als Ergebnis rezeptiven, reproduktiven und produktiven Handelns*. Tübingen: Max Niemeyer.

Kruse, O. & Jakobs, E.-M. (1999). Schreiben lehren an der Hochschule: Ein Überblick. In O. Kruse, E.-M. Jakobs & G. Ruhmann (Hrsg.), *Schlüsselkompetenz Schreiben. Konzepte, Methoden, Projekte für Schreibberatung und Schreibdidaktik an der Hochschule* (S. 19–34). Bielefeld: UniversitätsVerlagWebler.

Kruse, O. & Ruhmann, G. (1999): Aus Alt mach Neu: Vom Lesen zum Schreiben wissenschaftlicher Texte. In O. Kruse, E.-M. Jakobs & G. Ruhmann (Hrsg.), *Schlüsselkompetenz Schreiben. Konzepte, Methoden, Projekte für Schreibberatung und Schreibdidaktik an der Hochschule* (S. 109–121). Bielefeld: UniversitätsVerlagWebler.

Kultusministerkonferenz (KMK) (Hrsg.). (2002). *Einheitliche Prüfungsanforderungen in der Abiturprüfung (EPA) Deutsch*. 01.12.1989 i. d. F. vom 24.05.2002. Verfügbar unter: http://www.kmk.org/fileadmin/veroeffentlichungen_beschluesse/1989/1989_12_01-EPA-Deutsch.pdf [14.10.2013].

Kultusministerkonferenz (KMK) (Hrsg.). (2012*). Bildungsstandards im Fach Deutsch für die Allgemeine Hochschulreife*. 18.10.2012. Verfügbar unter: http://www.kmk.org/fileadmin/veroeffentlichungen_beschluesse/2012/2012_10_18-Bildungsstandards-Deutsch-Abi.pdf [03.10.2013].

Luhmann, N. (2002). *Short Cuts* (4. Aufl.). Frankfurt am Main: Zweitausendeins.

Mielke, A. (2007). Die „normative Kraft des Prüfungsfaktischen". Schreibunterricht im Zeichen des (Zentral-)Abiturs. In M. Becker-Mrotzek & K. Schindler (Hrsg.), *Texte schreiben* (S. 99–115). Duisburg: Gilles & Francke [=Kölner Beiträge zur Sprachdidaktik (KöBeS) Bd. 5].

Mielke, A. (2012). *Schreiben in der Sekundarstufe II. Die Bedingungen*. Vortrag im Rahmen der Tagung „Akademisches Schreiben lernen – zwischen Schule und Hochschule" an der Universität zu Köln am 01.06.2012.

Ministerium für Schule und Weiterbildung des Landes Nordrhein-Westfalen (MSW) (Hrsg.). (2009). *Empfehlungen und Hinweise zur Facharbeit in der gymnasialen Oberstufe*. (4., unveränderte Aufl.). Soest. Verfügbar unter: http://www.meg-bruehl.de/images/downloads/facharbeitvollst.pdf [22.08.2017].

Moll, M. (2003). Komplexe Schreibsituationen an der Hochschule. In K. Ehlich & A. Hoppe (Hrsg.), *Propädeutikum wissenschaftlichen Schreibens* (S. 232–248). Bielefeld: Aisthesis.

Paier, D. (2010). *Quantitative Sozialforschung. Eine Einführung.* Wien: facultas.

Pohl, T. (2007). *Studien zur Ontogenese wissenschaftlichen Schreibens.* Tübingen: Max Niemeyer [= Germanistische Linguistik 271].

Pohl, T. (2014). Schriftliches Argumentieren. In H. Feilke & T. Pohl (Hrsg.), *Schriftlicher Sprachgebrauch – Texte verfassen* (S. 287–315). Baltmannsweiler: Schneider-Verlag Hohengehren [=Deutschunterricht in Theorie und Praxis 4].

Popper, K. (2009). *Vermutungen und Widerlegungen. Das Wachstum der wissenschaftlichen Erkenntnis* (2. Aufl.). Tübingen: Mohr Siebeck.

Porst, R. (2008). *Fragebogen. Ein Arbeitsbuch.* Wiesbaden: VS, Verlag für Sozialwissenschaften.

Ruhmann, G. (2003). Präzise denken, sprechen, schreiben – Bausteine einer prozessorientierten Propädeutik. In K. Ehlich & A. Steets (Hrsg.), *Wissenschaftlich schreiben – lehren und lernen* (S. 21–231). Berlin & New York: Walter de Gruyter.

Schmölzer-Eibinger, S., Dorner, M., Langer, E. & Helten-Pacher, M.-R. (2013). *Sprachförderung im Fachunterricht in sprachlich heterogenen Klassen.* Freiburg: Fillibach bei Klett.

Siebert-Ott, G. (2010). Deutsch als Zweitsprache in der Lehrerbildung – die Perspektive der Sprachwissenschaft (Linguistik). In R. Baur & D. Scholten-Akoun (Hrsg.), *Deutsch als Zweitsprache (DaZ) in der Lehrerausbildung. Bedarf – Umsetzung – Perspektiven* (S. 156–171). Dokumentation der Fachtagung zur Situation in Deutschland und in Nordrhein-Westfalen am 10. und 11. Dezember 2009. Verfügbar unter: http://www.mercator-foerderunterricht.de/fileadmin/user_upload/INHALTE_UPLOAD/Microsite%20Foerderunterricht/Fachmaterialien/DaZ_in_der_Lehrerausbildung_Juli_2010.pdf [10.01.2015].

Siebert-Ott, G. & Decker, L. (2013). Entwicklung und Förderung akademischer Text- und Diskurskompetenz in der Zweitsprache Deutsch zu Studienbeginn. In C. Röhner & B. Hövelbrinks (Hrsg.), *Fachbezogene Sprachförderung in Deutsch als Zweitsprache. Theoretische Konzepte und empirische Befunde zum Erwerb bildungssprachlicher Kompetenzen* (S. 159–174). Weinheim: Juventa.

Siebert-Ott, G., Decker, L. & Kaplan, I. (2014). Modellierung und Förderung der Textkompetenzen von Lehramtsstudierenden. Kompetenzorientiert Lern- und Leistungsaufgaben entwickeln. In B. Ralle, S. Prediger, M. Hammann & M. Rothgangel (Hrsg.), *Lernaufgaben entwickeln, bearbeiten und überprüfen – Ergebnisse und Perspektiven fachdidaktischer Forschung* (S. 207–216). (Reihe Fachdidaktische Forschungen). Münster & New York: Waxmann [=Fachdidaktische Forschungen Bd. 6].

Siebert-Ott, G., Decker, L., Kaplan, I. & Macha, K. (2015). Akademische Textkompetenzen bei Studienanfängern und fortgeschrittenen Studierenden des Lehramtes (AkaTex). Kompetenzmodellierung und erste Ergebnisse der Kompetenzerfassung. In U. Riegel, I. Schubert, G. Siebert-Ott & K. Macha (Hrsg.), *Kompetenzmodellierung und Kompetenzmessung in den Fachdidaktiken* (S. 257–273). Münster & New York: Waxmann [=Fachdidaktische Forschungen Bd. 7].

Sommer, R. (2009). *Schreibkompetenzen. Erfolgreich wissenschaftlich schreiben* (4. Aufl.). Stuttgart: Klett Lernen und Wissen.

Stary, J. & Kretschmer, H. (1994). *Umgang mit wissenschaftlicher Literatur. Eine Arbeitshilfe für das sozial- und geisteswissenschaftliche Studium.* Frankfurt am Main: Cornelsen Scriptor.

Steets, A. (2003). Wissenschaftspropädeutik in der Oberstufe: Die Facharbeit. *Der Deutschunterricht,* 3, 58–70.

Steinhoff, T. (2007). *Wissenschaftliche Textkompetenz. Sprachgebrauch und Schreibentwicklung in wissenschaftlichen Texten von Studenten und Experten.* Tübingen: Max Niemeyer.

Steinhoff, T. (2008). Kontroversen erkennen, darstellen, kommentieren. In I. Bons, D. Kaltwasser & T. Gloning (Hrsg.), *Fest-Platte für Gerd Fritz.* Verfügbar unter: http://www.festschrift-gerd-fritz.de/files/steinhoff_2008_kontroversen_erkennen_darstellen_und_kommentieren.pdf [16.08.2017].

Steinhoff, T. (2011). Der Guttenberg-Skandal. Unterrichtspraktische Anregungen zum journalistischen und wissenschaftlichen Schreiben. *Der Deutschunterricht, 5,* 22–33.

Steinseifer, M. (2012). Schreiben im Kontroversen-Labor. Konzeption und Realisierung einer computerbasierten Lernumgebung für das wissenschaftliche Schreiben. In H. Feilke & K. Lehnen (Hrsg.), *Schreib- und Textroutinen. Theorie, Erwerb und didaktisch-mediale Modellierung* (S. 61–82). Frankfurt am Main: Peter Lang.

Weitze, M.-D. & Liebert, W.-A. (2006). Kontroversen als Schlüssel zur Wissenschaft – Probleme, Ideen und künftige Forschungsfelder. In: W.-A. Liebert & M.-D. Weitze (Hrsg.), *Kontroversen als Schlüssel zur Wissenschaft Wissenskulturen in sprachlicher Interaktion* (S. 7–18). Bielefeld: transcript.

Wirtz, M. & Casper, F. (2002). *Beurteilerübereinstimmung und Beurteilerreliabilität. Methoden zur Bestimmung und Verbesserung der Zuverlässigkeit von Einschätzungen mittels Kategoriensystemen und Ratingskalen.* Göttingen [u.a]: Hogrefe.

Brigitte Römmer-Nossek, Frano P. Rismondo, Doris Pokitsch,
Nathalie Entringer, Jadpreet Kaur, Claudia Macho, Erika Unterpertinger,
Eva Zernatto und Lena Schoissengeyer

Pilotprojekt Schreibassistenzen in der Lehre

Die Wiener Writing-Fellows-Implementierung

1   Schreiben in der Lehre

Häufig beklagen Lehrende die Qualität studentischer Texte und bemängeln, dass Studierende die – aus Sicht der Lehrenden offensichtlichen – Defizite ihrer Texte kaum wahrnähmen und diese daher nicht bewusst adressieren können. Der entsprechende „Verfall" wird nicht zuletzt mit dem Bologna-Prozess in Verbindung gebracht: Er habe „dem liberalen Studium ein Ende gesetzt. War es früher ein Überfluss an Zeit und eine schlecht strukturierte Situation, die das Schreiben schwer machten, so sorgen nach der Bologna-Reform eher enge Vorgaben und hoher Zeitdruck für Stress im Studium." (Kruse, 2007, S. 20). Pohl (2007, S. 25) konnte allerdings zeigen, dass es diese Unzufriedenheit mit studentischen Texten seit jeher zu geben scheint. Mit eine Rolle spielt(e) dafür die im deutschen Sprachraum weit verbreitete Haltung, Schreiben werde in der Schule gelehrt und gelernt. Wer an der Universität Probleme mit dem Schreiben erfahre, so die implizite Botschaft, sei grundsätzlich nicht ausreichend talentiert für ein Hochschulstudium (vgl. Girgensohn & Sennewald, 2012). Eine aktive Vermittlung von Schreibkompetenzen im Rahmen der universitären Lehre schien damit lange Zeit weder notwendig noch angebracht.

Nun wandelt sich diese Wahrnehmung: An deutschsprachigen Universitäten ist, besonders durch den deutschen „Qualitätspakt Lehre", die Anzahl der Schreibzentren in den letzten Jahren auf über 30 angewachsen (vgl. Qualitätspakt Lehre). Mit ihrer Implementierung in den deutschen Sprachraum findet nicht nur eine „Übersetzung" und Anpassung der prozessorientierten Schreibdidaktik aus dem anglo-amerikanischen Raum statt (vgl. Bräuer, 2012), es hält schrittweise die Erkenntnis Einzug, dass wissenschaftliche Schreibkompetenzen nicht qua Genie gegeben sind, sondern *erworben* werden können – und müssen.

Diesem Grundsatz folgen die Projekte zum Wissenschaftlichen Schreiben des Center for Teaching and Learning (CTL) der Universität Wien. Dieses verfügt über kein eigenständiges Schreibzentrum, sondern bietet Services zum wissenschaftlichen Schreiben im Rahmen eines Portfolios von Angeboten zur Qualitätsentwicklung in der Lehre an, die in ihrer Gesamtkonzeption auf alle Phasen des Studienverlaufs ausgerichtet sind. Im Unterschied zu einem Schreibzentrum bietet das CTL keine Einzelberatungen für Studierende an, sondern arbeitet mit studentischen Multiplikatorinnen und Multiplikatoren, Lehrenden und Funktionsträgerinnen und Funktionsträgern in den Fakultäten – ein Konzept, das sich angesichts der Größe und Diversität der Universität Wien bewährt hat. In diesen Kontext ist das hier vorgestellte Projekt einzuordnen, das konzeptionell auf dem 2014 vom Stifterverband für die Deutsche Wissenschaft mit einer Hochschulperle ausgezeichneten „Writing-Fellows-Projekt" beruht. In Folge werden die Ausgangssituation, das Projekt, seine Adaption an die Anforderungen der Universität Wien sowie die Ergebnisse der Evaluation vorgestellt.

Die Ausgangssituation: Erwartung vs. Verunsicherung

In der Schule werden Schülerinnen und Schüler in Klausuren im Schreiben „auf Zeit" sozialisiert, ein Überarbeiten von Texten erschöpft sich in der Regel in der Korrektur von Grammatik und Rechtschreibung. Die vieldiskutierte VWA (Vorwissenschaftliche Arbeit), die für alle Maturantinnen und Maturanten in Österreich verpflichtend ist, schürt teils unrealistische Erwartungen an wissenschaftliche Schreibkompetenzen.

Viele Lehrende reflektieren die schulische Schreibsozialisation der Studienanfängerinnen und Studienanfänger nicht bewusst. Auch das Wissen über die Entwicklung studentischer Schreibprozesse (Bereiter & Scardamalia, 1987; Kellogg, 2008) und Textkompetenzen (Steinhoff, 2007; Pohl, 2007) bedarf aktiverer Verbreitung. Obwohl Lehrende in der Regel intuitiv zu wissen scheinen, wodurch sich ein wissenschaftlicher Text in ihrer Disziplin auszeichnet, beschränkt sich die Vermittlung jener Anforderungen oft auf Formalia wie Textumfang oder Zitationsstil, also Erwartungen an das Schreib*produkt*. Der komplexe Schreib*prozess* mit seinen Iterationen und Überarbeitungsschritten bleibt häufig unbesprochen: So finden sich Lehrende mit Studierenden konfrontiert, die Schreibaufgaben unzureichend umsetzen und ein geringes Bewusstsein für die Mängel ihrer Texte mitbringen. Umgekehrt stehen Studierende zu Beginn ihres Studiums in der Regel am Anfang eines langen Lernwegs, der schlecht oder gar nicht beschildert ist. Nur das Tempo ist vorgegeben (vgl. Girgensohn & Sennewald, 2012) – an der Universität Wien z. B. wird die Frist zur Noteneintragung am Ende des Semesters kontrolliert. Nicht fristgerecht abgegebene schriftliche Arbeiten haben eine negative Beurteilung zur Folge.[1] Eine aufschlussreiche Rückmeldung über Hintergründe der Benotung erfolgt oft nur bedingt. Während eine Teilleistung maximal 50% einer Note ausmachen darf, besteht die *gefühlte* Leistung der Studierenden für eine Lehrveranstaltung (LV) jedoch zu fast 100% in der schriftlichen Arbeit – eine verzerrte Wahrnehmung der eigenen Schreibleistung ist damit vorprogrammiert.

Zwar wird von Lehrenden beklagt, dass Studierende nur selten in Sprechstunden kämen, um Feedback zu schriftlichen Arbeiten einzuholen, zugleich wird eingeräumt, dass man aus Zeitgründen verzweifeln würde, kämen tatsächlich alle Stu-

---

1   Vgl. Uni Wien, Handbuch Lehrende https://intra.univie.ac.at/fileadmin/download/Hand buch_f%C3%BCr_Lehrende.pdf [14.1.2017].

dierenden. Studierende erhalten damit häufig zu wenig Feedback und sehen wenig Veranlassung, aktiv am eigenen Schreiben zu arbeiten. Angebote wie das *Schreibmentoring* des CTL (s. CTL-Schreibmentoring) werden von manchen als entbehrliche Zusatzleistungen wahrgenommen, die ohne Anerkennung von ECTS-Punkten nur ungerne erbracht werden. So verschiebt sich die Kompetenzentwicklung im wissenschaftlichen Schreiben bis zur Abschlussarbeit, in deren Rahmen Defizite akut werden.

In diesem Kontext ist das Schreibassistenz-Pilotprojekt der Universität Wien so positioniert, dass Studierenden möglichst früh ein realistisches Bild ihrer Stärken und Schwächen im wissenschaftlichen Schreiben vermittelt werden soll, um sie anzuregen, den Aufbau ihrer wissenschaftlichen Schreibkompetenzen bewusst zu verfolgen.

2   Pilotprojekt Schreibassistenzen

2.1   Vorbild: Writing-Fellows-Projekt

Das Schreibassistenz-Projekt der Universität Wien beruht auf dem Writing-Fellows-Projekt von Stephanie Dreyfürst, Franziska Liebetanz und Anja Voigt, das 2013 in Anlehnung an das US-amerikanische Modell der University of Wisconsin-Madison für den deutschsprachigen Raum adaptiert und an zwei deutschen Universitäten – Goethe-Universität Frankfurt am Main und Europa-Universität Viadrina Frankfurt (Oder) – erprobt wurde. Im Writing-Fellows-Projekt werden didaktische Konzepte aus verschiedenen Bereichen – wie der *Writing-across-the-Curriculum*-Ansatz, der *Writing-in-the-Disciplines*-Ansatz, Peer-Feedback und individuelle Schreibberatung – miteinander verknüpft (vgl. Dreyfürst, Liebetanz & Voigt, 2016, S. 211) und die schreibdidaktische Lehre an der betreffenden Hochschule transparenter gestaltet.

Im Rahmen des Projekts werden ausgewählten Lehrveranstaltungen (LV) Writing Fellows (WFs) zugeteilt, die die LV auf schreibdidaktischer Ebene begleiten. Von am Projekt teilnehmenden Lehrenden wird die Teilnahme an einem Vorbereitungsworkshop erwartet sowie dass sie im Verlauf des Semesters zwei Schreibaufgaben und deren Überarbeitung sowie die Teilnahme der Studierenden an einer Einzelberatung bei ihrer oder ihrem WF als Teil der zu erbringenden LV-Leistung einplanen. Im Rahmen der gestellten Schreibaufgaben erhalten die Studierenden schriftliches Feedback von ihren WFs und können ihre Texte gezielt überarbeiten, bevor sie diese den Lehrenden abgeben. WFs bilden damit eine Schnittstelle zwischen Lehrenden und Lernenden und vermitteln zwischen „den Erwartungen der Lehrenden und den Bedürfnissen der Studierenden" (Dreyfürst et al., 2016, S. 211). Das Projekt greift nicht in die Fachinhalte von LV ein, erfordert aber einen Ablauf aus Textfeedback-, Überarbeitungs- und Reflexionsschleifen sowie die Kooperation von Lehrenden mit WFs. Dies geschieht in der Erwartung, dass Lehrende Methoden und Kenntnisse, die sie im Rahmen des Projekts erworben haben, auch künftig in

ihre Lehrpraxis einfließen lassen und so zu wertvollen Multiplikatorinnen und Multiplikatoren werden. Die Zusammenarbeit mit den WFs ermöglicht den Lehrenden
daneben Einblick in die Vermittlung von konstruktivem Feedback, das studentische
Schreibkompetenzen weiter fördern kann.

2.2   Win-Win-Win-Situation

Die Stärke des WF-Projekts liegt darin, Möglichkeiten für die verschiedenen Akteu-
rinnen und Akteure des Programms *in vivo* aufzuzeigen: Methoden der prozessorientierten Schreibdidaktik werden nicht als „Trockenschwimmen" verstanden, sondern direkt und aktiv in die Lehre eingebettet (vgl. Dreyfürst et al., 2016, S. 221 f.).
Für alle Beteiligten bietet dies wertvolle Chancen der Weiterentwicklung. Studierende erhalten die Möglichkeit zur Auseinandersetzung mit ihrem individuellen
Schreibprozess und lernen Strategien zur Bewältigung realer Schreibaufgaben kennen. Zugleich kommt es über die Offenlegung der wissenschaftlichen Konventionen
durch die Lehrenden zu einer Demystifikation derselben. Darüber hinaus werden
die Prozesse des Peer-Reviews nähergebracht. Lehrende werden durch die WFs in
der Ausarbeitung und Konzeption von Schreibaufgaben in ihren Lehrveranstaltungen unterstützt. Da WFs Einblick in Schreib- und Lernprozesse sowie Probleme der
Studierenden geben, eröffnet sich ihnen die studentische Perspektive. Durch die
Arbeitsteilung wird den Lehrenden ermöglicht, sich mit Methoden des konstruktiven Feedbacks auseinanderzusetzen, ohne fachliche Inhalte zu vernachlässigen.
WFs wirken als Mittlerinnen und Mittler und erhalten ihrerseits tieferen Einblick
in die Erwartungen von Lehrenden. Die gewonnenen Erfahrungen können auch in
anderen Kontexten, etwa für die Arbeit als Schreibberaterinnen und Schreibberater
oder bei der Gestaltung von Workshops, konstruktiv eingebracht werden.

2.3   Das Schreibassistenz-Projekt an der Universität Wien

Das Pilotprojekt „Schreibassistenzen" wurde von der Präsentation des Writing-Fel-
lows-Projekts durch Stephanie Dreyfürst (2014) am CTL angestoßen. Das ursprüngliche Konzept wurde leicht adaptiert und sollte zwei bereits bestehende Angebote
des CTL ergänzen, das *Schreibmentoring*, das sich primär an Bachelorstudierende in
jeder Studienphase richtet sowie die *Schreibwerkstätten*, die eine Prozessbegleitung
beim Verfassen von Master- oder Diplomarbeiten bieten. In vergangenen Semestern
wurde beobachtet, dass viele Studierende hinsichtlich ihrer Schreibkompetenzen
erst im Kontext ihrer BA-Arbeit akuten Handlungsbedarf sahen und schreibdidaktische Angebote folglich erst nun in Anspruch nahmen. Dagegen blieben Studierende, deren Schreibkompetenzen zwar von Lehrenden als entwicklungsbedürftig
eingestuft wurden, die selbst aber keine Notwendigkeit zur Intervention sahen, fern.
Das Pilotprojekt Schreibassistenz sollte hier eine Brücke schlagen: Da Schreibassis-

tentinnen und Schreibassistenten (SAss), wie die WFs an der Universität Wien bezeichnet werden, im Rahmen von regulären LV eingesetzt werden und die Elemente der LV, in die sie involviert sind, als verpflichtende Teilleistungen zu erbringen sind, können auch Studierende erreicht werden, die aus eigener Initiative keine der bereits bestehenden schreibdidaktischen Angebote wahrnehmen würden.

Für das Pilotprojekt wurden LV aus drei BA-Studiengängen der phil.-kult. (drei Proseminare, ein Seminar), der hist.-kult. (zwei Lektürekurse, ein Seminar) und der soz.-wiss. Fakultät (drei Lektürekurse) ausgewählt. Für eine nachhaltige Wirkung sollten sie möglichst früh im Studium angesiedelt sein. Die Studienprogrammleitungen der teilnehmenden Studiengänge nominierten die teilnehmenden Lehrenden, die vom CTL zu einem Vorbereitungsworkshop eingeladen wurden. Inhalt des Workshops waren Prinzipien der prozessorientierten Schreibdidaktik, Basiswissen zu Schreibprozess, Feedback und den Aufgabenstellungen, Schreibentwicklung sowie den Rollen im Ablauf des SAss Projekts. Die Lehrenden wurden gebeten, den Einsatz der SAss und die in Zusammenarbeit mit ihnen zu erbringenden Teilleistungen im Online-Vorlesungsverzeichnis als verpflichtend für einen positiven Abschluss der Lehrveranstaltung auszuweisen.

Acht SAss wurden im Rahmen einer Ausschreibung unter ehemaligen Schreibmentorinnen und Schreibmentoren des CTL rekrutiert und im Rahmen eines Workshops auf ihre Aufgabe vorbereitet. Inhalt waren Schreibentwicklung, Aufgabenstellungen, schriftliches Feedback, die eigene Rolle im Programm sowie sein Ablauf. Während des Semesters wurden sie vonseiten des CTL in Form von Supervisionstreffen begleitet, in denen ein Austausch über den aktuellen Stand in den LV und Methoden stattfand.

Zwischen den LV gab es eine hohe Varianz, sowohl was die Höchstzahl der zugelassenen Studierenden (zwischen 25 und 50) als auch was ihre Anzahl betraf, die sich tatsächlich für die LV an- bzw. nicht abgemeldet hatten (zwischen 15 und 48). Die Arbeit zwischen den SAss wurde so verteilt, dass eine bzw. ein SAss maximal 50 Studierende betreute.

Abbildung 1 visualisiert den Ablauf des Projekts. Vor LV-Beginn wurden im Zuge eines Vorgesprächs zwischen Lehrenden und „ihren" SAss die Grundlagen für die weitere Zusammenarbeit besprochen (gegenseitige Erwartungen, persönliche und/oder disziplinäre Anforderungen und – soweit vorhersehbar – Schwerpunkte des Feedbacks) und so die Rahmenbedingungen der zu betreuenden LV festgelegt. Darüber hinaus sollten die SAss den Lehrenden aus Studierenden- sowie schreibdidaktischer Perspektive Feedback auf die gestellten Schreibaufgaben bezüglich Transparenz und Verständlichkeit geben.

Zu Semesterbeginn wurden die SAss in die LV eingeladen, um sich und das Projekt vorzustellen und die mit dem Projekt verbundenen Anforderungen zu erläutern. Voraussetzung für ein Textfeedback auf die erste Schreibaufgabe (siehe Abb. 1) war die Abgabe eines Deckblatts, das zur vertraulichen Kommunikation zwischen Studierenden und SAss diente und zur Reflexion des eigenen Schreibens anregen

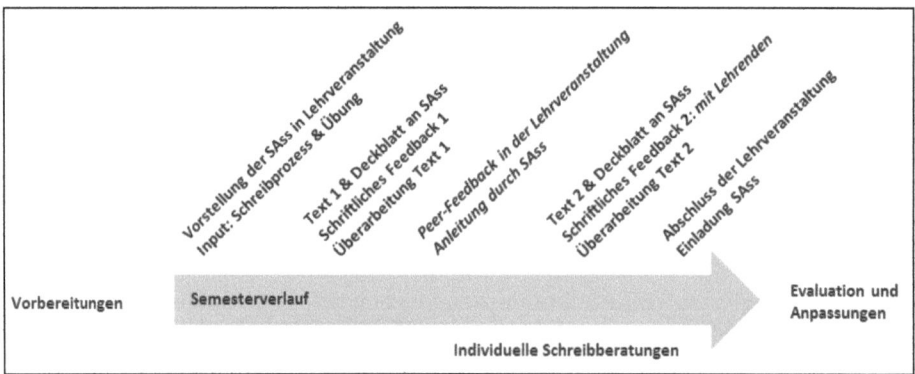

Abb. 1:   Das Schreibassistenz-Projekt im Semesterverlauf. Änderungen gegenüber dem
          Vorbild „Writing-Fellows-Projekt" sind kursiv gesetzt

sollte. Binnen einer Woche erhielten sie ein schriftliches Textfeedback vonseiten der
SAss mit expliziten Anregungen zur Textüberarbeitung. Die Studierenden konnten
daraufhin ihre Texte überarbeiten und endgültig abgeben. Generell wurden die
Feedbacks der SAss an die Schreibaufgabe, die Textsorte, die Fassung des Textes
sowie etwaige Wünsche der Studierenden angepasst und erfolgten im Sinne eines
Peer-Feedbacks auf Augenhöhe. Es wurde keinerlei Bewertung der Texte vorgenommen und keine Rückmeldung auf Fachinhalte gegeben, sondern der Fokus (je nach
Textfassung) auf strukturelle Textelemente, -aufbau und innere -zusammenhänge,
(wissenschafts-)sprachliche Aspekte, Argumentationslinien u. Ä. gelegt. Besonders
wurden in den Feedbacks individuelle Stärken betont und der Blick auf jene Kompe-
tenzbereiche im (wissenschaftlichen) Schreiben gelenkt, in denen die Studierenden
bereits reüssieren konnten.

Im Unterschied zum WF-Projekt wurde das zweite Textfeedback von Lehrenden
und SAss gemeinsam verfasst. Zwar stellte diese Maßnahme eine logistische Herausforderung dar, gleichzeitig bot sich hier die Chance, die Arbeit der SAss transparenter zu machen, dabei schreibdidaktische Prinzipien bezüglich Funktionen
und Ebenen von Feedback zu vermitteln und in einen gemeinsamen Lernprozess
einzutreten.

Die Einführung eines von den SAss angeleiteten Peer-Feedbacks von ca. 45 Minuten im Rahmen einer LV-Einheit in das SAss-Projekt diente ebenfalls der subli-
minalen Vermittlung von Grundlagen des konstruktiven Textfeedbacks sowie der
Bereitstellung einer konkreten Anleitung. Studierende wurden dadurch angeregt,
sich gegenseitig bei der Er- und Überarbeitung von wissenschaftlichen Texten zu
unterstützen.

Die Studierenden wurden angehalten, hierfür eigene – auch nicht finalisierte –
Texte mitzubringen. Die *Peer-Feedback-Einheit* bestand aus einer Einführung in die
Ebenen eines Textfeedbacks und den Grundregeln wertschätzenden, konstruktiven
Feedbacks (vgl. Wolfsberger, 2009, S. 208), der Durchführung und einer abschlie-
ßenden Reflexion. Dazu wurden die Studierenden zunächst auf den respektvollen

Umgang mit Texten sensibilisiert (keine Korrektur im Text, Stärken hervorheben u.Ä). In der Folge wurden Methoden wie die „Textlupe" oder die „Angenehme Text-feedbackrunde" (Wolfsberger, 2009, S. 210) vorgestellt, die im Anschluss direkt in Paaren oder Gruppen an mitgebrachten Texten erprobt wurden. Zum Abschluss der Einheit leiteten die SAss eine Reflexion über die Erkenntnisse und das persönlich Erlebte an. Wichtig war, den Studierenden zu vermitteln, dass auch das Feedback von Kolleginnen und Kollegen wertvoll und relevant sein kann. Insgesamt wurde das Peergroup-Feedback in allen beteiligten LV positiv angenommen. Die Studierenden setzten die jeweiligen Techniken aktiv und konstruktiv um und zeigten sich häufig erstaunt, wie hilfreich und motivierend die so erhaltenen Feedbacks waren.

Studierende, die eine LV mit SAss besuchten, waren verpflichtet, an einer individuellen Schreibberatung teilzunehmen. Dabei handelte es sich um eine 50-minütige personenzentrierte Beratung, die der Reflexion des eigenen Schreibprozesses gewidmet war. Die Studierenden waren eingeladen, konkrete Anliegen einzubringen, Stärken und Schwächen zu reflektieren und gemeinsam mit den SAss Strategien zu erarbeiten und Methoden zu erproben.

Die Beratungen liefen in vier Phasen ab, die wir als *Briefing, Gathering, Performing und Debriefing Phase* bezeichnen. In der *Briefing Phase* wurden der Rahmen der Beratung festgelegt, eventuelle Ängste beseitigt, Sinn, Ablauf, Inhalte und gegenseitige Erwartungen geklärt. Evtl. unzutreffende Erwartungen wurden berichtigt: So verstanden die Beratung einige Studierende als eine Form von Prüfung, anderen war ihr Sinn nicht klar. In der folgenden *Gathering Phase* wurden unter Berücksichtigung der Interessen und Wünsche der Studierenden die Schwerpunkte der Beratung nach dem Prinzip der höher geordneten (Higher Order Concerns – HoC) und der nachgeordneten Aspekte (Later Order Concerns – LoC) gesetzt (vgl. Grieshammer, Liebetanz, Peters & Zegenhagen, 2013, S. 110). Auf dieser Basis wurden die Anliegen der Studierenden in der *Performing Phase* bearbeitet, wobei die SAss sich bemühten zu den HoC zu führen, wenn Studierende den Wunsch nach Beratung zu niedrigrangigen Punkten geäußert hatten, jedoch auch höherrangige vorhanden waren. Diese Phase war auch kritisch für das Verhältnis zwischen Beratenden und Ratsuchenden und damit für das weitere Gespräch. In der Regel fanden sich beide in einer Arbeitsbeziehung auf Augenhöhe, aber es kam (angesichts des Verpflichtungscharakters der Beratung selten) vor, dass Studierende ablehnend auftraten. In dieser Phase fiel die Entscheidung, ob ein Schwenk in Richtung Kooperation gelang und die gemeinsame Umsetzung des zuvor besprochenen Arbeitsprogramms beginnen konnte. In der abschließenden *Debriefing Phase* wurden Vorschläge und Richtlinien zum effektiveren Umgang mit Schreiben und Lesen im Studium angeboten und konkrete nächste Handlungsschritte vereinbart.

Inhalt und Ergebnisse wurden in einem standardisierten Protokoll festgehalten, das einerseits der Reflexion der SAss diente, andererseits einen wichtigen Einblick in den Projektverlauf bot, Beratungsverläufe nachvollziehbar machte und damit der Qualitätssicherung diente.

3   Evaluation des Projekts

3.1   Fragestellungen und erhobene Daten

An dieser Stelle ist es sinnvoll, die Ziele des Pilotprojekts SAss zu rekapitulieren: Für die Akzeptanz einer Maßnahme wie jener des (extracurricularen) *Schreibmentoring* des CTL ist es Voraussetzung, dass Studierende selbst eine Notwendigkeit sehen, ihre Schreibkompetenzen weiterzuentwickeln. Es muss als besonderes Anliegen des SAss-Projekts verstanden werden, *alle* Studierenden einer Lehrveranstaltung zu erreichen – folglich auch jene, die ihre akademischen Schreibkompetenzen höher einschätzen als ihre Lehrenden. Das SAss-Projekt zielt daneben darauf ab, Lehrende, die in der Regel keine explizit schreibdidaktische Ausbildung durchlaufen haben, zu erreichen und Wissen über Schreibentwicklung und Methoden der prozessorientierten Schreibdidaktik eingebettet in die Lehre der jeweiligen Fachdisziplin zu vermitteln. Mittelfristig soll das Projekt die Entwicklung einer verbesserten Feedbackkultur sowie die forschungs- und schreibintensive Lehre unterstützen. Die Evaluation des Projekts war daher auf folgende Fragen fokussiert:

1. Was stellt für Studierende die größte Herausforderung im wissenschaftlichen Schreiben dar und welche Themen in Bezug darauf spielen für sie daher eine besondere Rolle?
2. Wie stark decken sich Selbsteinschätzung der Studierenden und Fremdeinschätzung durch die SAss in Bezug auf individuelle Schreibkompetenzen?
3. Wie werden Feedback und Schreibberatung „unter Zwang" von Studierenden angenommen?
4. Lassen sich Unterschiede zwischen den teilnehmenden Studienprogrammen erkennen?

Zur Evaluation wurden folgende Daten aus den teilnehmenden LV verwendet:

1. 238 Protokolle aus den individuellen Schreibberatungen, die folgende Daten erfassten: Persönliche Daten (Name der/s SAss; Name der/s Studierenden; Studienrichtung und LV; Schreiberfahrung in Form der Semester und Anzahl schriftlicher Arbeiten); Selbsteinschätzung der eigenen Schreibkompetenzen in Schulnoten; Themen der jeweiligen Beratung anhand einer Auswahlliste (s. Abb. 2); ein Protokoll des Beratungsverlaufs durch die SAss sowie die Einschätzung der Qualität des Beratungsgesprächs durch die SAss.
2. Die Ergebnisse einer Onlinebefragung der teilnehmenden Studierenden, unter Verwendung der open source Befragungssoftware Limesurvey. Die Beantwortung der einzelnen Fragen war freiwillig, die Beantwortung einer Frage war keine Voraussetzung, um zur jeweils nächsten zu gelangen. Der Rücklauf lag mit 90 ausgefüllten Fragebögen bei 40% (10 der Fragebögen waren unausgefüllt und wurden daher aus der Auswertung ausgeschlossen). Die 24 Fragen gliederten

sich in zwei Blöcke, einen demographischen Teil und spezifische Fragen zum Projekt. Nicht alle Fragen waren für diese Evaluation relevant, vielmehr stand der Kontext der Evaluation im Zusammenhang mit der Entwicklung und strategischen Ausrichtung aller Angebote des CTL zum wissenschaftlichen Schreiben im Vordergrund. Relevant für die Auswertung im vorliegenden Kontext waren Fragen

  a. zur Studienrichtung der Teilnehmerinnen und Teilnehmer
  b. zu Herausforderungen beim wissenschaftlichen Schreiben
  c. zu den Elementen und Themen des Schreibassistenz-Projekts
  d. zu den SAss
3. Ein zweistündiges abschließendes Gespräch mit den Lehrenden zu Semesterende, an dem sieben Lehrende teilnahmen.

In der Folge werden die Ergebnisse entlang der Fragestellungen vorgestellt und diskutiert.

3.2   Herausforderungen und Themen beim wissenschaftlichen Schreiben

Die Frage „Was stellt für Studierende die größte Herausforderung im wissenschaftlichen Schreiben dar und welche Themen in Bezug darauf spielen für sie daher eine Rolle?" wurde in der Evaluation einerseits durch die Onlinebefragung, andererseits über die Beratungsprotokolle der SAss erfasst.

Die Onlinebefragung erfasste die Perspektive der Studierenden, die in einer offenen Frage gebeten wurden, die aus ihrer Sicht größten Herausforderungen beim wissenschaftlichen Schreiben zu nennen. Unter 50 Rückmeldungen wurden folgende Themen mindestens fünf Mal genannt und umfassten so fast drei Viertel der Summe der Rückmeldungen:

- Thema und/oder Forschungsfrage eingrenzen (10)
- Struktur (9)
- Literatursuche (7)
- die erforderliche Anzahl an Wörtern oder Seiten zu erreichen (6)
- Argumentationslinie (5)
- Klar ausdrücken (5)
- Rückmeldungen zur Selbstorganisation (rechtzeitig anfangen etc.) (5)

Darüber hinaus enthielt der Fragebogen – komplementär zur Themenliste in den Beratungsprotokollen – eine Frage, zu deren Beantwortung die Teilnehmerinnen und Teilnehmer gebeten wurden, auf einer fünfteiligen Skala (*trifft sehr zu* bis *trifft gar nicht zu*) anzugeben, wie sehr sie sich in Bezug auf das jeweils genannte Thema durch das SAss-Projekt unterstützt gefühlt hatten. Die Themen, welche von über 40% der Studierenden aller 10 Lehrveranstaltungen mit „trifft zu" oder „trifft sehr

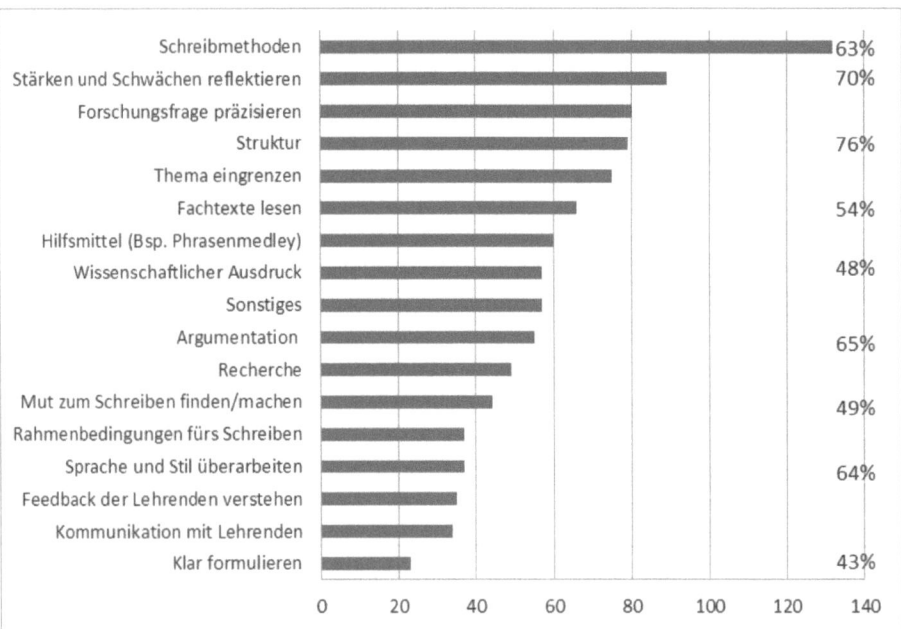

Abb. 2:   Die Balken geben in absoluten Zahlen an, welche Themen in den Schreibberatun-
          gen behandelt wurden. Die relativen Zahlen daneben aus der Onlinebefragung
          (rechte Spalte) geben an, wie viel Prozent der Studierenden sich im Gesamtprojekt
          von den SAss bezüglich dieses Themas unterstützt fühlten.

zu" beantwortet wurden, waren: Struktur (76%), Stärken und Schwächen des eigenen Schreibens reflektieren (70%), Argumentation (65%), Überarbeitung des Textes
(64%), Schreibmethoden (63%), Lesen (54%), Mut zum Schreiben finden (49%),
Wissenschaftssprache (48%) sowie sich klar ausdrücken (43%).

    Komplementär zur Perspektive der Studierenden bilden die Protokolle der indivi-
duellen Schreibberatungen die Perspektive der SAss ab und erfassen die behandelten
schreibdidaktischen Themen. Abb. 2 zeigt die Auswertung der laut Beratungsprotokollen behandelten Themen und stellt sie den Antworten aus der Onlinebefragung
auf die Frage, bezüglich welcher Themen das SAss Projekt als hilfreich empfunden
wurde („Die Interventionen durch die/den SAss haben mich unterstützt …“), gegenüber. Die in den Protokollen verhältnismäßig starke Gewichtung auf Schreibstrategien und Reflexion von Stärken und Schwächen ergibt sich aus der Funktion
der Beratungen im Projekt: Die Schreibberatung spielte eine Schlüsselrolle, da die
SAss angehalten waren, Problemen und Unsicherheiten mit einer Anleitung zur
Selbstreflexion und möglichst vor Ort durchgeführten Übungen (der Vermittlung
von Schreibstrategien und -methoden) zu begegnen. Dass diese beiden Elemente
auch in der Onlinebefragung hoch bewertet wurden, kann als Indikator gewertet
werden, dass die Umsetzung gelang und die Studierenden erreicht wurden.

    Auf die Frage, welche Aspekte des SAss-Projekts sie am hilfreichsten empfunden
hätten („Am meisten geholfen hat mir …“), nannten 21 Studierende das Feedback,

20 die individuelle Schreibberatung, 9 den Input der SAss in der LV und 6 die generelle Struktur der LV. Diese Rückmeldungen deuten darauf hin, dass jene Elemente
des SAss Projekts, in dem die Studierenden individuell angesprochen wurden, als
besonders hilfreich empfunden wurden.

Ordnet man die acht meistgenannten Inhalte nach Häufigkeit ihrer Nennung in
den Beratungsprotokollen nach Fakultäten, ergeben sich unterschiedliche Reihungen, die in Tabelle 1 gegenübergestellt werden. Auf den ersten Blick fällt auf: Die Studierenden der phil.-kult. Fakultät schienen sich im Vergleich zu den Studierenden
der anderen Studien im Schreiben sicherer zu fühlen, nur 6 verschiedene Themen
wurden dort mit mehr als 20 Studierenden behandelt.

Schreibstrategien und -methoden, die *Reflexion von Stärken und Schwächen*,
Struktur und *Forschungsfrage* waren für Studierende aller BA-Studien wichtig. Beide
kulturwissenschaftlichen Studien reihten die ersten drei genannten Themen gleich,
die weiteren Reihungen unterschieden sich jedoch deutlich.

Tabelle 1: Gegenüberstellung der häufigsten Themen der Schreibberatungen. Die kursiv
hervorgehobenen Themen benennen die insgesamt in den Protokollen am
häufigsten vermerkten Themen: jedes dieser Themen wurde mit mehr als 20
Studierenden des jeweiligen Studiums behandelt (absolute Zahlen in Klam-
mern).

Hist.-Kult. Fakultät (n=65)	Phil.-Kult. Fakultät (n=81)	Soz.-Wiss. Fakultät (n=69)
• *Schreibmethoden* (50)	• *Schreibmethoden* (33)	• *Schreibmethoden* (49)
• *Stärken/Schwächen reflektieren* (37)	• *Stärken/Schwächen reflektieren* (32)	• *Struktur* (35)
• *Struktur* (32)	• *Struktur* (28)	• *Thema eingrenzen* (33)
• *Forschungsfrage* (31)	• Recherche (28)	• *Forschungsfrage* (28)
• Argumentationslinie/ Roter Faden (29)	• Klar formulieren (27)	• Sonstiges (26)
• Thema eingrenzen (28)	• *Forschungsfrage* (21)	• Recherche/Lesen (24)
• Rahmenbedingungen (26)		• *Stärken/Schwächen reflektieren* (20)
• Lesen (24)		• Argumentationslinie/ Roter Faden (20)
• Hilfsmittel (23)		
• Kommunikation mit Lehrenden (21)		
• Feedback der Lehrenden verstehen (20)		
• Sonstiges (20)		

Neben der *Forschungsfrage* waren für die Studierenden des phil.-kult. BA-Studiums
zwei Themen bedeutend: *Recherche* und *Klar ausdrücken*. Für Studierende des hist.-
kult. und des soz.-wiss. Studiums spielten besonders *Argumentationslinie/Roter
Faden*, *Thema eingrenzen* und *Lesen* eine Rolle, bei beiden fanden sich auch viele
„sonstige" Themen. Darüber hinaus waren innerhalb des hist.-kult. Studiums *Rah-*

menbedingungen, Kommunikation mit den Lehrenden, bzw. *Feedback der Lehrenden verstehen* und *Hilfsmittel* wichtig. Mit Ausnahme der *Hilfsmittel* könnte letztere Themengruppe eine Verzerrung der Ergebnisse darstellen, da sich die Durchführung des SAss Projekts bei einer LV dieser Studienrichtung aufgrund fluktuierender LV-Strukturen schwierig erwies, die Kommunikation zwischen Lehrperson und SAss nur rudimentär möglich war und Termine nicht eingehalten wurden. Studierende waren bezüglich der Erwartungen an sie verunsichert, was sich in der Evaluierung widerspiegelt, aber nicht repräsentativ für die Studienrichtung sein muss.

Die Unterschiede zwischen den am Projekt teilnehmenden BA-Studien könnten darüber hinaus nicht nur Fächerunterschiede repräsentieren, sondern zeigen, dass Studierende in Bezug auf wissenschaftliches Schreiben einen unterschiedlichen Entwicklungsstand aufwiesen. Die Form der am Projekt teilnehmenden LV unterstützt diese Vermutung: Das Curriculum des soz.-wiss. Studiums ist als erste schreibintensive LV ihres Studiums konzipiert. In diesen Lektürekursen wird noch keine Proseminararbeit geschrieben. Im Gegensatz dazu verlangt das Curriculum der kulturwissenschaftlichen Studiengänge von Anfang an Proseminararbeiten, bietet aber Flexibilität, wann welches Proseminar gewählt werden kann. Das führte dazu, dass Studierende in den kulturwissenschaftlichen Studien hinsichtlich ihrer individuellen Schreiberfahrung heterogen waren, während es sich bei den soz.-wiss. Studierenden mehrheitlich um Novizinnen und Novizen im wissenschaftlichen Schreiben handelte.

Zusammenfassend kann man sagen, dass wir die Anliegen von und Herausforderungen für Studierende nun besser kennen und es im Projekt gelungen ist, ihnen Schreibstrategien und -methoden zu vermitteln, die sie als Unterstützung empfanden und eine Reflexion des eigenen Schreibens anregten. *Welche* schreibbezogenen Themen von den Studierenden als besonders relevant erachtet wurden, variierte je nach Fach und Stand der Schreibentwicklung.

3.3   Selbst- und Fremdeinschätzung der Studierenden

Einen Hinweis auf die Schreibentwicklung der Studierenden kann ein Abgleich zwischen Selbst- und Fremdeinschätzung liefern. Ein Ziel des Projekts war es, *alle* Studierenden einer LV zu erreichen und damit auch jene, die ihre Leistungen im wissenschaftlichen Schreiben besser einschätzten als Lehrende es tun würden und die daher selbst keinen Anlass sehen, die Entwicklung ihrer akademischen Schreibkompetenzen bewusst voranzutreiben.

Folgende Daten und Hinweise zogen wir zur Beantwortung der Frage „Wie stark decken sich Selbsteinschätzung der Studierenden und Fremdeinschätzung durch die SAss?" heran:

1. Selbsteinschätzung: Im Rahmen der Schreibberatung wurden die Studierenden gebeten, ihre eigenen Schreibkompetenzen in Form von Schulnoten (1 bis 5) einzuschätzen.
2. Fremdeinschätzung: Die SAss notierten nach Projektende auf Basis der studentischen Texte und des Beratungsgesprächs ihren subjektiven Eindruck, ob die Selbsteinschätzung der Studierenden zutraf. Bei Abweichungen war zu berücksichtigen, ob sie die Schreibkompetenzen als *schlechter* oder *besser* einschätzten.
3. Zuletzt wurden die Lehrenden zu Abschluss des Semesters gebeten, eine Rückmeldung zu geben, ob sie mit der Arbeit der SAss zufrieden waren, wie sie deren Kompetenz einschätzten und ob die Feedbacks aus ihrer Sicht zutreffend und hilfreich waren.

Letzteres sollte angesichts der Abwesenheit verbindlicher Standards über Fächergrenzen hinweg einen Hinweis geben, ob eine Fremdeinschätzung durch die SAss insofern geerdet war, als die Lehrenden mit ihren Rückmeldungen und damit implizit auch mit der Einschätzung der studentischen Schreibkompetenzen durch die SAss zufrieden waren. Mit Ausnahme einer Irritation in der ersten Feedbackrunde, bei der eine Lehrperson die gegebenen Feedbacks zunächst als *zu* positiv empfunden hatte, gaben die Lehrenden an, positiv überrascht gewesen zu sein, wie sehr die im Feedback der SAss angesprochenen Punkte mit ihrer eigenen Einschätzung übereinstimmten. Trotz der Tatsache, dass Selbst- und Fremdeinschätzung naturgemäß subjektiv sind, gehen wir daher davon aus, dass die von den SAss geleisteten Fremdeinschätzungen bezüglich der Erwartungen von Lehrenden an die Texte ihrer Studierenden als verlässlich genug gelten können, um aussagekräftig zu sein.

Unter den 209 Studierenden, die eine Einschätzung ihrer Schreibkompetenz getroffen hatten (knapp 8% verweigerten die Auskunft), stimmten bei 54,1% Selbst- und Fremdeinschätzung überein, was der sprachlichen Einfachheit halber als *realistisch* bezeichnet wird. 29,7% der Studierenden waren zu selbstkritisch und wurden von den SAss als *besser* eingeschätzt, 16,3% wurden von den SAss als *schlechter* eingeschätzt. Der Blick auf die BA-Studien der einzelnen Fakultäten ergibt auch hier ein differenzierteres Bild (s. Abb. 3): Der Anteil der Studierenden, die ihre Schreibkompetenzen *realistisch* einschätzen, variiert deutlich zwischen den Fakultäten.

Der Anteil an Studierenden mit realistischer Selbsteinschätzung ist im BA-Studium der phil.-kult. Fakultät am höchsten. Generell scheinen sie sich durch ein vergleichsweise hohes Bewusstsein ihrer Schreibkompetenzen auszuzeichnen. Der Anteil der „selbstkritischen" Studierenden, die durch die SAss *besser* eingeschätzt wurden, ist mit 17% nur halb so hoch wie unter den Studierenden der anderen BA-Studien. Ebenso ist der Anteil der Studierenden, die die SAss als *schlechter* einschätzten als sie sich selbst, verhältnismäßig niedrig. Im Gegensatz dazu bieten die BA-Studien an der hist.-kult. und der soz.-wiss. Fakultät ein vergleichbares Bild. Selbst- und Fremdeinschätzung stimmen bei weniger als 50% der Studierenden überein, an der soz.-wiss. Fakultät sind es nur 42%. Über ein Drittel der Studierenden beider Fakultäten sind daher als selbstkritisch zu bezeichnen, da ihre Schreib-

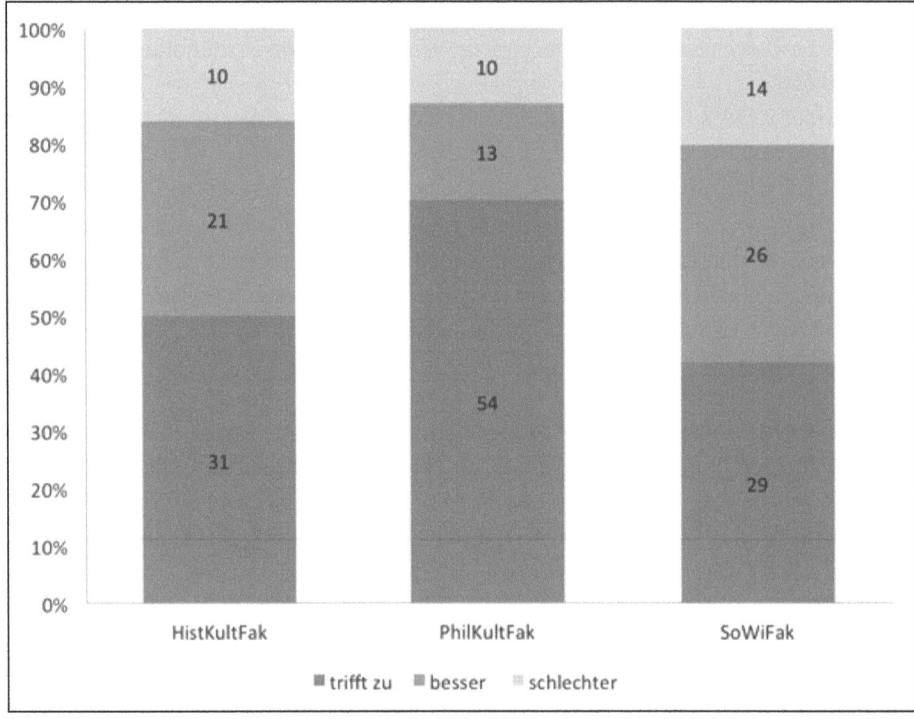

Abb. 3:   Selbst- und Fremdeinschätzung von 208 BA-Studierenden sortiert nach Fa-
           kultäten. Zahlen in den Balken: Studierende in dieser Kategorie in absoluten
           Zahlen. Der leichteren Vergleichbarkeit wegen, haben wir das Diagramm mit den
           relativen Zahlen in weiß ergänzt.

kompetenzen von den SAss besser eingeschätzt wurden. Ein Unterschied zwischen
beiden Fakultäten zeigt sich bei Studierenden, die von den SAss als *schlechter* eingeschätzt wurden: Beim BA-Studium der hist.-kult. Fakultät lag dieser Anteil mit 16%
näher an dem der phil.-kult. Fakultät, während er beim soz.-wiss. BA-Studium 21%
der Studierenden ausmachte.

Erfahrene Lehrende wissen, wie unterschiedlich Studierendengruppen auf ein
LV-Konzept reagieren können, Studierende wissen, wie unterschiedlich die Erwartungen der Lehrenden sein können. In diesem Sinne sind die hier präsentierten
Zahlen nicht generalisierbar. Sie sind jedoch interessant, da sie – trotz der relativ geringen Studierendenzahlen, des kruden Maßes „Schulnote" und der Tatsache, dass
die Fremdeinschätzung der Studierenden nicht nur subjektiv war, sondern auch
durch studentische Peers erfolgte – Unterschiede zwischen den Studierenden der
am Projekt beteiligten BA-Studien sichtbar machen. Sie werden aus der Perspektive
der Schreibentwicklung sowie im Kontext der von uns erhobenen Daten gestützt.
Auf Basis des Modells der Schreibentwicklung von Bereiter & Scardamalia (1987)
wäre zu vermuten, dass viele Studierende gerade zu Beginn ihres Studiums noch
eine *knowledge telling* Schreibstrategie anwenden. In der Schule galten sie vielleicht

als gute Schreibende, sind sich aber der neuen Anforderungen im Studium noch nicht bewusst und daher nicht aktiv gefordert, Planungsstrategien für Texte zu entwickeln, die im akademischen Schreiben unabdingbar sind (Bereiter und Scardamalia bezeichnen diese Strategie als *knowledge transforming writing*).

Vor diesem Hintergrund lässt sich das Ergebnis, dass sich innerhalb der beteiligten BA-Studien die Studierenden des soz.-wiss. Studiums am wenigsten realistisch einschätzen konnten, aus ihrer Phase in der Schreibentwicklung begründen. Wie oben erwähnt, unterscheiden sich die Curricula der teilnehmenden BA-Studien unter anderem dadurch, in welchen LV die Studierenden ihre ersten Schreiberfahrungen machen, ob in den LV eine wissenschaftliche Arbeit verfasst werden muss und wie sehr sich Novizinnen und Novizen und erfahrenere Studierende in LV mischen. In den kulturwissenschaftlichen Studien ist das Curriculum kaum direktiv, während schreibintensive LV im soz.-wiss. Studium bereits ab dem zweiten Semester absolviert werden sollen. Entsprechend ist die Gruppe der Studierenden in letzterem Studium homogener und es ist wahrscheinlich, dass der Anteil an Studierenden, die die Strategie des *knowledge transforming writing* noch nicht gemeistert haben, höher ist als in den Studierendenpopulationen der anderen Studien. Die vergleichsweise höhere Unsicherheit in der *realistischen* Selbsteinschätzung der soz.-wiss. Studierenden spiegelt damit vermutlich den Stand der Schreibentwicklung in der Transition zwischen Schule und Studium wider, die angesichts eines ersten Semesters, in dem das wissenschaftliche Schreiben noch keine Rolle spielt, ins zweite Semester verschoben ist.

Um diesen Umstand genauer zu beleuchten, wurden aus den Daten, die für die beiden kulturwissenschaftlichen Fakultäten erhoben wurden, die beiden BA-Seminare, d. h. die Seminare, in denen erfahrenere Studierende im fünften oder sechsten Semester des Curriculums eine Bachelorarbeit schrieben, herausgefiltert. Das BA-Seminar an der phil.-kult. Fakultät hatte nur 11 Teilnehmende, von denen 10 ihre Schreibkompetenzen *realistisch* einschätzten und eine Person als *schlechter* eingeschätzt wurde. Für die Studierenden in den LV früh im Studium verschob sich die Verteilung dadurch in Richtung der anderen BA-Studien: statt 70% schätzten vor diesem Hintergrund 67% ihre Schreibkompetenzen *realistisch* ein, 20% (statt 14%) wurden nun als *besser* und 13% (statt 13%) als *schlechter* eingeschätzt. Auch an der hist.-kult. Fakultät war dies zu beobachten. Studierende im BA-Seminar schätzten sich zu 60% *realistisch* ein, 8 Studierende (32%) wurden *besser* und 2 *schlechter* eingeschätzt. Die Studierenden in den LV früh im Studium schätzten sich zu 41% *realistisch* ein, zu 38% wurden sie von den SAss *besser* und zu 21% *schlechter* eingeschätzt – dies entspricht exakt den Daten der Studierenden der soz.-wiss. Fakultät. In beiden Auswertungen lässt sich der Trend in den Daten so interpretieren, dass die Selbsteinschätzung von Schreibkompetenzen im Laufe des Studiums realistischer wird. Dies steht ebenso im Einklang mit dem oben zitierten Modell wie mit den Ergebnissen von Steinhoffs (2007) Studie zur Entwicklung der wissenschaftlichen Textkompetenz.

Aus der geringen Datenmenge lässt sich nicht generell ableiten, dass Studierende des phil.-kult. Studiums sich gegen Ende ihres Studiums realistischer einschätzen können als jene des hist.-kult. Studiums, der Trend passt aber zu der Beobachtung, dass in ersterem Studium dem Schreiben eine zentrale Rolle zukommt und die Studierenden in den Philologien im Vergleich zu anderen Studien der Universität Wien mehr Feedback auf ihre Texte erhalten.

3.4   Akzeptanz des Projekts

Während *Schreibmentoring* und *Schreibwerkstätten* als Angebote des CTL zum wissenschaftlichen Schreiben für Studierende extracurricular und daher freiwillig sind, bettet das SAss Projekt prozessorientierte Schreibdidaktik direkt in die Lehre ein. Damit ist die Teilnahme nicht freiwillig, sondern zwingt auch Studierende, die dazu keine Notwendigkeit sehen würden, sich mit ihren wissenschaftlichen Schreibkompetenzen auseinanderzusetzen. Da Schreiben höchst individuell ist, waren hier Widerstände zu erwarten. Eine wichtige Frage für die Evaluation war daher neben der Akzeptanz des gesamten Programms: „Wie werden Feedback und Schreibberatung „unter Zwang" angenommen?"

Wesentlich dafür dürfte die Wahrnehmung der Kompetenz der SAss sein. Die Onlinebefragung ergab, dass 96% der Studierenden ihre SAss als gut auf ihre Aufgabe vorbereitet wahrnahmen. 89% fanden die Anleitung zum Peer-Feedback verständlich, 88% bewerteten das schriftliche Feedback als hilfreich und 90% empfanden, ihr/e SAss sei aktiv auf sie eingegangen. Von den zehn am Projekt teilnehmenden Lehrenden gaben acht an, mit der/dem SAss sehr zufrieden gewesen zu sein, eine Lehrende meldete Kommunikationsprobleme beim ersten Feedback, insgesamt aber Zufriedenheit, eine Lehrperson antwortete nicht auf die Einladung zu einer abschließenden Bewertung des Projekts. Alle neun Lehrenden, die eine Rückmeldung abgegeben hatten, gaben an, dass sie wieder am Projekt teilnehmen würden.

58% der Studierenden schätzten das Peer-Feedback als hilfreich ein. Diese Zahl entspricht in etwa den Werten aus Evaluationen anderer Projekte, in denen Feedback von Schreibmentorinnen und Schreibmentoren, -assistentinnen und -assistenten und -trainerinnen und -trainern immer höher bewertet wurde als jenes von Peers ohne schreibdidaktische Ausbildung. Sie ist aber auch ein Indikator, dass hohes Potenzial für hilfreiches Peer-Feedback besteht, sofern dieses gut angeleitet ist. Nachdem es sich bei dem angeleiteten Peer-Feedback in der LV um eine einmalige Intervention gehandelt hat, darf vermutet werden, dass Wiederholungen zum Entstehen einer Feedbackkultur unter den Studierenden beitragen könnten.

Das Element des Projekts, in dem die Akzeptanz der SAss am unmittelbarsten spürbar wurde, waren die individuellen Schreibberatungen. Daher wurde erfasst, mit welcher Haltung die Studierenden diese wahrnahmen. Alle Studierenden wurden im Vorfeld der Beratungsgespräche gebeten rückzumelden, ob sie in der Beratung ein bestimmtes Thema oder einen Text besprechen wollen würden. Als

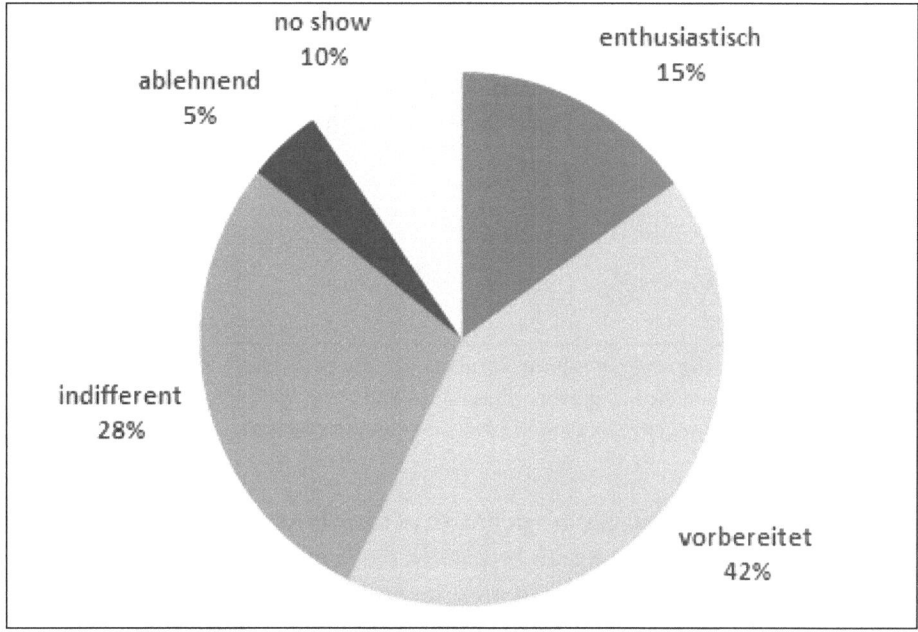

Abb. 4:   Akzeptanz der Schreibberatungen durch die Studierenden der teilnehmenden
         Lehrveranstaltungen aller drei Bachelor-Studien (n = 238).

enthusiastisch wurden jene bezeichnet, die über eine Themennennung hinaus vorab besondere Wertschätzung des Projekts äußerten. Als *vorbereitet* galten jene, die im Vorfeld nur einen Beratungswunsch nannten, als *indifferent* jene, die unvorbereitet in die Beratung kamen. Als *ablehnend* wurde das Studierendenverhalten kategorisiert, wenn eine Ablehnung des Projekts oder der SAss offen zur Schau gestellt und/oder das Gespräch boykottiert wurde. Dazu kamen einige *no shows,* die den Beratungstermin nicht einhielten oder keinen vereinbarten.

Abb. 4 zeigt die Anteile der genannten Gruppen in Prozent. Dabei fällt auf, dass die Gruppe der *vorbereiteten* Studierenden mit 42% die größte Gruppe ausmachte, die zweitgrößte war jene der *indifferenten* Studierenden. Die beiden Studierendengruppen, die mit den SAss aktiv kooperierten, die *enthusiastischen* und die *vorbereiteten* Studierenden, machten zusammen 57% aus. Trotz des „Zwangscharakters" der SAss traten nur 5% der Studierenden offen *ablehnend* auf. 10% boykottierten die individuelle Schreibberatung, was als eine Form des Widerstands gedeutet wurde. Dazu bestand in einem der beteiligten Studien der begründete Verdacht, dass Studierende ihre Texte nicht selbst verfasst hatten und daher auch keine Schreibberatung wahrnahmen.

Auch bezüglich der Akzeptanz der Schreibberatung zeigen sich Unterschiede zwischen den BA-Studien. In Tabelle 2 ist die Akzeptanz der Schreibberatung nach beteiligten BA-Studien aufgeschlüsselt.

Tabelle 2:   Einstellung der Studierenden vor Beginn der individuellen Schreibberatung,
             aufgeschlüsselt nach teilnehmenden BA-Studien.

		Hist.-Kult.		**Phil.-Kult.**		**Soz.-Wiss.**	
enthusiastisch	*kooperativ*	14	65%	10	64%	12	43%
vorbereitet		34		44		22	
indifferent		15		24		29	
ablehnend	*nicht*	2	15%	3	7%	6	21%
"no show"	*kooperativ*	9		3		11	
Summe		74		84		80	

Darstellung aufgrund der wenigen Fälle in einigen Kategorien in absoluten Zahlen. Zur besseren Vergleichbarkeit sind die Kategorien *enthusiastisch* und *vorbereitet* zu *kooperativ* und die
Kategorien *ablehnend* und *no show* zu *nicht kooperativ* zusammengefasst und in relativen Zahlen
dargestellt.

Hier zeigen sich Unterschiede, die greifbarer werden, fasst man die *enthusiastischen*
und *vorbereiteten* Studierenden zu *kooperativ*, die *konfrontativen* und nicht in der
Beratung erschienenen (*no show*) zu *nicht kooperativ* zusammen und führt relative
Zahlen auf. Die Studierenden des hist.-kult. BA-Studiums begannen die Schreibberatung zu 65% mit einer kooperativen Haltung, 15% waren *indifferent* und 15%
nicht kooperativ. Auch die Studierenden des phil.-kult. Studiums waren mit 64%
kooperativ. Mit 7% war der vergleichsweise geringste Anteil der Studierenden *nicht
kooperativ* und mit 24% ein vergleichsweise hoher Teil *indifferent*. Die Studierenden
des soz.-wiss. Studiums zeigten eine deutlich geringere Akzeptanz des Projekts: Mit
43% war der Anteil der *kooperativen* Studierenden vergleichsweise gering, der Anteil
der *nicht kooperativen* war mit 21% der bei weitem höchste, 29% der Studierenden
waren *indifferent*. Es lässt sich damit konstatieren, dass in den kulturwissenschaftlichen BA-Studien die Schreibberatung von fast zwei Dritteln der Studierenden aktiv
angenommen wurde, während sie im soz.-wiss. Studium am stärksten polarisierte.[2]

Um die Akzeptanz des gesamten SAss Programms nach Ende des Semesters in
den Blick zu nehmen, fragten wir die Studierenden, ob sie die Teilnahme an einer
LV mit Schreibassistenz empfehlen würden. 92% beantworteten dies mit „ja". In
diesem Ausmaß konnte die Zustimmung insofern überraschen, als sie fast an die
Zustimmung zum vollkommen freiwilligen *Schreibmentoring* (97%) heranreicht.

Die Frage, ob Feedback und Schreibberatung „unter Zwang" akzeptiert werden,
lässt sich auf Basis der präsentierten Daten damit weitgehend positiv beantworten.

---

2   Nicht erfasst wurden in der Evaluation jene Studierenden, die sich aus den teilnehmen-
    den Lehrveranstaltungen abgemeldet hatten – deren Zahl lag allerdings nicht höher
    als in Lehrveranstaltungen ohne Schreibassistenz. Umgekehrt war die Teilnahme am
    Schreibassistenz Projekt nur für vergleichsweise wenige Studierende ein Grund, die
    Lehrveranstaltungen aktiv zu wählen (laut Onlinebefragung 27%).

3.5 Unterschiede zwischen den BA-Studien

Hinsichtlich der von den Studierenden nachgefragten Themen, der Sicherheit in der Einschätzung der eigenen Schreibkompetenzen sowie in der Akzeptanz des Projektes zeigen sich Unterschiede zwischen den teilnehmenden Studienprogrammen. Besonders auffällig ist dies zwischen den Studierenden des BA-Studiums der phil.-kult. Fakultät und dem der soz.-wiss. Fakultät. Erstere können ihre Schreibkompetenzen überwiegend *realistisch* einschätzen (70%), nur 13% wurden von ihren SAss als *schlechter* eingeschätzt. Schreiben steht in den Philologien besonders im Fokus, weshalb es naheliegend erscheint, dass die Studierenden im Vergleich mit Studierenden anderer Fächer darin besonders kompetent sind. Das könnte vermuten lassen, dass diese Studierenden Interventionen bezüglich ihrer wissenschaftlichen Schreibkompetenz weniger benötigen und auch die verpflichtende Schreibberatung als unnötig empfinden – ganz im Gegenteil war die Bereitschaft, mit den SAss zu kooperieren, bei ihnen aber am stärksten ausgeprägt. Dass in der Schreibberatung insgesamt weniger verschiedene Themen eine Rolle spielten, kann ein Hinweis auf die größere Sicherheit dieser Gruppe im Schreiben sein. In den beiden kulturwissenschaftlichen Studien waren fast zwei Drittel der Studierenden *kooperativ* gegenüber ihren SAss. Ihnen war die Relevanz von wissenschaftlichem Schreiben für ihr Studium – im Gegensatz zu Studierenden im soz.-wiss. BA-Studium – in der Regel bewusst. Inwiefern dies mit der Feedbackkultur und Benotungspraxis der Lehrenden zusammenhängt, kann nur vermutet werden. Einige Studierende des soz.-wiss. Studiums äußerten explizit, dass sie ohnehin gute Noten bekämen und es daher nicht als nötig empfanden, sich beim Verfassen ihrer schriftlichen Arbeiten mehr Mühe zu geben. Es wurde schon ausgeführt, dass das Ziel, Studierende möglichst früh im Studium zu erreichen, durch das Curriculum des soz.-wiss. Studiums am treffsichersten umgesetzt werden konnte, weshalb nicht nur Schreibstrategien, sondern vermutlich auch die Haltung vieler Studierenden noch als „schulisch" bezeichnet werden kann.

4 Zusammenfassung und Ausblick

In diesem Beitrag wurden Implementierung und Evaluation der Pilotphase des Schreibassistenz-Projekts der Universität Wien vorgestellt. Es basiert auf dem Writing-Fellows-Projekt von Dreyfürst et. al (2016) und wurde durch zusätzliche Interventionen noch stärker darauf ausgerichtet, Lehrenden Grundsätze und Methoden für konstruktives Feedback nahezubringen. Mit zehn Lehrenden in drei Bachelorstudien an der hist.-kult., der phil.-kult. und der soz.-wiss. Fakultät konnten primär schreibintensive LV erreicht werden. Dabei war es nicht nur ein Anliegen, Studierenden möglichst früh eine realistische Selbsteinschätzung ihrer Schreibkompetenzen zu ermöglichen, sondern sie, da Schreibentwicklung mehrere Jahre in Anspruch nimmt (vgl. Kellogg, 2008; Steinhoff, 2007; Pohl, 2007), darin zu unterstützen, den Aufbau ihrer akademischen Schreibkompetenzen in die Hand zu nehmen und vorhandene Angebote zu nutzen. Ob dieser längerfristige Effekt durch einen frühen Einsatz von SAss im Studium erreicht werden kann, lässt sich derzeit noch nicht sagen, es ist jedoch geplant, in zwei bis drei Jahren zu erheben, ob Studierende, die am Schreibassistenzprojekt teilgenommen haben, in schreibintensiven LV besser abschneiden.

Das Ziel, *alle* Studierenden einer LV zu erreichen, wurde durch die Einbettung der SAss in die Lehre erreicht. Dadurch erhielten die einzelnen Komponenten des Projekts einen Verpflichtungscharakter, der bis zu Beginn der individuellen Schreibberatungen in einzelnen Fällen auf Widerstand stieß. Die Haltung *nach* Ende der Schreibberatung wurde nicht systematisch erhoben, daher kann nur anekdotisch berichtet werden, dass einige „kritische" Studierende sich am Ende sehr wertschätzend zeigten. In Zusammenhang mit den Daten des Onlinefragebogens zeigte sich eine überraschend hohe Akzeptanz dieser „Zwangsmaßnahme".

Das SAss Projekt ermöglichte einen fundierten Einblick in die Bedürfnisse der Studierenden. Wenig überraschend zeigt sich, dass wissenschaftliches Lesen und Recherchieren gerade zu Beginn des Studiums wichtige Themen sind. In Verbindung mit der Erfahrung aus anderen Schreibprojekten wird zudem ersichtlich, dass Studierende mit der Zeit viele Themen meistern, jedoch Schreibstrategien selbst, Struktur und Forschungsfrage immer relevant bleiben. In den Daten konnten eindeutige Unterschiede zwischen den beteiligten BA-Studien festgestellt werden. Diese scheinen in Teilen der Rolle des Schreibens im Fach, aber auch individuellen Schreibentwicklungsstadien geschuldet zu sein.

Auch wenn sich der langfristige Effekt des Projekts noch nicht beurteilen lässt, zeigt sich, dass die überwiegende Mehrheit der Studierenden es schätzte. Auch die Lehrenden würden wieder mit SAss arbeiten. Ihre subjektive Einschätzung war, dass sich die Texte der Studierenden verbessert hätten und/oder weniger an der Aufgabenstellung „vorbeigeschrieben" wurde. Leider fehlt an einer Serviceeinrichtung die Zeit, die Qualität von studentischen Texten linguistisch zu untersuchen, sodass hier nur die Rückmeldung der Lehrenden wiedergegeben werden kann. Die Daten wurden jeweils zu einem Zeitpunkt und mit dem Ziel der Evaluation des Projektes aufgenommen, die Entwicklung einzelner Studierender im Verlauf des Semesters konnte so nicht explizit erfasst werden. Zwischen erster und zweiter Fassung und/ oder Schreibaufgabe fanden, laut SAss, bei manchen Studierenden große Qualitätssprünge statt. Wir arbeiten daran, einen Indikator auszumachen, der solche subjektiven Eindrücke systematisch erfassen kann.

Die Erfahrungen im SAss-Projekt haben sich als wertvolle Grundlage für die Konzeption neuer Angebote erwiesen. Die Nachfrage nach SAss übersteigt das Angebot bei weitem. Inspiriert durch die unerwartet hohe Akzeptanz des Projektes wurde im Wintersemester 2016/17 ein neues Service für Lehrende eingeführt, das zumindest einen Teil ihrer Leistungen mehr Lehrenden zugänglich macht. Lehrende in schreibintensiven BA-LV können Schreibmentorinnen und Schreibmentoren und SAss in ihre Lehrveranstaltungen einladen, die ihre Studierenden in schreibrelevante Themen einführen. Diese „Schreibdidaktik Pop-Ups" haben jeweils einen theoretischen und einen praktischen Teil (s. CTL Services) und werden stark nachgefragt.

Im Zusammenhang mit den Schreibwerkstätten spielt das Schreibassistenz-Projekt für die Höherqualifizierung der SAss eine große Rolle: über das Projekt erwerben sie Praxis in individueller Schreibberatung und schriftlichem Textfeedback und durch die enge Kooperation mit Lehrenden erhalten sie einen tiefen Einblick in die Erwartungen der Lehrenden und in die universitäre Lehre. Auf Basis dieser Erfahrungen sind sie in der Lage, Workshops für Studierende in der Studienabschlussphase durchzuführen (s. CTL Schreibwerkstätten).

Wir danken Stefanie Dreyfürst, die uns ermutigt hat, unser Schreibassistenz-Projekt zu pilotieren und den am Projekt beteiligten Lehrenden für den Mut zum Experiment, ihr Engagement und die vertrauensvolle Zusammenarbeit!

Literatur

Bereiter, C. & Scardamalia, M. (1987). *The Psychology of Written Composition*. London: Routledge.

Dreyfürst, S., Liebetanz, F. & Voigt, A. (2016). Schreibkompetenzen fachnah fördern mit Writing Fellows. *Zeitschrift für Hochschulentwicklung*, 11 (2), 209–229.

Girgensohn, K. & Sennewald, N. (2012). *Schreiben lehren, Schreiben lernen. Eine Einführung*. Darmstadt: WBG.

Grieshammer, E., Liebetanz, F., Peters, N. & Zegenhagen, J. (2013). *Zukunftsmodell Schreibberatung. Eine Anleitung zur Begleitung von Schreibenden im Studium* (2. Aufl.). Baltmannsweiler: Schneider-Verlag Hohengehren.

Kellogg, R. T. (2008). Training Writing Skills. A cognitive developmental perspective. *Journal of Writing Research*, 1 (1), 1–26.

Kruse, O. (1999). *Keine Angst vor dem leeren Blatt. Ohne Schreibblockaden durchs Studium* (7. Aufl.). Frankfurt am Main & New York: Campus.

Pohl, T. (2007). *Studien zur Ontogenese wissenschaftlichen Schreibens*. Tübingen: Max Niemeyer.

Steinhoff, T. (2007). *Wissenschaftliche Textkompetenz. Sprachgebrauch und Schreibentwicklung in wissenschaftlichen Texten von Studenten und Experten*. Tübingen: Niemeyer.

Wolfsberger, J. (2009). *Frei geschrieben. Mut, Freiheit & Strategie für wissenschaftliche Abschlussarbeiten*. Wien, Köln & Weimar: Böhlau.

Onlinequellen

Bräuer, G. (2012), *Drawing Connections Across Education. The Freiburg Writing Center Model*. Verfügbar unter: http://wac.colostate.edu/llad/v5n3/brauer.pdf [14.1.2017].

CTL Schreibmentoring. Verfügbar unter: https://ctl.univie.ac.at/services-zur-qualitaet-von-studien/wissenschaftlich-schreiben/schreibmentoring/ [14.1.2017].

CTL Schreibwerkstätten. Verfügbar unter: http://ctl.univie.ac.at/services-zur-qualitaet-von-studien/wissenschaftlich-schreiben/schreibwerkstaetten/ [22.1.2017].

CTL Services. Verfügbar unter: http://ctl.univie.ac.at/services-zur-qualitaet-von-studien/
wissenschaftlich-schreiben/angebote-fuer-die-lehre/service-fuer-lehrende/ [22.1.2017].

Dreyfürst, S. (2014). *Schreibintensiv Lehren mit Writing Fellows. CTL-lecture.* Verfügbar unter:
http://ctl.univie.ac.at/veranstaltungen/ctl-lectures/nachschauen-vergangene-semester/
wintersemester-201415/ [29.6.2017]

Qualitätspakt Lehre. Verfügbar unter: https://www.universitaetskolleg.uni-hamburg.de/
projekte/tp05/tp05-materialien/tp05-weitere-angebote/tp05-andere-schreibzentren.html
[14.1.2017].

Uni Wien, Handbuch Lehrende. https://intra.univie.ac.at/fileadmin/download/Handbuch_
f%C3%BCr_Lehrende.pdf [14.1.2017].

Writing-Fellows-Projekt. Verfügbar unter: http://www.presseportal.de/pm/18931/2800255
[14.1.2017].

Martin Steinseifer

Referieren

Struktur und Didaktik einer intertextuellen Kompetenz

Wissenschaftliches Schreiben ist ein intertextuelles Schreiben, bei dem sich das Schreiben mit Texten und das Schreiben über Texte auf charakteristische Weise verbinden. Während implizite Formen der Intertextualität sich in den verschiedensten Zusammenhängen finden, und auch Formen des Schreibens, die andere Texte als Ressource nutzen, weit verbreitet sind, hat sich in der Wissenschaft ein Schreiben mit und über andere Texte etabliert, das diese für die eigene Problemdarstellung nutzt und dabei Bezugnahmen konsequent explizit macht.[1] Das Schreiben eines wissenschaftlichen Textes setzt das Lesen anderer wissenschaftlicher Texte voraus. Als Ausdruck des Forschungsstandes zu einer Fragestellung sind sie aber nicht nur inhaltliche Ressourcen für die eigene Arbeit, sondern zugleich Referenzpunkte oder Gegenstände der eigenen Darstellung. Diese besondere Weise des Umgangs mit anderen Texten steht im Mittelpunkt des vorliegenden Beitrags. Sie soll als *Referieren* bezeichnet werden. Das Referieren und seine sprachlichen Formen, die im Folgenden betrachtet werden, sind Teilresultate eines langen historischen Prozesses, im Zuge dessen sich ein Verständnis von Wissenschaft als ergebnisoffenes Ringen um die Wahrheit entwickelt hat. Für diese Wissenschaft sind Kontroversen charakteristisch und für ihren Vollzug haben sich spezifische sprachliche Darstellungsformen herausgebildet, die als *eristische Literalität* gefasst werden können.[2]

---

1 Zur wissenschaftlichen Intertextualität vgl. Jakobs, 1999. Schreiben, das Texte als Ressourcen nutzt, wurde in Deutschland über das Aufgabenformat des materialgestützten Schreibens in den Bildungsstandards für das Abitur deutlich gestärkt und wird nicht zuletzt vor diesem Hintergrund didaktisch zunehmend reflektiert (vgl. Themenhefte der Zeitschrift Praxis Deutsch: 251/2015 *Materialgestütztes Schreiben*, 262/2017 *Materialgestütztes Argumentieren*, den Band von Feilke/Lehnen/Rezat/Steinmetz, 2016, sowie die empirische Studie von Schüler 2017).

2 Die streitförmigen oder eben mit dem griechischen Wort *eristischen* Züge der Wissenschaftssprache wurden insbesondere von Konrad Ehlich (1993) betont. Hier setzt auch das Konzept der „eristischen Literalität" an, dessen Ausarbeitung und empirische Fundierung Gegenstand eines von 2012–2016 von der Volkswagenstiftung geförderten Projektes an der JLU Gießen war, an dem ich gemeinsam mit Helmuth Feilke, Katrin Lehnen und Lisa Schüler gearbeitet habe. Grundidee des Projektes war es, bei der Untersuchung und didaktischen Förderung wissenschaftlichen Schreibens besonders auf solche sprachlichen Formen abzustellen, die auf das argumentative Ringen um Erkenntnis im Streit mit anderen Forschungspositionen bezogen sind (vgl. Feilke/Lehnen/Steinseifer i. V.). Ich danke den Gießener Kolleginnen und Kollegen für die intensiven Diskussionen, denen die Überlegungen dieses Beitrags viele wichtige Anregungen verdanken.

Wenn im Titel des vorliegenden Beitrags mit Blick auf das Referieren von einer intertextuellen *Kompetenz* die Rede ist, dann ist dies als Hinweis auf eine enge Verbindung pragmatischer und didaktischer Modellierungen des Gegenstandes zu verstehen, die die folgenden Überlegungen leitet. Aus didaktischer Perspektive kommt es nämlich darauf an, fachlich begründet anzugeben, was sprachlich zu können ist. Und das bedeutet mit Blick auf das Handeln mit Texten jedenfalls auch, eine plausible Modellierung der sprachlichen Formen und Konstruktionen, die man beim Schreiben sach- und funktionsangemessen einsetzen können muss.

Der Beitrag unternimmt den Versuch einer solchen Modellierung und ihrer Begründung. Dabei nehmen die Ausführungen zur sprachlichen Struktur intertextueller Kompetenz größeren Raum ein als die Darstellung der Ergebnisse empirischer Forschung und auch als konkrete didaktische Vorschläge, weil der Blick für die textpragmatischen Form-Funktionszusammenhänge, die hier als Strukturen fokussiert werden, zunächst vom etablierten Blick auf die grammatikalisierten Formen der Redewiedergabe abzuheben ist. Bei der Modellierung – der Identifikation, Detaillierung und Ordnung relevanter Aspekte des Referierens – ist die didaktische Verwendbarkeit allerdings eine durchgehende Orientierungsgröße und Hinweise auf didaktische Ansatzpunkte werden an geeigneten Stellen gegeben.

Ausgehend von Beobachtungen an einem Beispiel (1) wird das Referieren zu den Formen der Redewiedergabe, wie sie in schulgrammatischer Tradition etabliert sind, ins Verhältnis gesetzt und dabei anderen Texthandlungen gegenübergestellt, bei denen diese eine Rolle spielen (2). Auf dieser Basis werden sprachliche Prozeduren des Referierens in Texten fortgeschrittener Studierender genauer in den Blick genommen und in den Kontext des Erwerbsprozesses gestellt (3). Der Beitrag schließt mit Überlegungen zu einer erwerbssensitiven Didaktik des Referierens (4).

1   Referieren – ein Beispiel

(1) Wissenschaftlicher Text/Fachaufsatz (C. Dern: Sprachwissenschaft und Kriminalistik. ZGL 31/1 (2003), 51f., Herv. MS)

1   Die Frage nach der Einmaligkeit des sprachlichen Verhaltens eines Individuums kann im sprachwissenschaftlichen Kontext übersetzt werden in die Frage nach der Existenz eines erkennbaren Individualstils bzw. Personenstils und bleibt Gegenstand fachlicher Diskussionen. *Brückners (1989, 15) Behauptung,* „daß es einen
5   nachweisbaren ‚Individualstil‘ nicht gibt", *scheint dabei zu wenig differenziert.* Zwar ist Sprache sozial erlernt, dient der Verständigung einer sehr heterogenen Gruppe von Sprachteilhabern und stellt allen Sprechern ein überindividuelles Inventar an Elementen und Regeln zur Verfügung, *dennoch ist, wie Nowak (1983) resümiert, die Vielfältigkeit der Rede unbeschränkt:*

10   „Für individuelle Rede ist es charakteristisch, daß sie einerseits den Regularitäten der Sprache gemäß geformt ist, daß sie aber andererseits weder an diese Regularitäten gebunden, noch auf sie reduzierbar ist." (Nowak, 1983, 150)

Zum Referieren anderer Texte und der in ihnen artikulierten Forschungspositionen gehört die mehr oder weniger detaillierte Wiedergabe einzelner Aussagen und Äußerungen. Im Beispiel (1), einem knappen Ausschnitt aus einem linguistischen Fachaufsatz, werden in der Mitte und am Ende zwei Äußerungen direkt wiedergegeben. Sie werden ‚wörtlich zitiert‘, was impliziert, dass die Wiedergabe nicht nur den Aussagegehalt, sondern auch die sprachliche Form der Bezugsäußerung genau reproduziert. Die erste Wiedergabe (Z. 4 f.) ist insofern etwas ungewöhnlich, als ein Komplementsatz direkt zitiert wird, wodurch die Wiedergabe syntaktisch der Rahmenformulierung als Matrixsatz in einer Weise untergeordnet ist, wie es eigentlich für indirekte Wiedergaben typisch ist: *Brückners Behauptung, „dass […]“, scheint dabei zu wenig differenziert.* Das zweite Zitat eines komplexen Satzgefüges (Z. 10 ff.) ist umfangreicher und wird neben der Markierung durch Anführungszeichen auch visuell als eigener Absatz ausgegliedert – eine für wissenschaftliches Zitieren übliche Form der zusätzlichen Markierung längerer direkter Wiedergaben.

Vor und zwischen den Zitaten passiert anderes, das aber mit Blick auf die Texthandlung des Referierens ebenfalls relevant ist. Zu Beginn wird unter doppelter Verwendung der Nominalkonstruktion *die Frage nach X* (Z. 1 u. 2) ein Fachdiskurs als Kontext etabliert, zu dem die zitierten Autoren relevante Aspekte beitragen. Die gewählte Konstruktion kann auch als Rahmenformulierung für die Wiedergabe der Aussage eines Autors/einer Autorin gebraucht werden (Müller stellt die Frage nach der …), sie dient hier aber der Darstellung von Positionen im Fachdiskurs, die als Positionen in der Sache hervortreten, weil sie keinem individuellen Autor bzw. keiner individuellen Autorin zugerechnet werden. Interessant für das wissenschaftliche Referieren ist auch die Passage im Anschluss an das erste Zitat, die nahtlos in die Rahmenformulierung des zweiten übergeht (Z. 5–9). Hier werden weitere Aspekte aufgeführt, die die zitierte *Behauptung* ergänzen, von denen an der Oberfläche aber nicht zu erkennen ist, ob sie auch aus dem Text von Brückner stammen. Sachlich stellen sie eine Entfaltung dar, sprachlich sind sie weitgehend an den Wiedergabetext adaptiert. Über die syntaktische Verklammerung mit der Rahmenformulierung *Zwar ist X, dennoch ist, wie Nowak resümiert Y* wird auf der Textebene zudem ein argumentativer Zusammenhang hergestellt. Die zunächst in knapper Form indirekt wiedergegebene Position Nowaks wird durch die zitierte Passage gestützt, und sie dient dem Autor ihrerseits als Bestätigung seiner Kritik an der zuvor zitierten Aussage Brückners. Deren Gültigkeit wird bereits durch die Rahmenformulierung bestritten, in der sie als *Behauptung* qualifiziert wird, die *zu wenig differenziert scheint.* Die Verwendung der Lexeme *behaupten* oder *Behauptung* qualifiziert das Wiedergegebene als eine Aussage mit überindividuellem Gültigkeitsanspruch, auch wenn dieser mit Gründen zurückgewiesen wird. Hier liegt der Unterschied zu einer Qualifizierung als *Meinung*, die sich in studentischen Texten häufig an vergleichbaren Stellen findet, die aber nur einen subjektiven Geltungsanspruch zum Ausdruck bringt (siehe Abschnitt 3).

Von den sprachlichen Formen, die in der Linguistik üblicherweise unter dem Stichwort „Redewiedergabe" verhandelt werden, wird beim Referieren ein spezifischer Gebrauch gemacht. Die Rahmenformulierungen dienen neben dem Verweis auf die Quelle durch Angabe des Bezugstextes eines Bezugsautors/einer Bezugsautorin[3] auch der argumentativen Qualifizierung des wiedergegebenen Aussagegehalts. Und zugleich mit der Integration komplexer Aussagezusammenhänge in die eigene Argumentation entstehen Probleme der Abgrenzung zwischen Eigenem und Fremdem. Für die fachliche Begründung einer Didaktik des Referierens ergibt sich damit die Aufgabe, die verfügbaren sprachlichen Formen im Hinblick auf ihre Funktionalisierung zu betrachten und über formale Gemeinsamkeiten ebenso Rechenschaft abzulegen, wie über funktionale Unterschiede zwischen Texthandlungsbereichen. Dies soll im folgenden Abschnitt in notwendig knapper Form geschehen, um im Anschluss daran einige Besonderheiten der Rahmung und der Markierung von Direktheit beim wissenschaftlichen Referieren genauer zu betrachten.

2   Referieren und Redewiedergabe

Das Referieren stellt nur eine unter mehreren Texthandlungen dar, bei denen die Darstellung von Äußerungen, die anderen Personen als dem/der Schreibenden des Textes zugeschrieben werden, eine wichtige Rolle spielt. Als weitere Texthandlungen zu nennen sind in jedem Fall das (faktuale wie fiktionale) Erzählen und das (journalistische) Berichten, wobei zu den schriftgestützten Texthandlungen immer auch vergleichbare mündliche Varianten in Beziehung stehen. Die Möglichkeit, auf die Äußerungen anderer Bezug zu nehmen und diese in eigene Äußerungen einzubeziehen, gehört zudem zu den grundlegenden Eigenschaften natürlicher Sprachen und entsprechend sind die sprachlichen Formen, in denen das geschieht, etablierte Gegenstände der Linguistik und Grammatikschreibung. Die „grammatische" Perspektivierung blendet allerdings die Handlungskontexte weitgehend aus, wenn sie direkte Rede der indirekten Rede gegenüberstellt und von weiteren Formen unterscheidet, indem gezeigt wird, inwiefern sie sich auf unterschiedliche grammatikalisierte Markierungsmittel stützen.[4] Zu diesen gehören auf der Seite der wiedergegebenen Äußerung insbesondere der Konjunktiv als Indirektheitssignal

---

3   Diese Belegfunktion wird in erster Linie über die Verweise in Klammern realisiert – im Beispiel: (1989, 15) Z. 4, (1983) Z. 8, (Nowak, 1983, 150) Z. 12.

4   Das gilt trotz der verbreiteten Hinweise darauf, dass mit den in Frage stehenden Mitteln nicht nur Äußerungen, sondern auch Gedanken und Empfindungen dargestellt werden können, was immer wieder zu einer Kritik am Begriff der ‚Wiedergabe' geführt hat. Die Duden-Grammatik (7. Aufl. 2006) verwendete daher im Anschluss an Fabricius-Hansen (2002) *Referat* als alternative Bezeichnung für den grammatischen Phänomenbereich, hat dies in der aktuellen Überarbeitung (9. Aufl. 2016) wieder aufgegeben. Diese Terminologisierung unterscheidet sich von der hier vorgeschlagenen, die mit Referieren eine bestimmte textfunktionale Relation bezeichnet.

(vgl. Kaufmann, 1976; Zifonun et. al, 1997, F2) und komplementär dazu die Anführungszeichen als Direktheitssignal (vgl. Klockow, 1980; Bredel, 2004).[5] Diese Signale sind verbunden mit weiteren grammatischen Merkmalen. Dazu gehören spezifische Verwendungen von personal-, temporal- und lokaldeiktischen Ausdrücken sowie unterschiedliche Grade syntaktischer Integration der Wiedergabeäußerung in eine Rahmenformulierung (vgl. Plank, 1985; Leistner, 2016). Auf unterschiedliche syntaktische Abhängigkeiten sind bereits die lateinischen Begriffe *oratio recta* und *oratio obliqua* gemünzt. Grammatische Beschreibungen, die sich an vorgefundenen Sprachdaten orientieren, zeigen allerdings, dass es sich bei diesen beiden traditionell unterschiedenen – und normativ überformten – Redewiedergabetypen um Punkte auf einem Kontinuum handelt.[6]

Während die sprachlichen Mittel, wie es die im Deutschen übliche Bezeichnung ‚Rede-Wiedergabe' andeutet, implizit am Fall der Wiedergabe mündlicher Äußerungen – eben von Rede – in schriftlichen Texten abgelesen werden, erweist sich auch diese kommunikative Grundkonstellation bei einer konsequent deskriptiven Ausrichtung als einer von mehreren Fällen. Zu nennen sind auf der einen Seite Fälle der Wiedergabe im Mündlichen, für die von der Gesprächslinguistik eigene Mittel der prosodischen Markierung aufgewiesen wurden (vgl. Günthner, 2002; Butterworth, 2015). Und auf der anderen Seite zeigen Untersuchungen der Textkommunikation die Notwendigkeit einer weitergehenden Differenzierung von kommunikativen Konstellationen und Texthandlungskontexten, auf die Typisierungen von Wiedergabearten und Funktionen zu beziehen sind. Bisherige Typisierungen sind stark von der Figurenrede in Erzählzusammenhängen geprägt,[7] sodass die Charakteristika des Mittelgebrauchs beim Berichten und Referieren oft nur am Rande in den Blick kommen.[8] Dabei ist das Erzählen kommunikativ betrachtet insofern ein Sonderfall, als es kein Original gibt, an dem die Wiedergabe gemessen werden könnte. Was mit schriftlichen Mitteln dargestellt wird, sind mündliche Äußerungen – und daneben Gedanken, Wahrnehmungen und auch Gefühle – von Figuren in Situationen, die

---

5   Beide Mittel können neben der Markierung fremder Äußerungen auch modalisierend gebraucht werden (vgl. Klockow, 1980 sowie Bredel, 2004). Und diese beiden Gebrauchsweisen können sich überschneiden. Wenn in wissenschaftlichen Texten einzelne Begriffe in Anführungszeichen zitiert werden, geht die Anführung oft auch mit einer epistemischen Distanzmarkierung einher.

6   Es reicht von bloßem Nebeneinander von wiedergegebener Äußerung und Wiedergabetext bis zur weitgehenden Integration, wobei die mit einer Rahmenformulierung kombinierten Formen der direkten und indirekten Rede keineswegs die Extrempole, sondern den Kernbereich bilden (vgl. Leistner, 2016, S. 125 ff.).

7   Figurenrede fungiert in der Literaturwissenschaft als Oberbegriff für den ganzen Bereich (vgl. Stocker, 2007).

8   Man vergleiche in diesem Zusammenhang etwa die Herkunft der Beispiele für prototypische Fälle und Sonderfälle bei Fabricius-Hansen 2002.

mit der ‚Wiedergabe' allererst geschaffen werden.[9] Die Figuren, über die erzählt wird, werden durch die Wiedergabe zu *dramatis personae* – und das je nach gewählter Form mit einem unterschiedlichen Grad an Direktheit bzw. Autonomie von der Erzählerinstanz im Text (vgl. Feilke/Jost, 2015, S. 258 f.). Die Hauptfunktion der Redewiedergabe kann man daher in einer ersten Annäherung und sehr vergröbernd als ‚Dramatisierung' fassen. Dazu tragen auch die Rahmenformulierungen bei, wo sie nicht nur die sprechende Figur identifizieren, sondern über die verwendeten Verben die Illokution (direktiv: *fragen*, kommissiv: *versprechen*, etc.) oder die stimmliche Qualität der Äußerung (*flüstern, schreien, schimpfen*) explizieren.[10]

In vergleichbarer Weise kann man nun nach typischen Ausprägungen der Redewiedergabeformen und ihrer Funktionalisierung in anderen Texthandlungszusammenhängen fragen (Abb. 1). Beim Berichten, wie es prototypisch im journalistischen Bericht realisiert wird, werden zwar auch überwiegend mündliche Äußerungen wiedergegeben, denen aber Originaläußerungen zu Grunde liegen. Die verwendeten Wiedergabeformen dienen dazu, über die Tatsache der Äußerung (*Kritik kam von A, B hat eine Debatte angestoßen*) und den berichteten Aussagegehalt hinaus (*C wies den Vorwurf der Bestechlichkeit zurück*), an entscheidenden Stellen auch die Form der Äußerung selbst zu verbürgen. Dabei treten direkte und indirekte Wiedergaben in geradezu prototypischer Klarheit auseinander. Vom Zitat wird in ethischen Selbstverpflichtungen von Journalistenverbänden verlangt, dass es Gesagtes oder Geschriebenes ‚wortwörtlich' wiedergibt.[11] Aus textpragmatischer Perspektive betrachtet ist die Funktion von Zitaten aber nicht einfach die genaue Wiedergabe der mündlichen Originaläußerung im schriftlichen Text, sondern sie dient rhetorisch der Authentifizierung des vorgeblich Gemeinten durch das Gesagte. Diese

---

9   Neben direkter und indirekter Rede nutzt das Erzählen Sonderformen wie inneren Monolog oder erlebte Rede (vgl. Martinez/Scheffel, 2016, S. 57 ff.). Der innere Monolog ist formal eher der direkten Rede verwandt, die erlebte Rede der indirekten – wobei durch Verzicht auf Konjunktiv und Rahmenformulierung als formale Markierungsmittel im Fall der erlebten Rede der Übergang vom Figurentext zum Erzählertext fließend wird bzw. so gestaltet werden kann. Hier liegt ein Parallelfall zu der Passage in Beispiel (1), bei der nicht zu entscheiden ist, ob es sich um eine formal adaptierte Wiedergabe einer Aussage aus einem Bezugstext handelt oder um eine eigene sachliche Entfaltung des/der wiedergebenden Schreibenden.

10 Differenzierte Auswertungen zur Verwendung von Verben in literarischen Texten finden sich bei Leistner (2016, Kap. 3.2), die auch zeigen kann, dass das Vorkommen der Verbtypen mit den Wiedergabeformen und Positionen der Rahmenformulierungen variiert.

11 „Die journalistische Sorgfalt erfordert es jedoch, dass in Zitat-Zeichen nur das steht, was vom Interviewpartner wortwörtlich so geäußert wurde." So formuliert es der Presserat in einem Hinweis als Antwort auf eine Beschwerde, dass in Überschriften von Interviews Äußerungen durch Anführungszeichen als direkte Zitate markiert worden seien, die im Interview selbst so nicht vorkämen (http://www.presserat.de/pressekodex/ein-fall-fuer-den-presserat/#panel-hinweis, 22.03.2017; vgl. auch Topalović, 2007 sowie aus kommunikationswissenschaftlicher Sicht Marinos, 2001).

Authentifizierung ist immer auch suggestiv, da auch ‚wörtliche' Zitate journalistische Prozesse der Auswahl und Rekontextualisierung – und in Grenzen auch der
Transformation – durchlaufen, um das zu meinen, was sie sagen. Entscheidend ist:
Die Verantwortung für das Gesagte wird aber von Journalistinnen und Journalisten
ganz den wiedergegebenen Sprechenden zugeschrieben.[12] Versuche von zitierten
Personen, nachträglich zu erläutern, was sie eigentlich gemeint hätten, lassen sich
so damit kontern, dann hätten sie es eben anders sagen müssen. Gleichwohl wird
die Differenz von zitierbar Gesagtem und Gemeintem von manchen Akteuren im
öffentlichen Raum äußerst geschickt bespielt – sie gehört zum Repertoire populisti-
scher Skandalisierungsstrategien. Mit Blick auf das Berichten käme es daher didaktisch darauf an, den Einsatz der unterschiedlichen Markierungsmittel und Formen
in diesem gerade nicht fiktiven „Spiel" nachvollziehbar zu machen.[13]

Wie sieht es nun beim Referieren aus? Hier verschieben sich die Gewichte erneut, weil über Texte geschrieben wird. Ist an der Bezeichnung ‚Redewiedergabe'
mit Blick auf das Erzählen der Aspekt der ‚Wiedergabe' problematisch, so ist es mit
Blick auf das Referieren der Aspekt der ‚Rede'. Die Bezugsäußerungen sind keine
flüchtige Rede, sondern sie sind als Texte auch für die Lesenden des Referats verfügbar und als Beiträge zum Forschungsdiskurs potenziell bekannt. Allerdings sind die
Bezugstexte deutlich umfangreicher als die Darstellung. Daraus ergibt sich für das
Referieren die Anforderung, den komplexen Textzusammenhang des Bezugstexts
auf die für den Wiedergabezusammenhang relevanten Kernaussagen zu verdichten.
Entsprechend rücken indirekte Formen der Wiedergabe in den Vordergrund. Sie
erlauben es der referierenden Person, sich von den Bezugstexten und ihren Origi-
nalformulierungen sehr weitgehend zu lösen. Um das Referat gleichwohl als zuverlässige Darstellung zu präsentieren, wird es punktuell mit direkten Wiedergaben
einzelner Spitzenformulierungen am Original ‚festgezurrt'.[14] Eine dafür typische
Möglichkeit ist die Verwendung von Mischformen zwischen direkter und indirekter
Wiedergabe, bei denen nur kleine Teile einer Äußerung als direktes Zitat markiert
werden.[15] Bei solchen gemischten Zitaten verbindet sich eine große Freiheit der syn-

---

12 Zum Anspruch der Journalistinnen und Journalisten, die Rollen von Berichterstatten-
     den und Kommentierenden zu trennen, passt auch die Verwendung des Konjunktivs
     als Indirektheitssignal in der indirekten Rede, die im journalistischen Bereich deutlich
     verbreiteter ist, als in anderen Handlungszusammenhängen.

13 Erste Überlegungen dazu finden sich in einem aktuellen Beitrag von Helmuth Feilke und
     Jörg Jost (2015).

14 Siehe hierfür die Kombination aus knappem Zitat und einer stark adaptierten ergänzen-
     den Passage in Beispiel (1), Z. 4–8.

15 Diese Formen wurden in der bisherigen linguistischen Forschung zur Redewiedergabe
     kaum beachtet. Sie ziehen allerdings in der sprachphilosophischen Beschäftigung mit
     Zitaten zuletzt einige Aufmerksamkeit auf sich, weil diese *mixed* bsw. *open quotations*
     die für eine semantische Analyse der Wahrheitsbedingungen wichtige Unterscheidung
     der bloßen *Erwähnung* einer Äußerung von ihrem *Gebrauch* unterlaufen. Die Gleichzei-
     tigkeit von *mention* und *use* ist aber aus einer pragmatischen Perspektive jedenfalls ein

taktischen und inhaltlichen Adaption an den Wiedergabetext mit der Signalisierung
von Originalnähe. Auf dieses Slipping (vgl. Schülke, 1958), das trotz der wörtlichen
Übernahmen keine Rekonstruktion der zugrundeliegenden Propositionen zulässt,
sobald das Finitum nicht mit zitiert wird, werde ich noch einmal zurückkommen.
Längere direkte Zitate finden sich eher an Stellen, an denen Aussagen aus dem Bezugstext von der wiedergebenden Person explizit zum Gegenstand von Reflexionen
und Kommentaren gemacht werden. Die jeweilige Auswahl aus dem Spektrum der
verfügbaren Formen hat im Zusammenhang des Referierens zunächst die Funktion
einer ‚Profilierung‘ der Darstellung. Daneben können Momente der ‚Dramatisierung‘ und auch der ‚Authentifizierung‘, wie sie beim Erzählen und Berichten be-
stimmend sind, ebenfalls eine Rolle spielen.

Es kommt aber noch etwas Wichtiges hinzu. Der Bezug auf andere Texte ist zwar
für wissenschaftliche Texte konstitutiv, das Referieren ist aber kein Selbstzweck. Die
Darstellung unterschiedlicher und oft widerstreitender Positionen Anderer steht
selbst im Dienst der argumentativen Etablierung einer eigenen Position im Fachdiskurs. Sehr prägnant hat Heinz Kretzenbacher diesen Zusammenhang formuliert:

> Der Dialog wird mit dem intertextuellen Mittel des Zitats als Berufung auf unterstüt-
> zende und als Auseinandersetzung mit konkurrierenden Theorien sowie intratextuell als
> argumentative Antizipation möglicher Einwände oder Verständnisschwierigkeiten der
> Leserschaft ausgetragen. (Kretzenbacher, 1997, S. 137)

Das Referieren der Aussagen aus anderen Texten kann in diesem Zusammenhang
der Autorisierung von Argumenten dienen. Das längere Zitat am Ende des Beispiel-
texts (1) ist ein Beispiel für diese typische Nutzung einer Wiedergabeform, die sich
über die Zitierpraxis der Scholastik bis in die Spätantike zurückverfolgen lässt. Bei
mittelalterlichen Theologen wie Albertus Magnus konnte das *sicut dicit philosophus*
ein Argument mit der Autorität von Aristoteles, als „dem“ Philosophen, ausstat-
ten, an dem sich auch theologische Überlegungen zu messen hatten. Aus dieser
Konfrontation der Autorität der heiligen Schriften und einer darauf bezogenen
theologischen Tradition mit dem Wahrheitsanspruch philosophischer Autoritäten
entwickelte sich im Übergang zur Neuzeit eine Form des Ringens um die Wahrheit, bei der Autoritäten nicht mehr vorab gesetzt sind, und daher umso mehr in
einem Diskurs aufeinander zu beziehen sind.[16] Das Referieren trägt zu dieser Dis-
kursivierung des Argumentierens bei. Schaut man auf die sprachlichen Formen,
dann sind es einmal mehr die Rahmenformulierungen, die hier eine wichtige Rolle
spielen. Reichte den Scholastikern weithin das bloße *dicit* in Kombination mit dem
Namen der zitierten Autorität, hat sich in der modernen Wissenschaft ein ganzes

---

Normalfall der Verwendung von Zitaten, den es zu analysieren gilt (vgl. Recanati, 2001;
Gutzmann & Stei 2011).

16 Vgl. zur wissenschaftsgeschichtlichen Rolle des Albertus Magnus Honnefelder (2011)
    und zur Kontroverse als Grundfigur moderner Wissenschaft Nudler (2011) sowie Fritz
    (2010).

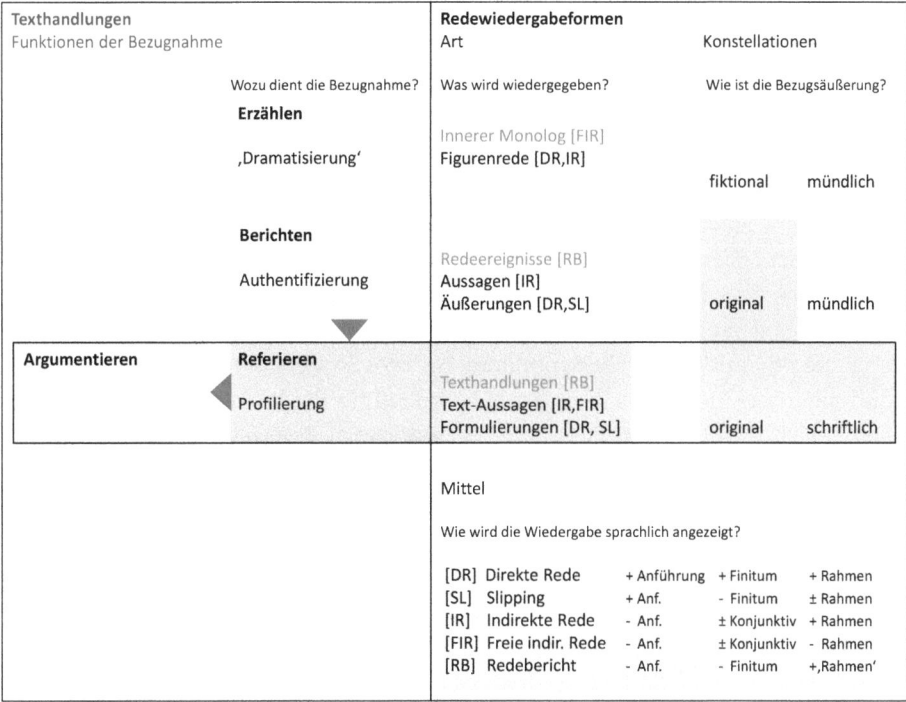

Texthandlungen Funktionen der Bezugnahme		Redewiedergabeformen Art	Konstellationen

Das Schema (Abb. 1) im Detail:

	Wozu dient die Bezugnahme?	Was wird wiedergegeben?	Wie ist die Bezugsäußerung?	
	Erzählen			
		Innerer Monolog [FIR]		
	,Dramatisierung'	Figurenrede [DR,IR]		
			fiktional	mündlich
	Berichten			
		Redeereignisse [RB]		
	Authentifizierung	Aussagen [IR]		
		Äußerungen [DR,SL]	original	mündlich
Argumentieren	**Referieren**			
		Texthandlungen [RB]		
	Profilierung	Text-Aussagen [IR,FIR]		
		Formulierungen [DR, SL]	original	schriftlich

Mittel

Wie wird die Wiedergabe sprachlich angezeigt?

[DR] Direkte Rede	+ Anführung	+ Finitum	+ Rahmen
[SL] Slipping	+ Anf.	- Finitum	± Rahmen
[IR] Indirekte Rede	- Anf.	± Konjunktiv	+ Rahmen
[FIR] Freie indir. Rede	- Anf.	± Konjunktiv	- Rahmen
[RB] Redebericht	- Anf.	- Finitum	+,Rahmen'

Abb. 1:   Formen und Funktionen der ,Redewiedergabe'

Repertoire an ,Zitatverben' etabliert, mit denen die intertextuellen Bezüge in den eigenen Text eingeflochten werden.[17] Die Funktion der Rahmenkonstruktionen als Diskursivierungsprozeduren zeigt sich auch daran, dass sie sich – insbesondere in nominalisierten Formen wie *Frage, Annahme, These, Argument* – aus dem Bereich des Referierens lösen und zu meta-diskursiven Mitteln werden, die auch das eigene Vorgehen im Text als Beitrag zum Diskurs ausweisen: Das deutet sich in der Formulierung zu Beginn von Beispiel (1) an, wenn es heißt *Die Frage nach X kann übersetzt werden in die Frage nach Y und bleibt Gegenstand fachlicher Diskussion.* Und noch deutlicher ist es in Formulierungen wie *Der vorliegende Beitrag geht der Frage nach, ob …*

Das obenstehende Schema fasst die aufgezeigten Zusammenhänge, die zwischen der Nutzung von Formen der Redewiedergabe zur Darstellung der Äußerungen Anderer und unterschiedlichen situativen Konstellationen auf der einen sowie Texthandlungen auf der anderen Seite bestehen, visuell zusammen (Abb. 1). Um

---

17 Sprachgeschichtlich ist diese funktionale Ausdifferenzierung eines Repertoires an Textprozeduren noch nicht systematisch aufgearbeitet. Eine solche Arbeit hätte weniger an der Semantik einzelner Verben anzusetzen – die über den Kernbereich der *verba dicendi* ebenso hinausreichen, wie über den weiteren Bereich der Kommunikationsverben, wie sie Harras, Winkler, Erb & Proost (2004) fassen – als an lexikogrammatischen Konstruktionsmustern mit ihrer kontextspezifischen lexikalischen Füllung und Funktion.

zu verdeutlichen, dass in den verschiedenen Texthandlungszusammenhängen ein unterschiedlicher Gebrauch von den Möglichkeiten gemacht wird, die das System mit seinen grammatischen Mitteln (Anführungszeichen, Integration und Modus eines Finitums in der Wiedergabe, Rahmenausdruck) bereitstellt, wird mit Blick auf die Form noch einmal zwischen Art der Wiedergabe (Was wird wiedergegeben? Figurenrede, Aussage eines Sprechers, Formulierung aus einem Text, etc.) und den Mitteln der Wiedergabe (Wie wird das sprachlich angezeigt?) unterschieden. Dann wird deutlich, dass die bekannten Wiedergabetypen (direkte Rede, indirekte Rede, Redebericht etc.) Kombinationen von Mitteln zu einer Klasse zusammenfassen, während bei den einzelnen Arten wiederum Kombinationen präferiert werden, die sich nicht voll mit dieser Klassenbildung decken. So stellt etwa die Konjunktivverwendung in der indirekten Rede den Normalfall für die Wiedergabe von Aussagen beim journalistischen Berichten dar, während beim Referieren von Textaussagen der Indikativ der Normalfall ist und der Konjunktiv zusätzlich eine Distanzierung markiert. Solche Präferenzen sind funktional motiviert, und in der Nutzung der sozial präferierten Formen zeigt sich die Kompetenz von Autorinnen und Autoren.

Das Schema ist an vielen Punkten weiter zu differenzieren und auch weiter differenzierbar. Seine reduzierte Form hat heuristischen Wert für Untersuchungen von Texten, sie erleichtert es aber auch, das Schema didaktisch zu wenden: Denn es zeigt, wo Alternativen zu einer Didaktik der Redewiedergabe liegen, die sich auf die kontextindifferenten formbezogenen Normen der direkten und indirekten Rede konzentriert. Ziel schulischer Vermittlung sollte es sein, die Funktionsweise von Redewiedergabeformen einsichtig zu machen, und hierfür bietet es sich didaktisch an, Texte aus unterschiedlichen Handlungsfeldern miteinander zu vergleichen und über Gemeinsamkeiten und Unterschiede zu sprechen.

3   Prozeduren wissenschaftlichen Referierens

Die vorgeschlagene Systematisierung bildet einen Rahmen, um das Zusammenspiel von Textfunktionen und den Formen der Wiedergabe in den einzelnen Handlungsbereichen genauer zu untersuchen. Wie das im Bereich des Referierens aussehen kann, soll im Folgenden dargestellt werden. Einen ersten Untersuchungspunkt bilden die Rahmenformulierungen. Während Wiedergabeformen wie *direkte, gemischte und indirekte Zitate* Abgrenzungsmöglichkeiten von Eigenem und Fremdem bereitstellen, fungieren die Rahmenformulierungen als sprachliche Scharnierstellen zwischen fremdem und eigenem Text. Über sie läuft die Integration, denn sie signalisieren die Wiedergabehandlung und zugleich die Funktion der referierten Aussagen im Textzusammenhang. Beim ersten Zitat aus Beispiel (1), hier in reduzierter Form wiederholt als (1a), ist die wiedergegebene Aussage „dass x" gleich mehrfach gerahmt.

(1a) *A-s Behauptung, „daß X", scheint dabei zu wenig differenziert. Zwar Y, aber Z.*

	Wiedergeben	Qualifizieren	Diskutieren
av | a-verbal	*nach A*		
v | verbal	A **schreibt**, *dass x* **sagt** **bemerkt**	A **zeigt**, *dass x* **behauptet** **argumentiert**	A **entgegnet**, *dass x* **räumt ein** **kritisiert**
vp | verbal-pradikätiv		**sieht** *x* **als** *y* *(an)*	
vv | verbal+verbal		A **weist auf** *x* **hin** *und schreibt: y*	
vn | verbal+nominal		As **Behauptung**, *dass y,* *lässt sich nicht* **bestätigen**	A/x **widerspricht** *Bs These*, *dass y* **Entgegen** As *Feststellung, dass x,* *gilt y*
+ Relatoren		**wenn/indem** *A x schreibt,* **setzt** *er* **voraus**, *dass y*	**Während** *A annimmt, dass x,* *betont B y*

Abb. 2: Funktion und lexikogrammatische Typik von Rahmenformulierungen

Die als direktes Zitat in Anführungszeichen wiedergegebene Äußerung von A wird durch die wiedergebende Person als *Behauptung* qualifiziert und als *zu wenig differenziert* bewertet. Diese Bewertung wird in der Folge durch eine Konzessivkonstruktion abwägend diskutiert und begründet.

Mit *Wiedergeben, Qualifizieren, Diskutieren* lassen sich drei Texthandlungen unterscheiden, die die Zitatrahmen – manchmal zugleich – anzeigen (Abb. 2). Sucht man nach den sprachlichen Mustern, über die das geschieht, dann bieten sich systematisch wie didaktisch Verben als Ausgangspunkt an. In den Rahmenformulierungen finden sich Verben, die Lexikalisierungen der Texthandlungen sind und Unterschiede deutlich markieren. *Schreiben, sagen* und vielleicht noch *bemerken* zeigen ein dem Anspruch nach ‚neutrales‘ Wiedergeben an, ihnen vergleichbar sind verblose Konstruktionen wie *so A* oder *nach A*. Der Großteil an Verben, die sich in Rahmenformulierungen finden, dient aber der Qualifizierung des Referierten. Torsten Steinhoff hat in seiner Studie zum Erwerb wissenschaftlicher Textkompetenz eindrucksvoll aufgewiesen, wie sich in diesem Bereich bei Studierenden ein deutlicher Ausbau des lexikalischen Repertoires vollzieht (2007, S. 301 f.). Und mit diesem Ausbau ist eine Differenzierung der Qualifizierungs- und Bewertungsmöglichkeiten verbunden. Neben den Fällen, in denen die Wiedergabe syntaktisch als Komplement fungiert, stehen Prädikativkonstruktionen mit Verben wie *X als Y sehen* oder *bezeichnen*. Sie ermöglichen eine Aspektualisierung und dienen damit der Begriffsbildung. Und schließlich gibt es Verben, die direkt auf den Streit zwischen

Positionen bezogen sind, wie *einwenden, einräumen oder bestätigen*, es sind aber vergleichsweise wenige.

Für die Verknüpfung mehrerer Positionen und das Diskutieren sind sprachliche Konstruktionen einschlägig, die stärker syntaktisch funktionieren. Hierzu zählt die Doppelung von Verben (verbal-verbaler Typ). Sie ermöglicht – und verlangt – eine Präzisierung in der Qualifizierungsdimension: das Muster ‚syntaktisiert' die wichtige Frage: Was tut der Autor oder die Autorin aus meiner Sicht, indem er oder sie das schreibt? Die Relation zwischen beiden Handlungen kann syntaktisch genauer bestimmt werden. Beide Teile können über entsprechende Relatoren etwa in adversatives Verhältnis zueinander gebracht werden, was für den Streit besonders wichtig ist. Noch interessanter ist aber eine zweite Variante der Doppelung: die Nominalisierung von Verben wie *behaupten* zu *Behauptung* verschiebt die Wiedergabe im Komplement in ein Attribut und verlangt syntaktisch nach einem neuen Prädikat, was es nahelegt, die wiedergegebene Aussage samt Qualifizierung zum Gegenstand einer weiteren Qualifizierung zu machen: *As Behauptung, dass x,* lässt *sich nicht bestätigen.* So eröffnen Rahmen des verbal-nominalen Typs Möglichkeiten zur eigenen Positionierung im Diskurs. Denn eigene Bewertung und Darstellung des Streits der Positionen lassen sich in einer Formulierung wie *entgegen As Feststellung, dass x, gilt y a*uch syntaktisch in einem Zug miteinander verbinden.

Auch dieses Schema lässt sich unmittelbar didaktisch wenden. Denn ebenso wie man korpusbasiert nach den typischen Verben oder Nomen in den Zitatrahmen suchen und diese mit Blick auf ihre Texthandlungsfunktion analysieren kann, können auch Lernerinnen und Lerner in Texten nach unterschiedlichen Ausdrucksmöglichkeiten suchen und diese vergleichen. Und so wie in der Wissenschaft sofort eine Diskussion über die Einordnung einzelner Ausdrücke in das Schema entsteht, kann man im Unterricht überlegen, was sich durch die Nutzung des einen oder anderen Verbs im Rahmen einer Wiedergabe verändert. Gerade auch Kontrastierungen mit dem Erzählen und journalistischen Berichten eignen sich, um deutlich werden zu lassen, worauf es beim Referieren ankommt.

Im Zusammenhang des Gießener Forschungsprojektes zu eristischer Literalität (siehe Fußnote 1) wurde das Referieren und der Umgang fortgeschrittener Studierender mit solchen Rahmenformulierungen untersucht, um mehr darüber zu erfahren, was Studierende können und wo typische Schwierigkeiten liegen. Die Grundlage der Analysen bilden Kontroversenreferate, das sind kurze Texte von etwa drei Seiten, in denen die Studierenden eine fachliche Kontroverse ausgehend von drei Bezugstexten, die unterschiedliche Positionen einnehmen, darstellen sollen. Im vorliegenden Fall war das Thema der Kontroversenreferate die strittige Frage, wie ‚Kiezdeutsch', eine spezifische Form des Deutschen, die in städtischen Kontexten mit hohem Migrationsanteil von Jugendlichen gesprochen wird, linguistisch einzuordnen ist.[18] Aus 237 Kontroversenreferaten von Masterstudierenden der Germanis-

---

18 Als Bezugstexte dienten ein Text von Heike Wiese (2012), die auf der Basis empirischer
    Forschung öffentlichkeitswirksam dafür eingetreten ist, ‚Kiezdeutsch' als neuen Dialekt

tik wurde auf der Basis eines globalen Ratings der Textqualität ein Auswahlkorpus von 78 Texten (Kiezdeutsch-Auswahlkorpus) gebildet, die sich gleichmäßig (je 26 Texte) auf drei Bewertungsgruppen – niedrig, mittel, hoch bewertet – verteilen.[19]

Die Auswertung zeigt zunächst einmal, dass gerahmte Zitate von den Studierenden in sehr unterschiedlichem Umfang gebraucht werden. Die Spanne reicht von 2 bis 51 Rahmen pro Text – und das quer über die Bewertungsgruppen hinweg. Der Text mit 2 Rahmen wurde hoch bewertet, der mit 51 niedrig. Insgesamt verwenden die niedrig bewerteten Texte sogar etwas mehr Zitatrahmen.

(2) Kontroversenreferat Kiezdeutsch, MA-Studentin [MUSO14MA-23, T42], unkorrigiert

1	vn	indirekt	*Wiese (2009, 1, 4) distanziert sich von den Behauptungen, dass* die deutsche Sprache durch die zahlreichen Entlehnungen aus dem
	vn	gemischt	Türkischen verzerrt wird und zum Sprachverfall führen kann. *Sie weist die Vorwürfe zurück, die* das Kiezdeutsch „oft als falsches,
5			reduziertes Deutsch ohne Grammatik" (Wiese 2009, 2) verurteilen.
	v	?indirekt	*Dagegen plädiert Wiese Kiezdeutsch für* einen neuen, komplexen und gleichwertigen Dialekt im deutschen Sprachraum. Jeder Dialekt spiegelt die sozioökonomische Umgebung ihrer Sprecher
	av	gemischt	wieder. Infolgedessen, *wo Wiese (2009, 4, 6),* soll Kiezdeutsch als
10			schlechtes Deutsch nicht abgewertet, sondern soll es als ein Dialekt mit seinen Besonderheiten anerkannt werden, „der fest im
	v(n)	?indirekt	System der deutschen Grammatik verankert ist". *Zum Verteidigung des Kiezdeutschen als Dialekt führt Wiese* (2009, 10) unter anderem das Beispiel der rheinländischen „sch", dessen
15			dialektale Aussprache im Rheinland akzeptiert wird, jedoch im
	v	indirekt	Kiezdeutsch als ungenügendes Deutsch eingestuft wird. *Weiterhin weist Wiese (2009, 12) darauf hin, dass* […]

Beispiel (2) stammt aus einem Text der mittleren Bewertungsgruppe, der mit insgesamt 30 vergleichsweise viele Rahmen verwendet. Im kurzen Ausschnitt finden sich 6 Rahmen und gleich beim ersten wird eine verbal-nominale (vn) Konstruktion dazu genutzt die referierte Aussage von Wiese in den Zusammenhang der kontroversen Diskussion einzuordnen: *Wiese distanziert sich von den Behauptungen, dass ... (Z. 1).* Das ist auch an anderen Stellen der Fall. Von den sechs Rahmenformu-

---

anzusehen, sowie Beiträge von Jürgen Trabant (2012) und Peter Auer (2013), die diese Einordnung mit unterschiedlichen Gründen zurückweisen.

19 Das Rating der Textqualität nutzte Schulnoten und erfolgte unabhängig durch zwei geschulte Rater. Bei Abweichungen von mehr als einer Notenstufe wurde ein drittes Rating durch einen Experten aus dem Projektteam vorgenommen, das den dann stärker abweichenden Wert ersetzt hat. Die erzielte Rater-Übereinstimmung kann als moderat gelten (Krippendorffs Alpha: 0.604, ohne Expertenrating: 0.496). Für die Bildung der Gruppen wurden die folgenden Notenkombinationen genutzt. Hoch: (1|1), (1|2), (2|2) mittel (3|3), niedrig (4|4), (4|5), (5|5).

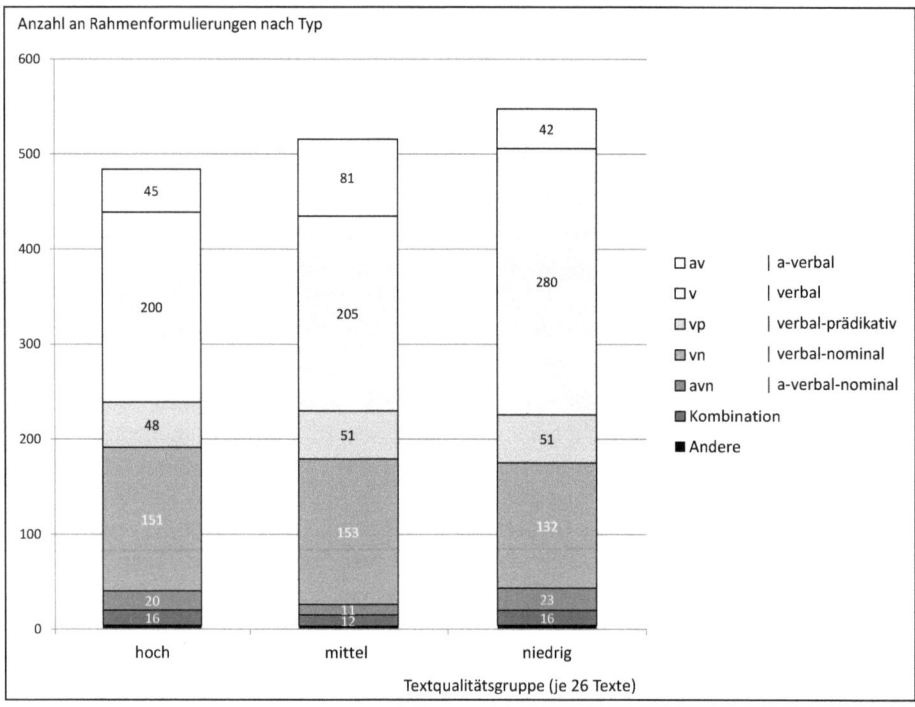

Abb. 3:   Verteilung der lexikogrammatischen Typen von Rahmenformulierungen im
          Kiezdeutsch-Auswahlkorpus nach Textqualität

lierungen sind immerhin zwei dem verbal-nominalen (vn) Typ zuzuordnen. Diese
recht starke Nutzung verbal-nominaler Rahmen passt zum gesamten Korpus. Das
Verhältnis der verbalen zu den verbal-nominalen Typen ist bei den hoch und mittel
bewerteten Texten etwa 4:3, nur in den niedrig bewerteten finden sich etwa doppelt
so viele verbale wie verbal-nominale Rahmen (Abb. 3). Auf der Konstruktionsebene
zeigen die Studierenden damit ein der Domäne durchaus angemessenes Verhalten.

    Ein anderes Bild ergibt sich, wenn man sich anschaut, wie die gewählten Kon-
struktionen lexikalisch gefüllt sind. Im Beispielausschnitt finden sich Verben wie
distanzieren (Z. 1) und *plädieren* (Z. 6) oder auch ein Nomen wie *Vorwurf* (Z. 4), die
eher zu Berichten über politische Diskussionen passen, als zu einem Forschungs-
und Erkenntnisprozess. Dieser Rückgriff auf die Domäne des Journalismus, in der
die Studierenden über größere rezeptive Texterfahrung verfügen, darf als typisch
gelten (vgl. Steinhoff, 2007). Um die Semantik der Rahmenformulierungen zu erfassen, wurden in der Analyse im Bereich der qualifizierenden Rahmenausdrücke
noch einmal meinungsbetonte (z. B. *meinen, glauben*), klassifizierende (z. B. *bezeichnen als, sehen als*) und forschungsbetonte (z. B. *argumentieren*) unterschieden. Die
niedrig bewerteten Texte verwenden signifikant mehr meinungsbetonte Verben und
Nomen als die hoch bewerteten (Abb. 4 zeigt die Ergebnisse für die verbal-nomi-

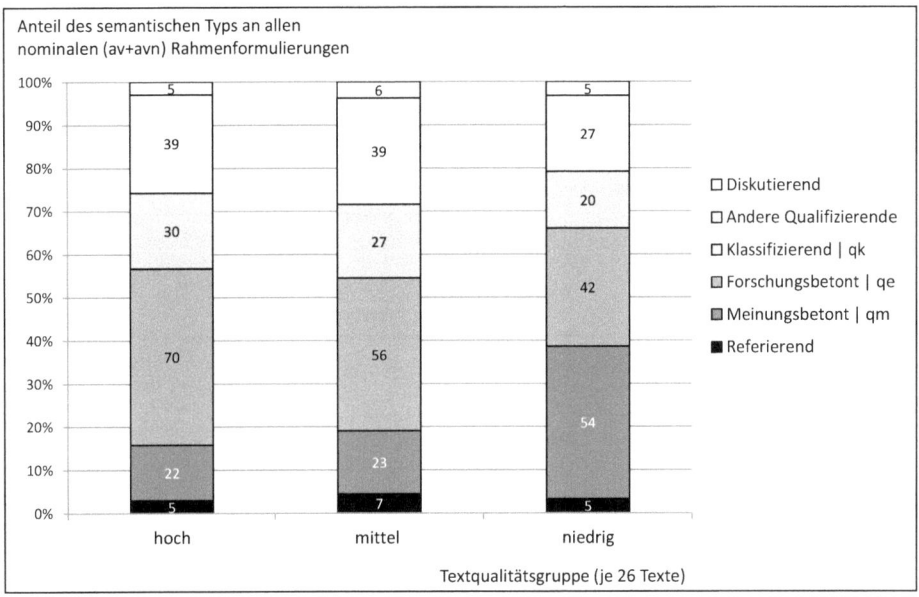

Abb. 4: Anteile semantischer Subtypen von Nomen in Rahmenformulierungen (vn+avn) im Kiezdeutsch-Auswahlkorpus nach Textqualität

nalen Konstruktionen).[20] Das am häufigsten verwendete Nomen ist zwar in allen drei Gruppen *Meinung*. In den hoch bewerteten Texten geht sein Anteil allerdings zugunsten von Lexemen zurück, die auf den Erkenntnis- und Forschungsprozess bezogen sind: insbesondere *These*, aber auch *Argument*, *Beobachtung* oder *Schlussfolgerung*.

Die Ergebnisse deuten darauf hin, dass der Übergang von meinungsbetontem zu eher epistemischem und argumentativem Referieren selbst bei fortgeschrittenen Studierenden nicht abgeschlossen ist.

Dieser Übergang erweist sich als Herausforderung und dürfte für den Erwerbsverlauf insgesamt charakteristisch sein. Auch wenn systematische Untersuchungen noch ausstehen, deuten bestehende Arbeiten und eigene Analysen von Schülertexten aus den Klassen 6 und 9 (vgl. Steinseifer, 2014) auf die folgende Logik des Erwerbs hin (Abb. 5): Für die Rahmung der Darstellung von Positionen Anderer werden in Texten zunächst Techniken der Figurenrede und der eigenen Meinungsäußerung in Diskussionen miteinander kombiniert. Aus *A sagt:* und *ich finde etwas gut* wird: *A findet gut, dass …* bzw. *A findet, dass …; A meint, dass …* Die Verben *finden* und *meinen* fungieren zunächst als pauschale Qualifikationswerkzeuge bei der Wiedergabe. Erst wenn weitere Ausdrücke dazukommen und sich das Repertoire von argumentationsbezogenen Ausdrücken vergrößert, dann entsteht die Möglichkeit,

20 Die Korrelation zwischen Textqualität und der Anzahl meinungsbetonter Verben in Rahmenformulierungen ist 0.405 (p < 0.004), jene zwischen Textqualität und der Anzahl meinungsbetonter Nomen in Rahmenformulierungen 0.361 (p < 0.01).

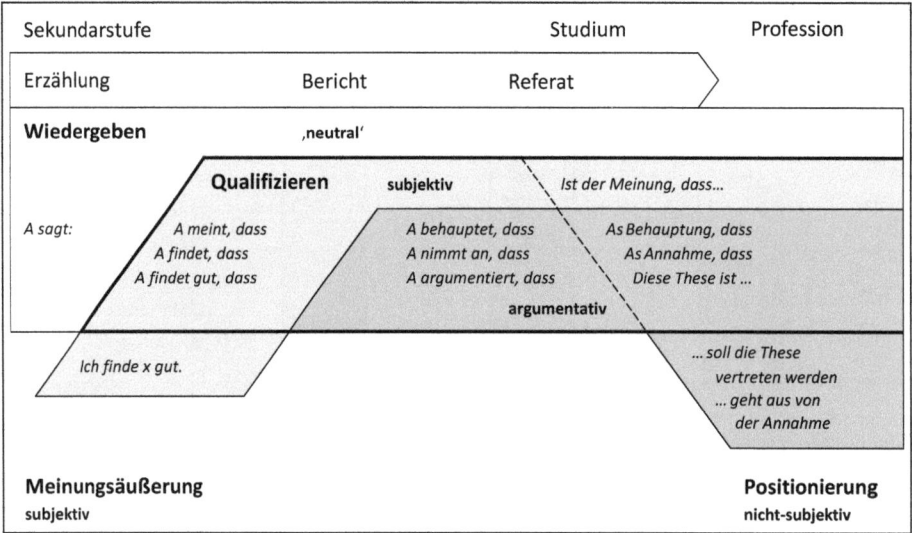

Abb. 5:   Modell des Kompetenzaufbaus im Erwerbsverlauf

meinen gezielt dort einzusetzen, wenn es um die Qualifizierung einer Äußerung als
subjektiver Kommentar geht. *Sagen/schreiben* wird im gleichen Zug zunehmend zur
‚neutralen' Option. Es wäre lohnend, sich die Verwendung eines Verbs wie *behaupten* genauer anzuschauen, das eher unspezifisch qualifizierend gebraucht werden
kann, im wissenschaftlichen Zusammenhang aber eine besondere Bedeutung hat:
denn etwas als *Behauptung* zu referieren, heißt hier, den Geltungsanspruch der referierten Aussage als Anspruch eines Anderen zu markieren, seine Geltung aber in
Zweifel zu ziehen.

Eine weitere Komplexion vollzieht sich mit der Bildung von nominalen Konstruktionen, wobei vermutlich erneut *Meinung* der Vorreiter sein dürfte. In systema-
tischer Sicht handelt es sich dabei um eine abgeleitete Variante. Ob sie allerdings
wirklich erst später genutzt wird als vergleichbare verbale Rahmenformulierungen,
wie es die Grafik in Abb. 5 andeutet, wäre zu prüfen. Die Befunde zu den Kontroversenreferaten zeigen aber, dass sich hier erneut ein domänenspezifischer Ausbau
des Repertoires vollzieht. In den Texten der Studierenden ist *Meinung* das häufigste
Nomen, in wissenschaftlichen Texten sind es dagegen Nomen wie *These* oder *Annahme*, die auf den Forschungsprozess bezogen sind. Interessant ist nun, dass am
professionellen Ende des Erwerbsprozesses, wie er hier modelliert wird, die argu-
mentations- und forschungsbezogenen Verben und Nomen zu Mitteln der eigenen
Positionierung werden können. In Formulierungen wie *es soll gezeigt werden, dass
…; in diesem Beitrag wird die These vertreten, dass …* werden mit den Werkzeugen
keine Referate gerahmt, sondern die eigenen Aussagen der Verfassenden – ‚ver-
steckt' in unpersönlichen Formulierungen. Wo am Anfang die ‚subjektive' eigene
Meinungsäußerung stand, steht am Ende eine Positionierung im Diskurs, die auch
sprachlich gerade nicht mehr ‚subjektiv' ist.

Nach den Rahmenformulierungen sollen abschließend noch an einem Beispiel die Formen der Wiedergabe selbst in den Blick genommen werden. Die Diskussionen um Plagiate und Zitierregeln verdecken schnell, dass auch hier – diesseits der Frage nach betrügerischen Absichten – ein nichttriviales Erwerbsproblem liegt. Als Beispiel dient mir ein Satz aus Heike Wieses Darstellung des Phänomens ‚Kiezdeutsch‘, einem der Bezugstexte der Kontroverse (siehe Fußnote 23), der in etwa einem Drittel der Texte des Korpus referiert wird.

(3a) *Kiezdeutsch gilt oft als falsches, reduziertes Deutsch ohne Grammatik.*

Der Satz ist deshalb im vorliegenden Zusammenhang besonders interessant, weil Wiese an dieser Stelle selbst in komprimierter Form eine Position im Streit um das Kiezdeutsch referiert, der sie mit ihrem Text entgegentritt. Die Äußerung kann auf sehr unterschiedliche Weise referiert werden (alle Beispiele unkorrigiert, alle Hervorhebungen MS):

(3b, T105)	Direktes Zitat	*„Kiezdeutsch* **gilt** <u>oft</u> *als falsches, reduziertes Deutsch ohne Grammatik“ (Wiese 2006, 2).*
(3c, T122)	Indirektes Zitat	*Wiese merkt an, dass ‚Kiezdeutsch‘* <u>oft</u> *als falsches reduziertes Deutsch ohne jegliche Grammatik* **gelte**, *welches eine Bedrohung für die deutsche Sprache darstelle und langfristig zum Sprachverfall führen könne. (Vgl. Wiese, 2012, 2).*
(3d, T107)	Gemischtes Zitat Slipping	*In wissenschaftlichen Kreisen* **wird** *Kiezdeutsch* <u>oft</u> *als „falsches, reduziertes Deutsch ohne Grammatik“ (Wiese 2012,2)* **angesehen.**
(3e, T159)	Gemischtes Zitat Slipping	*Wiese führt jedoch weiter aus, dass Kiezdeutsch* <u>**nicht**</u> *–* <u>*wie allgemein angenommen*</u> *– ein „falsches, reduziertes Deutsch ohne Grammatik“ sei.*
(3f, T129)	Adaptiert	*Die Professorin Heike Wiese sieht Kiezdeutsch als „Beispiel für eine besonders gelungene sprachliche Integration: ein neuer integrativer Dialekt, der sich im gemeinsamen Alltag ein- und mehrsprachiger Jugendlicher, deutscher ebenso wie anderer Herkunft entwickelt hat.“ (Wiese 2012, 13),* <u>*während*</u> <u>*viele Kritiker*</u> *das Kiezdeutsch als falsche, reduzierte Variante des Standarddeutschen* **betrachten.**
(3g, T115)	Adaptiert	*Wie* <u>oft</u> **bemängelt wird, ist** *das „Kietzdeutsch“ eine in der grammatikalischen Komplexität reduzierte Form des Deutschen.*

Die direkte zitierte Variante (3b) braucht hier nicht weiter diskutiert zu werden, und bei der indirekt zitierten (3c) sei nur darauf hingewiesen, dass die Verwendung des Konjunktivs (*gelte, darstelle*) insofern angemessen ist, als sie auf die Distanz von

Wiese zu der Bewertung hindeutet, die die wiedergebende Person auf diese Weise ebenfalls wahrt. Charakteristischer für das wissenschaftliche Referieren sind aber stärker transformierte Varianten, welche die Tatsache, dass es Wiese ist, die die negative Bewertung des Kiezdeutschen als „reduziertes Deutsch" referiert, auflösen, um sie in die eigene Darstellung zu integrieren. In (3f) wird Wieses eigene Position ausführlich zitiert und dieses Zitat formal korrekt mit einem Quellenverweis abgeschlossen. Durch die Position des Verweises erscheint es aber so, als ob die durch den kontrastiven Konnektor *während* – sachlich zutreffend aber syntaktisch nicht sehr elegant – angefügte Gegenposition hier vom Autor oder der Autorin des Wiedergabetextes referiert wird. Dass auch hier Wiese wiedergegeben wird, ist nicht erkennbar. Das gilt auch für (3g). Hier gibt es nichts, was auf eine Wiedergabe aus dem Text von Wiese hindeutet. Die Äußerung ist leicht reformuliert und völlig an den eigenen Text adaptiert. Man kann darüber streiten, ob diese Form der Adaptierung im vorliegenden Fall legitim ist, denn auch die Bezugsäußerung bleibt in ihrer Bezugnahme auf Andere vage. Interessant ist, dass sie weniger problematisch erscheint, als der Fall eines gemischten Zitats in (3d), in dem sehr wohl kenntlich gemacht wird, dass mit der Bewertung des Kiezdeutschen durch einen Teil der Forschungscommunity eine Aussage von Wiese wiedergegeben wird. Es ist gerade das Bemühen um den Ausweis wörtlicher Übernahmen, das bei diesem Slipping in eine Falle führt. Das Finitum wird aus dem als direkt wiedergegebenen markierten Äußerungsteil ausgeklammert, weil es reformuliert wurde (*gilt als* – *wird angesehen als*). Der übriggebliebenen, direkt zitierten Phrase folgt formal korrekt der Verweis auf die Quelle. Doch dadurch entsteht der Eindruck, dass die negative Bewertung von Wiese selbst stamme, obwohl sie sich gerade davon distanziert. Dieser Slipping-Falle entkommt nur, wer jenseits der formalen Markierung von Direktheit die beiden Positionen auch formulativ in der eigenen Rahmung klar trennt.

Die Beispiele aus den Kontroversenreferaten weisen auf ein typisches Erwerbsproblem hin, in ihrer Aufbereitung zeigt sich aber einmal mehr zugleich eine didaktische Möglichkeit. Es kann äußerst lohnend sein, zu vergleichen, wie dasselbe von unterschiedlichen Autorinnen und Autoren wiedergegeben wird und was dabei passiert. Das ist dann besonders gut möglich, wenn Resultate von gemeinsamen Schreibaufgaben wie dem Kontroversenreferat vorliegen und diese im Unterricht selbst zum Gegenstand eines gemeinsamen Nachdenkens über die Verwendung bestimmter Ausdrucksmittel gemacht werden. In dieser Situation ist dann auch die Reflexion über grammatische Strukturen kein schwer vermittelbarer Selbstzweck, sondern sie erweist sich als Grundlage für die Arbeit am eigenen Text.

4   Didaktischer Ausblick

In den systematischen Überlegungen zum Referieren und der exemplarischen Darstellung von Forschungsergebnissen wurden in den vorigen Abschnitten immer wieder didaktische Möglichkeiten angedeutet. Diese sind weiter auszugestalten,

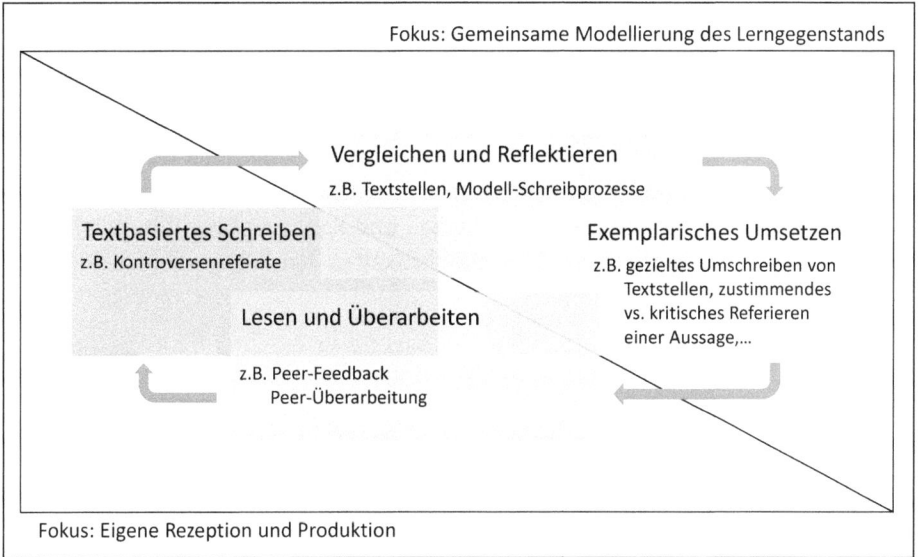

Abb. 6:   Schreibdidaktischer Zirkel

wozu der Beitrag einladen möchte. Eine Didaktik des Referierens als Teil einer textpragmatisch ausgerichteten Didaktik der Redewiedergabe kann sich an einem schreibdidaktischen Zirkel orientieren, der gemeinsame Modellierung des Gegenstands und die Arbeit am Text sowie rezeptive und produktive Phasen so miteinander verbindet, dass die Aufmerksamkeit immer wieder auf den Einsatz und die Funktion unterschiedlicher formaler und formulativer Mittel des Referierens gerichtet wird (Abb. 6):[21] Woran wird erkennbar, dass etwas aus einem anderen Text referiert wird? Was macht der Autor/die Autorin mit dem, was er/sie referiert, in seinem/ihrem Text? Diese Fragen lenken den Blick zum einen auf die Abgrenzungs-, Distanzregulierungs- und Authentifizierungsfunktionen der grammatischen Mittel zur Markierung von Äußerungen anderer Texte; und sie lenken ihn zum anderen auf die Integrationsfunktion der Rahmenformulierungen und auf die Möglichkeiten zum Qualifizieren und Diskutieren des Wiedergegebenen, die sie eröffnen.

Der Einstieg in diesen Zirkel kann an unterschiedlichen Stellen erfolgen: über die vergleichende Lektüre und Diskussion von Texten und Textstellen, die ganz unterschiedlich ‚referieren'; über einen Schreibauftrag, bei dem das Referieren eine zentrale Aufgabe ist – wie in den Kontroversenreferaten – und der allein oder gemeinsam bearbeitet wird; oder auch über die Beobachtung des Prozesses der Bearbeitung einer solchen Schreibaufgabe und die Diskussion dessen, was dabei auffällt. Das ist ein Modelllernen an Beispielen von Peers oder Expertinnen und Experten (vgl. Rijlaarsdam et al., 2008).

---

21 Ein Vorbild dafür ist der Teaching-Learning-Cycle der Genre-Didaktik (vgl. Martin, 2009, adaptiert bei Feilke, 2014).

Damit ein solcher Zirkel Lernprozesse anregt, kommt es darauf an, geeignete Fokuspunkte für die Beobachtung und Diskussion zu setzen. Die Grundlage hierfür bilden systematische Modellierungen von Referierprozeduren, wie sie im Mittelpunkt des Beitrags standen. Die vorgestellten Modelle sind auf das wissenschaftliche Referieren kalibriert. Für den schulischen Einstieg ins Referieren und den propädeutischen Ausbau sind sie jeweils anzupassen an das, was die Lernenden schon können, damit im gemeinsamen Nachdenken und Sprechen über die sprachlichen Mittel des Referierens neue Handlungsmöglichkeiten deutlich werden, die dann im Schreiben erprobt werden können.

Literatur

Auer, P. (2013). Ethnische Marker im Deutschen zwischen Varietät und Stil. In Deppermann, A. (Hrsg.), *Das Deutsch der Migranten* (S. 9–40). Berlin/New York: de Gruyter (IDS-Jahrbuch 2012).

Bredel, U. (2004). Die Didaktik der Gänsefüßchen. In U. Bredel, G. Siebert-Ott & T. Thelen (Hrsg.), *Schriftspracherwerb und Orthographie* (S. 207–240). Baltmannsweiler: Schneider-Verl. Hohengehren (Diskussionsforum Deutsch, 16).

Butterworth, J. (2015). *Redewiedergabeverfahren in der Interaktion. Individuelle Variation bei der Verwendung einer kommunikativen Ressource.* Heidelberg: Winter (Sprache – Literatur und Geschichte. Studien zur Linguistik/Germanistik, 47).

Dudenredaktion (Hrsg.) (2006). *Duden – die Grammatik.* 7. Aufl. Mannheim: Bibliographisches Institut.

Dudenredaktion (Hrsg.) (2016). *Duden – die Grammatik.* 9. Aufl. Berlin: Dudenverlag.

Ehlich, K. (1993). Deutsch als fremde Wissenschaftssprache. *Jahrbuch Deutsch als Fremdsprache, 19,* 13–42.

Fabricius-Hansen, C. (2002). Nicht-direktes Referat im Deutschen. Typologie und Abgrenzungsprobleme. In Fabricius-Hansen, C., Leirbukt, O. & Letnes O. (Hrsg.), *Modus, Modalverben, Modalpartikeln* (S. 6–29). Trier: WVT.

Feilke, H. (2014). Argumente für eine Didaktik der Textprozeduren. In Bachmann, T. & Feilke, H. (Hrsg.), *Werkzeuge des Schreibens. Beiträge zu einer Didaktik der Textprozeduren* (S. 11–34). Stuttgart: Fillibach.

Feilke, H. & J. Jost (2015). Sprache und Sprachgebrauch reflektieren. In M. Becker-Mrotzek (Hrsg.), *Bildungsstandards aktuell: Deutsch in der Sekundarstufe II* (S. 236–296). Braunschweig: Diesterweg.

Feilke, H., Lehnen, K., Rezat, S. & Steinmetz, M. (2016). *Materialgestütztes Schreiben lernen. Grundlagen, Aufgaben, Materialien.* Braunschweig: Schroedel.

Feilke, H., Lehnen, K. & Steinseifer, M. (i. V.) (Hrsg.). *Eristische Literalität. Wissenschaftlich streiten – Wissenschaftlich schreiben.* Berlin/Boston: de Gruyter.

Fritz, G. (2010). Controversies. In A. H. Jucker & I. Taavitsainen (Hrsg.). *Historical Pragmatics* (S. 451–482). Berlin/New York: de Gruyter (Handbooks of Pragmatics, 8).

Günthner, S. (2002): Stimmenvielfalt im Diskurs: Formen der Stilisierung und Ästhetisierung in der Redewiedergabe. In *Gesprächsforschung, 3,* 59–80.

Gutzmann, D. & Stei, E. (2011). Quotation Marks and Kinds of Meaning. Arguments in Favor of a Pragmatic Account. In Brendel, E., Meibauer, J. & Steinbach, M. (Hrsg.), *Understanding quotation* (S. 161–194). Berlin/New York: de Gruyter Mouton.

Harras, G., Winkler, E., Erb, S. & Proost, K. (2004). *Handbuch deutscher Kommunikationsverben*. Band 1: Wörterbuch. Berlin/New York: de Gruyter.

Honnefelder, L. (2011) (Hrsg.). *Albertus Magnus und der Ursprung der Universitätsidee. Die Begegnung der Wissenschaftskulturen im 13. Jahrhundert und die Entdeckung des Konzepts Bildung durch Wissenschaft*. Berlin: BUP.

Jakobs, E.-M. (1999*). Textvernetzung in den Wissenschaften. Zitat und Verweis als Ergebnis rezeptiven, reproduktiven und produktiven Handelns*. Tübingen: Niemeyer (RGL, 210).

Kaufmann, G. (1976). *Die indirekte Rede und mit ihr konkurrierende Formen der Redeerwähnung*. München: Hueber (Heutiges Deutsch, 3/1).

Klockow, R. (1980). *Linguistik der Gänsefüsschen. Untersuchungen zum Gebrauch der Anführungszeichen im gegenwärtigen Deutsch*. Frankfurt a. M.: XXX

Kretzenbacher, H. (1997). Fachsprache als Wissenschaftssprache. In L. Hoffmann, H. Kalverkämper & H. E. Wiegand (Hrsg.), *Fachsprachen. Ein internationales Handbuch zur Fachsprachenforschung und Terminologiewissenschaft*. Bd. 1 (S. 133–142). Berlin/New York: de Gruyter.

Leistner, J. (2016). *Syntaktische Integration in Redewiedergabe. Eine Untersuchung der direkten und nicht-direkten Redewiedergabeformen in literarischen Texten*. Kassel: KUP.

Marinos, A. (2001). *„So habe ich das nicht gesagt!". Die Authentizität der Redewiedergabe im nachrichtlichen Zeitungstext*. Berlin: Logos.

Martin, J. R. (2009). Genre and Language Learning: A Social Semiotic Perspective. *Linguistics and Education, 20*, S. 10–21.

Martinez, M & Scheffel, M. (2016). *Einführung in die Erzähltheorie*. 10., überarb. u. aktual. Aufl. München: C.H. Beck.

Nudler, O. (Hrsg.) (2011). *Controversy spaces. A model of scientific and philosophical change*. Amsterdam/Philadelphia: John Benjamins (Controversies, 10).

Plank, F. (1986). Über den Personenwechsel und den anderer deiktischer Kategorien in der wiedergegebenen Rede. *Zeitschrift für germanistische Linguistik, 14*, 284–308.

Recanati, F. (2001). Open Quotation. *Mind, 110*, 637–687.

Rijlaarsdam, G. et al. (2008). Observation of peers in learning to write: Practice and research. *Journal of Writing Research, 1*(1), 53–83.

Schüler, L. (2017). *Materialgestütztes Schreiben argumentativer Texte. Untersuchungen zu einem neuen wissenschaftspropädeutischen Aufgabentyp in der Oberstufe*. Baltmannsweiler: Schneider Verlag Hohengehren (Thema Sprache: Wissenschaft für den Unterricht, 25).

Steinhoff, T. (2007). *Wissenschaftliche Textkompetenz. Sprachgebrauch und Schreibentwicklung in wissenschaftlichen Texten von Studenten und Experten*. Tübingen: Niemeyer (RGL, 280).

Steinseifer, M. (2014). Vom Referieren zum Argumentieren – Didaktische Modellierung von Textprozeduren der Redewiedergabe und Reformulierung. In T. Bachmann & H. Feilke (Hrsg.), *Werkzeuge des Schreibens. Beiträge zu einer Didaktik der Textprozeduren* (S. 199–221). Stuttgart: Fillibach.

Stocker, P. (2007). Art. Figurenrede. In G. Braungart, et al. (Hrsg.), *Reallexikon der deutschen Literaturwissenschaft*. Bd. I: A – G. (S. 593–594). Berlin: de Gruyter.

Topalović, E. (2007). Falsche Zitate in den Mund gelegt? Der Deutsche Presserat urteilt über Leserbeschwerden. In *Sprachreport, 1*, 2–6.

Trabant, J. (2012). Irrtümer der romantischen Linguistik. In FAZ vom 09.06.2012.

Wiese, H. (2012). Kiezdeutsch rockt, ischwör! In Spiegel-Online vom 29.03.2012. URL: http://www.spiegel.de/unispiegel/wunderbar/professorin-heike-wiese-verteidigt-den-jugendslangkiezdeutsch-a-824386.html.

Zifonun, G, Strecker, B. & Hoffmann, L. (1997). *Grammatik der deutschen Sprache*. 3 Bde. Berlin/New York: de Gruyter (Schriften des Instituts für Deutsche Sprache, 7).

Michael Becker-Mrotzek,
Joachim Grabowski,
Torsten Steinhoff (Hrsg.)

Forschungshandbuch empirische Schreibdidaktik

2017, 404 Seiten, br., 39,90 €,
ISBN 978-3-8309-3432-5
E-Book: 35,99 €, ISBN 978-3-8309-8432-0

Aus der Interdisziplinarität und Empirisierung der modernen Bildungsforschung – und damit auch der Erforschung der Voraussetzungen und Bedingungen von Schreibentwicklung, Schreibprozessen und ihrer Didaktik – ergeben sich neue methodische und methodologische Herausforderungen. Darauf reagiert das Forschungshandbuch empirische Schreibdidaktik, indem es den aktuellen, auch internationalen, Forschungsstand der zugehörigen Themenbereiche instruktiv darlegt und damit einen Beitrag zur Verbesserung der Forschungs- und Methodenausbildung in einschlägigen, auch lehramtsbezogenen Studiengängen und in der wissenschaftlichen Nachwuchsqualifikation leistet.

www.waxmann.com

Sabine Schmölzer-Eibinger,
Eike Thürmann (Hrsg.)

Schreiben als Medium des Lernens

Kompetenzentwicklung
durch Schreiben im
Fachunterricht

2015, 352 Seiten, br., 34,90 €,
ISBN 978-3-8309-3343-4
E-Book: 30,99 €, ISBN 978-3-8309-8343-9

In der Schule wird das Schreiben aktuell vor allem im Sprachunterricht ausgebildet und gefördert. Dieser Sammelband geht der Frage nach, inwieweit diese Aufgabe von den Didaktiken aller Fächer wahrgenommen werden könnte und sollte. Vorrangig ist er dem Ziel gewidmet, die interdisziplinäre Kooperation der Fachdidaktiken zu stärken, indem der Blick auf Konzepte, theoretische Fundierungen und Forschungen zum unterrichtlichen Schreiben als Werkzeug des Lehrens und Lernens gerichtet wird.